suhrkamp taschenbuch 178

W0070762

Theodor Eschenburg, geboren am 24. Oktober 1904 in Kiel, emeritierter Professor der Politik an der Universität Tübingen. Wichtige Veröffentlichungen: *Die improvisierte Demokratie* 1963; *Der Beamte in Partei und Parlament* 1952; *Herrschaft der Verbände?* 1955; *Staat und Gesellschaft in Deutschland,* 1956; *Zur politischen Praxis in der Bundesrepublik,* 3 Bde., 1964, 1966, 1972; *Matthias Erzberger* 1973.

In dieser Schrift werden Geschichte und Bedeutungswandel, Grenzen und Macht des Begriffs Autorität beschrieben und dokumentiert. Was heißt Autorität, worauf gründet sie sich? Wie und zu welchen Zwecken wurde Autorität zu verschiedenen Zeiten verschieden interpretiert? Welche politischen, religiösen, sozialen und staatsrechtlichen Tendenzen hat dieser Begriff jeweils sanktioniert? Auf solche Fragen versucht der Autor mit seiner historischen Darstellung bis in die Autoritätskrise der jüngsten Zeit eine Antwort zu geben. Diese ist zu lesen als ein Beitrag zur politischen Kategorienlehre.

Theodor
Eschenburg
Über
Autorität

Suhrkamp

Erweiterte und überarbeitete Fassung
des 1965 als Band 125 der *edition suhrkamp*
erschienenen Textes »Über Autorität«

suhrkamp taschenbuch 178
Erste Auflage 1976
© Suhrkamp Verlag Frankfurt am Main 1965
© dieser erweiterten und überarbeiteten Fassung
Suhrkamp Verlag Frankfurt am Main 1976
Suhrkamp Taschenbuch Verlag
Druck Ebner, Ulm. Printed in Germany.
Umschlag nach Entwürfen von
Willy Fleckhaus und Rolf Staudt.

Inhalt

Vorbemerkung

Das Wort Autorität gehört zu den ältesten politischen Vokabeln, die fast ununterbrochen bis heute in Geltung geblieben sind. Im Laufe der Jahrhunderte hat es zahlreiche Umprägungen erfahren. Sie hat dies Wort aufgespeichert. So drückt es teils mannigfache, wenn auch mehr oder minder verwandte Sinngehalte aus, teils enthält es gegensätzliche Bedeutungselemente. Sie oszillieren mit gleichsam positiven oder negativen Vorzeichen in wechselnder Distanz um die Kernbedeutung. Aber auch diese hat sich klarer Definition entzogen. Die Bühne wechselt ständig, doch das Wort kehrt immer wieder und paßt sich häufig an, ohne daß es jemals seinen eigentlichen Charakter ganz verliert.

Mit der Beschreibung, vielfach Umschreibung einiger wesentlicher Sinndeutungen will ich mich – selbst weder Philologe noch Jurist, weder Philosoph noch Theologe – begnügen. Sie beziehen sich in erster Linie auf den politischen Bereich und beschränken sich seit dem Mittelalter auf Deutschland. Von einem roten Faden kann schwerlich die Rede sein, ein Fazit nicht gezogen werden.

Eine Chronik mag als ein nicht mehr zeitgemäßes Unterfangen erscheinen. Aber lohnt sie sich nicht vielleicht bei einem Wort der Politik, das sich im Wandel und Wechsel von mehr als zwei Jahrtausenden behauptet hat? »Das Wort ist öfters das, was es ist, durch das, was es gewesen ist« (Christine Mohrmann, *Wortform und Wortinhalt,* in: *Etudes sur le Latin des Chrétiens,* Bd. II, 1958, S. 21).*

Als altfränkisch mag auch das Bemühen um Distanz gegenüber dem eigenen Engagement gelten, selbst wenn es nicht immer gelungen ist. Eine Chronik verlangt nicht unbedingt diese Distanzierung, doch sie kann ihr nützen. Die Bezeichnung Chronik ist wohl noch zu anspruchsvoll. Es kann sich nicht um eine ununterbrochene fortlaufende Historie handeln. Nur ausgewählte Beispiele konnten aufgezeigt werden.

Die Beschreibung, was ein Wort zu verschiedenen Zeiten bedeutet hat, verlangt viele Zitate. Das ist lästig für den Leser, ist aber kaum zu vermeiden. Um die Wandlungen, die in den einzel-

---

* Die genauen bibliographischen Daten der im Text zitierten Werke sind im Literaturverzeichnis am Schluß des Bandes aufgeführt.

nen Stufen vielschichtig und mehrdeutig in Erscheinung treten, zu erklären, mußten Situationen dargestellt, die historischen Fakten in Erinnerung gebracht werden.

Das Manuskript für die erste Auflage war im Sommer 1965 abgeschlossen. Ungefähr ein Jahr später setzte, von Studenten ausgehend, überraschend ein vehementer Generalangriff gegen jegliche Autorität ein. Deshalb ist in der zweiten Auflage ein neues Kapitel über die antiautoritäre Bewegung hinzugefügt worden. Die kurzen Bemerkungen über Autoritarismus in der ersten Auflage erschienen nicht mehr als ausreichend, so daß ein weiteres Kapitel entstanden ist.

Zahlreiche Neuerscheinungen der jüngsten Zeit zum Thema, Rezensionen sowie Anregungen aus Leserkreisen, aber auch die Prüfung des eigenen Textes gaben Anlaß zu mannigfachen Ergänzungen und Korrekturen in der zweiten Auflage.

Tübingen, den 20. August 1975   Theodor Eschenburg

Ursprüngliche Bedeutung

Autorität kommt vom lateinischen Wort auctoritas, und dieses
von auctor, einer Ableitung des Wortes augere. Augere heißt
vermehren, zunehmen, wachsen lassen, auch fördern. Auxilium,
was dem deutschen Wort Hilfe entspricht, kommt von augere.
Das gotische aukan läßt sich auf augere zurückführen und hat die
gleiche Bedeutung gehabt; »auch« ist der Imperativ von aukan.
Der Titel Augustus, der ursprünglich als Mehrer und Schöpfer,
im übertragenen Sinne heilig, erhaben, anbetungswürdig verstanden wurde, ist eine Ableitung von augere.

Augustus wurde im republikanischen Rom als Beiwort zur Bezeichnung heiliger Orte verwandt und war ein Ehrenbeiname,
den ausgezeichnete Bürger mit Zustimmung des Senats annah-
men. Diesen Beinamen erhielt 27 v. Chr. Octavian (69 v. Chr. –
14 n. Chr.), der Adoptivsohn, Erbe und eigentliche Nachfolger
Cäsars, der erste in der Reihe der römischen Kaiser, zwei Jahre,
nachdem er den durch Cäsars Ermordung (45 v. Chr.) ausgelö-
sten Bürgerkrieg siegreich beendet hatte. Seitdem war Augustus
faktisch eine Amtsbezeichnung der römischen Kaiser. Sie wurde
in der seit dem vierten Jahrhundert n. Chr. üblichen Formel Semper (immer) Augustus in die deutsche Kaisertitulatur übernommen. Eine deutsche Übertragung dieser Formel findet sich in dem
von Bismarck entworfenen Manifest Wilhelms I. bei der Kaiser-
proklamation in Versailles am 18. Januar 1871: »allzeit Mehrer
des deutschen Reiches, nicht an kriegerischen Eroberungen, sondern an den Gütern und Gaben des Friedens auf dem Gebiete nationaler Wohlfahrt, Freiheit und Gesittung«.

Die Grundbedeutung von auctor ist Urheber, Schöpfer, Förde-
rer, Mehrer, im übertragenen Sinn maßgeblicher, aber auch ver-
antwortlicher Ratgeber. Auctor war nach dem Zwölftafelgesetz
(450 v. Chr.), der ältesten Aufzeichnung des römischen Rechts,
derjenige Verkäufer, der Gewähr dafür bot, also dafür haftete,
daß die Ware, die er vertrieb, sein rechtmäßiger Besitz war. »Die
auctoritas rerum (der Sache an sich) ist Quelle des Eigentums und
verleiht rechtmäßige Gewalt über die Dinge« (Heinz Löwe, *Kaisertum und Abendland in ottonischer und frühsalischer Zeit,* in *Historische Zeitschrift,* Bd. 196, S. 532). Im römischen Recht heißt

auctoritas tutoris eine Genehmigung des rechtsgeschäftlichen Handelns eines Mündels durch den Vormund, wofür dieser gegenüber jenem haftet. »Notwendige Beratung und Bindung an den Ratschlag kennt die alte Rechtsordnung nur in dem Falle, wo die Willensfähigkeit als nicht voll und also einer Bestärkung oder, nach römischer Auffassung, einer ›Mehrung‹ (auctoritas) bedürftig betrachtet wird, das ist bei Weibern und Kindern« (Theodor Mommsen, *Römisches Staatsrecht,* Bd. I, S. 308).

Jemandem auctor sein (alicui auctorem esse) hieß raten. Unter auctor verstand man einen, der »die von einem anderen auszuführende Handlung (oder was auf dasselbe hinauskommt, den Entschluß dazu) maßgeblich und wirkungsvoll gutheißt; das ›maßgeblich‹ enthält zugleich in sich, daß dabei eine gewisse Verantwortung vom Gutheißenden übernommen wird« (Richard Heinze, *Auctoritas,* in: *Vom Geist des Römertums,* S. 5). Auctoritas war »mehr als einfach ein ›Rat‹, vielmehr ein maßgeblicher Rat oder Gutachten, zu dem er [der auctor] durch seine besondere Einsicht befugt ist und dem sich der andere, indem er fragt, von vornherein unterordnet« (Heinze, S. 7). Auctoritas bewirkte freiwillige Unterwerfung unter den helfenden Rat eines anderen im Vertrauen auf dessen zwingende Überlegenheit. Einer bevollmächtigte einen anderen, ihm einen Rat zu geben. In der Bevollmächtigung liegt die Freiheit der Entscheidung. Ein Befehl mag zugleich ein helfender Rat sein, in jedem Fall kann seine Ausführung erzwungen werden. Der Rat, der auctoritas hat, ist kein Befehl, aber wirkt so, als ob er ein Befehl wäre. Zum Wesen der auctoritas gehört, daß sie helfend und damit selbstlos rät. Sie ist ›helfender Wille‹ und setzt Selbstlosigkeit voraus. Der Rat wird von dem, der ihn einholt, weniger an seinem Inhalt als an der Persönlichkeit des Ratgebers gemessen, aus Vertrauen zu ihr wird er begehrt.

Der Soziologe Max Horkheimer hat Autorität »bejahte Abhängigkeit« genannt (Studien über *Autorität und Familie,* S. 24), und zur Verdeutlichung kann man wohl hinzufügen: innerlich bejahte Abhängigkeit von Fall zu Fall. Aus der jeweiligen Bevollmächtigung, die immer wieder eine besondere Entscheidung verlangt, kann eine Gewohnheit werden und daraus anhaltende Abhängigkeit entstehen. Mit »Ansehensmacht« hat Theodor Geiger das Wort übersetzt (*Handwörterbuch der Soziologie,* S. 137). Dies Wort hätte kaum die weltverbreitete und weltgeschichtliche Bedeutung erlangt, wenn es nicht zu einem zentralen Begriff und gewichtigen Instrument der römischen Staatspraxis sowie der katholischen Kirche mit der beiden gemeinsamen lateinischen Sprache geworden wäre – und diese blieb Weltsprache bis ins 17. Jahrhundert.

In der römischen ›res publica‹

Schon zur Zeit der römischen Könige (bis 510 v. Chr.) bildeten die Häupter der ältesten und reichsten Familien, die principes, einen Ältestenrat, den Senat (lat. senex = Greis). Man nannte sie die patres (Väter), deren Nachkommen Patrizier hießen. Sie waren die auctores, die durch ihre Bestätigung, durch die auctoritas patrum, den Beschlüssen der Komitien Gültigkeit verliehen. Sie hatten diesen gegenüber eine ähnliche Stellung wie der Vormund gegenüber dem Mündel. Die patres waren zugleich das Ratskollegium des Königs.

Die römische ›res publica‹ kannte drei Organe: die Bürgerschaft – lat. populus –, die höchsten Magistrate – die handelnde Regierung, die vom Volk gewählt wurde; das waren die Konsuln und Prätoren – und den Senat. Während die Magistrate, in erster Linie die Konsuln, über die zivile und militärische Befehlsgewalt verfügten und das Volk das Recht der Beamtenwahl und der Gesetzgebung besaß, war der Senat ein Staatsrat (consilium publicum) im wahrsten Sinne des Wortes. Die Mitglieder des Senats entstammten überwiegend Patrizierfamilien; ihm gehörten auch die ehemaligen Magistrate an. Diese Regierungserfahrenen bildeten den Kern des Senats. Die Magistrate wechselten jährlich, die Mitglieder des Senats waren hingegen auf Lebenszeit bestellt. Dieser beriet den Magistrat. »Insofern ist der den Magistrat beratende Senat nichts als die hervorragendste Anwendung des das gesamte öffentliche und private Leben beherrschenden Satzes, daß wer eine wichtige und verantwortliche Entscheidung zu treffen hat, vorher den Fall einer von ihm versammelten Anzahl geeigneter Männer vortragen und ihre Meinung über den zu fassenden Beschluß entgegennehmen soll« (Mommsen, Bd. III, S. 1028). Auctoritas ist »das verbindliche Beratungsrecht des Senats« (S. 1032). Dieses gab dem Senat, ganz abgesehen vom traditionellen und gesellschaftlichen Vorrang, allein schon dadurch ein Übergewicht, daß für die Volksversammlung nur ein Abstimmungsrecht, nicht aber ein Rederecht bestand; in ihr durfte gewohnheitsrechtlich kein Vorschlag zur Abstimmung gebracht werden, der nicht vom Senat gebilligt war.

Als auctoritas wurde aber auch die Bestätigung der Beschlüsse der Bürgerschaft durch den Senat bezeichnet. »Auctoritas hat in dieser alten Formel den ursprünglichen Wortsinn ebenso bewahrt wie in der tutoris auctoritas des Zivilrechts: der Willensakt der Gemeinde, dem Irren und Fehlgreifen ebenso ausgesetzt wie der Willensakt des unmündigen Knaben, bedarf der ›Mehrung‹ und der Bestätigung durch den Rat der Alten . . . In diesem Sinne ist auctoritas mehr als ein Ratschlag und weniger als ein Befehl, ein Ratschlag, dessen Befolgung man sich füglich nicht entziehen kann, wie ihn der Fachgelehrte dem Laien, der Führer im Parlament seinen Anhängern erteilt« (Mommsen, Bd. III, S. 1038 und 1034).

Solche Mehrung und Bestätigung hatte im alten Rom religiöse Bedeutung. Auch den sakralen Voten der aristokratisch zusammengesetzten Priesterkollegien, unter denen der Pontifex maximus der oberste Priester war, wurde vor allem in sakralen und rechtlichen Fragen auctoritas zuerkannt. »Man glaubte eben, daß derartige Verletzungen ein Unrecht (nefas) seien, das die Götter aufbringen und ihre Gunst verscherzen könne . . . Allgemein gesprochen, war es also eine Frage der Hinzufügung von Weisheit zu Wille, von Vernunft zu Verlangen, kurz, eine Einsicht in die gemeinsamen Werte und die geheiligte Überlieferung war es, in die das, was das Volk wollte, einzuordnen war« (Carl J. Friedrich, *Politische Autorität und Demokratie*, in: *Zeitschrift für Politik 1960*, S. 3). Auf dem allein durch Tradition begründeten Prinzip der auctoritas ruhte in der römischen res publica das Verfassungssystem und die Vorherrschaft des Senats. »Die ebenso eminente und effektive wie unbestimmte und formell unfundierte Machtstellung des Senats wird in der späteren Republik regelmäßig mit dem in entsprechender Weise verschwommenen und aller strengen Definition sich entziehenden Worte auctoritas bezeichnet . . . Hieran knüpft es wohl an, daß . . . das Wort zu dem politischen Schlagwort des Senatsregiments wird.« (Mommsen, Bd. III, S. 1033 f.) Das Wort für den Rat des Senats wurde im Sprachgebrauch zugleich ein ständiger Ausdruck für die Stellung des Senats und seiner Mitglieder. Wie aus dem Rat, den einer gibt, der Rat, der einer ist, geworden ist, nämlich die Bezeichnung für diejenige Person oder Institution, die ihn erteilt, so erfuhr auch das Wort auctoritas eine entsprechende Wandlung, nur mit dem Unterschied, daß die ursprüngliche Bedeutung von der späteren allmählich verdrängt wurde.

Cicero (104–43 v. Chr.) spricht in seiner Schrift *De re publica* von drei Begriffen der römischen Verfassungsordnung: der potestas, der libertas und der auctoritas. Die auctoritas wäre dem Senat, die potestas den Magistraten und die libertas dem Volk zuzuordnen. Potestas kommt vom lateinischen Zeitwort posse, was vermögen, können bedeutet, ebenso wie das deutsche Wort Macht vom gotischen magan, das dem lateinischen posse entspricht, abgeleitet wird. Potestas ist die Amtsgewalt, die befugt ist, zur Durchsetzung ihres Willens Gewalt anzuwenden; sie ist rechtlich zugeteilte Macht, die gegebenenfalls mit Mitteln der gesetzlichen Gewalt sich Geltung zu verschaffen vermochte. Träger der potestas waren im alten Rom die allein handlungsfähigen Magistrate. Potestas, patria potestas, hatte nach römischem Recht der Hausvater, das lebenslängliche Oberhaupt der Familie; er, dem auch der Sohn mit seiner Familie und dessen Abkömmlinge mit ihren Familien unterstanden, regelte souverän deren Leben. In seinen Händen lagen Hausmacht und Güterverteilung. Jede Züchtigung war ihm erlaubt, auch die Todesstrafe. Selbst der Mann in hoher Amtsstellung mußte sich zu Hause der Gewalt seines Vaters fügen; und der Niederste, sofern er frei war, war Herr im eigenen Haus.

Das antike Rom wußte sehr genau zwischen potestas und auctoritas zu unterscheiden. Der Senat hatte im Gegensatz zu den Magistraten und zur Bürgerschaft keine potestas, rechtlich war der Konsul nicht verpflichtet, den Rat des Senats einzuholen, und der Volksbeschluß wäre auch ohne Senatsbetätigung formell gültig gewesen. Auctoritas ist »das Mehr und das Andere, als das sie sich im Vergleich zur Amtsgewalt darstellt« (Herbert Krüger, *Allgemeine Staatslehre,* S. 840).

Der Göttinger Rechtshistoriker Franz Wieacker nennt auctoritas die »indirekte Macht: was dem rechtlichen Handeln eines anderen rechtliche Vollwirkung oder dem sozialen Verhalten eines anderen vermehrtes Gewicht in der Öffentlichkeit gibt, ohne selbst eigenbewirkendes Handeln zu sein. Vor allem in dieser . . . Bedeutung ist auctoritas die nicht ausgeübte, also ersparte und gehortete soziale Macht« (*Vom römischen Recht,* S. 12). Auctoritas vermochte potestas zu steigern, deren Ausübung zu erleichtern. So erforderte nach Cicero gerade die potestas des Feldherrn dessen auctoritas. Cicero führt für die Autorität des Pompejus die Tatsache an, daß nach seiner Ernennung zum Oberbefehlshaber im Seeräuberkrieg allgemein der Zinsfuß sank, also das Vertrauen auf die wirtschaftliche Stabilität stieg. Andererseits meinte Cicero, die große Macht werde selbst dann gefürchtet, wenn sie durch eine unbedeutende Person vertreten würde.

Man unterschied zwischen institutioneller und persönlicher auctoritas; beide standen aber in Wechselwirkung miteinander. Institutionelle auctoritas hatte zunächst der Senat (summa auctoritas = oberste Autorität) und nach ihm das Priesterkollegium. Aber daß der Senat diese institutionelle auctoritas bewahrte, beruhte auf der persönlichen Autorität einer beachtlichen Anzahl seiner dreihundert Mitglieder.

Auctoritas wurde im privaten Leben aber auch dem geistig sowie charakterlich Überlegenen und gleichzeitig durch Abkunft Hervorstechenden zuerkannt. »Im gesellschaftlichen Leben . . . bezeichnet auctoritas die Geltung des Privatmanns durch Macht, Verbindungen oder besondere Sachkunde, die dem Handeln eines anderen Hilfestellung gibt« (Wieacker, S. 13). Jener bürgte für diesen. Nicht jeder Angehörige der alten Geschlechter verfügte über auctoritas, doch war sie vorwiegend Patriziern vorbehalten. Der Begriff entstand in einer feudal-ständischen Gesellschaft. Die aristokratische Akzentuierung des Wortes war unverkennbar. Um die großen Familien sammelten sich Leute niederen Standes und geringeren Einkommens, die Klienten. Sie blieben durch Generationen mit diesen verbunden. Die freigelassenen Sklaven und deren Nachkommen hielten die Beziehungen zu der Familie ihres Herrn aufrecht. Das war nach alten römischen Vorstellungen eine »unaufhebbare« Verbindung. Patron und Klienten waren zu gegenseitigem Beistand verpflichtet, so jener zu helfendem Rat und tätiger Hilfe in der Not und vor Gericht. In der Volksversammlung stimmte der Klient für seinen Patron oder dessen Kandidaten. Zumindest vermutete auctoritas kam dem Patron zu. »Je mehr Konsuln, Priester und Senatoren aus einer solchen Familie hervorgingen, desto mehr wuchs die Zahl der Klienten und die Ausdehnung ihres politischen Einflusses« (Rostovtzeff, *Geschichte der alten Welt*, 2. Bd., S. 63).

Cicero charakterisierte einige große Römer mit dem Hinweis, daß ihre Autorität allein durch den Wink der Augenbrauen wirkte. Andererseits erwähnt Quintilian (35-86 n. Chr.) von Cicero: In dem, was er sagte, lag so viel Autorität, daß man sich schämte, ihm zu widersprechen. – Diese Verhinderung des Widerspruchs ist Adenauer in vielen Verhandlungen und Gesprächen meisterhaft gelungen. Wer auctoritas besaß, war selber auctoritas, wie wir heute noch von Autoritäten sprechen. Cicero hat den Begriff aus dem rechtlichen und politischen Bereich in den wissenschaftlichen übertragen. Dabei berief er sich auf die Autorität Platos. Die »philosophische auctoritas hat sich an der politischen gebildet . . . Durch den Einbau griechischer Begriffe ist das entstanden, was wir wissenschaftliche, überhaupt geistig-literarische Autorität nennen. Es kann nicht genug betont werden, daß eine solche Autorität unpolitischer Art nur aus der griechischen Gedankenwelt heraus zu verstehen ist« (Ulrich Gmelin, *Auctoritas – Römischer princeps und päpstliches Primat – Geistige Grundlagen römischer Kirchenpolitik,* 11. Bd., S. 44). Auctoritas war in den zwischenmenschlichen privaten Beziehungen nicht ein absoluter, sondern ein relativer Begriff. Sie bedeutete auch Überlegenheit durch Bildung, die Klugheit und Weisheit, praktische Umsicht und Weitsicht entwickelt und pflegt. Ausbildung war eine sehr kostspielige Angelegenheit, Vertiefung und Erweiterung der Bildung verlangte Muße. Beides konnte sich nur die begüterte Oberschicht leisten.

Auctoritas wurde auch im Sinne des vorbildlichen Beispiels verstanden. Auctoritas maiorum (wörtlich: das Vorbild der Größeren, eben der Wertvolleren; das sind die Ahnen) war in Rom »der moralisch-politische Maßstab schlechthin« (Hannah Arendt, *Was ist Autorität?,* in: *Fragwürdige Traditionsbestände,* S. 156). »Der Staat des Römers war ein Bündnis mit den Vorfahren und nicht ein (wie die festlandeuropäische Demokratie) plébiscite de tous les jours der Lebenden« (Wieacker S. 32).

Die Tradition hatte Autorität, die Autorität der Tradition war bestimmend, man berief sich auf sie. Sie war ein konservatives Element. Darin liegt aber auch, daß diese Art von Autorität zeitbedingt sein kann. Wenn die Tradition fragwürdig ist, wird es auch die Autorität. Das zeigte sich bei der mit den Gracchen einsetzenden politischen und sozialen Umwälzung im ersten Drittel des zweiten Jahrhunderts v. Chr., aber auch in der Reformation, in der Aufklärung und in der Französischen Revolution sowie in der antiautoritären Bewegung der jüngsten Zeit. Tradition und Autorität wurden auf den jeweils umstrittenen Bereichen gleichzeitig bekämpft, ja schlechthin verneint. Auctores im Sinne von Stiftern und Gründern waren die patres der Gründungszeit, und sie hatten als solche über die Generationen fortwirkende auctoritas. In römischer Vorstellung war das Alter der Höhepunkt des Lebens, und der Gipfel des Alters war nach Cicero die auctoritas. Nicht jeder Greis genoß Autorität, aber sie kam vor allem den Alten, die reich an Lebenserfahrung waren und Bewährung nachzuweisen vermochten, zu.

Eine große Rolle spielte die auctoritas in der Rhetorik. Die Wirkung der Rede wurde mehr an der rhetorischen Begabung in Verbindung mit der Ausstrahlung der Gesamtpersönlichkeit gemessen als an der rationalen Qualität der Argumente. Cicero spricht von »ad fidem faciendam auctoritas«, von der Autorität, die Glauben schafft.

Von besonderer Bedeutung war der Rat der Juristen, vielfach früherer Wahlbeamter, die vorwiegend der Nobilität angehörten, im Gerichtsverfahren. Unter auctoritas iurisconsulti (Rechtsberater) wird »das Gewicht, das eine Rechtsmeinung durch Sachkunde und politisches Ansehen eines großen Juristen erhält« (Wieacker S. 13) verstanden. »Gewiß ist der römischen Jurisprudenz blinder Autoritätsglaube fremd, aber andrerseits ist es doch nicht gleichgültig, wer eine bestimmte juristische Lehre vertritt: die auctoritas des Vertreters einer Lehre ist in der juristischen Diskussion ein gewichtiges Argument für ihre Richtigkeit« (Fritz Schulz, *Prinzipien des römischen Rechts,* S. 125). »Die *iuris peritorum auctoritas* (der Rechtsgelehrten) ist rechtsbildend geworden, über die Entscheidung des Einzelfalles hinaus« (Heinze, *Vom Geist des Römertums,* S. 15). Von dem berühmten römischen Juristen Ulpian (170-228 n.Chr.) sagt ein Rechtshistoriker des 19. Jahrhunderts, Alfred Pernice: »Die Autorität rückt an Stelle *der Gründe*« (Alfred Pernice, *Ulpian als Schriftsteller,* zitiert bei Schulz, S. 125).

Alle diese verschiedenen und doch miteinander verwandten Vorstellungen versammelten sich in dem Begriff auctoritas. Der schon zitierte Altphilologe Richard Heinze († 1929), dem wir nächst Mommsen die Erklärung der Bedeutungsentwicklung des Wortes auctoritas im antiken Rom verdanken, bezeichnet die Macht der auctoritas als etwas spezifisch Römisches . . . »sie ist so weit erstarkt, daß sie rechtlich oder quasirechtlich verpflichtet, daß aus ihr eine feste Institution erwächst. . . Die überragende Geltung der auctoritas setzt voraus, daß die weitaus größere Zahl der Volksgenossen Neigung hat, sich der auctoritas der wenigen Überragenden zu fügen . . . Wir dürfen zunächst nicht vergessen, daß die auctoritas ihrem wahren Wesen nach die Freiheit nicht beeinträchtigt: Niemand ist ja verpflichtet, selbst wenn er um Rat gebeten hat, ihn anzunehmen ... Das ganze private und öffentliche Leben des Römers ist von dem Grundsatz beherrscht, daß er keine wichtige Entscheidung trifft, ohne vorher den Rat derer eingeholt zu haben, die ihm dazu berufen erscheinen. Was liegt der auctoritas zum Grunde? ... das Gefühl, daß nicht jeder alles, und besonders nicht alles allein versteht; der Respekt vor einer Persönlichkeit, in der überlegene Erfahrung, Sachkunde und Verantwortungsgefühl verkörpert sind, verbunden mit dem Wunsch, immer möglichst sicher zu gehen; das Mißtrauen gegen jede Eingebung ... Aber es darf das Korrelat hierzu nicht fehlen, nämlich daß eine genügende Anzahl von Menschen dazu disponiert sind, auctoritas auszuüben und die dazu erforderlichen Opfer zu bringen ... Sie wird erworben durch Bewährung der ganzen Persönlichkeit; sie wird ausgeübt im Dienste und zum Wohle der Mitbürger, in ihrer höchsten und reinsten Ausprägung im Dienste und zum Wohle der res publica« (S. 20 ff.). Wenn uns heute das Pathos in dieser Begriffsbeschreibung Heinzes nicht mehr behagen sollte, so möge man bedenken, daß der Aufsatz im Jahre 1925, in der Zeit einer starken politischen Autoritätskrise und einer wachsenden Autoritätssehnsucht, niedergeschrieben worden ist.

Die Wirkung der auctoritas wurde in erster Linie durch Befragen ausgelöst. Das Befragen war aber nicht nur ein Recht, sondern auch eine durch Sitte und Übung gebotene Verpflichtung (s. das Zitat Mommsen, S. 14). Konsul bedeutete ursprünglich Befrager, nämlich »von Volk und Senat« (Karl Ernst Georges, *Ausführliches Lateinisch-deutsches Handwörterbuch*, 9. Aufl., 1, Sp. 1571). Der Senat war ein consilium. Mommsen übersetzt consilium mit Beirat (die lateinische Vorsilbe con stammt von cum = mit, zusammen), ein Wort, das zu seiner Zeit sehr viel seltener gebraucht wurde und mehr galt als heute, und beruft sich dabei auf das dem consilium entsprechende griechische Wort symboulion (syn = cum, boule = Rat).

Auf niederer Ebene gab es Konsilien geringeren Umfanges, so im Gerichtswesen. Konsilien wurden auch ad hoc nach Bedarf einberufen. Der hohe Beamte, der außerhalb Roms maßgebliche Entscheidungen zu treffen hatte, der militärische Befehlshaber auf dem Kriegsschauplatz oder der Statthalter in einer Provinz mußte seinen Entscheidungsplan zur Beratung stellen. Der Entscheidende, zur Beratung verpflichtet, konnte sich aber nicht beliebig seine Ratgeber auswählen. So durfte er die für ihn jeweils erreichbaren, im Senatorenrang stehenden oder die nächsthöheren Offiziere nicht übergehen. Eine regelrechte gemeinsame Beratung mußte stattfinden. »Es genügt nicht, daß der Ratnehmer den Rat einzeln und privatim einzieht« (Mommsen I, S. 318). Diese durch Gewohnheit geschaffene, aber meist streng respektierte Regel sollte eine Entartung der Befragung zur Farce verhindern, etwa daß der Ratsuchende auf Untergeordnete, ihm Gefügige ausweichen würde. Nach Abschluß der Beratung gab jedes Mitglied des consilium, vermutlich nach der Rangfolge, seine Meinung ab, eine formelle Majoritätsfindung unterblieb meist. Wurde ein Beamter wegen einer Maßnahme zur Rechenschaft gezogen, so war eine wesentliche Frage zunächst, ob und wie er ein consilium einberufen hatte. Wollte der Hausvater über Frau oder Kinder schwerwiegende Entscheidungen treffen, so über die Scheidung von der Frau oder die Ausweisung eines Sohnes aus dem Hause, so berief er vorher das consilium der Verwandten oder Freunde ein, die ihm auctores waren. An den Rat der auctores war er nicht gebunden; jedoch wußte er, daß seine endgültige Entscheidung unter deren Urteil stehen würde. Immer wieder ist es die auctoritas, wenn auch vielfach niederen Grades, die hier wirkt. Sie beruhte auf »Mächten der Dauer, nämlich auf der Bewährung, der Erfahrung und dem Erbprestige« (Wieacker, S. 31). ». . . Erst die lautlose Sättigung der politischen Gesellschaft mit auctoritas . . . macht die römische Verfassung möglich, ohne sie wäre die brüske Unbedingtheit des Imperiums, das freie Veto gleicher Amtsgenossen, die strikte Form und Gesetzesherrschaft eine Utopie oder ein politisches Inferno« (Wieacker, S. 31).

Bei den unkomplizierten Staatsverhältnissen des antiken Rom und der großen politischen Erfahrung vor allem der römischen Oberschicht war der Entscheidungsbefugte, der meist auch der Handelnde war, an Kenntnis der Materie den Ratgebern meist nicht sonderlich überlegen. Vor allem die fragenden Magistrate und der beratende Senat, dem die ehemaligen Magistrate angehörten, waren an Sachkenntnis und Erfahrung einander gewachsen. Wer potestas hatte, durfte sich der auctoritas nicht entziehen.

Bis zum Ende der Punischen Kriege (146 v. Chr.) zeigte der Se-

nat ein hohes geistiges und moralisches Niveau. Der Interessen-
politik im Senat waren Grenzen gezogen, da die Senatoren weder
Handel trieben, Bauten unterhielten noch eine Zollpacht übernehmen durften; diese Beschränkung ist später in steigendem
Ausmaß umgangen worden. Für die Wahl von Senatoren, aber
auch von Konsuln galten meistens strenge Ausleseprinzipien. Da
jedoch der Senat eine ständige Einrichtung lebenslänglicher Mitglieder war, während die Konsuln nur ein Jahresamt inne hatten,
drückte die Senatsautorität immer stärker auf die der Konsuln
und näherte sich damit der potestas, ja vermischte sich mit ihr, so
daß der Senat zur beherrschenden Institution wurde.

Politische auctoritas hatte ihre stärkste Wirkung in Rom zwischen der Mitte des fünften und zweiten Jahrhunderts v. Chr., als
soziale und wirtschaftliche Gegensätze durch die Oberschicht
dank ihrer politischen Überlegenheit und ihres nicht unverdien-
ten Sozialprestiges gebändigt und ausgeglichen werden konnten.
Wenn von römischer auctoritas die Rede ist, dann ist in erster Linie die jener Zeit gemeint. Die auctoritas ließ sichtbar nach, als
die Revolution der Gracchen (133-121 v. Chr.) einsetzte und mit
ihr der moralische Verfall ihrer Träger, der Nobilität. Die auctoritas der Senatsaristokratie beruhte nicht zuletzt auf einem beachtlichen Maß von Selbstlosigkeit, die dank der sozialen und
ökonomischen Sättigung und Genügsamkeit der Oberschicht bestand.

Als die Vorrangstellung der grundbesitzenden Aristokratie in
Frage gestellt wurde, wich die Selbstlosigkeit der Interessenver-
teidigung; die auctoritas verfiel.

*Exkurs über Beratungszwang
und Entscheidungsfreiheit*

Entscheidungsfreiheit war in Rom an Beratungszwang gebunden.
»Je entschiedener das römische Recht, vor allem in seiner älteren
Gestalt, in öffentlichen sowohl wie in privaten Verhältnissen die
Entscheidung einem einzelnen Mann in die Hand gab, während
die collegialische durch Majoritätsfindung, je weiter wir zurückgehen, desto sparsamer auftritt, ja ursprünglich vielleicht überhaupt nicht vorkam, desto bestimmter tritt in demselben zugleich
das einzige Correctiv hervor, dessen dies Verfahren fähig ist: die

Verpflichtung desjenigen, in dessen Hand die Entscheidung gelegt wird, dieselbe nicht anders zu fassen als nach Anhörung verständiger und unparteiischer Berather. Die Freiheit der Entschließung wird durch die Nöthigung, die Verkündigung des Beschlusses bis nach stattgehabter Rathseinholung zu verschieben, nicht beschränkt, wohl aber geläutert und geklärt. Denn selbstverständlich war es nachher dem Befragenden unbenommen, den Rath, den ihm die meisten, ja den sämmtliche Befragte ertheilt hatten, unbefolgt zu lassen; wie denn umgekehrt seine Verantwortlichkeit für den Act dadurch nicht aufgehoben ward, daß er ihn in Übereinstimmung mit den Berathern vollzogen hatte« (Mommsen, Bd. I., S. 307). »Insofern ist der den Magistrat berathende Senat nichts als die hervorragendste Anwendung des das gesammte öffentliche und private Leben beherrschenden Satzes, daß wer eine wichtige und verantwortliche Entscheidung zu treffen hat, vorher den Fall einer von ihm versammelten Anzahl geeigneter Männer vortragen und ihre Meinung über den zu fassenden Beschluß entgegennehmen soll« (a. a. O., Bd. III., S. 1028).

Das einzige Korrektiv der mehr oder minder freien Entscheidung des einzelnen im öffentlichen wie im privaten Leben, im zivilen wie im militärischen Bereich der römischen ›res publica‹ war die moralische, durch Sitte und Übung gebotene Verpflichtung, vorher die Meinung unparteiischer und geistig qualifizierter Berater einzuholen. Die strenge Beratung kann wie ein Filter wirken. Sie vermag zwar nicht den Entscheidungsplan vollständig von den Fremdkörpern, die durch Willkürtendenzen, Ressentiments, Eitelkeit, Eigennutz, Furcht und Abhängigkeit eingestreut sind, zu reinigen, aber doch einen mehr oder minder großen Teil abzusondern. Durch beratende Auseinandersetzung kann eine umsichtige und vielseitige Betrachtung entstehen. Beratung kann den Fragenden aus seiner subjektiven Befangenheit lösen; zwar muß auch er mit der Subjektivität seiner Ratgeber rechnen, aber die miteinander konfrontierten subjektiven Aspekte schleifen sich in einer harten Debatte gegenseitig ab, und dadurch kann der Weg zur objektiven Beurteilung freigemacht werden.

Nahezu zwei Jahrtausende später hat ein so regierungserfahrener Mann aus der Zeit der Königin Elizabeth I. von England wie Francis Bacon (1561-1626) einen Essay über das Beraten geschrieben: »Jedwede Sache will hin und her erwogen sein; will man sie jedoch nicht in der Beratung sozusagen durchrütteln und schütteln lassen, so wird das Schicksal sie auf seinen Wogen durchschütteln; sie hat dann weder Bestand noch Dauer, sondern schwankt einher wie ein Betrunkener« (*Über das Beraten,* in: *Essays,* S. 90). Bacon spricht im selben Essay davon, »daß Macht sich dem Rat vermählt« (S. 91).

Wer Rat begehrt, muß präzise und unsuggestiv fragen können. Er kann nicht vom Ratskollegium erfahren wollen, was er tun soll, sondern er muß wissen und sagen, was er will und warum er es will, um dann zu hören, was die anderen zu seinem Plan sagen. Das heißt nicht, daß er auf seinem Willen beharren muß. Das Ergebnis der Beratung kann auch Abänderung oder Aufgabe des Planes sein. Aber dafür, daß er die Belehrung annehmen sollte, trägt er die Verantwortung. Andererseits ist er durch den Zwang, Rat einzuholen, gehalten, den geplanten Entschluß vor sich selber zu präzisieren und zu begründen, um ihn vor anderen darlegen zu können. Der Plan selber wird gleichsam so auf die Beratungsprobe gestellt. Das zwingt ihn, auf eine möglichst hohe Beratungsfestigkeit seines Planes bedacht zu sein, selber das Für und Wider, aber auch die Alternativen abzuwägen. Denn er muß den Ratenden Rede und Antwort stehen. Die Beratung vermag für den, der entscheiden soll, gleichsam die Generalprobe für die eigene Verantwortung zu sein.

Das kombinierte Verfahren von Beratungszwang und Entscheidungsfreiheit steht zwischen der Alleinentscheidung, die sich der Beratung entzieht, und der Mehrheitsentscheidung. Bei dieser kann der Grad der Verantwortung der Entscheidenden in umgekehrtem Verhältnis zu deren Zahl stehen. Durch verschiedenartige Bindungen der Abstimmenden gegenüber Außenstehenden, nicht an der Entscheidung beteiligten Personen und Gruppen, aber auch durch Ausnutzung des Handelswertes ihrer Stimmen, mag die Entscheidungsfunktion leiden und der Entscheidungsgehalt gemindert werden. Es könnte dem Entscheidungsgehalt dienlich sein, wenn der Ratholende nicht an den Rat gebunden ist und die Ratenden nicht durch Abstimmung zur Entscheidung verpflichtet sind. Auf die gemeinsame Beratung muß nicht immer ein »einsamer Entschluß« folgen, aber es sollte kein einsamer Entschluß ohne vorhergehende gemeinsame Beratung erlaubt sein. Die Verbindung von Beratungszwang und Entscheidungsfreiheit, nämlich daß die Entscheidung erst getroffen werden kann, wenn sie den Engpaß der prüfenden und kritischen Beratung passiert hat, war kein ausschließlich römisches Verfahren. Auch in der späteren Geschichte ist diese Kombination in der Staatspraxis, z. B. im Absolutismus des 17. und 18. Jahrhunderts, immer wieder aufgetreten. Ein so überzeugter Vertreter der monarchischen Herrschergewalt wie der konservative Staatsphilosoph Friedrich Julius Stahl (1802-1861) verlangt, daß der Fürst »nicht anders als nach Vernehmung des Rates der Beamten (Minister, Staatsrat) . . regiere« (*Philosophie des Rechts,* Bd. II, 2, S. 249). Die Verbindung von Beratungszwang und Entscheidungsfreiheit war in der schwedischen Verfassung von 1809 institutionalisiert. »Der König allein soll das Reich regieren, er hat aber vor jeder Regierungshandlung die Meinung des Staatsrates einzuholen, die in einem Sitzungsprotokoll festgehalten werden muß.«

Der Codex iuris canonici, das Gesetzbuch der katholischen Kirche, kennt das »Beispruchsrecht Dritter« (Kanon 105). Eine Art dieses Beispruchsrechts ist die Befugnis untergeordneter Organe oder Personen, zu bestimmten Amtshandlungen ihres Oberen gehört zu werden. . . Wird. . . verlangt, daß der Obere (für ein Rechtsgeschäft) den Rat dieser Personen einholt, dann genügt es zur Gültigkeit der Rechtshandlung, daß der Obere diese Personen anhört« (Kanon 105 n.1.). Dabei wird unterschieden zwischen dem Fall, »in dem der Obere sich. . . an andere wenden muß, damit sie ihn beraten« und für den Fall »damit sie ihr Interesse oder ihr Recht geltend machen und verteidigen können« (*Gesetzbuch der katholischen Kirche.* Erklärung der Kanones von P. Heribert Ione S. 135). Auf den ersten Fall kommt es hier an. Ob aber die Nichtgewährung des Rechts auf Gehör die Amtshandlung rechtlich unwirksam macht, ist umstritten. Der Apostolische Stuhl, »dem die Streitfrage schon seit längerer Zeit vorliegt, hat noch keine Antwort erteilt« (a. a. O., S. 136). Im Kanon 105 heißt es weiter: »Obwohl der Obere in den Fällen, in denen er den Rat anderer einholen muß, nicht die Rechtspflicht hat, sich danach zu richten, nicht einmal wenn der ganze Beirat einmütig dieselbe Ansicht vertritt, so soll er doch von dem Rat, der von mehreren Personen einstimmig erteilt wurde, ohne zwingenden Grund nicht abweichen. Das Urteil darüber, ob ein solcher Grund vorliegt, steht aber dem Oberen zu.« Das war nicht die einzige Form der Kontrolle von Mehrheitsentscheidungen in der katholischen Kirche (s. S. 77 f.).

Diese Regelung unterscheidet sich von der altrömischen Praxis dadurch, daß sie eine gesetzliche Vorschrift darstellt, aber auf Rechtsgeschäfte beschränkt ist, daß, wenn auch umstritten, Nichtanhören zur Rechtsunwirksamkeit führt, und daß die Entscheidung nach Anhörung gegebenenfalls unter Kontrolle des Oberen steht. Das Zweite Vatikanische Konzil hat das Beispruchsrecht z. B. auf Laien ausgedehnt.

Auch die Demokratie kennt für die Regierung diese Kombination. Nach dem Grundgesetz bestimmt der Bundeskanzler allein die Richtlinien der Politik der Bundesregierung, aber nach deren Geschäftsordnung sind alle Angelegenheiten von allgemeiner, innen- und außenpolitischer Bedeutung ihr zu unterbreiten (§ 15 Abs. 1). Desgleichen gibt es in der deutschen Verwaltungspraxis die Verbindung von Entscheidungsfreiheit und Beratungsverpflichtung; weder der Minister noch ein entscheidungsbefugter Beamter können sich auf rechtliche oder sachliche Unkenntnis berufen. Sie sind verpflichtet, Rat einzuholen, und der Untergebene hat das Recht, seine etwaige abweichende Meinung schriftlich zu fixieren und den Akten beizulegen – ein Prinzip, das heute vielfach nicht mehr ausreichend beachtet wird (*Gemeinsame Geschäftsordnung der Bundesministerien*, Allgemeiner Teil § 35, Abs. 4). Die Verbindung von Beratungspflicht und Entscheidungsfreiheit ist ein Regierungsprinzip von hoher Effektivität, das sich aber nur realisieren läßt und behaupten kann, wenn und solange die politisch-charakterlichen und geistigen Voraussetzungen der Partner gegeben sind.

Unter dem Prinzipat des Augustus

Augustus (69 v. Chr. - 14 n. Chr.), der sich selbst princeps – eigentlich princeps civium, den Ersten der Bürger – nannte, erneuerte die Geltung des Wortes und wandelte dessen Sinngehalt. In seinem selbstverfaßten Tatenverzeichnis (*res gestae*) sagte er: »Ich überragte alle anderen an auctoritas, obwohl ich nicht mehr Amtsbefugnisse (potestas) hatte als meine Kollegen im Magistrat.« Durch potestas, durch legale wie angemaßte, hatte er im Bürgerkrieg obsiegt, aber nach dessen Ende bewahrte er sie weithin durch seine auctoritas. Hatten sich im alten Römischen Senat auctoritas – durch deren außerrechtliche Institutionalisierung – und potestas einander angenähert, so verbanden sich beide in der Person des Augustus.

Octavian hatte der Senat 27 v. Chr. den Beinamen Augustus angetragen und ihn damit zugleich in seinen zivilen und militärischen Machtbefugnissen bestätigt. Sie übte Augustus nunmehr aus als Inhaber legaler republikanischer Ämter, die er in Personalunion auf sich vereinigt hatte. Auf dieser Bestätigung, die teils aus Bewunderung und Anerkennung, teils aus Sorge und Angst erfolgt war, gründete sich die auctoritas des Augustus. Und wenn er die traditionelle, von ihm persönlich gesteigerte auctoritas für sich in Anspruch nahm, so entsprach das seinen konservativen Vorstellungen und brachte seinen Respekt vor der Tradition zum Ausdruck. Durch Cäsars Ermordung belehrt, wollte er auch nur den Anschein der Wiederherstellung der römischen Königsherrschaft vermeiden. Also diente ihm auctoritas zur republikanischen Verhüllung seiner faktisch monarchischen Position.

Der Senat hatte eine kollektive auctoritas, wenn sie auch immer wieder durch individuelle, auf persönlicher Qualität, aber auch auf dem gesellschaftlichen Ansehen beruhende auctoritas seiner Mitglieder wirkte und erneuert wurde. Die alte römische Republik kannte die anhaltende und überragende politische auctoritas eines einzelnen nicht. Sie verband sich jetzt bei Augustus mit einer allein schon durch die Ämterkombination bedingten außerordentlichen potestas von langer Dauer. Der Senat hatte bisher seinen Rat durch Befragung gefunden. Augustus, nach Beendigung des Bürgerkrieges ein weiser Herrscher, kein Tyrann, hatte weitgehend die Möglichkeit zur alleinigen Entscheidung gehabt, trotzdem befragte er den Senat. Er riet aber dem Senat, wie dieser ihm raten sollte. Dessen auctoritas entstand nunmehr durch die auctoritas des Augustus. Die Rollen zwischen princeps und Senat waren vertauscht. Auctor war im republikanischen Rom die Bezeichnung für Antragsteller, aber auctore principe bedeutet mehr als nur ›auf Antrag des princeps‹, sondern darunter war tatsächlich zu verstehen ›auf Veranlassung des princeps‹. Das war zu jener Zeit ein Zauberwort, das einem Befehl gleichkam.

Es war schon von der Autorität der Juristen die Rede. Sie wurde begriffen als eine gleichsam freie auctoritas, die auf dem Sachwissen des einzelnen beruhte. Augustus gab nun einzelnen, zweifellos hervorragenden, also ausgesuchten Juristen eine Art Privileg der Rechtsbelehrung. Diese lehrten und erteilten Rechtsgutachten aufgrund einer Ermächtigung des princeps »ex auctoritate principis«; sie verfügten über das »ius respondendi«, wörtlich: das Recht zu antworten auf die Frage des Richters – aber im Sinne von auctoritas, und ihre Voten banden faktisch die Richter. Augustus stärkte die Autorität dieser Juristen durch seine eigene. Er band die Gerichte durch diese Privilegierung an deren Gutachten. So wie sich die von Augustus angelegte, ausschließlich auf seiner Persönlichkeit beruhende Prinzipatskonstruktion von der republikanischen Ordnung unterschied, so seine auctoritas von der altrömischen, wenn sie auch traditionelle Züge behielt. Die altrömische auctoritas war mit einer bestimmten institutionellen Ordnung verknüpft. Änderte sich diese, dann mußte sich auch die Bedeutung des Wortes wandeln.

Soziale Herkunft und die Adoption durch Cäsar haben zu Augustus' auctoritas beigetragen, aber sie lag wesentlich in seiner persönlichen Qualität der Überlegenheit von Geist und Willen, die ihm die Führungsstellung im Staate gab. Dank dieser Qualität wurde ihm potestas übertragen. Sie war in ihrer konzentrierten Zusammenfassung nur Instrument seiner auctoritas. Schon Cicero hat in seinen Schriften und Briefen bei der vielfältigen Verwendung das Wort auctoritas auch im Sinne der überragenden Regierungsbefähigung gebraucht. So ist auctor als politischer Initiator, der Einfluß und Ansehen hat, bei Cicero auch der Terminus für den Staatsdenker, den auctor rei publicae. Politische Erkenntnisse verbanden sich bei Cicero mit politischen und philosophischen Vorstellungen unter dem Einfluß von Plato und Aristoteles. Er suchte nach dem Retter der Republik, deren Verfall er selbst erlebte. Nun war in der Persönlichkeit des Augustus konkret der Retter und Lenker des Staates, von dem Cicero abstrakt gesprochen hatte, in Erscheinung getreten.

»Von einem Überschusse seiner auctoritas über alle potestas sagt der Selbstbericht nichts, aber ein solcher bestand allerdings. Soweit schon die potestates des Kaisers reichten, bedeutete er freilich nicht mehr, als daß seine ihm gehorsampflichtigen Untergebenen auch tatsächlich keine Widersetzlichkeiten versuchten und daß selbständige Gewaltenträger ihm unerwünschte Amtshandlungen, wie Vorlagen beim Senat und Rogationen beim Volke, freiwillig unterließen, um sich nicht seiner Interzession auszusetzen. Wichtiger war ihr Gehorsam bei seinen positiven Aufträgen, die sie rechtlich ebensogut annehmen wie ablehnen durften, aber nicht leicht abzulehnen wagten ... Ähnlich Senat und Volksversammlungen« (Heinrich Siber, *Römisches Verfassungsrecht in geschichtlicher Entwicklung,* S. 375). »Die tatsächliche auctoritas des Kaisers kann als politische Grundlage des Principates gelten, sofern ihr Einfluß wie früher der des Senats den seiner staatsrechtlichen Gewalten übersteigt.« Sie ist nur »tatsächlicher Natur und kein Rechtsbegriff: jeder Versuch, sie staatsrechtlich zu fassen, hebt den im Selbstbericht des Augustus zugrundeliegenden Unterschied von unverbindlicher auctoritas und bindender potestas auf« (Siber, S. 375). Augustus war es, der die auctoritas in der von ihm bewirkten Umprägung, auch unter Wahrung traditioneller Elemente, darstellte. Durch seine persönliche Qualität und kraft der Zustimmung, des consensus, von Senat und Volk war Augustus das Oberhaupt des Römischen Reiches. In diesem doppelten Sinn konnte auctoritas nunmehr verstanden werden als persönliche Führungsbegabung und als anerkannte und daher berechtigte Führungsposition.

Unter den römischen Kaisern

Unter den Nachfolgern des Augustus, die seiner Familie entstammten, setzte eine neue Institutionalisierung der auctoritas
ein. Im letzten Lebensjahr des Augustus hatte der Senat dessen
Stiefsohn Tiberius durch Gesetz die gleichen Befugnisse über das
Heer und alle Provinzen übertragen, die Augustus zustanden. So
entstand die Amtsautorität des princeps. Die Nachfolger des Augustus hatten, wenn man von Tiberius absieht, kaum Herr-
schaftsbegabung. Ihre Herrschaft stützte sich auf die Autorität
des Augustus, und sie leiteten die ihre von seiner ab. Was ihnen
an persönlicher Autorität fehlte, ersetzten sie durch Terror, um
sich an der Macht zu halten.

Seit dem 2. Jahrhundert n. Chr. verlagerte sich das Schwergewicht des Römischen Reiches mehr und mehr nach Osten. Die
von altpersischen und hellenistisch-orientalischen Herrschaftsformen stark beeinflußte Monarchie verdrängte die altrömische
Tradition. Die Patriziergeschlechter starben aus, die Kaiser
stammten meist nicht mehr aus Rom. Auf sie konzentrierte sich
im wachsenden Maße die Staatsgewalt. Augustus hatte sich als
der Sohn des göttlichen (divus) Cäsar bezeichnet. Seine späteren
Nachfolger beanspruchten, Gott und Kaiser zugleich zu sein. Sie
nannten sich jetzt dominus (Herr), was früher nur die Anrede der
Unfreien gegenüber ihren Gewalthabern war. Augustus und Tiberius hatten sie noch abgelehnt, weil sie nach Tyrannis klang.
»Vielmehr ist, wie princeps der Ausdruck der formalen Gleichstellung des Kaisers und der übrigen Bürger, so dominus derjenige seiner eminenten Stellung und der formalen Untertänigkeit
des Redenden oder Schreibenden, welche übrigens mit der Ver-
götterung des Kaisers sehr häufig zusammen auftritt und oft
gleichsam zu einem Begriff, dem dominus et deus (Gott), ver-
schmilzt. An dem terminologischen Übergang des princeps in den
dominus läßt sich die innere Entwicklung der Monarchie vom
Oberamt zum Herrentum mit größter Genauigkeit messen und
verfolgen« (Mommsen, Bd. II, S. 761). Seit Aurelian (270-275)
gebührte dem Kaiser als dominus et deus Anbetung. »Indem der
princeps zum dominus, der divus zum deus stieg, wurde aus
Gleichheit Unterordnung, aus Freiwilligkeit und Toleranz Abso-
lutheit und Totalität – verwurzelt und legitimiert nicht durch qua-

litative Höchstleistung, sondern durch Begnadung als Gefäß Gottes« (Gmelin, *Auctoritas* S. 72). Zwar wurden die alten Formen gewahrt, aber sie waren weithin nicht mehr als konventionelle.

Seit Kaiser Septimius Severus (193-211), der sich mit bedeutenden Juristen umgab, hat die »auctoritas principis einen harten und absoluten Klang« (Gmelin, S. 75). Von Ulpian, dem großen Juristen und Zeitgenossen Septimius Severus', stammt der Satz: »Quod principi placuit, legis habet vigorem« (was der princeps anordnet – wörtlich: was dem princeps gefallen hat –, hat Gesetzeskraft). Es waren gerade Juristen, die dem Wort die herrschaftliche Präzision gaben und es damit zu einem Instrument der kaiserlichen Herrschaft machten. Auctoritas imperialis und später auctoritas maiestatis sind die Umschreibungen für die unumschränkte Gewalt des Kaisers, der oberster Gesetzgeber und Richter zugleich ist. Auctoritas wuchs nicht mehr dem princeps selbst zu, sondern floß »von der Spitze . . . hinab in alle Glieder« (a. a. O., S. 76). Auctoritas war die Bezeichnung für die zivile Gewalt im Gegensatz zum Imperium der militärischen. »Denn auctoritas bezeichnete in der spätantiken Kaiserzeit eben nicht mehr jenes Imponderabile, auf das sich die Stellung des Augustus gestützt hatte, jene auctoritas suadendi, des Überredens, die Tacitus in Gegensatz zur auctoritas imperandi gestellt hatte, sondern den Urgrund der kaiserlichen Vollgewalt« (Löwe, S. 532). Ex auctoritate principis war die Formel für alle kaiserlichen Gesetze, Edikte und Dekrete. Von der summa auctoritas des Kaisers leiteten dessen oberste Beamte den Besitz ihrer auctoritas ab. Auctoritas wurde zur Anrede, zum Prädikat (magnificentissima, excellentissima auctoritas). Wie früher die Senatsbeschlüsse, so wurden jetzt die kaiserlichen Gesetze, die über allem standen, sowohl die Urkunde selbst als auch die Gültigkeit, als auctoritas bezeichnet. Auctoritas und potestas waren zwar miteinander verschmolzen, aber auctoritas war der pathetischere Ausdruck; sie betonte die persönliche Herrscherbegabung des Kaisers, hatte jedoch im Sinne des helfenden Willens nach altrömischen Traditionsvorstellungen noch einen humanen Klang, wenn es auch in der Realität wenig zu bedeuten hatte.

In der katholischen Kirche

I. Die Anfänge

Eine neue Umprägung bei gleichzeitiger Anpassung an die traditionellen und zeitgenössischen Sprachgebräuche erfuhr das Wort auctoritas, das nicht in der Bibel stand, durch die katholiche Kirche. Von Tertullian (160-220), dem ältesten lateinischen Kirchenschriftsteller, Schöpfer der lateinischen Kirchensprache, von Haus aus wahrscheinlich selbst Jurist, über Cyprian (200-280), Bischof von Karthago, der aus dem römischen Beamtenadel hervorgegangen war und ausgesprochen politisch dachte, bis zum heiligen Augustin (354-430) vollzog sich im wesentlichen die Anpassung des vieldeutigen Begriffs aus der römischen Staatspraxis an die Interessen und Bedürfnisse der Kirche.

Den Kirchenlehrern waren römische Herrschaftsvorstellungen und -einrichtungen sehr wohl bekannt. Deren Terminologie, wenn sie auch einer ihnen zum Teil feindlichen Welt entstammte, entnahmen sie einen Teil ihres Wortschatzes. Das gilt vor allem für Tertullian, Sohn eines römischen Offiziers in Karthago, Zeitgenosse des Kaisers Septimius Severus. Er hat seine theologischen Formulierungen aus der römischen Rechts- und Militärsprache entlehnt. Sie haben Cyprian und Augustin vielfach, wenn auch unter Abwandlung der Bedeutung, übernommen. Die Kirche erkannte prinzipiell die weltliche Ordnung an; denn so hatten es die Apostel Petrus und Paulus einst verlangt. Solches Verhalten korrespondierte freilich mit den realen Interessen einer ständig wachsenden Kirche, die weder die politische noch die gesellschaftliche Ordnung zu ändern, vielmehr in der bestehenden sich zu behaupten und auszudehnen trachtete. Augustin, Zeitgenosse der Nachfolger Konstantins des Großen (306-337), verdammte die Sittenlosigkeit der weltlichen Politik. Aber er war »in Sprache und Geist seiner Vorbilder und Gegner zu Hause« (Gmelin, S. 99); Ähnliches galt auch für Tertullian und Cyprian.

Das politische und rechtliche Vokabular der lateinischen Weltsprache, das auf einer großen Tradition beruhte, bot sich der Kirche für ihre Sprachregelung geradezu an. Es gab Worte, die so allgemein bekannt und gebräuchlich waren, daß sie keiner besonderen Definition und Interpretation bedurften. »Das eigene

Neue wird an fremden Alten versinnbildlicht, verdeutlicht, zu fassen gesucht« (Gmelin S. 122).

Diese neue Begriffsbildung mit Hilfe traditioneller Termini in zeitgenössischer Prägung ging Hand in Hand mit der hierarchischen Institutionalisierung des abendländischen Christentums, das ursprünglich eine durch die Innigkeit des Glaubens verbundene christliche Liebesgemeinschaft mit einem – man würde heute sagen – quasi demokratischen, mehr oder minder autonomen Gemeindeleben war, zur Universalkirche, der »die politische wie die geistige Erbschaft Roms in den Schoß und auf die Schultern fiel« (Hannah Arendt, S. 158). Je mehr der christliche Enthusiasmus erlahmte, desto stärker erschien das Bedürfnis nach organisatorischen, Dauer versprechenden Formen. Im zweiten Jahrhundert n. Chr. setzte in zunehmendem Maße zur Abwehr äußeren Drucks und innerer Aufsplitterung, der Häresie, die Entwicklung zur Anstalts-, zur Amts- und Priesterkirche ein. In den einzelnen Gemeinden trat an die Stelle der genossenschaftlichen Form die feste hierarchische Organisation mit dem Bischof in monarchenähnlicher Position an der Spitze. Die voneinander unabhängigen Gemeinden im weiten Römischen Reich waren in einem verbandsähnlichen Gebilde zusammengefügt, dessen Träger die Bischöfe und deren oberstes Organ die von Zeit zu Zeit zusammentretenden Bischofssynoden waren. Modell für diese Institutionalisierung war die römische Staatsorganisation, allerdings mit dem wesentlichen Unterschied, daß die Bischöfe untereinander gleichberechtigt waren und die Kirche zunächst ein Oberhaupt, wie es der weltliche Staat hatte, nicht kannte.

Der Glaubenseinheit sollten feste Normen im Glaubensbekenntnis und in der Glaubenslehre dienen. Dazu war aber auch die Normierung der kirchlichen Ordnung erforderlich. Die dogmatisch-kultische und die kirchenorganisatorische Institutionalisierung gingen Hand in Hand. Die Folge war die Hierarchisierung des Klerus. Dieser erfuhr eine besondere Weihe, die Ordination, und ihm waren Predigt und Sakramentsverehrung vorbehalten. Zugleich entstand eine christliche Literatur und Kirchenphilosophie. Während die alten Gemeinden überwiegend aus den unteren sozialen Schichten hervorgegangen waren, diese vielfach ausschließlich deren Träger waren, nahm langsam aber anhaltend seit der Mitte des zweiten Jahrhunderts die Zahl der Übertritte aus der Oberschicht zu. In erster Linie waren es deren Angehörige, die die kirchliche Ordnung auf- und ausbauten.

In den heidnischen Religionen, auch in der römischen Götterwelt des Imperiums, hat das Wort auctoritas kaum eine Rolle gespielt. Die Kirche übernahm es unmittelbar aus der rechtlichen und politischen Terminologie. Der dreieinige Gott ist dominus, auctor. In der divina (göttlichen) auctoritas des Tertullian mögen die altrömischen Vorstellungen von dem maßgeblichen helfenden, aber auch Irren und Irrglauben ausschließenden Rat, der Unterwerfung erheischt, mit den zeitgenössischen der unbeschränkten Herrschermacht des Kaisers, die unbedingten Gehorsam verlangt, zusammengeklungen haben. Gott ist wahrhaft summa auctoritas und potestas. Seine auctoritas bedarf keiner anderen auctoritas, keines Ratgebers und keines Rates. »Er hat keinen Ratgeber, dem man sein Geheimnis für Gold abkaufen könnte; keinen, zu dem er sagen würde: was soll ich tun? Keinen, der zu ihm sagen dürfte: was machst du?« (Kierkegaard, *Der Begriff des Auserwählten,* S. 363).

Wieder sind es Juristen, diesmal kirchliche, die an und mit der auctoritas arbeiten. Für Tertullian ist die »christliche Religion göttliche, objektive Rechtssatzung«; er deutet sie als »ein Rechtsverhältnis zwischen Gott und den Menschen« und spricht von der »principalis auctoritas regulae fidei«, des Glaubensbekenntnisses als der Quintessenz des göttlichen Gesetzes. Durch diese Wortzusammenstellung wurde an das weltliche Gegenbild der auctoritas principis in der Gesetzgebung und Rechtsprechung erinnert.

Die Bibel hat divina auctoritas, weil Gott ihr Urheber ist, so wie das staatliche Gesetz, dessen Urheber der Kaiser ist. Dieses Rechtsfundament ist unabänderlich, über allen Zweifel erhaben und jeglicher Korrektur entzogen. Das dogmatische Fundament waren das Glaubensbekenntnis, die Bibel und die kanonischen Schriften – und allein sie. Solch strikte Begrenzung der dogmatischen Grundlage erschien Tertullian nicht nur religiös gerechtfertigt, sondern politisch notwendig. Um jeglichen dogmatischen Ausweichungen und Ausweitungen entschieden entgegenzutreten, bediente er sich eines allgemein bekannten und verstandenen Wortes aus der römischen Herrschafts- und Rechtssprache. Was auctoritas im streng regierten Reich des Septimius Severus war, war jedermann geläufig. Wie keine andere Regel als lediglich das kaiserliche Gesetz auctoritas besaß, so hatte in den christlichen Gemeinschaften Autorität nur die Heilige Schrift. Wie nur die kaiserlichen Gesetze Anspruch auf unbedingten weltlichen Gehorsam hatten, so hatte die Heilige Schrift allein Anspruch auf unbedingten kirchlichen Gehorsam. Auf diese Weise diskriminierte Tertullian die häretischen Lehren, die keinerlei Autorität erlangen durften. Der Macht des Kaisers entspricht die Allmacht Gottes, des Imperator Deus.

Die Übernahme politischer Worte und Begriffe in die religiöse Terminologie hatte sich schon in der jüdischen, in der griechischen und der mit ihr verschmolzenen römischen Religion gezeigt. Aber hier waren die Begriffe aus primitiven Herrschaftsordnungen und -vorstellungen hervorgegangen und in verfeinerten Verfassungsstrukturen beibehalten worden. Das Wort auctoritas jedoch entstammte einer durchorganisierten und rechtlich ausgebauten Staatlichkeit, die zudem nicht christlich, sondern antichristlich war. Nicht nur das trotz mancher Wandlung für die damalige Zeit prägnante Wort in seiner politischen Bedeutung, das am Anfang strenger und bewußter Institutionalisierung der christlichen Glaubensgemeinschaft in ihre Sprache übernommen wurde, bestimmte die weitere Entwicklung der Kirche, sondern es ist der charakteristische Ausdruck für sie. So bedeutsam auch schon vor Tertullian das gemeinsame Band der Sprache von Kirche und Imperium war, durch ihn setzte erst eine starke Wirkung der römischen Tradition auf die Kirche ein.

Die Apostel sind die historischen Zeugen von Jesus Leben und Lehre und bürgen nach Tertullian für deren rechte Überlieferung und historische Wahrheit, wie nach römischem Privatrecht der Verkäufer dafür bürgt, daß die verkaufte Ware sein Eigentum war. So wie beim Eigentum der Ware der Verkäufer Rechtsvorgänger des Käufers ist und dieser dessen Rechtsnachfolger, so sind die Apostel die Rechtsnachfolger Christi. Denn er hat ihnen seine Autorität übertragen. Die Apostel hatten auf ihren Missionsreisen Stellvertreter und Nachfolger eingesetzt, die von deren auctoritas die ihre ableiteten. »So entwickelt sich eine ... Traditionskette, in der jeder Bischof charismatisch das Glaubensgut als Eigentum seiner Kirche erhält und damit Träger der auctoritas wird« (Lütcke, S. 23). Der altrömische privatrechtliche Begriff der auctoritas rerum wird hier auf das Glaubensgut projiziert; Tertullian erkennt »... die apostolische Sukzession in den einzelnen Hauptkirchen als den Prüfstein für ihre Rechtgläubigkeit« (Feine, *Kirchliche Rechtsgeschichte,* S. 34).

Tertullian, streng religiös gesinnt, dachte und arbeitete für seine Kirche mit juristischen Begriffen. Er bekämpfte die Häresie, indem er sich auf die von den Aposteln gewährleistete schriftliche Überlieferung, auf die nachweisbare Tradition berief. Nur sie hat Autorität, und nur die Autorität garantierte die Bewahrung der Tradition, auf der allein die Kontinuität der Kirche beruhen kann. Autorität und Tradition bedingen einander.

Der Anspruch der kirchlichen auctoritas entsprach ganz den staatsrechtlichen herrschaftlichen Prinzipien jener Zeit; die Begründung freilich erfolgte nach privatrechtlichen Begriffen. Beide auctoritas-Bilder stehen bei Tertullian nebeneinander. Er verbindet »die Urform der auctoritas und die Endform ihrer historischen Entwicklung, den rechtlichen Ausgangspunkt und die politische Wirklichkeit seiner Zeit . . .« (Gmelin, S. 91). Aber von einer inneren Ausbildung der innerkirchlichen Verfassung nach dem Vorbild der römischen Staatsorganisation wollte Tertullian noch nichts wissen. Zwar hatte das Bischofsamt eine starke Herausbildung und Festigung erfahren, aber den Bischöfen standen in erster Linie nur »das Taufrecht, die Lehrmitteilung und Spendung des Abendmahls sowie die Lossprechung von leichten Strafen zu« (a. a. O., S. 88), nicht aber eine höhere Gewalt. Die Kirche war eine Gemeinschaft der Gläubigen, die Bischöfe waren Vorsitzende ihrer Gemeinde, aber nicht deren Herren.

Als der erste Innenarchitekt der kirchlichen Verfassung war Cyprian anzusehen, der, aus einer reichen Familie stammend, vor seiner Bekehrung Lehrer der Rhetorik war und dann Bischof von Karthago wurde. Durch Tertullian war auctoritas zu einem Begriff der Lehre und der Verfassung der Kirche geworden. Diese geht »als Rechtsanstalt unmittelbar auf die Anordnung ihres göttlichen Stifters zurück, der die Grundlagen ihrer Verfassung durch göttliches Gebot als ius divinum festgelegt hat« (Feine, S. 45 f.). Nur die Kirche hat sacra auctoritas. Das bedeutet nicht nur die Lehr- und Glaubensherrschaft der Kirche durch unfehlbare Lehrhoheit, sondern auch Ordnungs- und Zuchtgewalt innerhalb ihres Bereiches. Wie die Kirche auctoritas als Institution genießt, so auch das Amt des Bischofs – nämlich ebenfalls ritus sacerdotatis (priesterlich). Denn alle Bischöfe sind Nachfolger des Apostels Paulus durch die Verheißung in den Evangelien, sie gelten als vicarii, Stellvertreter *Christi*. Christus hat nach *Matthäus 16 (18-19)* Petrus Amtsautorität übertragen: »Und ich sage dir auch: du bist Petrus, und auf diesen Felsen will ich bauen meine Gemeinde, und die Pforten der Hölle sollen sie nicht überwältigen. Und ich will dir des Himmelreichs Schlüssel geben: alles, was du auf Erden binden wirst, soll auch im Himmel gebunden sein, und alles, was du auf Erden lösen wirst, soll auch im Himmel los sein.« Eine ähnliche Stelle findet sich bei *Joh. 20, 23*: »Welchen ihr die Sünden erlasset, denen sind sie erlassen; und welchen ihr sie behaltet, denen sind sie behalten.« Die Übertragung der Vollmacht ergibt sich auch aus *Joh. 21, 15*: »Da sie nun das Mahl gehalten hatten, spricht Jesus zu Simon Petrus: Simon Jonas, hast du mich lieber, denn mich diese haben? Er spricht zu ihm: Weide meine Lämmer.« Diese Bevollmächtigung wird zweimal wiederholt.

Es ist in diesem Zusammenhang ohne Belang, wieweit die Theorie der Kirchenlehrer und damit das Dogma der katholischen Kirche auf historisch nachweisbaren Gegebenheiten und Aussagen oder auf nachträglich entstandener Legende beruhen. Gerade bei dem für die Autoritätsübertragung entscheidenden Wort von *Matth. 16 (18-19)* ist umstritten, ob es sich um eine echte Aussage von Jesus, und wenn nicht, ob es sich um einen echten Bestandteil des Matthäusevangeliums oder um einen späteren Einschub handelt. Die Lehre von der Autoritätsübertragung und Autoritätstradition entsprach römischen Vorstellungen. Augustus hatte dem Tiberius auctoritas übertragen, indem er ihn zu seinen Lebzeiten als Nachfolger bestellen ließ. Der auctoritas maiorum, der Vorfahren, entsprach die der Nachfolger der Apostel.

»Hatte sich Tertullian bei seiner Umprägung des auctoritas-Begriffes am römischen Privatrecht orientiert, so liegt der Nachdruck bei Cyprian auf dem Politischen und Staatsrechtlichen, er gründet die Bischofsgewalt auf die Rechtsbegriffe der römischen Ämterhierarchie.« »Für ihn gehen potestas und auctoritas ineinander über... Das Episkopat ist unangreifbar geworden« (Lütcke, S. 25). Die Bischöfe haben nach Cyprian zur Wahrung der Autorität der Kirche eine der magistratischen Amtsgewalt entsprechende potestas in ihrem Bereich (pro auctoritate cathedrae potestas). Mittels Kirchenstrafen, von denen einige weltliche Effektivität hatten, vermochten sie die Durchsetzung des Kirchenrechts zu erwirken. Sie haben durch die Binde- und Lösungsgewalt (nach *Matth. 16, 18-19*) echte Amtsgewalt, also potestas, obschon nur denjenigen gegenüber, die sich aus freier Entscheidung der auctoritas der Kirche unterordnen. »Ernennungen und Verbannungen, Exkommunikationen und Kirchenstrafen, alles geschieht ›ex sedis apostolicae auctoritate‹, ganz analog zu den kaiserlichen Erlassen, die ebenfalls auctoritates hießen« (Lütcke, S. 25).

Wenn Cyprian sagt: »Kein Heil außerhalb der Kirche« (salus extra ecclesiam non est), so meint er mit Kirche den jeweiligen Bischof und die Gesamtheit der Bischöfe. Wer nicht die Autorität eines Bischofs anerkennt, ist kein Christ. Der Bischof, und nur er, hat die unbeschränkte Macht der Sündenvergebung. Der Bischof war und hatte auctoritas kraft Amtes, also durch Weihe, durch Verleihung, ebenso wie der kaiserliche Beamte. Was konkret für Cyprian die bischöfliche Autorität bedeutete, kommt in seiner Bezeichnung für die gläubigen Laien zum Ausdruck, die er »plebs credentium« nannte. Das nichtpatrizische Volk in Rom hieß plebs.

»Die Stellung des Bischofs wird die eines kirchlichen Herrn, wird ein Amt mit Rechten, gegründet auf Macht. Folgerichtig hat nur der Bischof eine potestas« (Gmelin, S. 93). Tertullian hatte noch unterschieden zwischen schweren Sünden wie Ehebruch, Mord, Abtrünnigkeit, die Gott allein, und solchen, die die Kirche vergeben konnte. Das war die herrschende Auffassung. Todsünder durften der Gemeinde nur als lebenslängliche Büßer angehören und blieben von der Gemeinschaft des Sakramentes ausgeschlossen. Cyprian zufolge durfte nun auch der Bischof von schweren Sünden lossprechen, was eine wesentliche Steigerung seiner kirchlichen potestas bedeutete, also eine politische Entscheidung war.

Nach Cyprian ist jeder Bischofssitz sedes apostolica, Sitz des Apostels. Alle Bischöfe sind gleichermaßen Nachfolger des Apostels Petrus und im Prinzip gleichberechtigt. Christus hat die Binde- und Lösungsgewalt Petrus als Vertreter der Jünger auch für diese, nicht ihm allein, übertragen. Der Bischof ist in seiner Diözese unabhängig und allein Gott verantwortlich. Der Bischof von Rom als der der Gemeinde Petri hat einen Ehrenvorrang; aber ein rechtliches Primat, das ein römischer Bischof für sich in Anspruch nahm, erkannte Cyprian nicht an. Dazu war er um so weniger bereit, als der Bischof von Rom in der Frage der Sündenvergebung mit großer Entschiedenheit die Auffassung Tertullians (s. S. 38) vertrat. So gab es in der Kirche keine höhere Amtsautorität als die des Bischofs. Die Kirchenleitung, in erster Linie die Wahrung der Glaubens- und Lehreinheit, lag bei der Gesamtheit der Bischöfe, deren Synoden und Konzilien. Diese Lehre von der oligarchischen Leitung der Kirche hat man später als Episkopalismus bezeichnet im Gegensatz zur Theorie des Papismus oder Kurialismus.

Cyprian kann wohl als der eigentliche Begründer der Bischofskirche angesehen werden. Er war Praktiker, dem es in erster Linie um Seelsorge und Kirchenordnung ging. In seiner Auffassung der herrschaftlichen Autorität der Bischöfe und ihrer prinzipiellen Gleichberechtigung ist er durch persönliche Erlebnisse bestärkt worden. Seine Autorität in der eigenen Gemeinde war zeitweise stark umstritten, und mehrfach war er mit Bischöfen von Rom wegen ihres Primatanspruchs hart zusammengestoßen. So hatte Cyprian nach zwei Seiten um seine Autorität gekämpft, und auch das hat ihn wahrscheinlich veranlaßt, die Heraushebung und Befestigung der bischöflichen Position dogmatisch zu begründen.

Tertullian hatte den zeitgenössischen politischen Autoritätsbegriff für das geschriebene Wort, Cyprian für Personen im Amt, eben die Bischöfe, in Anspruch genommen. Das war eine verständliche Fortentwicklung; die auctoritas der Heiligen Schrift reichte nicht aus, sie erforderte die Auslegung gerade im Kampf gegen die Häresie, und dazu bedurfte es der Autorität von Amtspersonen. Aber der altrömische politische auctoritas-Begriff war unter den Nachfolgern des Augustus erstarrt. Gewiß war auch in der ›res publica‹ auctoritas ein aristokratischer Terminus gewesen, weil Politik vorwiegend Sache des Patriziats gewesen war. Aber auctoritas wurde immer von neuem zuerkannt. Sie wurde erworben, sie war weder erbliches Privileg, noch wurde sie verliehen. Unter den Nachfolgern des Augustus wurde sie an das Amt gebunden, obwohl es sicherlich daneben auch noch persönliche auctoritas gegeben hat. In dieser erstarrten Form hat Cyprian das Wort übernommen.

Hatten Cyprian und Tertullian den in die Kirchensprache übernommenen auctoritas-Begriff juristisch verstanden und interpretiert, so hat Augustin ihm einen ausgesprochen religiös-spirituellen Sinngehalt und damit in der Tiefe und Weite Dimensionen gegeben, so daß er über alle traditionellen und zeitgebundenen Vorstellungen hinausgehoben wurde.

Augustin, Afrikaner wie Tertullian und Cyprian, aus kleinbürgerlichem Haus – der Vater war Heide, die Mutter fromme Christin –, war Lehrer der Rhetorik in Rom und Mailand und hier Schüler des heiligen Ambrosius, eines der bedeutendsten Bischöfe und Kirchenlehrer seiner Zeit. Von diesem wurde er 386, also mit zweiunddreißig Jahren, getauft; 391 empfing er die Priesterweihe, fünf Jahre später wurde er Bischof von Hippo, einer kleinen Stadt in Nordafrika.

Vierzig Jahre vor der Geburt Augustins hatte Konstantin der Große 313 das Christentum als rechtmäßige Religionsgemeinschaft neben den heidnischen Bekenntnissen und Kulten anerkannt. Den Klerikern wurde Steuerfreiheit gewährt, was der Beginn der Privilegierung des Priesterstandes war.

Die Kirche, die bis dahin von Almosen und Geschenken vielfach bescheiden, wenn nicht gar ausgesprochen ärmlich existiert hatte, erhielt in steigendem Maß staatliche Einkünfte, eigene, oft prächtige Gebäude, kostbare Kirchengeräte und liturgische Gewänder. Die Kirche vermochte dadurch ihre Autorität neben dem staatlichen Prunk und zunächst auch dem des heidnischen Kultes (später statt diesem) sichtbar und sinnfällig zu demonstrieren. Nach dem Sieg der Kirche setzten alsbald Tendenzen zur Aristokratisierung des hohen Klerus ein. Die Bischöfe wurden gern aus den Familien, die gesellschaftliche Autorität hatten, gewählt, und gerade Angehörige solcher Kreise waren nunmehr nicht nur bereit, dieses Amt zu übernehmen, sondern drängten sich geradezu danach. Die Bischöfe, im Rang den hohen Beamten gleichgestellt, wurden mehr und mehr mit staatlichen Aufgaben betraut. So verband sich mit der von der Lehre verordneten Bischofsautorität vielfach Herkunftsautorität, deren Geltung sich noch aus der Zeit der ›res publica‹ her behauptet hatte, und ebenso Privilegienautorität.

Nachdem die letzte große Christenverfolgung unter Diokletian

(284-305) nicht wie beabsichtigt zur Ausrottung der weitverbreiteten Kirche, sondern zu deren Stärkung geführt hatte, schloß Kaiser Konstantin (305-337) mit ihr ein Bündis, um sich ihrer Organisation zur Wiederherstellung von Kaiserautorität und Einheit des gefährdeten Imperiums zu bedienen. Er nahm die Kirche in den Staat herein »als festes Gerüst und regsames Geäder« (Gundolf, *Caesar. Geschichte seines Ruhms*, S. 47). Aber die Kirche, kaum daß sie ihre Existenz hatte behaupten können, stand vor einem bedrohlichen Aufspaltungsprozeß. Streitigkeiten brachen aus und Spaltungen entstanden, teils dogmatischer Art, teils aus hierarchischer Rivalität. An der Einheit der Kirche, die diese dogmatisch für sich in Anspruch nahm, aber faktisch in ihrer Gesamtheit nicht zu verwirklichen vermochte, hatte der Kaiser, der hart um seine Alleinherrschaft ringen mußte, ein hochpolitisches Interesse um der Integration seines Reiches willen.

Konstantin hat in der von ihm einberufenen Reichssynode von Nicaea 325 die Einheit der Kirche wenigstens vorläufig wiederhergestellt. Unter seinem starken Druck wurde die Annahme des nicaenischen Glaubensbekenntnisses beschlossen. Die Reichssynode, die erste ihrer Art, hätte von sich aus diese gemeinsame Entscheidung wohl nicht zu treffen vermocht. »Der Beschluß von Nicaea bedeutete die Rettung der Theologie vor dem Zerfließen in philosophische Spekulation; aber er war eine Vergewaltigung der Majorität der Orientalen« (Karl Heussi, *Kompendium der Kirchengeschichte*, S. 100).

Zunächst war die Kirche nur eine rechtmäßige Religion unter mehreren. Kaiser Julian Apostata (361-363), Anhänger der heidnischen Philosophie, begünstigte mit der von ihm verkündeten Religionsfreiheit die sektiererischen Tendenzen und Erscheinungen. Die von seinen Vorgängern wegen Verletzung des Dogmas verbannten Bischöfe konnten zurückkehren und galten als rehabilitiert. Julians Tolerierung der christlichen Parteiungen hätte sich auf längere Dauer als ein wirksameres Mittel erweisen können als die Christenverfolgung.

Solange ein religiöser Pluralismus bestand, war die Einheit der Kirche immer wieder gefährdet. Es gelang ihr nicht, die Einheit des Glaubens aus eigener Kraft wiederherzustellen und zu behaupten. Theodosius der Große (379-395), selber überzeugter Christ, befahl 380 durch das Edikt von Tessaloniki allen Untertanen, sich zum Christentum, und zwar zu dem des nizäischen Glaubensbekenntnisses, formal zu bekennen.

Zehn Jahre später verbot er alle heidnischen Kulte. Wer weiterhin diese Kulte ausübte oder auch christlichem Sektierertum anhing, wurde wegen Majestätsbeleidigung oder Häresie verfolgt. Die dogmatische Autorität der Kirche bedurfte der politischen des Kaisers, um wirksam werden zu können.

Dem Römischen Imperium entsprach die Reichskirche. Aber die endgültige Teilung des Reichs 395 nach dem Tode Theodosius' in zwei Hälften mit den rivalisierenden Zentren Konstantinopel (Byzanz) und Rom sollte auch die Entwicklung der Kirche bestimmen. Um 375 hatte unter dem Druck der Hunnen die germanische Völkerwanderung eingesetzt. Zu Anfang des fünften Jahrhunderts waren Gallien und Spanien faktisch an die Germanen verloren. 401 begann der Einfall der Westgoten in Italien, deren König Alarich hatte 410 Rom vorübergehend eingenommen. Seit 429 standen die Vandalen in Afrika. Augustin starb 430 in Hippo, während der Belagerung durch die Vandalen, gegen die er seine Bischofsstadt zu verteidigen suchte.

In dieser Zeit erschien der weltliche auctoritas-Begriff stark angeschlagen. Die herrschaftliche auctoritas der römischen Kaiser diente dem Schutz der Untertanen vor feindlichen Einfällen und Besetzungen; diese schützende Kraft hatte sie in starkem Maße eingebüßt, trotzdem hatte das Wort seinen traditionellen Klang behalten, und Tertullian wie Cyprian hatten es so fest in die Kirchensprache eingeprägt, daß Augustin von ihm wie selbstverständlich ausging.

Der auctoritas-Begriff kommt in den Schriften Augustins an ca. 1200 Stellen vor (zitiert bei Karl Heinrich Lütcke, *Auctoritas bei Augustin*, S. 10). Der Interpretation Lütckes, dem gegenwärtig wohl besten Kenner des auctoritas-Begriffs bei Augustin, wurde hier wesentlich gefolgt.

Augustin gebraucht das Wort in unterschiedlichen, z. T. auch voneinander abweichenden Sinnbedeutungen. Er unterscheidet wie Cicero zwischen den beiden Wegen zur Erkenntnis, nämlich dem der auctoritas und dem der ratio, dem durch Glauben an die auctoritas und dem der Erkenntnis durch die ratio, den Verstand.

Die auctoritas ist die Überzeugungs- und Wirkungskraft, die Wahrheit den Ungebildeten und Halbgebildeten, aber auch denen, denen wegen der Berufsausübung keine Zeit und Möglich-

42

keit zur Philosophie gegeben ist, zugänglich zu machen, damit die Wahrheit zum Allgemeingut wird. »Bei Augustin ist die Hochschätzung der Autorität wesentlich in dem Interesse an der vielgeschmähten Menge begründet« (a. a. O., S. 65). Die Autorität ist schlechthin »das Tor zum Wissen« (a. a. O., S. 81). Aber alle Menschen sind wegen ihrer Unvollkommenheit (infirmitas) auf Autorität angewiesen. Sie steht am »Beginn des Lernprozesses«. Die auctoritas geht der ratio voran, damit dann mit Hilfe der ratio verstanden wird, was zunächst durch auctoritas geglaubt wird.

Die göttliche (divina) Autorität ist vera (wahrhaftig), firma (sichere, verläßliche) und summa (oberste) auctoritas, »da an ihr erst herauskommt, was Autorität ist und sein kann« (a. a. O., S. 120). Sie übersteigt das Menschenmögliche und läßt sich mit menschlichen Maßstäben nicht erfassen. Die Anerkennung der divina auctoritas ist zwar ein Akt freier Glaubensentscheidung, aber sie ist letztlich ein Sprung, den alle Begründungen stützen, jedoch nicht ersetzen können. Sie ist in jeder Beziehung unbedingt und unwiderruflich bejahte Glaubensabhängigkeit.

Die göttliche auctoritas kommt zum Ausdruck durch potestas, »eine Kraft, die durch Wunder die Überlegenheit Gottes zeigt und so den Menschen zur Anerkennung zwingt (Lütcke, S. 122). Zu der potestas muß die clementia (Gnade), die sich in Christi »humilitas« (Erniedrigung) äußert, hinzukommen. Sie »macht die Hilfe Gottes deutlich, der man sich gern anvertraut.« (a. a. O., S. 122).

Gottes auctoritas wird durch die Autorität des menschgewordenen Gottes, des historischen Jesus, anschaulich gemacht. Von der Autorität Jesu wird die der Bibel abgeleitet, die dessen Autorität fortsetzt. »In der Bibel spricht Christus . . . Er erschien als die divina auctoritas und begründete die Schrift als die divina auctoritas« (a. a. O., S. 130). Deswegen ist gegen die Bibel kein Widerspruch möglich. Sie ist »verbindliche Wahrheit für die gesamte Menschheit« (a. a. O., S. 132).

Auctoritas ist auch die Kraft, das sittliche Leben des Menschen zu bestimmen, und zwar nicht durch den Zwang des Gesetzes, sondern durch das Evangelium Christi, das den Menschen dazu bringt, aus innerer Freiheit, also gern zu gehorchen. Augustin unterscheidet zwischen der potestas des Alten und der auctoritas des Neuen Testaments.

Die Autorität der Kirche wird auf die Christi über die von ihm abgeleitete der Apostel zurückgeführt. »Die Kirche hat die Bibel empfohlen, die Bibel empfiehlt aber auch die Kirche« (a. a. O., S. 145). Hier zeigt sich wieder der Zirkel »gegenseitiger Verweisungsbezüge.« Berühmt ist das Wort Augustins: »Ich würde nicht an das Evangelium glauben, wenn mich nicht die Autorität der katholischen Kirche dazu bewegt hätte.« Die Kirche setzt Christi Autorität in die Gegenwart fort, sie vermittelt und verbreitet den Glauben. Nur sie kann von den Menschen erfaßt und begriffen werden, denn sie allein vermag zu dieser Welt in ihrer Sprache zu reden.

Da Gott summa auctoritas ist und er die Kirche gestiftet hat, um den Glauben an ihn den Menschen zu veranschaulichen, so darf es in einem christlichen Staat nur diese eine Kirche geben. Sie hat kraft ihrer Autorität den Glauben und damit dessen Einheit zu schützen, ihn vor Zersplitterung und vor Zerfall zu bewahren. Augustin spricht von der auctoritas concors, der einheitstiftenden Ordnung. Die Kirche muß aber auch die Gläubigen vor sich selbst schützen, Falsches und Unwahres zu glauben. Die Autorität hat zugleich eine schützende Funktion. Um der Autorität der Bibel und der Einheit der Kirche willen kann nur diese Wächterin wahrer Auslegung sein, aber sie ist bei der Auslegung an die Bibel gebunden. Ohne die Herrschaft der Kirche wären Glauben und Gläubige schutzlos.

Die Kirche ist göttliche Stiftung und von Menschen getragene Einrichtung zugleich, da nur sie auf die Menschen einzuwirken vermag. In ihr verbindet sich göttlicher Auftrag mit irdischem Vollzug. Diese Verbindung ist eine problematische, aber zum Zweck von Einheit und Wirksamkeit der Kirche unerläßliche Konstruktion.

So wie die Rechtssicherheit ein Grundwert der Gerechtigkeit ist und diese durch Gesetz und Richter gewährleistet wird, auch wenn im Einzelfall um der Rechtssicherheit, um der allgemeinverbindlichen Geltung des Gesetzes willen von der Gerechtigkeit abgewichen werden muß, so ist die Glaubenssicherheit ein Grundwert des Glaubens. Ohne institutionelle Sicherheit des Glaubens kann dieser nicht bestehen. Und so wie der Richter und in letzter Instanz der Kaiser entscheiden, was Rechtens ist, so muß es eine entsprechende Instanz in Glaubensangelegenheiten geben; das ist die Kirche.

Träger der Kirche ist jeder Bischof in seinem Sprengel, und sind die Bischöfe insgesamt. Für Augustin besaßen die Bischöfe noch eine gleichrangige Autorität; sie waren alle Nachfolger der Apostel. Wohl anerkannte er den Ehrenvorrang Roms als Sitz der Apostel Petrus und Paulus, als Gemeinde des Mittelpunktes der Welt, aber auch wegen seiner Bewährung in der Christenverfolgung, nicht aber dessen institutionelle Überordnung. Sein bekanntes Wort »Roma locuta, causa finita« (Rom hat gesprochen, die Sache ist entschieden) läßt das Gegenteil vermuten. Bei diesem Zitat handelt es sich um eine wahrscheinlich im 17. Jahrhundert aufgekommene verkürzte Wiedergabe einer Äußerung Augustins, die ursprünglich einen anderen Sinn hatte. »Denn es sind schon in Sachen des Pelagius die Beschlüsse zweier Konzilien an den Apostolischen Stuhl gesandt worden. Auch kamen von dort die Reskripten (Entscheidungen), die Sache ist zu Ende. Wenn doch der Irrtum einmal ein Ende nähme« (*Sermones*, 31,10). Mit diesen Worten hatte Augustin die Zustimmung des Bischofs von Rom zu einem Beschluß der afrikanischen Synode, der sich gegen eine bedeutende Sekte, nämlich die des Pelagius richtete und um dessen Billigung die Afrikaner den römischen Bischof gebeten hatten, vor seiner Gemeinde verkündet. Augustin hat sich hier auf eine Autorität – mehr im wissenschaftlichen Sinn – berufen, letztlich wohl, weil sie seine eigene Auffassung bestätigte.

Augustin, selbst Bischof, kannte die institutionellen Voraussetzungen einer einheitlichen Kirche, er wußte auch, daß sie der eigengesetzlichen Dynamik menschlicher Institutionen ausgesetzt ist. Deshalb gehört für den älteren Augustin im Gegensatz zu dem jüngeren dank seiner Bischofserfahrungen zur Autorität innerhalb der Kirche »eine herrscherliche Härte« (Lütcke, S. 160).

Der Autoritätsbegriff Augustins in seiner Breite zeigt nach Lebensalter und Anlässen Nuancen. »Er reicht von der sanften Macht des mahnenden Wortes bis zur harten Gewalt kirchlicher Herrschaft« (a. a. O., S. 162). In seinen Umschreibungen verbinden sich Logik und Frömmigkeit mit kirchenorganisatorischen Interessen.

Wenn Mommsen die auctoritas des Senates »ein aller strengen Definition sich entziehendes Wort« nennt, so gilt das auch für die auctoritas Augustins, die sich freilich aus anderen Gründen und auf andere Art aller strengen Definition entzieht. Augustin entfernte sich von der altrömischen Tradition, aber er blieb auf der

Linie. Wie es bei Aristoteles im Politischen um das Edle und Gerechte geht, so ist die auctoritas Augustins in Zwecken und Mitteln ethisch gebunden. Sie ist nicht Macht um ihrer selbst willen, sondern zum Guten. Sie wird von den Menschen erfaßt durch Glaube und Erleuchtung und ihnen nicht mit Gewalt aufgezwungen. Sie ist innerlich bejahte Glaubensabhängigkeit. »Aber es muß doch auch gesehen werden, daß Augustin sich bemüht, gerade durch den Begriff der Autorität auszudrücken, daß nicht nur blinder Gehorsam gefordert wird. Denn zum Wesen der Autorität gehört . . . daß sie vom Glaubenden als eine Autorität, die ihm etwas zu sagen hat, anerkannt wird, so daß der Glaubende sein Glauben und Gehorchen nicht als ein Müssen empfindet, sondern gerne gehorcht . . . Die häufige Verbindung von auctoritas und commovere (bewegen) macht deutlich, daß die Autorität nicht nur frei, sondern durch ihre eigene Kraft mithilft, die Forderung zu erfüllen« (a. a. O., S. 163 f).

Für Augustin ist die Autorität, die im Zentrum seiner Gedanken steht, die göttliche Autorität. Aber er kennt auch die Autorität in den zwischenmenschlichen Beziehungen. Eine Autorität ist nur Autorität mit der immer wieder vollzogenen Anerkennung durch den, der ihr gehorcht. Auch etablierte Autoritäten werden in jeder Entscheidung neu anerkannt, hören jedoch auch dann nicht auf, Autorität zu sein, wenn man sich im Einzelfall gegen sie entscheidet. Augustin spricht von der auctoritas des Hausvaters: »Es ergibt sich klar, daß der häusliche Friede auf den bürgerlichen abzielt. Mit anderen Worten, daß die geordnete Eintracht im Befehlen und Gehorchen der Hausgenossen abzielt auf die geordnete Einheit im Befehlen und Gehorchen der Bürger. Daher kommt es, daß der Hausvater aus dem Gesetz des Staates die Vorschriften entnehmen muß, nach denen er sein Hauswesen leitet, daß es dem Frieden des Staates sich anpaßt« (*Vom Gottesstaat,* Bd. 2, S. 564). Das deutet schon auf die politische Erziehung hin, was von Luther in sehr viel strengerer Form übernommen wurde (s. S. 95). Augustin spricht auch von der auctoritas humana, deren Irren durch ratio erkannt werden kann, und ebenfalls von der Autorität der Grammatik. Aber er verwendet das Wort nicht zur Begründung und Rechtfertigung staatlicher Gewalt. Auctoritas der Kirche und potestas des Kaisers stehen für Augustin unvermittelt nebeneinander. Diese ist eigenständig und stammt nicht von der Kirche. Der Staat ist eine Einrichtung des göttlichen Naturgesetzes und geprägt durch den Sündenfall.

Auch der heidnische Staat kann, wenn er die Prinzipien der Gerechtigkeit, der Wohlgeordnetheit, garantiert und dem Frieden dient, Würde und sittlichen Wert haben. In einem christlichen Staat – und das war das römische Imperium seit 381 – kann es jedoch nur eine einzige Kirche geben. Der christliche Herrscher muß diese einzige Kirche stützen und schützen. Sie erwartet, daß der christliche Kaiser seine Zwangsgewalt in ihren Dienst stelle, auch um sie vor Häresie zu bewahren. Zwar steht der Kaiser als Christ unter den Bischöfen, aber die Frage, ob ein Bischof dem Kaiser in seinen Herrschaftsaufgaben Befehle erteilen kann, bleibt offen.

»Coge intrare« – wörtlich übersetzt: zwinge einzutreten – (*Lukas 14*, 23: »Und der Herr sprach zu dem Knechte: Gehe aus auf die Landstraßen und an die Zäune und nötige hereinzukommen, auf daß mein Haus voll werde«) hatte der ältere Augustin 411 bei einer großen Disputation mit den Donatisten, einer schismatischen christlichen Richtung, in Karthago dem kaiserlichen Kommissar zugerufen, der den Streit zu entscheiden hatte und diesen dann auch gegen die Donatisten entschied. Augustin verlangte von ihm, die Unterwerfung der Donatisten mit Androhung und Exekution weltlicher Strafen zu erzwingen; und das geschah.

Seitdem das Christentum die einzige Staatsreligion war, galten Heiden wie Ketzer (griech. katharos = rein) als Ungläubige. Katharoi (Reine) nannten sich die Novatianer, eine kirchliche Richtung um die Mitte des vierten Jahrhunderts, weil »ihnen die Kirche die von Todsündern reine Gemeinschaft« war; sie hielten am alten Prinzip fest, daß der Priester schwere Sünden nicht vergeben kann im Gegensatz zur offiziellen Kirche. (s. S. 38) Ungläubige wurden aufgrund kaiserlicher Gesetze von Staats wegen verfolgt und bestraft. 385 wurden in Trier auf Wunsch der Kirche sieben Anhänger einer christlichen Sekte hingerichtet. Wer Ketzer war, bestimmte die Kirche, aber über die Verfolgung entschieden kaiserliche Beamte oder gar die Kaiser selber. Nach der Lehre Augustins hatte die Kirche in allen Glaubenskonflikten zu befinden; tatsächlich entschied die kaiserliche Autorität und stand insoweit über der Kirche. Das hat Augustin sehr wohl erkannt.

Die Institutionalisierung der Kirche im Maßstab der damaligen Welt wäre ohne ein gewisses, und zwar wachsendes Maß von Autorität kaum möglich gewesen. Die hierarchische Organisation war eine Abbildung der staatlichen. Wie die damaligen Herrscher und Beamten verfügte die nach Rängen abgestufte Geistlichkeit über Insignien und Vorrechte.

Die Kirche hatte keine politische Macht, weil sie nicht über Gewaltmittel verfügte. Dadurch daß der Staat christlich und die Kirche faktisch staatlich geworden war, gesellte sich zur kirchlichen auctoritas, die im Innenverhältnis mit den ihr zustehenden, aber gewaltlosen Mitteln potestas ausüben konnte, die weltliche potestas mit ihren Zwangsmaßnahmen. Aus den politischen Verhältnissen heraus wandelte sich beim älteren Augustin der auctoritas-Begriff. Für ihn bestand, im Gegensatz zu Tertullian und Cyprian, sowohl die Möglichkeit als auch die Notwendigkeit, zum Schutz der auctoritas der Kirche, die von sich aus in dieser Welt sich nicht zu behaupten vermochte, die weltliche potestas in Anspruch zu nehmen. Durch die Veränderung der Verhältnisse – vor allem dadurch, daß an die Stelle der Verfolgung die Erhebung zur alleinigen und ausschließlichen Staatskirche getreten war – erhielt die kirchliche auctoritas einen sehr viel herrschaftlicheren Klang, als Tertullian und Cyprian ihn ihr gegeben hatten, und näherte sich den kaiserlichen Vorstellungen; sie verlor jedoch in der Wirklichkeit, ohne daß dies in der Augustinschen Lehre zum Ausdruck kam, an Eigenständigkeit.

In der Staatskirche war das kirchliche Dogma zum obersten Gesetz geworden. Die Kaiser konnten zwar das Dogma nicht beliebig ändern, aber ohne sie konnte es nicht geändert werden. Vielfach waren sie es, die bei Beschlüssen von Synoden und Konzilen den Ausschlag gaben, weil auf ihre Autorität die miteinander streitenden Bischöfe und Bischofsgruppen angewiesen waren, und Beschlüsse, die ohne sie gefaßt waren, bedurften in jedem Falle ihrer Bestätigung. Die Kaiser waren in Kirchenfragen oberste Gesetzgeber und oberste gerichtliche Instanz. Sie hatten das Recht, Bischöfe ein- und abzusetzen, zu verbannen und zu rehabilitieren. Gerade mit Hilfe dieser Sanktionen konnten sie einen starken Druck auf die Synoden ausüben. Doch waren ihrer Willkür Grenzen gesetzt, denn in ihrer Politik blieben sie auf die Autorität der Kirche angewiesen wie diese auf die kaiserliche potestas.

So waren die Kaiser das Oberhaupt der Bischofsoligarchie. Eine eigene herrschaftliche Spitze, eine Befehlszentrale, eine besondere Institution, die in der Kirche alleinige Autorität war, hatte diese zunächst noch nicht. Mangels einer in der Kirche zentrierten Autorität blieb ihr herrschaftlicher Klang sehr gedämpft. Das Konzil von Nizäa hatte die Kirchenverfassung ausgebaut. Die Bischöfe in den einzelnen Reichsprovinzen bildeten die Provinzialsynode, die Anordnungen treffen konnte. Der Metropolit, der Bischof in der Provinzialhauptstadt, der im Osten die Bezeichnung Patriarch, im Westen Erzbischof trug, war Leiter der Provinzialsynode. Einer Bischofswahl in seinem Bezirk konnte er seine Bestätigung versagen, Streitigkeiten innerhalb seines Bereichs schlichten. Er war den Bischöfen im Sinne des altrömischen Autoritätsverhältnisses vorgeordnet. Auf diese Weise entstand unter den Bischöfen eine Autoritätsdifferenzierung. Trotzdem verfügte Rom traditionell über besondere Ansehensmacht und in diesem Sinn über auctoritas; es hatte sich als der Hort der Rechtgläubigkeit im Ringen gegen die Dogmenabweichungen der orientalischen Bischöfe erwiesen und dank seiner auctoritas maßgeblich auf die Rechts- und Lehrtradition eingewirkt, allerdings nicht ohne empfindliche Niederlagen. Das war allerdings noch keine institutionalisierte Autorität, obwohl einige römische Bischöfe gerade diese immer wieder für sich in Anspruch genommen hatten und viele von ihnen hartnäckig diesem Ziel zustrebten. Diese Autorität mußte jedoch bewiesen werden, denn erst im 4. Jahrhundert kam die Berufung auf *Matth. 16, 18-19* auf, der zufolge Jesus allein Petrus die Schlüsselgewalt übertragen und ihn zum Oberhirten der Kirche gemacht hatte. Danach wären die Amtsnachfolger Petri in Rom die obersten Bischöfe und die einzigen vicarii Christi, denen alle anderen Bischöfe unterstellt sein müßten. Das Trachten der römischen Bischöfe war darauf gerichtet, diesem Beweis Anerkennung zu erringen, was ein politisches Problem war, sowie Präjudizien zu schaffen, die ihnen zu diesem Vorrang verhelfen sollten.

Gewisse Vorrechte hatte die Synode von Nizäa 325 Rom – aber neben Antiochia und Alexandria – bestätigt. So hatte Rom als die Mutterkirche eine Vormachtstellung gegenüber den Bischöfen vor allem Mittelitaliens inne, die aber kaum über seine Metropolitanbefugnisse hinausging. Die Synode von Serdica (heute Sofia), von der sich die östlichen Bischöfe wegen dogmatischer Gegensätze entfernt hatten, faßte 342 den Beschluß, den Bischof von Rom – »um das Gedächtnis des heiligen Petrus zu ehren« – als Schiedsrichter im Falle der Absetzung von Bischöfen in anderen Patriarchaten zu bestellen. Es sollte die kirchliche Autonomie gegenüber dem Kaiser gestärkt werden, damit dieser nicht mehr oder zumindest weniger in Streitigkeiten über kirchliche Personalfragen entschied.

Wenn auch dieser Beschluß der westlichen Bischöfe vom oströmischen Kaiser nicht bestätigt wurde, so hat er seine Bedeutung »als erste satzungsmäßige Festlegung einer bisher immer nur auf ungeschriebenem Gewohnheitsrecht beruhenden Sonderstellung des römischen Bischofs in der Gesamtkirche« (Caspar, zitiert n. Baethgen, *Papsttum,* in: *Religion in Geschichte und Gegenwart* Bd. IV, Sp. 899).

378 erließ der weströmische Kaiser Gratian eine Verordnung für die ganze Westhälfte des Reiches, wonach die staatlichen Behörden einen widerspenstigen Bischof entweder nach Rom oder vor seinen Metropoliten zu führen hätten. Der kaiserliche Erlaß »wurde praktisch weder von den Reichsbehörden, noch von den Bischöfen befolgt, stärkte aber das römische Selbstbewußtsein« (Feine, S. 98), wie es die nicht bestätigten Beschlüsse von Serdica getan hatten. In Rom wurde alles, was den Primatsanspruch anerkannte, gesammelt und zu dessen Rechtfertigung propagandistisch ausgenutzt. Dabei ging man in der Behandlung der Texte – vor allem in den Übersetzungen, aber auch in der Beachtung der Rechtsgültigkeit – reichlich großzügig vor. So war in der Synode von Konstantinopel 381 dem Bischof von Konstantinopel als dem Metropoliten der neuen Hauptstadt, dem Hofbischof des Kaisers, der Ehrenrang hinter Rom und vor Antiochia und Alexandria eingeräumt worden. In der deutschen Übersetzung des griechischen Textes heißt es: der Vorrang der Ehre nach dem Bischof von Rom. Es wird also nur ein Ehrenrang damit zum Ausdruck gebracht, während die Römer in ihrer Übersetzung das Wort principatus gebrauchten. Dies Wort hatte aber seit Augustus eine ausgesprochen herrschaftliche Bedeutung.

Die römischen Bischöfe Damasus (366-384) und Siricius (384-399) nahmen für den apostolischen Stuhl, wie sie allein ihren Bischofssitz genannt wissen wollten, das oberste Gesetzgebungs- und Aufsichtsrecht für die gesamte Kirche in Anspruch, gestützt auf die Beschlüsse von Serdica sowie den Erlaß Gratians und vor allem auf die Matthäusstelle, aus der erste rechtliche Schlußfolgerungen gezogen wurden, als ob es sich hier um eine Verfassungsbestimmung handelte. »Die Autorität der Apostel, an der Spitze die des hl. Petrus hatte der göttliche Stifter mit Ordnungs- und Leitungsgewalt ausgestattet« (A. M. Koeniger, *Kirche- u. Recht*, in: *Staatslexikon der Görresgesellschaft*, 5. Aufl., Bd. III, S. 283). Siricius nannte sich Papst, wie sich bisher nur der Patriarch von Antiochia genannt hatte. (Das Wort kommt vom griech. papa = Vater, Väterchen und war im Osten ursprünglich ein Titel für Äbte, Bischöfe und Patriarchen. Erst im Mittelalter wurde papa zu dem allein den römischen Bischöfen zustehenden Titel pater patrum, Vater der Väter.) Doch es blieb im wesentlichen beim Anspruch. Die Autoritätsbegehren von Damasius und Siricius wurden überschattet von der starken persönlichen Autorität des Bischofs von Mailand, Ambrosius (340-397), aristokratischer Herkunft, Sohn eines römischen Präfekten, selbst kurze Zeit kaiserlicher Statthalter von Oberitalien, seit 374 Metropolit von Mailand. Er erkannte ein Primat des Stuhles Petri nicht an. Augustin war sein Schüler gewesen und hatte stark unter dessen Einfluß gestanden. Ambrosius' Rat galt sehr viel am kaiserlichen Hof, dessen westliche Residenz damals Mailand war. Auf seine Empfehlungen hörte vor allem Theodosius der Große, ihn hatte er 390 zu öffentlicher Kirchenbuße wegen einer Metzelei in Thessalonike gezwungen. Für Ambrosius war der Kaiser nicht Herr, sondern Sohn der Kirche, Soldat Gottes. In Glaubenssachen habe der Kaiser nicht über die Bischöfe, sondern die Bischöfe hätten über ihn zu urteilen. Die persönliche Autorität des Ambrosius ließ eine kirchliche Obergewalt nicht aufkommen, während die der römischen Bischöfe nicht ausreichte, um ihren institutionellen Autoritätsansprüchen Anerkennung zu verschaffen.

Die politischen Umstände kamen jedoch den römischen Zielen zu Hilfe. Je mehr das Imperium durch die zu Ende des vierten Jahrhunderts einsetzende Völkerwanderung in Bedrängnis geriet, desto mehr verlagerte sich die Herrschaft von Rom nach Konstantinopel. Die Kaiser, auch die in Italien residierenden Mit- oder Vizekaiser, bedurften eines kirchlichen Partners und die Kirche eines Sprechers, einer lenkenden und helfenden Autorität, vor allem die Bischöfe in den von germanischen Stämmen bedrohten und besetzten Gebieten.

Leo I. (440-461), in der Toskana geboren, aristokratischer Herkunft, der sich als traditionsbewußter Römer fühlte, von hoher herrschaftlicher und staatsmännischer Begabung, zugleich ein sehr befähigter Administrator und als Diakon aus der kirchlichen Verwaltung hervorgegangen, schöpfte die politisch sich ihm bietenden Autoritätschancen aus. Seine Politik hatte er ganz in den Dienst der Kaiser gestellt, während es zwischen diesen und den Patriarchen des Ostens ständig zu neuen Konflikten kam. Im Kampf gegen den Metropoliten von Arles, dessen Sprengel zeitweise vom römischen Herrschaftsgebiet abgetrennt war und der sich Leos Anordnungen widersetzt hatte, erreichte er von Kaiser Valentinian III. im Jahre 445 ein Gesetz, das den Bischof von Rom zum Patriarchen des Westens, zum Vorgesetzten und Richter aller Bischöfe im weströmischen Reichsgebiet – und nur in diesem – machte. Päpstlichen Verfügungen wurde gesetzliche Geltung zugesprochen: was immer die Autorität des apostolischen Stuhls (apostolicae sedis auctoritas) – eine Bezeichnung, die Rom allein zukam – verordnete, es sollte von der Staatsgewalt gegenüber widerstrebenden Bischöfen durchgesetzt werden. Leo I. hatte sich auf eine auf Fälschung beruhende Kombination der Beschlüsse von Nizäa und Serdica berufen, und zwar auf das Wort: Die römische Kirche hatte ständig das Prinzipat (ecclesia Romana habuit semper principatum). Auch in diesem Falle hatte das Wort principatus zur Entstellung des Sachverhalts gedient. Da zu jener Zeit alles bewiesen werden mußte, half man sich mit Fälschungen, wie man sich in der Neuzeit bei der Verfassungs- und Gesetzesauslegung advokatorischer Tricks bedient. Der Entwurf des Gesetzes stammte sehr wahrscheinlich von Leo I. selber oder aus seiner Kanzlei. Es war eine Dankes- und Gefälligkeitsleistung des Kaisers, aber sie diente zugleich der Behauptung des schwer gefährdeten imperialen Zusammenhanges. Wie die Kirche nach der Lehre Augustins eine Stiftung Gottes war, so sollte nunmehr auch das päpstliche Amt von Christus eingesetzt sein. Die Augustinische Formel über die Autorität der Kirche, die sich weithin eingeprägt hatte, galt jetzt ebenso für die Päpste.

Pontifex maximus, Titel des obersten Priesters im heidnischen Rom, nannte sich Leo I., wie sich nur noch Konstantin und dessen erste Nachfolger bis zu Gratian bezeichnet hatten, und den einzigen vicarius Christi. Auctoritas apostolica war die offizielle Bezeichnung für die päpstliche Oberhoheit. Die Tradition der Kirche verband Leo mit der des römischen Staates. So wie Augustus der princeps Roms gewesen war, und die Nachfolger von seiner Autorität die ihre abgeleitet hatten, so war Petrus princeps apostolorum gewesen, und seine Nachfolger waren allein die Bischöfe von Rom. Unter Berufung auf *Matth. 16 (18-19)* erheischte er Gehorsam.

Derart wurde dem theologisch begründeten Anspruch des Papstes durch weltliche Gewalt Rechnung getragen. Auf ihr beruhte die päpstliche Oberhoheit; die Kaiser hatten es in der Hand, das Gesetz nicht zu beachten, es abzuändern oder aufzuheben. Siebzig Jahre, nachdem durch Gesetze die Identität von Staats- und Kirchenvolk hergestellt worden war, folgte die Anpassung der Herrschaftsstruktur der katholischen Kirche an die des römischen Imperiums. Der römische Papst, der vom Kaiser in Konstantinopel abgesetzt werden konnte, war gleichsam dessen Mitregent – particeps imperio – in der weströmischen Kirche, aber ihm untergeordnet. Die auctoritas des Papstes unterschied sich, wenn man von der unmittelbaren Ausübung der militärischen und administrativen potestas absieht, nicht mehr prinzipiell, sondern nur noch graduell von der des Kaisers.

Daß die Autorität des Primats der römischen Bischöfe rechtlich institutionalisiert und wirksam wurde, war das Verdienst Leos I. Manche seiner Vorgänger hatten ihr vorgearbeitet, doch ist er ihr eigentlicher Begründer. Kraft seiner persönlichen Autorität hatte er den römischen Primatsansprüchen Geltung verschafft. Weil sein Primat weithin wirklich anerkannt wurde, galt er als der erste eigentliche Papst.

Auf dem Konzil von Chalkedon 451 war Leo, obwohl er selbst nicht teilnahm, als Führer der gesamten Reichskirche respektiert worden. In einem die Glaubenseinheit gefährdenden Dogmenstreit zwischen den Patriarchen von Konstantinopel und Alexandria hatte das Konzil gegen letzteren im Sinne des Lehrbriefs Leos, der zusammen mit den dogmatischen Entscheidungen von Nicaea und Konstantinopel als Zeugnis des wahren Glaubens anerkannt wurde, entschieden. »Petrus hat durch Leo gesprochen«, hieß es im Bericht des Konzils. Kaiser Marcian, der auf das Konzil mit despotischem Druck eingewirkt hatte, verhalf Leo zu seinem Sieg, nachdem dieser ihm im Kampf gegen den mächtigen Alexandriner, der die Stellung des kaiserlichen Hofbischofs in Konstantinopel bedrohte, unterstützt hatte. Konstantinopel und Rom einigten sich auf Kosten Alexandriens und verhinderten, daß sich ein drittes kirchliches Zentrum bildete.

Mit dem Sieg Leos war jedoch zugleich eine schwere Niederlage verbunden, die die Macht auch eines schwachen Kaisers und die Grenzen der päpstlichen Autorität zeigte. Auf Geheiß des Kaisers wurde trotz römischer Proteste dem Patriarchen von Konstantinopel die Suprematie in der Ostkirche und damit die Gleichstellung mit dem römischen Papst gewährt. Diese Entscheidung wieder rückgängig zu machen, reichte die Autorität Leos nicht aus.

Die Gleichstellung Roms und Konstantinopels in der kirchlichen Hierarchie erschien als der sichtbare Ausdruck einer schon lange bestehenden Entfremdung zwischen Osten und Westen, die im 9. Jahrhundert zur endgültigen Trennung führte. Leos geistige und persönliche Autorität hatte die ganze Reichskirche umfaßt, seine kirchenpolitisch-richterlich-administrative hingegen beschränkte sich auf den Westen, und auch hier nur auf die Gebiete, die noch in römischer Hand waren. Die oströmischen Bischöfe wollten aus dogmatischen Gründen und politischen Motiven die Herrschaft des römischen Bischofs nicht ertragen, auch die Kaiser wünschten sie nicht; aber selbst wenn diese dazu bereit gewesen wären, sie hätten sie in der Osthälfte ihres Reiches nicht durchzusetzen vermocht; für die orientalischen Kirchenfürsten war der Westen eine fremde Welt.

Kaiser und Papst

1. Im spätrömischen Reich

Hatte Leo I. im Kaiser noch das Haupt der Kirche gesehen, so forderte dreißig Jahre später Papst Gelasius I. (492-496) die Gleichstellung des Papstes mit dem Kaiser. Den Anlaß lieferte ein Kompetenzkonflikt. Das Glaubensbekenntnis von Chalkedon im Jahre 451, das die dogmatische Einheit der Kirche im Orient und Okzident wiederhergestellt hatte, war nur im Abendland akzeptiert worden. Die vor allem in Syrien und Ägypten starke kirchliche Partei der Monophysiten, die als Ketzer galten und in Chalkedon unterworfen worden waren, hatten sich von neuem erhoben. Um sie zu besänftigen, hatte Kaiser Zeno I. in einer sehr bedrängten außen- und innenpolitischen Situation auf Rat des Patriarchen von Konstantinopel 482 eine neue Einigungsformel, das sogenannte Henotikon, das zwar formal einen Kompromiß darstellte, aber faktisch das Glaubensbekenntnis von Chalkedon beseitigte, erlassen und damit zugleich den Lehrbrief Leos I. verworfen. Es handelte sich hier um ein einseitiges kaiserliches Glaubensedikt, unabhängig von einer Synode und unter völliger Übergehung Roms, das den Übergang von »kaiserlichem Reichs-Kirchenregiment in den Caesaropapismus« (Caspar, *Geschichte des Papsttums,* 2. Bd., S. 35) markierte. Außerdem berief der Kaiser zwei Monophysiten zu Patriarchen von Antiochia und Alexandria, nachdem er die bisherigen rechtgläubigen Patriarchen wegen Hochverrats abgesetzt hatte - beide Patriarchen hatten versucht, den Sturz des ketzerfreundlichen Kaisers zu betreiben. Papst Felix III., der erste unter der Germanenherrschaft erhobene Papst, dessen maßgeblicher Ratgeber Gelasius war, beschwor den Kaiser im Namen des Apostelfürsten Petrus, den ungenähten Rock Christi nicht zerreißen zu lassen; er setzte, gestützt auf eine römische Synode, die Patriarchen der drei östlichen großen Kirchen von Konstantinopel, Antiochia und Alexandria ab und verhängte den Bann über sie, der mittelbar dem Kaiser galt. Das Schisma sollte 35 Jahre dauern.

Tatsächlich ging es bei diesem Streit in erster Linie weniger um religiöse Probleme als um den Vorrang der Autorität der caesaropapistischen oströmischen Kaiser vor der des weströmischen

Papstes in Kirchenfragen. Hier zeigte sich die Schwäche der Staatskirche. Bisher hatten die Kaiser die dogmatischen Kämpfe vielfach durch ihren Druck entschieden; sie hatten Synodalbeschlüsse anerkannt oder ihnen die Bestätigung versagt, aber sie hatten sich an die von ihnen anerkannten Synodalbeschlüsse gehalten. Nunmehr hatte Zeno eigenmächtig das Dogma aus kirchenfremden Motiven geändert. Die Kirche und ihr Dogma waren zu einem Instrument der kaiserlichen Politik geworden. Das war die Umkehrung der Augustinischen These (s. S. 47). Die christlichen Herrscher dienten nicht der Kirche mit ihren Mitteln der weltlichen Gewalt, sondern bedienten sich ihrer zu weltlichen Zwecken. Wie wenig den Kaiser die Lehr- und Glaubenseinheit der Kirche interessierte, zeigt die Beschränkung des Henotikons auf die orientalischen Provinzen, vor allem auf Antiochia und Alexandria. Das bedeutete die Institutionalisierung der Häresie kraft kaiserlichen Befehls.

Gelasius I., Nachfolger Felix III., ein glänzender Schriftsteller und der erste gelehrte Theologe unter den Päpsten, setzte den Kampf fort. Seit 483 herrschte in Italien der Ostgotenkönig Theoderich der Große. Papst war Gelasius nur dem Namen nach, seine Amtsgewalt beschränkte sich auf Mittel- und Oberitalien; darüber hinaus versuchte er so aufzutreten, als ob er päpstliche Autorität besäße. Allerdings war er der Gewalt der oströmischen Kaiser entzogen und konnte sich auf Theoderich stützen, der möglichst jeden Konflikt mit den Römern vermied. »Allein die Existenz des germanischen Königstums in Italien« schützte »die Päpste vor kaiserlichen Polizeimaßnahmen« (Löwe in Gebhardts *Handbuch der deutschen Geschichte*, 8. Aufl., Bd. I, S. 87). Aus gesicherter Position hatte Gelasius an den Nachfolger Zenos, Kaiser Anastasius I., im Jahre 494 einen Brief, in dem er ihn mit Imperator Auguste anredete, in der Streitfrage geschrieben. Dieser enthält die berühmten Worte: »Zwei Dinge sind es, durch welche an erster Stelle diese Welt regiert wird, durch die geheiligte Autorität der Bischöfe (auctoritas sacrata pontificum) und die königliche Gewalt (regalis potestas).« Nach Gelasius, der sich selbst summus pontifex, allerhöchster Priester nannte, waren Königtum und Priestertum seit Christus getrennt, obwohl sie beide in Gott wurzeln; sie waren voneinander unabhängig, aber aufeinander angewiesen. Der Kaiser sollte geistlich (spiritualiter) unter, weltlich (temporaliter) über der Kirche stehen. Er war, wie das Ambrosius schon gegenüber Theodosius I. vertreten hatte, »Sohn der Kirche«. In dem vierten Traktat des Gelasius von seinen insgesamt sechs, welche seine kirchenpolitischen Briefe theoretisch begründen sollten, heißt es: »Denn Christus hat, der menschlichen Gebrechlichkeit gedenkend, durch eine großartige Anordnung verfügt, was dem Heil der Seinen förderlich sei, und die Ämter beider Gewalten je nach eigener Funktion und besonderer Würde unterschieden . . ., daß einerseits die christlichen Kaiser für das ewige Leben der pontifices bedürften, andererseits die pontifices für den Lauf der zeitlichen Dinge nach den kaiserlichen Verfügungen lebten« (zitiert bei Caspar, S. 67 f.). Interessant ist in diesem Zusammenhang die Verwendung des Wortes auctoritas, nämlich daß Gelasius I. dem Kaiser gegenüber zwar von dessen Gewalt (potestas) sprach, der Kirche allein aber auctoritas zuschrieb. Das war terminologisch korrekt. Im römischen Staatsrecht bestand klare Unterscheidung zwischen einer begrifflich und einer ethisch höheren, auf Tradition und sozialer Geltung beruhenden auctoritas, wie sie etwa dem Senat zustand, und einer mit Vollzugsgewalt ausgestatteten potestas, die in den republikanischen Zeiten allein beim Volk lag und auf die Beamten für die Dauer ihrer Amtsführung überging. Auctoritas hatten auch die Kollegien der altrömischen pontifices besessen; die gelasianische Begriffsverbindung »auctoritas sacrata pontificum« klang also dem Römer noch aus heidnischer Zeit her im Ohr, sie war zudem als »apostolica auctoritas« seit den frühesten Dekreten Bezeichnung für den päpstlichen Oberhoheitsanspruch über die Gesamtkirche gebräuchlich. Die Unterscheidung von auctoritas und potestas, die Gelasius I. in dem offiziellen Schreiben an den Kaiser beobachtete, war bemerkenswert, weil die Kirche und die Bischöfe sich in ihrem eigenen Bereich längst potestas zugeschrieben hatten. Schon Cyprian hatte die Stellung des Bischofs innerhalb seiner Kirche als eine der magistratischen Amtsgewalt entsprechenden potestas aufgefaßt und bezeichnet, wobei als die eigentliche und ursprüngliche Funktion dieser potestas die Binde- und Lösegewalt aus *Matth. 16, 18-19* galt. Cyprian ordnete ferner die Begriffe auctoritas und potestas in Beziehung auf die Kirche nebeneinander. Von apostolischer potestas im Sinne der Binde- und Lösegewalt sprach ebenso Gelasius I.; auch er stellte daselbst beide Begriffe als gleichbedeutend zusammen.

Blickt man nunmehr nochmals auf das große Schreiben an den

Kaiser zurück, so ergibt sich, »daß Inhalt der terminologisch von der ›regalis potestas‹ geschiedenen ›auctoritas sacrata pontificum‹ auch hier die ›potestas ligandi et solvendi‹ war« (Caspar, S. 66).

Um zwischen kaiserlicher und päpstlicher Befugnis deutlich zu unterscheiden, arbeitete Gelasius nicht mit einem einzigen Begriff, sondern wählte deren zwei, die im Sprachgebrauch gleichgeordnet nebeneinanderstanden. Die kirchliche potestas war ein Ausfluß ihrer auctoritas, während der Kaiser über unabgeleitete potestas verfügte, wobei die Frage seiner auctoritas offenblieb. Gelasius hat in dem entscheidenden Satz mit auctoritas, die in der Formel ›auctoritas apostolica‹ zu einer offiziellen Bezeichnung geworden ist, den erhabeneren, eben begrifflich und ethisch höher stehenden Ausdruck für die Kirche in Anspruch genommen und ihn, um jede Verwechselung auszuschließen, mit dem Zusatz »sacrata« in seiner Wirkung gesteigert. Während von staatlicher Seite her umgekehrt alles, was mit dem Kaiser zusammenhing, in der Amtssprache mit dem Nimbus und Attribut der Heiligkeit umgeben wurde, entriß Gelasius dieses Wort der kaiserlichen Gewalt, indem er es ausschließlich für das Papsttum rekrutierte.

Hatte Leo I. noch von der »augusta auctoritas des christianissimus princeps« gesprochen, ihn als Priester und König angeredet, so sollte nunmehr über Papst und Kirche keine weltliche auctoritas mehr stehen. Auctoritas sacrata pontificum war die alleinige Herrschaft des Papstes in der Kirche gemäß göttlichem Gesetz. Die Synoden mit ihrem umständlichen und schwerfälligen Willensbildungsprozeß hatten organisationspolitisch der Bestätigung des Kaisers bedurft, so daß dieser kraft seines Bestätigungsrechts einen Druck auf die Beratung auszuüben vermochte. Diese kaiserliche Bestätigung sollte jetzt durch die päpstliche ersetzt werden. »Das Neue und Gewaltige bei Gelasius I. war, daß er staatliche potestas und päpstliche auctoritas als die ›zwei Dinge . . ., durch welche diese Welt regiert wird‹, auf eine Ebene stellte und damit zu vergleichbaren Größen derselben Begriffskategorie machte. Das lag den Kundgebungen . . . eines Ambrosius für Freiheit der Kirche vom Staat noch fern, und auch Augustin . . . kam noch nicht auf den Gedanken, ›Staat und Kirche‹ als ›zwei (gleichgeordnete) Gewalten‹ zu fassen« (Caspar, S. 66). Der »beiderlei Gewalt« (utraque potestas) des Gelasius entsprach im Mittelalter das zweifache Recht (utrumque ius), das kaiserliche und das päpstliche. Aber es ging in dem Brief des Gelasius nur um theoretische Positionen. Die Kirche war dogmatisch gespalten. Das Weströmische Reich war durchsetzt von germanischen Stämmen.

Sowohl der Kaiser als auch der Papst sollten nach Gelasius ein gegenseitiges Interventionsrecht, der eine in weltlichen, der andere in geistlichen Angelegenheiten haben. Diese Konstruktion einander tatsächlich überschneidender Kompetenzen war sehr gewagt. Die Frage, wer in Kompetenzkonflikten zu entscheiden hatte, blieb ungeklärt. In einem früheren Brief hatte Gelasius sehr behutsam die Kompetenzkompetenz in umstrittenen Angelegenheiten angedeutet, daß nämlich »die weltliche Gewalt von den Bischöfen und insbesondere von dem Vikar des hl. Petrus erfahren müsse, was Gottes Sache sei, nicht selbst über sie richten solle« (abgedruckt bei Caspar, S. 68). Es bestand also zumindest eine einseitige Konsultationspflicht. Wie konfliktgeladen dieses Problem bei der schon in jener Zeit bestehenden Verzahnung von weltlichen und kirchlichen Interessen, bei der nicht immer eindeutig zu bestimmenden Grenze zwischen staatlicher Kriminaljustiz und geistlicher Schiedsgerichtsbarkeit in Glaubens- und Disziplinarsachen sein konnte, zeigte schon der Fall der Absetzung und Verbannung der Bischöfe von Antiochia und Alexandria durch Kaiser Zeno wegen erwiesenen Hochverrats (s. S. 55 f.). Gelasius hatte zu diesem Fall an den Kaiser geschrieben: »Nicht aber durften von einer weltlichen Gewalt irgendwelche Bischöfe, mochten sie auch aus weltlichem Irrtum fehlen, ohne jedoch irgendwie den (Bereich der) Religion zu überschreiten, gestürzt werden . . .«, denn »die christlichen Kaiser müssen ihren Rechtsvollzug den kirchlichen Oberen unterordnen, nicht voranstellen« (abgedruckt bei Caspar, S. 63). Papst Symmachus (498-514) steigerte den Anspruch Gelasius I. durch die Formel, daß der Papst von keinem Menschen gerichtet werden dürfe.

Der arianische König Theoderich war der eigentliche Herr der in ihrem faktischen Autoritätsbereich stark eingeengten Papstkirche. Nachdem der oströmische Kaiser Justinian auf Betreiben seines Neffen und Nachfolgers die Geltung der Beschlüsse von Chalkedon und damit die Kirchengemeinschaft mit Rom wiederhergestellt hatte, ließ Theoderich im Jahre 526 den gerade aus Byzanz zurückgekehrten Papst Johannes I. in Haft nehmen. Die folgenden Päpste wurden vom ostgotischen Hof ernannt.

Der Anspruch des Gelasius auf Eigenständigkeit der Kirche, der

wohl nur deswegen klar ausgesprochen werden konnte, weil er zu
seiner Zeit nicht zu verwirklichen war, entwickelte sich immerhin
zu einer fundamentalen Maxime der katholischen Kirche, wenn
auch in sehr unterschiedlichen Interpretationen, die aber um den-
selben Kern, nämlich die kirchliche Eigenständigkeit gegenüber
der weltlichen Gewalt, kreisten, und er ist trotz aller Veränderungen und Wandlungen bis zum heutigen Tage eine Maxime geblieben. Nach dem Satz des Augustus und dem des Augustin ist
der des Gelasius die dritte große historische Äußerung über die
auctoritas. Diese drei Thesen haben sich ins Gedächtnis der Menschen eingeprägt und die ursprüngliche Vorstellungssubstanz
bewahrt. Sie wurden bis in die jüngste Zeit immer wieder zitiert
und damit die Vorstellungssubstanz erhalten.

2. Im Karolinger- und Ottonenreich

Kaiser Justinian (527-565) war es gelungen, durch Wiederaner-
kennung der Beschlüsse von Chalkedon und durch die Wiederer-
oberung von Italien und Nordafrika die Einheit von Imperium
und Kirche wiederherzustellen. Unter ihm erreichte der Caesaropapismus seine Vollendung. Dogmatisch hatte Rom zunächst
gesiegt, dessen Primat wurde auch formal anerkannt; aber die
Päpste – wenn man von Gregor I. (590-604) absieht – gerieten in
eine auch dogmatisch demütigende, drückende Abhängigkeit
von Byzanz, bis in der Mitte des 8. Jahrhunderts eine neue Kir-
chenspaltung einsetzte und die byzantinische Herrschaft in Italien zusammenbrach.

Die arianischen Germanenstämme hatten das katholische
Glaubensbekenntnis angenommen und stellten für die römische
Kirche keine Bedrohung mehr dar. Sie behielten ihre eigene
Landeskirche unter königlicher Leitung, wie sie sakralen germanischen Vorstellungen entsprach, respektierten jedoch vielfach
den Ehrenvorrang des römischen Bischofs. Dieser verfügte über
keine Jurisdiktionsgewalt, aber über auctoritas im altrömischen
Sinn, die in der besonderen Petrusverehrung der Germanen eine
Stütze fand. Vulgäre Vorstellungen vom Primat des Apostolischen Stuhls, der im wesentlichen nur den Klerus, in erster Linie
die hohe Geistlichkeit, den kaiserlichen Hof und die stadtrömi-
sche Aristokratie interessiert hatte, drangen in mythischer Ver-

brämung in den Volksglauben ein. Gregor I., aus einer Senatorenfamilie stammend, zunächst der höchste kaiserliche Beamte in Rom, später päpstlicher Geschäftsträger in Konstantinopel und der erste Mönchspapst, war der eigentliche Herr der Stadt Rom; Rom gehörte zum Exarchat von Ravenna, einer byzantinischen Provinz, die sich durch Mittelitalien von Ravenna bis Rom erstreckte. Während seiner Amtszeit setzte die Bekehrung der heidnischen Stämme ein; er erkannte die Bedeutung der germanischen Völker für die katholische Kirche und pflegte in allen institutionellen Autoritätsansprüchen sehr zurückhaltend die Beziehungen. Gregor I. fand sich weitgehend mit der Herrschaft der byzantinischen Kaiser im Sinne des Reichsgedankens ab, war jedoch der erste internationale Papst, geistlicher Oberherr – ohne besondere Befugnisse – einer Kirche, die sich über die Gebiete verschiedener Herren erstreckte. »Papst Gregor stand der Germanenwelt, Arianern, Katholiken wie Heiden bis hin zu den Angelsachsen als Erbe römischer Kaiserherrlichkeit gegenüber« (Feine, S. 101). Die institutionelle Autorität des Apostolischen Stuhls war zu seiner Zeit sehr gering, sie wirkte nur in seinem eigenen Patriarchat, allerdings hier sehr intensiv. Um so stärker war seine persönliche und damit die symbolische Autorität des Heiligen Stuhls.

Anderthalb Jahrhunderte nach dem Tod Gregors († 604) war die byzantinische Macht in Mittelitalien unter dem Druck der Langobarden endgültig zusammengebrochen. Die Päpste hatten der Isolierung durch Beziehungen zu den Langobarden und Franken vorgebeugt; aber während sie jene fürchteten, vertrauten sie diesen. Bonifatius, Erzbischof ohne festen Sitz und päpstlicher Vikar für ganz Germanien, der Missionar und Organisator der katholischen Kirche in Westeuropa, hatte 747 auf einer fränkischen Synode nicht zuletzt durch seine persönliche Autorität und dank der verbreiteten Verehrung für den Apostelfürsten Petrus, die auf die Nachfolger übertragen wurde, die freiwillige Unterordnung der fränkischen Bischöfe unter die Oberhoheit der römischen Kirche durchgesetzt. Vier Jahre später hatte Papst Zacharias die Absetzung der Merowinger auf eine Anfrage Pippins, des Hausmeiers der Merowinger, ausdrücklich gutgeheißen. In Zacharias' Auftrag hatte Bonifatius Pippin, dem königliches Blut und göttliche Abstammung fehlten, zum König gesalbt. »In den Augen frommer Franken war der Gesalbte Gottes ebensoviel, ja viel mehr als ein Mann königlichen Blutes, der sich in heidnischer Weise von Göttern zu stammen rühmte« (Haller, Bd. I., S. 299). Damit hatte der Papst den Widerspruch unter den Großen des Reichs gegen die Erhebung Pippins überwunden. Römische Päpste hatten schon rechtmäßige byzantinische Kaiser gekrönt, aber das war nur ein Ritualakt ohne jegliche politische Bedeutung gewesen. Jetzt und in diesem Falle hatte der Papst über Recht und Unrecht entschieden. Gewiß hätte Pippin den Papst nicht gefragt, wenn er der Antwort nicht sicher gewesen wäre. Er bediente sich der päpstlichen Autorität, um seine Usurpation zu legitimieren. Andererseits hätte der Papst wohl kaum einen negativen Beschluß wagen können, nachdem er durch die Synode von 747 im Fränkischen Reich einen Unterbau erhalten hatte, ohne den seine Autorität nicht hätte wirksam werden können.

Pippin hatte sich also der päpstlichen auctoritas, deren Wirksamkeit er akzeptierte, soweit sie ihm half, bedient, um seine potestas zu legitimieren.

Die Rollen der altrömischen auctoritas-Vorstellungen waren vertauscht worden. Pippin hatte den Papst nicht angerufen, um sich seinem Rat zu unterwerfen, sondern in der Gewißheit des Bescheides, den er erhalten würde.

Hier zeigten sich nun auch wieder die Weite, der Nuancenreichtum und die Mehrdeutigkeit des Autoritätsbegriffes. Pippin hatte den Papst um eine Auskunft, ein »Weistum« gebeten, um sich auf die Autorität der Antwort berufen zu können; diese war in Form einer Weisung ergangen. »Schon bald sprach man von einem ›Befehl‹, und dieser mußte später oft als Beleg für das Verfügungsrecht des Papstes über Königskronen dienen« (Löwe in: Gebhardt, *Handbuch,* S. 127).

Nach der sehr weitgehenden Definition der päpstlichen Kompetenzen durch Gelasius hätte die Entscheidung des Papstes Zacharias in der fränkischen Königsfrage eine Autoritätsanmaßung dargestellt. Denn der Merowingerkönig Childerich hatte keine religiösen oder kirchlichen Vergehen begangen, seine Regierungsbefähigung wurde wegen seiner Schwächlichkeit verneint und er ins Kloster verwiesen. Das Wesentliche jedoch war, daß der Papst Pippin Autoritätshilfe geleistet und dadurch sich selbst eine Autoritätssteigerung verschafft hatte. Beider Autorität bedingte einander. Es war ein gegenseitiges Autoritätsgeschäft. Rom befand sich in einer prekären Lage, es war zwar nicht mehr von Byzanz abhängig, aber auch ohne dessen Schutz, als es von den Langobarden bedroht wurde. 751 flehte Papst Stephan II. Pippin um Schutz an und erbat die Übertragung des Exarchats Ravenna. Er berief sich auf eine von ihm vorgelegte Urkunde Konstantins des Großen, wonach dieser dem römischen Bischof Silvester, der ihn bekehrt hatte, Rom und alle Provinzen Italiens und des Westens übereignet hatte – die sogenannte Konstantinische Schenkung, Donatio Constantini. Jahrhunderte später wurde entdeckt, daß es sich bei dieser Urkunde um eine Fälschung handelt, die zur Zeit Stephans II. in der Kurie verfertigt worden war.

Nach zwei siegreichen Feldzügen gegen die Langobarden machte Pippin im Jahre 756 das Exarchat dem heiligen Petrus zum Geschenk. So entstand der Kirchenstaat, der Papst wurde zum weltlichen Herrscher, aber unter fränkischer Schutzherrschaft, und ohne daß die nur noch formale Oberhoheit des byzantinischen Kaisers verneint worden wäre. Der Kaiser hatte seine Autorität verloren, weil er den Schutz versagt hatte. Der Papst hatte Pippin und seinen Söhnen den Titel eines Patricius Romamanorum verliehen.

Das Reich Karls des Großen (768-814), das Christianum Imperium, umfaßte den größten Teil der christlichen Länder des Westens; es reichte im Norden von der Schlei bis zum Ebro und bis nach Gaeta im Süden, im Westen vom Atlantischen Ozean bis zur Elbe, bis nach Linz und Karlsbad im Osten. 794 war Karl auf einer Synode in Frankfurt a. M. als Haupt der abendländischen Kirche aufgetreten und hatte die Gleichstellung mit den byzantinischen Kaisern verlangt. Als Papst Leo III. durch den Aufstand einer Gegenpartei aus Rom vertrieben war, zog Karl 800 nach Rom. Am 23. Dezember hatte eine römische Synode beschlossen, Karl zum Kaiser auszurufen, ihn gebeten, den Kaisertitel anzunehmen. Noch war der Idee nach der oströmische Kaiser der Oberherr; Rom mit dem Exarchat von Ravenna, also jetzt der Kirchenstaat unter fränkischer Schutzherrschaft, Teil seines Reiches. Doch in Byzanz regierte zum ersten Mal in der ganzen römischen Kaisergeschichte eine Frau allein, die Kaiserin Irene, Witwe Kaiser Leos IV., und zwar zunächst als Vormund und Mitregentin ihres Sohnes Konstantin; ihn hatte sie blenden lassen, und er war gestorben. In Rom, das sich bisher wenig um die kaiserliche Oberhoheit gekümmert hatte, wurde die Rechtmäßigkeit der weiblichen Kaiserherrschaft bezweifelt. Das Reich sei ohne Kaiser und das Volk Roms habe nach alter Überlieferung, die allerdings lange ausgesetzt hatte, das Recht, dem Imperium einen neuen Kaiser zu geben. Karl hatte die Bitte nicht abgelehnt, wollte jedoch die Anerkennung seines Kaisertitels durch Byzanz im Wege der Verhandlungen erreichen. Der Papst kam ihm zuvor. Bei der Weihnachtsmesse setzte Leo III. Karl, als dieser sich vom Gebet erhob, überraschend die Krone aufs Haupt. Auf dieses Zeichen riefen die versammelten Römer, die vorbereitet waren: »Karl, dem von Gott gekrönten Augustus, dem großen und friedenschaffenden Kaiser der Römer, Leben und Sieg!«

Karl war unwillig über die Überraschung, er wollte keinesfalls, daß die Römer zum herrschenden Reichsvolk würden, und wünschte auch nicht, als Kaiser von des Papstes Gnaden zu gelten. 813, ein Jahr vor seinem Tod, hat er seinen Sohn Ludwig den Frommen zum Mitkaiser erhoben und ihn geheißen, sich selber die Krone aufzusetzen, worauf die Akklamation der Franken erfolgte. Auf diese Weise wollte er einem präjudizierenden Anspruch der Päpste begegnen. In seinem Kaisertitel nannte er sich »Augustus, von Gott gekrönter Imperator, der das römische Reich regiert (Romanum gubernans imperium) und durch Gottes Barmherzigkeit König der Franken und Langobarden«. Einer Steigerung seiner Autorität bedurfte Karl nicht, sie war durch die Herrschaft über das Abendland und Rom garantiert. Nur ein Titel war ausgewechselt worden, der des »patricius von Rom« gegen den »augustus und imperator«. In Byzanz war man über die Usurpation empört und fürchtete, der neue Kaiser werde den Osten zu unterwerfen versuchen, um die Einheit des alten Imperiums wiederherzustellen. Solche Pläne hatte Karl nicht, ihm kam es nur auf Gleichstellung und Anerkennung an. Diese erreichte er 812 durch ein diplomatisches Geschäft, indem er die eroberten Gebiete an der Adria Byzanz gegen dessen Gegenleistung der Anerkennung überließ.

Kirche und Volk von Rom hatten sich selbst erhöht, indem sie ihren Oberen in der Titulatur erhoben hatten. Schon vorher hatte Karl sich nicht nur als Schutzherr, wie sein Vater Pippin, sondern als Herr Roms gefühlt; jetzt war er es auch dem Namen und dem Recht nach. Leo III., gerade von Karl gerettet, ihm ergeben und ihm zu Dank verpflichtet, war viel zu schwach, um eine eigene Politik zu entwickeln oder gar eine neue Herrschaftsinstitution zu schaffen. »Es war eine Handlung römischen Staatsrechts, was sich da abgespielt hatte, von Römern ausgeführt und nur auf Rom und die Römer bezogen, aus einem augenblicklichen Bedürfnis hervorgegangen und auf den Augenblick berechnet, ohne Überlegung der Folgen, vollends ohne einen Gedanken an spätere Zeiten« (Haller, Bd. 2, S. 21).

Die Kaiserkrönung Karls des Großen war ein mehr zufälliges Ereignis gewesen und hatte zunächst keine rechtliche Bedeutung; aber es gingen von ihm große symbolische und politische Wirkungen aus. Die Macht Karls des Großen war eine Voraussetzung des Kaisertums gewesen, nicht die Folge der Kaiserkrönung. Die traditionsreiche, im Westen, vor allem in Italien noch nicht vergessene Autorität des römischen Kaisertitels kam in ihm wieder zur Geltung. Der Titel paßte zu Karl dem Großen und dieser zu ihm. Er erwies sich als die richtige Etikettierung seiner Herrschaft. Es gab nun zwei christliche Kaiser, die jeder faktisch ihre eigene Kirche hatten, wenn es auch zum endgültigen Schisma erst 1054 kam, als der Patriarch von Konstantinopel und der Papst sich gegenseitig bannten.

Seit dem Konzil von Nizäa von 325, wo das einheitliche Glaubensbekenntnis unter kaiserlichem Druck beschlossen worden war, war das Dogma brüchig geblieben und die Risse waren nur durch Intervention der Kaiser mühsam von Zeit zu Zeit gekittet worden. Summa auctoritas in der ganzen Kirche war noch einmal, nämlich auf dem Konzil von Chalkedon 451, symbolisch in der Gestalt des abwesenden Papstes Leo I., aber auch hier nur auf kaiserlichen Druck hin, in Erscheinung getreten. Der Kaiser hatte sich der auctoritas des neuen Papstes bedient, und Autorität war nur durch kaiserliche potestas wirksam geworden.

An sich besaß der römische Papst keine Ansehensmacht im Osten. Ohne die Kaiser hätte die kirchliche Spaltung wohl schon Jahrhunderte früher eingesetzt. Mehr oder minder lavierten die Kaiser zwischen den Kirchen ihrer östlichen und westlichen Reichshälfte. Sie beschwichtigten die östlichen Patriarchen, um die eigene Herrschaftsposition nicht zu gefährden, und wollten die westlichen, die die Stütze ihrer Macht in der anderen Reichshälfte waren, nicht verlieren. Gelasius hatte die Kompetenzen des Kaisers, nämlich seine Autorität über die Kirche, erst und nur deswegen angefochten, weil dieser das offizielle Dogma verletzt und damit in die elementaren Interessen der westlichen Kirche eingegriffen hatte. Justinian brauchte auf den römischen Papst und die Bischöfe im wiedereroberten Westen keine Rücksicht zu nehmen, weil sie seiner Herrschaft, seiner potestas unterstanden.

Gewiß waren die kirchlichen Auseinandersetzungen zwischen Okzident und Orient religiöser Natur. Aber hinter ihnen verbargen sich politische Realitäten, und zwar so starke nationale, kulturelle und soziale, historisch bedingte Unterschiede, daß sich unter diesen Gegensätzen die dogmatische Einheit auf die Dauer nicht zu behaupten vermochte. Sosehr sich die päpstliche auctoritas seit Leo I. an die kaiserliche entsprechend anzupassen versuchte, sie war Ansehensmacht geblieben. Ein gewisses Maß von Homogenität war eine der Voraussetzungen ihrer Wirksamkeit. Die weltliche Macht konnte vorübergehend helfen, auch auf längere Dauer, sofern sie zur Hilfe bereit war und diese nicht durch Herrschaft ersetzte. Die Päpste blieben jedoch darauf angewiesen, ihre Ansehensmacht durch Überlegenheit und Verschlagenheit, durch Lehre, Hilfe und taktische Ausnutzung der Konstellationen zur Geltung zu bringen.

Selbst eine geistig und politisch so überragende Erscheinung wie Leo I. hätte dem römischen Bischofsstuhl zwar zur momentanen, aber nicht zur dauernden Autorität verhelfen können, wenn für sie nicht ein anhaltendes, durch die Situation und Entwicklung bedingtes politisches und administratives Bedürfnis bestanden hätte – und wenn sie nicht andererseits auf Lehre, Geschichte und Legende, auf integrierende, allerdings vielfach entstellt verbreitete Beschlüsse, die alle zur Tradition geworden waren, gegründet und durch kaiserliche Entscheidung institutionalisiert gewesen wäre.

Leos I. Regierungszeit stellt einen Höhepunkt in der Geschichte der katholischen Kirche dar, die immer wieder große Schwächungen und schwere Niederlagen im Wechsel der Geschichte erlebt hat. »Der Ausbau des päpstlichen Anspruchs vollzieht sich stufenweise. Auf Päpste, die ihn mit aller Schärfe vortragen, folgen Epochen scheinbaren Stillstandes, bis dann wieder, scheinbar plötzlich, ein weiterer Ausbau des Primatanspruches und der Theorie der päpstlichen Stellung erfolgt« (Aland, Papsttum I. in: *Religion in Geschichte und Gegenwart,* Bd. 5, Sp. 54). Im Sinne des Wortes von Leo I. »Auch in einem unwürdigen Erben erleidet die Würde keinen Abbruch« konnte selbst in den kritischsten Zeiten die institutionalisierte Autorität der Kurie die Herrschaft schwächlicher, törichter und unwürdiger Päpste noch ertragen, während überragende Erscheinungen ihr eine Wirkung zu geben vermochten, wie sie ohne die institutionelle Autorität wohl kaum hätte erreicht werden können.

Gregor I. wäre nicht mehr als ein angesehener Bischof in seiner Zeit geblieben, wenn er nicht Papst geworden wäre. Die Päpste verfügten über gehortete Autorität. Nur wenige konnten mit dem Hort wuchern, aber alle konnten horten, den Hort bewahren, vor allem in einer Zeit, wo es keine Presse, keine exakte kritische Geschichtsschreibung, aber manipulierbare Archivalien gab. Weltliche Herrscher verloren Land und Macht, die Autorität der Päpste beruhte auf göttlicher Stiftung und galt als unverlierbar. Daß Autorität zu einem kirchlich-religiösen Begriff geworden war, verlieh ihm die Dauerhaftigkeit.

Dank der Spanne zwischen Vorrang und Vorherrschaft, die auctoritas umfaßte, hatten die Päpste ein weites Operationsfeld. Dreihundert Jahre lang haben sie nach Leo I. in ihren Verkündigungen mit großen Worten und hohen Ansprüchen von ihrer Autorität gesprochen, aber sie haben zeitweise je nach Lage und Verhältnissen sehr vorsichtig überhaupt nicht von ihr Gebrauch gemacht, um sie nicht zu gefährden oder sie gar einzubüßen. Selbst das hätten sie in Kauf nehmen können, da es immer noch die Autorität der Kirche gab.

Die Päpste haben Widerspruch und Widerstand hingenommen. Sie haben die Autorität weltlicher Herrscher, auch nichtrömischer, ertragen und sich ihr sogar gebeugt. Sie haben ihre eigene Autorität versteckt, um sie dann wieder herauszuheben. Ihre Kompetenzen ließen sie schrumpfen oder dehnten sie aus. Sie traten als Schiedsrichter auf, aber auch als Bittsteller. Sie krönten Kaiser und Könige und unterwarfen sich ihrer Schutzherrschaft. Sie waren demütig als Diener Gottes und konnten sich hochmütig als Herr der Kirche gebärden. So stark die päpstliche Autorität theologisch begründet, so weitgehend ihr staatliche Mittel zur Verfügung gestellt sein mochten, sie war im Grunde doch eine Autorität im altrömischen Sinn geblieben, nämlich zuerkannt vom weltlichen Herrscher und von den Bischöfen. Ausdehnung und Einengung der Grenzen dieser Autorität hingen von der jeweiligen Konstellation, aber noch mehr von der Persönlichkeit, eben der persönlichen Autorität der Päpste ab. Die Kirche hatte aus altrömischen Traditionen und in abgewandelter Prägung den Begriff der Autorität aus dem Herrschaftsvokabular der Kaiser übernommen. Augustin hatte ihm neues Leben eingehaucht und ihn zu einem Fundamentalbegriff der Kirche gemacht, obwohl er von einem Primat der Bischöfe von Rom nichts wissen wollte. Die Päpste bedienten sich aber der Augustinschen Lehre, ohne dessen Vorbehalt zu beachten. Als Stellvertreter Christi identifizierten sie ihre suprema auctoritas mit der divina auctoritas der Kirche, deren Oberhaupt sie waren. Ständige Verwendung an zentraler Stelle in kirchlichen und päpstlichen Kundgebungen, in Beschlüssen der Synode, in Dekretalen und Briefen hielt diesen Autoritätsanspruch in Geltung. Das Wort in seiner um einen Kern oszillierenden Vieldeutigkeit, mit seinen mannigfachen Adaptierungsmöglichkeiten und seinen voneinander abhängigen Abstufungen eignete sich dank einer souveränen Auslegungsbegabung der Kurie für mannigfache Zwecke; es unter Umständen auch nicht zu gebrauchen, war ein politisches Mittel.

Im neuen Universalreich Karls des Großen, der Erneuerung des Römischen Imperiums, galt die katholische Kirche wiederum als die einzige rechtlich anerkannte, ja verordnete Staatsreligion und damit auch Staatskirche. Die unterworfenen Völker wurden zu Massentaufen gezwungen. Die Kirche hatte ihren Herrn gewechselt, aber sich seiner nicht entledigt; dazu war sie gar nicht in der Lage. Die Stellung Karls des Großen unterschied sich kaum von der früheren der oströmischen vor Justinian; allerdings spielten dogmatische Streitigkeiten nur noch eine geringfügige Rolle, und die schiedsrichterliche Autorität des Kaisers brauchte kaum in Anspruch genommen zu werden. Andererseits hatte Rom innerhalb der Kirche keinen Rivalen mehr, wie es einst Konstantinopel gewesen war. Ein neuer Caesaropapismus konnte zuletzt auch deswegen nicht aufkommen, weil die innerkirchliche Rivalität um Dogma und Vorrang nicht mehr existierte. Haupt der Kirche war Karl der Große im Sinne des alten Königpriestertums, ganz entgegen der Lehre des Gelasius. Für ihn war die Leitung eine ihm von Gott aufgetragene Herrschaftspflicht. »Die Einheit von Reich und Kirche unter Karl pflegt man als karolingische Theokratie zu bezeichnen« (Feine, S. 200). Er stellte die Bischöfe vor allem in den eroberten Gebieten in den Dienst seiner Reichspolitik und beaufsichtigte sie durch seine Königsboten. Den Papst ehrte er als Repräsentanten der apostolischen Tradition, aber das in ihrer Lehre beanspruchte Rechtsprimat erkannte er nicht an. Der Papst war nach der Begründung des Kaisertums »zum ersten Reichsmetropoliten« herabgesunken (Feine, S. 199).

Für den weltlichen Bereich des mittelalterlichen Lehensstaates hatte der Autoritätsbegriff der römischen Kaiser faktisch nicht mehr die wesentliche Bedeutung wie im zentral regierten Römischen Imperium, wenn auch das Wort noch meistens als traditionelle Formel gebraucht wurde. Im Römischen Imperium hatte eine doppelte Reichsordnung, die kirchliche und die weltliche, mit fließenden Kompetenzabgrenzungen bestanden; und dadurch war die Rivalität angelegt, die es unter Karl dem Großen nicht mehr gab. Dessen zentrale Macht in Reich und Kirche vermochten seine Nachfolger nicht zu behaupten. Das Reich wurde geteilt. Die Päpste versuchten, die Abhängigkeit von der fränkischen Oberherrschaft zu lockern.

Grad und Ausmaß der institutionellen Autorität von Kaiser und Päpsten hingen im Mittelalter von Karl dem Großen bis zum Ende der Staufer, ja bis ins 14. Jahrhundert hinein von der persönlichen und politischen Stärke oder Schwäche sowohl der einen wie der anderen Seite in ihrer Wechselwirkung ab.

3. Im Hochmittelalter

Papst Nikolaus I. (858-867), der bedeutendste Papst im 9. und 10. Jahrhundert, erneuerte die Machtansprüche des Heiligen Stuhls unter Ausnutzung der politischen Situation nach der Teilung des Reiches Karls des Großen. Er suchte sich die Landeskirchen stärker unterzuordnen, seinen Primat gegenüber den Bischöfen, auch den deutschen, durchzusetzen. Das ist ihm zum Teil gelungen. Das Ziel Nikolaus I. war eine selbständig geordnete, von weltlicher Gewalt unabhängige Kirche. Seinen Autoritätsanspruch stützte er auf zu seiner Zeit mit großem Geschick und archivalischer Begabung gefertigte kirchenrechtliche Fälschungen aus dem neunten Jahrhundert. Diese sogenannten pseudoisidorischen Dekretalen (nach einem der Herausgeber Isidorius Mercator) enthielten »echte, verunechtete und unechte Bestandteile, päpstliche Dekretalen, Synodalbeschlüsse, die ›Donatio Constantini‹, fränkische Reichsgesetze u. a.« (Heussi, S. 170). Die

Dokumente gehen bis auf das erste Jahrhundert n. Chr. zurück. Der päpstliche Primatsanspruch gründete sich auf die Autorität der Heiligen Schrift und der Tradition. Die Stellen im Neuen Testament sind äußerst knapp. Die quellenmäßige Belegung der Tradition weist weite Lücken auf. In den Dokumenten sollte vor allem durch fingierte Quellen die Traditionskette geschaffen werden, die päpstliche Autorität begründete. Die Fälschung wurde im 16. Jahrhundert durch Quellenanalyse eines Reformierten aufgedeckt. Dieser manipulierte Traditionsbeleg ist bis in die Gegenwart zu einem Rechtsfundament der päpstlichen Autorität geworden, was sich vor allem in der Unfehlbarkeitslehre des Ersten Vatikanischen Konzils von 1870 wie auch im Codex Iuris Canonici, der 1918 in Kraft getreten ist, zeigt. Die Fälschung ist trotz Aufdeckung zur Tradition geworden oder ist es geblieben und hat dadurch Autorität gewonnen, die in jüngster Zeit von katholischer Seite angezweifelt wird, so von dem Theologen Hans Küng (*Unfehlbar?*, S. 75 ff).

Der Hauptzweck der Fälschung, die erst als solche im 16. Jahrhundert entdeckt wurde, »war die Stärkung der Stellung der Bischöfe, besonders gegenüber Metropoliten und Synoden und vor allem im Fall von Anklageerhebung und Prozeß – und weiter: Stärkung der kirchlichen Macht des Papstes, nicht um seiner selbst willen, sondern als Schutzmacht der Bischöfe und Garanten der kirchlichen Freiheit« (Heussi, S. 175). Die Eigenständigkeit der Autorität des Papstes sollte der Eigenständigkeit der Kirche entsprechen. Die pseudoisidorischen Dekrete richteten sich nicht gegen die weltliche Macht in weltlichen Angelegenheiten, rechtfertigten vielmehr die Unabhängigkeit der Kirche von ihr, wollten Reichs- und Kirchenordnung voneinander trennen.

Nach dem Tod Nikolaus I., »unter dem der Gedanke universaler Papstherrschaft mehr als herrischer Anspruch aufleuchtete als wirklich Gestalt gewann« (Feine, S. 202), versank das Papsttum wieder in Schwäche.

Das ist eines der Wesensmerkmale der auctoritas, daß sie »nie das dynamische Moment ganz verliert und immer unter dem Gesichtspunkt einer faktischen oder möglichen Wirkung gesehen wird« (Lütcke, S. 19). Aber die Kaiser nach Karl dem Großen waren nicht stark genug, die Kirche zu lenken, wie es dieser getan hatte.

Das änderte sich erst unter Otto dem Großen (936-973). Als

Haupt der Kirche hat er auf das Papsttum einen starken politischen und moralischen Einfluß gehabt und es aus seiner Abhängigkeit von der stadtrömischen Aristokratie befreit. Der Papstkirche drohte jedoch die Auflösung ihres episkopalischen Unterbaus in Deutschland.

Otto der Große suchte die weltlichen Landesfürsten, die mit ihren Erbansprüchen für ihre Nachkommen und ihre dynastischen Interessen, eben wegen partikularer Tendenzen, die Einheit des Reiches gefährdeten, durch Bischöfe zu ersetzen, die an das Zölibat gebunden waren und keine leiblichen Erben hatten. Die Lehen der weltlichen Fürsten waren erblich, die von Bischöfen mußten nach deren Tod immer wieder neu besetzt werden, wobei die kaiserliche Entscheidung zum Zuge kam. So begründete Otto I. im Interesse einer straffen und zentralen Reichsordnung die Fürstenmacht der Bischöfe. Indem der Kaiser sich des hohen Klerus als Personalreservoir für die Besetzung der Statthalterposten bediente, wurde er mehr und mehr zu dessen Herr. Die Folge dieser Personalpolitik war, daß sowohl Kaiser Otto I. als auch dessen Sohn die Bischöfe in erster Linie nach ihrer politischen Befähigung auswählten. So wurde unter Otto und durch ihn die Kirchenorganisation zunehmend zu einer politischen Apparatur des Kaisers institutionalisiert.

Die Kaiser entschieden durch ihr Recht, die Papstwahl zu bestätigen und ungeeignete Päpste abzusetzen, über die Besetzung des Apostolischen Stuhls und hatten dadurch vor allem die Möglichkeit, ein Gegengewicht zur römischen Stadtaristokratie mit ihrem starken Einfluß auf die Papstwahlen zu bilden. Kaiser Heinrich III. (1039-1056), ein Mann von starker Frömmigkeit, der vor allem durch seine Papstauslese das Papsttum aus dessen Zerfall erhoben und die Kirchenreform gefördert hatte, ließ sich sogar das Recht der Designation der Päpste garantieren. Mit Hilfe dieses Designationsrechts hatte Heinrich III. durch Ernennung von vier Päpsten mit persönlicher Autorität die angeschlagene institutionelle Autorität des Heiligen Stuhls zu heben vermocht.

Das war das Merkwürdige, daß seit Jahrhunderten die Papstwahlen sich von den übrigen Bischofswahlen kaum unterschieden. Die römischen Bischöfe, die zugleich Päpste waren und als solche Oberhaupt der Kirche, wurden vom hohen Klerus und der Laienaristokratie Roms unter Mitwirkung von einigen, meist drei, Nachbarbischöfen gewählt. Die übrigen Bischöfe hatten keinen Einfluß auf die Besetzung des Apostolischen Stuhls. Kurz nach dem Tode Heinrichs III. hatte Papst Nikolaus II. 1059 auf einer römischen Synode das Wahlverfahren reformiert. Danach sollten die Papstwahlen in den Händen der Kardinäle liegen, das Volk und der übrige Klerus nur ein Akklamationsrecht haben. Kardinal war seit dem 6. Jahrhundert der Titel für die sieben Nachbarbischöfe Roms (Kardinalbischöfe) sowie für die Vorsteher der sogenannten 28 Titelkirchen (Hauptkirchen) und von 18 Kirchen, die mit Wohltätigkeitsanstalten (Diakonien) verbunden waren. Leo IX. (1049-1054) hatte das Kardinalskollegium gegründet, das zum Senat des Papstes wurde und seit 1179 die einzige ausschließliche Körperschaft für die Papstwahlen war. Sehr bald wurden auch auswärtige Bischöfe zu Kardinälen berufen, ohne daß für diese eine Residenzpflicht bestand. »Die Kardinäle bilden den Rat und Senat des Papstes und sind seine hauptsächlichen Gehilfen bei der Regierung der Kirche« (Codex iuris canonici Kanon 230). »Die Kardinäle werden vom Papst aus der ganzen katholischen Welt ernannt« (Kanon 232). Damit erhielt der Papst als Oberhaupt der Universalkirche eine universalkirchliche Behörde, in der auch Nichtrömer saßen. Wahl des Papstes und Bestellung der Kardinäle sollten stadtrömischen, vielfach kirchenfremden Einflüssen entzogen, den Interessen und Erwartungen der allgemeinen Kirche des Abendlandes sollte Rechnung getragen werden. Bisher war Rom, wenn auch mit starkem, traditionellem Pathos, gleichsam Vorort der Kirche gewesen, wie es Lübeck später in der Hanse geworden ist. Jetzt wurden die institutionellen Voraussetzungen für einen Mittelpunkt der Kirche geschaffen. Die Reform der Papstwahl und die Einsetzung des Kardinalskollegiums waren die beiden ersten großen Maßnahmen des Papsttums aus eigener Kraft zur Erreichung des Primats und zur Lösung von weltlicher Bindung. Erst 600 Jahre nach dem Tod Leos I., setzte die rechtliche Institutionalisierung der Eigenständigkeit der päpstlichen Autorität ein. Die Wahlreform richtete sich in erster Linie gegen die römische Aristokratie, sie nahm aber dem Kaiser nicht nur das Designationsrecht, der Papst behielt sich auch vor, den Kaisern persönlich jeweils das Bestätigungsrecht zu verleihen. Diese Einschränkung der kaiserlichen Autorität gegenüber dem Papst war nur möglich, weil Heinrichs III. unmündiger Sohn, Heinrich IV. (1056-1106), wehrlos war.

Eine kirchliche religiöse Reformbewegung des Mönchstums, hervorgegangen aus dem Kloster Cluny, bekämpfte die Verweltlichung des Klerus, worunter Demoralisierung, aber auch weltliche Abhängigkeit verstanden wurde. Heinrich III. hatte die Reform, soweit sie sich gegen moralischen und religiösen Verfall richtete, unterstützt und selbst betrieben; nach seinem Tode richtete sie sich auch gegen die Kaiser. Dieser Bewegung bedienten sich tatkräftige und überlegene Päpste, gestützt auf eine kirchliche Rechtswissenschaft, aber auch und vor allem auf die pseudo-isidorischen Dekrete. Abermals sind es Juristen, in diesem Fall Kirchenjuristen, die dem kirchlichen Autoritätsbegriff erneut Form und Gehalt zu geben versuchen. Von 1073-1085 war Gregor VII., einer der entschiedensten Vertreter der cluniazensischen Reformgedanken, ein Mann von starker sittlicher Autorität, gewaltigem Willen und Fanatismus, Papst. Er hatte die Konzeption, die Freiheit der Kirche durch Lösung aus aller weltlichen Verstrickung institutionell zu verwirklichen und zu sichern.

Die Autorität einer freien Kirche konnte weder unter noch neben weltlicher Autorität bestehen. 1075 hatte Gregor VII., auf Gelasius sich berufend und auf die pseudoisidorischen Dekretalien sich stützend, aber weit über sie hinausgehend, die Universalherrschaft für die Päpste gefordert; nach seinen 27 Thesen über die päpstliche Macht (*Dictatus papae*) ist der Papst oberster Herr der Welt; ihm allein ist es erlaubt, Kaiser abzusetzen. Er darf von niemandem gerichtet werden; er kann von der Treueverpflichtung gegenüber Ungerechten freisprechen.

Gregor VII. hat unerbittlich das Priesterzölibat wieder stabilisiert und bekämpfte leidenschaftlich die Simonie. (*Apostelgeschichte 8, 18-20*: »Da legten sie die Hände auf sie, und sie empfingen den heiligen Geist. Da aber Simon sah, daß der heilige Geist gegeben ward, wenn die Apostel die Hände auflegten, bot er ihnen Geld an und sprach: Gebt mir auch die Macht, daß, so ich jemand die Hände auflege, derselbe den heiligen Geist empfange. Petrus aber sprach zu ihm: Daß du verdammt werdest mit deinem Gelde, darum daß du meinst, Gottes Gabe werde durch Geld erlangt?«) Unter Simonie verstand man zunächst die Übertragung einer kirchlichen Stellung gegen Geldzahlung. Gregor VII. hat den Begriff auf die Laieninvestitur, d. h. die Besetzung der Bistümer und Abteien durch weltliche Herrscher, ausgedehnt, die

die kanonische Wahl zu einem reinen Formalakt herabgedrückt hatten. Die Laieninvestitur, die noch im 10. Jahrhundert nicht als anstößig empfunden wurde, abzuschaffen, war bei dem politischen Interesse der Kaiser eine Machtfrage. Was nützten dem Kaiser bischöfliche Statthalter, die vom Papst ausgelesen waren, oder um deren Bestellung Streit mit den Päpsten entstehen konnte? Das hätte das Eindringen des Papstes in die kaiserliche Herrschaft bedeutet.

In dem Kampf um die Laieninvestitur, dem nunmehr einsetzenden Investiturstreit, hatte Heinrich IV. im Jahre 1076 Gregor VII. zum Rücktritt aufgefordert, nachdem dieser ihm mit Absetzung gedroht hatte, weil der König vom Papst gebannte Räte im Dienste behalten hatte. Daraufhin sprach der Papst über Heinrich IV. den Bann und die Absetzung aus. Sein Urteil ist in die Form eines Gebets an Petrus gekleidet. »Und mir ist um deinetwillen von Gott die Gewalt gegeben, zu binden und zu lösen im Himmel und auf Erden. Im Vertrauen darauf spreche ich zur Ehre und zur Verteidigung deiner Kirche von Seiten Gottes, des Allmächtigen . . . kraft deiner Gewalt und Autorität dem König Heinrich . . . die Herrschaft ab« (abgedruckt in K. D. Schmidt, *Die katholische Staatslehre,* S. 195).

Hier beanspruchte der Papst die Kompetenzkompetenz der *auctoritas.* Jetzt erwies sich, daß die Ausübung der geistlichen Macht unter bestimmten Voraussetzungen weltliche Folgen haben konnte. Der Bannstrahl des Papstes bedeutete Exkommunikation aus der Kirche. Wer im Mittelalter aus der Kirche verbannt war, war vogelfrei, rechtlos. Der Bann wirkte, weil er der gegen Heinrich IV. gerichteten deutschen Fürstenopposition die Legitimation gab, die Absetzung des Königs und eine Neuwahl zu fordern. Ohne die Autorität des Papstes hätte es den deutschen Fürsten an Legitimation gefehlt, aber nur dank deren Haltung und Macht, eben deren *potestas,* wurde die päpstliche Autorität wirksam. So mußte Heinrich IV. nach Canossa gehen, um sich vom Bann zu lösen, weil er, durch den Bann um seine Autorität gebracht, so auch keine *potestas* mehr gehabt hätte. Aus dem Sakrament der Buße hatte der Papst unter Ausnutzung einer ihm besonders günstigen Situation ein Instrument der Macht gemacht. Im zentralistisch regierten Oströmischen Reich hätte ein Papst, Patriarch oder Bischof es kaum wagen können, den Kaiser zu exkommunizieren oder gar abzusetzen. In dem aufgelockerten, dezentralisierten Lehenssystem bestand wegen der konstitutionellen Schwäche des Kaisertums, die nur durch starke Persönlichkeiten kompensiert werden konnte, die Möglichkeit zur Steigerung der Autorität des Papstes, wenn einer kraft persönlicher Begabung diese Chance auszunutzen verstand.

Eine Parität von kaiserlicher Gewalt und päpstlicher Autorität, wie sie Gelasius I. angestrebt hatte, ließ sich real nicht stabilisieren. Mochten zeitweise Kaiser und Päpste nebeneinander her vegetieren, in Konfliktfällen hatte sich das von dem oströmischen Kaiser Justinian geschaffene, von Karl dem Großen, wiederhergestellte Unterordnungsverhältnis, das nur wenige starke Kaiser zu behaupten vermochten, bewährt. Eine Unabhängigkeit der Kirche in Angelegenheiten des Glaubens, der Lehre und vor allem der Kirchordnung andererseits war in einem christlichen Imperium, in dem Kirche und weltliches Regiment untrennbar miteinander verbunden und aufeinander angewiesen waren, nur durch eine wenngleich beschränkte Überordnung der Päpste über die Kaiser zu erreichen.

Heinrich III. hatte kirchengemäß gehandelt, als er Gestalten von persönlicher und geistlicher Autorität zu Päpsten bestellt hatte. Leo IX. hatte zusammen mit dem Kaiser die Reform der Kirche begonnen, aber damit die Voraussetzungen geschaffen für die Kirchenreform Gregors VII. gegen die Kaiser. Der Kampf um die Laieninvestitur wurde 1122 im Wormser Konkordat durch einen Kompromiß zwischen Kaiser Heinrich V. und Papst Calixt II. beigelegt. Die Kaiser mußten das Recht, die Bischöfe zu bestellen, generell aufgeben, aber behielten für das deutsche Gebiet, freilich nur für dieses, ein Mitwirkungsrecht.

Erst unter Gregor VII. wurde das Primat des Papstes zum geltenden Kirchenrecht. Ihm ging es im wesentlichen um die rechtliche Durchsetzung der päpstlichen Oberhoheit und die Abschaffung der Laieninvestitur und, zur Sicherung dieser Rechte, um ein Aufsichtsrecht über die Kaiser in kirchlichen Fragen. Doch unter den Nachfolgern Gregors VII. zeigte sich, daß diese Sicherungen für die Freiheit der Kirche nicht ausreichten. Die Kirche, vor allem die Kurie, verstrickte sich immer wieder in politische Streitigkeiten oder wurde in sie hineingezogen.

Innozenz III. (1198-1216), aus einem alten langobardischen Grafengeschlecht, eine der bedeutendsten Herrschergestalten auf dem päpstlichen Thron, hervorragender Jurist, Diplomat und

Administrator, ging in der rechtlichen und politische Expansion seiner Macht noch sehr viel weiter als Gregor VII. Unter ihm erreichte die päpstliche Universalmonarchie ihren Höhepunkt, aber auch ihren Wendepunkt. Nach ihm ist der Papst zwar »geringer als Gott, aber größer als ein Mensch« (abgedruckt bei Heussi, S. 216). Er hatte, 37jährig, nach dem Tode Kaiser Heinrichs VI., der die kaiserliche Herrschaft über ganz Italien einschließlich Siziliens ausgedehnt und damit den Kirchenstaat umklammert hatte, den päpstlichen Stuhl bestiegen. Heinrich VI. war, wie Heinrich III., in relativ jungen Jahren gestorben und hatte einen unmündigen Sohn, den späteren Kaiser Friedrich II., hinterlassen. Die deutschen Fürsten nutzten die unklare Situation aus und gingen von der bisherigen Wahl nach Geblütsrecht zur freien Fürstenwahl über. Im Jahre 1198 kam es zur Doppelwahl des Welfen Otto IV. von Braunschweig, dem Sohn Heinrichs des Löwen, und des Staufers Philipp von Schwaben, jüngster Sohn Friedrich Barbarossas. Die Anhänger Ottos IV. riefen die Entscheidung des Papstes herbei. Wieder wuchs Autorität nicht durch Initiative und Tat ihres Trägers, sondern durch Appellation seitens der Zweifelnden.

Im Jahre der Kaiserwahl hatte Innozenz III. in einem Brief die Gewaltenlehre des Gelasius zugunsten des Papstes verstärkt: Gott hat »zwei große Würden geschaffen, eine größere, die die Seelen, gleichsam die Tage, leiten und eine kleinere, die die Körper, gleichsam die Nächte, leiten soll: das sind die päpstliche Autorität und die königliche Gewalt. Jedoch wie der Mond sein Licht von der Sonne empfängt, der doch kleiner ist als jene an Masse und an Qualität, an Standort und an Wirkung, so empfängt die königliche Gewalt den Glanz ihrer Würde von der päpstlichen« (*Brief an Acerbus* 1198, abgedruckt bei Schmidt, S. 200). Innozenz III. betrachtete und behandelte die weltlichen Herrscher, auch die Kaiser, als Lehensträger des Papstes, der sie auf ihre Eignung und Würdigkeit zu prüfen beanspruchte und absetzen konnte. Vor den Kardinalskollegien begründete er sein Recht zur Wahlentscheidung damit, »daß das Imperium ›principaliter et finaliter‹ – nach Ursprung und Bestimmung – den Papst angehe; denn er habe es bei der Kaiserkrönung Karls von den Griechen auf das Fränkisch-Deutsche Reich übertragen zum Schutz der römischen Kirche; von ihm haben also die Fürsten ihr Recht, den deutschen König als künftigen Kaiser zu wählen, den der Papst zu

krönen und deshalb auf seine Eignung zu prüfen hat« (Grundmann, *Das Eingreifen Innozenz III.*, in: *Gebhardts Handbuch*,
Bd. I, S. 346 f.).

Aus der Kaiserkrönung Karls des Großen war eine Legende, die
gar nicht mit dem tatsächlichen Vorgang und den wirklichen Motiven übereinstimmte, geworden; sie hatte aber traditionsbildend
gewirkt. Karl der Große hatte das Aufkommen der Legende
schon geahnt und daher zu verhindern versucht (s. S. 64). Zwar
hatte die Mehrheit der Fürsten den Staufen gewählt, aber der
Papst hatte Otto IV. die Kaiserkrone zugesprochen, denn nach
Innozenz' Auffassung war es Sache der Päpste, die Qualität der
fürstlichen Wähler zu prüfen. Im ganzen Mittelalter hat die Frage, ob die Quantität oder die Qualität der Stimmen entscheide,
eine wichtige Rolle gespielt. In der Klosterregel des hl. Benedikt
(480-550 n. Chr.) heißt es: »Bei der Einsetzung des Abtes gelte
immer die Regel, daß derjenige aufgestellt werde, den entweder
die ganze Klostergemeinschaft einmütig, beseelt von der Furcht
Gottes, oder ein wenn auch kleinerer Teil nach besserer Ansicht
gewählt hat.« Papst Alexander III. (1159-1181) hatte auf dem
Dritten Lateran-Konzil 1179 erklärt, daß bei allen Korpora-
tionsbeschlüssen der größere und vernünftigere Teil (pars maior
et sanior) entscheiden solle; denn wahrhaft größer sei eben nur
derjenige Teil, welcher sich als der größere Teil an Vernunft und
Frömmigkeit (ratio et pietas), an auctoritas (im Sinne Ciceros),
an Nacheiferung und Gleichmut (bonus zelus et aequitas) zeige
(s. Otto v. Gierke, *Das deutsche Genossenschaftsrecht*, III. Bd.,
S. 326). In Zweifelsfällen mußte der jeweils Übergeordnete, der
Bischof oder in letzter Instanz der Papst, auf Anruf entscheiden,
ob im größeren Teil auch der vernünftigere Teil enthalten war.
Damit wurde das Majoritätsprinzip unter das hierarchische Autoritätsprinzip gebeugt. Die Zahl der Stimmen kann man ein-
wandfrei feststellen. Das individuelle Ermessen bei deren quali-
tativer Beurteilung kann aber kaum ausgeschaltet werden; die
Versuchung, von der eigenen Beurteilung der Entscheidung auf
die Qualität der Entscheidenden zu schließen, ist groß. Gerade
bei der Papstwahl wollte man diese Ermessensentscheidung der
Kaiser, von der einige Gebrauch gemacht hatten, ausschließen.
Deshalb mußten die Päpste von einer Zweidrittelmehrheit der
Kardinäle gewählt sein. Das war nicht nur eindeutig der weitaus
größere Teil, sondern man glaubte auch mit Sicherheit in dieser

Zweidrittelmehrheit den sanior pars vermuten zu können; das bedeutete: die Autorität der qualifizierten Mehrheit.

Den Kaisern war durch das Dritte Lateran-Konzil das Bestätigungsrecht bei zwiespältigen Papstwahlen kirchenrechtlich genommen, aber Innozenz III. beanspruchte das päpstliche bei Kaiserwahlen zwanzig Jahre später, und zwar ein doppeltes Prüfungsrecht, das sich nicht nur auf die Eignung der Kaiser beschränkte, sondern auch auf die der Wähler erstreckte. Damit hatte er in der Bestätigung völlige Ermessensfreiheit. Aber so unparteiisch er sich gab – er entschied sich für Otto, weil dieser ihm die größeren Zugeständnisse gemacht hatte. Es ging ihm nicht um Autorität, sondern um Macht im Interesse päpstlicher Herrschaft. Otto IV. mußte eidlich in den Verzicht auf das Wormser Konkordat, auf eine eigenständige Politik in Italien, auf die Verbindung Siziliens mit dem Reich und in die Ausdehnung des Kirchenstaates in Mittelitalien einwilligen. Dieselben Zugeständnisse verbriefte 1215 Friedrich II. von Hohenstaufen, der Sohn Heinrichs VI., woraufhin seine Wahl zum Kaiser auf dem großen Lateran-Konzil von Innozenz III. bestätigt wurde. Im Grunde handelte es sich dabei um ein reines Geschäft, wie später bei den Wahlkapitulationen der deutschen Kaiser. Vor allem bei der Bestätigung, der Approbation der Kaiser, ging es um den Handelswert der päpstlichen Autorität. Gewiß gab es noch in der Idee das christliche Reich und die christliche Kirche, doch Kaiser und Papst waren vollkommen in der Rivalitätspolitik verfangen. Der Dualismus in der Spitze führte zu einer völligen Politisierung. Die Päpste konnten jeweils die Schwächen, das Gefälle der deutschen Verfassungswirklichkeit ausnutzen, um sich bei günstiger Konstellation Geltung zu verschaffen. Die Autoritätsvorstellungen hatten sich weit von den altrömischen und denen Augustins entfernt. Trotzdem ließ sich die Autoritätsposition der römischen Päpste nicht realisieren. Selbst die Waffe des päpstlichen Bannfluchs war von beschränktem Effekt; er mußte erst allgemein anerkannt sein, um zu wirken.

Seitdem Sizilien in den Händen der Kaiser lag, waren die Päpste militärisch von Norden und Süden gefährdet. Daher war es das Ziel Innozenz' III., ganz Italien zu beherrschen, auf keinen Fall aber Unteritalien und Sizilien in kaiserlicher Hand zu belassen, um sich dem ständigen militärischen Druck des kaiserlichen Rivalen zu entziehen. Hatte Gregor VII. versucht, die päpstliche

Autorität institutionell zu steigern und zu befestigen, so ging es Innozenz III. auch um eine militärisch-strategische Stabilisierung. Indem der ursprünglich kleine Kirchenstaat zu einem, wenn auch in erster Linie nur defensiven Machtstaat zum Schutz der eigenständigen Autorität der Kirche tendierte, um so Subjekt in der Politik der damaligen Weltpolitik zu sein, geriet er, und mit ihm der Papst, in Gefahr, Objekt der Politik zu werden.

Der Bischof von Rom, selbst wenn er als uneingeschränkter und unbestrittener Herr in seinem Gebiet hätte schalten können, wäre gleichwohl eine relativ uninteressante Figur gewesen, hätte er nicht nach der Lehre der Kirche über die oberste Autorität in ihr verfügt. Die Autorität allein reichte jedoch nicht aus, er bedurfte weltlicher Macht und diese mußte gesichert sein. Kaiser und Papst verfügten über geglaubte Autorität, aber dem Glauben mußte jeweils politisch durch Herstellung oder Förderung militärischer oder politischer Gefälle nachgeholfen werden, da zwischen beiden eine konstellations- und konstruktionsbedingte Autoritätsrivalität bestand. Die Kaiser wollten sich der diplomatischen Intervention der Päpste entziehen, diese der militärischen der Kaiser.

Kaiser Friedrich II. (1212-1250) hatte das Königreich beider Sizilien von seiner Mutter, der Witwe Heinrichs VI., geerbt, aber es, machtlos wie er zunächst war, unter die päpstliche Oberhoheit stellen müssen. Dann hat er im Kampf gegen das Papsttum zur Behauptung seiner Autorität, eben um sich von der päpstlichen Oberlehnshoheit faktisch zu lösen, eine neue Konstruktion der potestas eingeführt. Er schuf nach dem Vorbild der Verwaltung der Kurie ein straff zentralisiertes, allein von ihm abhängiges Beamtentum, das landfremd war und keinen Feudalbesitz haben durfte. Er entledigte sich der weithin klerikalen Bürokratie. Im Gegensatz zu den Vasallen des Lehnswesens und zu den Bischöfen war diese Beamtenschaft unabhängig von der päpstlichen Autorität. So wie Gregor VII. die Bischöfe der kaiserlichen Macht entzogen hatte, so wollte Friedrich II. seine Statthalter und Beamten, wenn auch auf begrenztem Gebiet, von der päpstlichen Autorität ausschließen. Hier zeigen sich die ersten Ansätze zu einer Organisation der Autoritätsabgrenzung zwischen Kaiser und Papst, wie sie nach der Reformation im Absolutismus verwirklicht wurde.

Hundert Jahre nach dem Tod Innozenz' III. steigerte Papst Bonifaz VIII. (1294-1303), abermals ein Jurist, in seiner Bulle *Unam Sanctam* (1302) die Gewaltenlehre Innozenz' III. und vertauschte die beiden Worte potestas und auctoritas zwischen Kaiser und Papst: »Es muß aber ein Schwert *unter* dem anderen sein und die zeitliche Autorität der geistlichen Gewalt (potestas) unterworfen werden« (zitiert bei Schmidt, S. 206). Die Bulle war nicht gegen die deutschen Kaiser, sondern gegen den mächtigen französischen König Philipp den Schönen gerichtet. Es ging um die Besteuerung von Klerus und Klöstern durch den französischen König, ein Recht, das Bonifazius VIII. für die Päpste in Anspruch nahm. Er bedrohte den König mit dem Bann. Auf dessen Geheiß wurde Bonifazius kurze Zeit darauf, bevor er noch den Bannfluch gegen König Philipp IV. verkünden konnte, gefangen gesetzt. Der übernächste Nachfolger des Bonifatius mußte nach Avignon übersiedeln, das zum französischen Einflußgebiet gehörte. 1305 begann die babylonische Gefangenschaft der Kirche, die bis 1377 währte, und auf sie folgten vier Jahrzehnte des Schisma mit zwei Päpsten, einem in Rom und einem in Avignon. Mit Philipp dem Schönen setzte der Gallikanismus ein, der die Rechte des Papstes in Frankreich auch gegenüber der Kirche und den Bischöfen zugunsten der weltlichen Gewalt erheblich minderte. Das Papsttum hatte sich der Schutzherrschaft der Kaiser entledigt, aber war in Abhängigkeit Frankreichs geraten.

Mit dem Untergang des Kaisertums der Hohenstaufen (Kaiser Friedrich II. † 1250) und dem Niedergang des Papsttums verlor der auctoritas-Begriff seine damalige weltumspannende und weltherrschaftliche Bedeutung. Als die eigentlichen Sieger in dem Ringen zwischen Kaiser und Papst erwiesen sich die Herrscher der Nationalstaaten, in erster Linie die Könige von England und Frankreich und die deutschen Territorialfürsten. Vor allem aus der potestas der deutschen Landesherren, die im wesentlichen abgeleitete und damit untergeordnete vollziehende Gewalt war, entstand allmählich, aber unaufhaltsam eine neue auctoritas. Sie war Folge und wurde immer von neuem Anlaß der Schwächung der Autorität der Kaiser. Die Kaiser selber waren Territorialfürsten, seit dem 14. Jahrhundert in den größten Gebieten. Je mehr sie ihre Reichspolitik in den Dienst ihrer Hausmacht stellten, auf die allein sie sich stützen konnten, je mehr die Interessen ihres Landes den Vorrang gegenüber den Reichsbelangen gewannen, desto fragwürdiger wurde ihre Autorität, desto weniger wurde sie geglaubt. In dem sich anbahnenden europäischen Staatensystem war der Kaiser der scheinbare Herrscher des größten Staates neben vielen anderen Staaten. Dennoch hielt sich ein letzter institutioneller Rest bis zum Ende des alten Reichs, und auch dieser konnte nur durch fremde Macht, Napoleon, zerstört werden.

Seit dem 14. Jahrhundert wurde päpstliche und kirchliche Autorität durch moralischen Verfall und religiösen Niedergang so vertan, daß die Kirche einer religiösen Revolution nicht gewachsen war und die Auflösung ihrer Einheit im Abendland hinnehmen mußte. Die Päpste hatten sich der kaiserlichen Herrschaft entledigt, aber dadurch den kaiserlichen Schutz verloren. Dieses Fehlen der kaiserlichen Zentralgewalt trug schließlich zu dem im Grunde ergebnislosen Ausgang der beiden Reformkonzilien von Konstanz (1414-1418) und von Basel (1431-1449) bei. Die päpstliche Autorität hatte sich gegenüber den partikularen Mächten als zu schwach erwiesen. Mit der Verfestigung der Zentralgewalt in den großen nichtdeutschen Staaten und den deutschen Territorien waren nationale und landeskirchliche Tendenzen entstanden, die der ohnehin schwachen päpstlichen Autorität entgegenwirkten und vor allem der kurialen Ausbeutung des heimischen Klerus widerstrebten. Die Päpste waren zu italienischen Landesfürsten herabgesunken und kämpften mit anderen um territoriale Belange.

Die Zersetzung und Geltungsminderung der katholischen Kirche im 14., 15. und 16. Jahrhundert beruhte also nicht zuletzt auf dem Schwinden der päpstlichen Autorität. Zwar fehlte es nicht an religiösen Reformströmungen, aber sie fanden mangels institutioneller Autorität keine Chance, ihre Reformideen zu realisieren. Ihr Zusammenstoß mit der offiziellen Kirche erfolgte »dort, wo die Veräußerlichung der Frömmigkeit und die Entwürdigung des Heiligen durch die Führer der Kirche am drastischsten zutage traten, nämlich beim Ablaß« (Heussi, S. 287). Erst durch die Bedrohung der Kirche in der Reformation und durch ihren Kampf gegen sie, vor allem durch die Gegenreformation, entwickelte sich erneut kirchlich-religiöse Autorität; sie behauptete sich nicht zuletzt wegen ihrer Beschränkung auf den Glauben.

Ständig war in den päpstlichen Kundgebungen von Gregor VII. bis zu Innozenz III. die Formel des Gelasius von der päpstlichen auctoritas und der königlichen Gewalt wiedergekehrt, nur mit dem Unterschied, daß aus dem Anspruch des Gleichberechtigungsverhältnisses zwischen Papst und Kaiser der eines Unterordnungsverhältnisses geworden war. Gregor VII. hatte seine Macht sowohl als auctoritas wie als potestas definiert. In der damaligen Kirchensprache waren die Worte nahe aneinandergerückt, wurden z. T. auch ausgewechselt, wie es schon Cyprian getan hatte. Vielleicht bestand ein besonderes Interesse an der Unbestimmtheit, weil sie eine ergiebigere und zugleich elastischere Ausnutzung der Worte ermöglichte. Die katholische Kirche, die dank ihres weithin stabilen Verfassungsbaus in ihren kirchenpolitischen Maximen und deren Anwendung über Jahrhunderte hinaus zu denken vermag, bedient sich gern dehnbarer und auswechselbarer Begriffe, die einen so großen Interpretationsspielraum haben, daß sie weitgehende Ansprüche rechtfertigen, aber zugleich auch den Rückzug aus Gefahrenzonen erlauben. So ist es auffällig, wie sorgfältig gerade in diesen offiziellen Erklärungen der Päpste an die Adresse der weltlichen Herrscher, in erster Linie der Kaiser, die Formel des Gelasius genau beibehalten wurde. Schon die potestas der römischen res publica ist mit Vollzugsgewalt übersetzt worden. Zwar galt die damalige potestas in der Verfassungswirklichkeit auch und zum wesentlichen Teil als Vollzugsgewalt, aber nicht ausschließlich. Potestas war insoweit Vollzugsgewalt, als sie auf Grund einer Vollmacht, so der auctoritas des Senats, tätig wurde. Wahrscheinlich ist in den päpstlichen Kundgebungen auctoritas als Herrschaft im Sinne von ›Vollmacht erteilen und Vollmacht besitzen‹ zu verstehen, und unter potestas die Verfügungsgewalt, die sich aus der Vollmacht ergibt, der Vollzug der Herrschaft.

Wenn damals statt von potestas von auctoritas gesprochen wurde, so scheint die umgekehrte Auswechslung kaum vorgekommen zu sein. Auch Thomas von Aquino verwendet häufig für potestas auctoritas. Aber er sagt, daß die Herrschaft (dominium) diejenige potestas sei, mittels derer der Sklave durch Züchtigung in Zaum gehalten werde (servus correctur). Die Autorität ist die Hoheit des Mehr-, des Übergeordnetseins im weltlichen oder kirchlichen Amt; jene gibt den Rat, zu tun oder zu unterlassen und hat den von Gott verbrieften Anspruch auf freiwilligen Gehorsam. Wird aber der Rat nicht befolgt, so hat die auctoritas auch die potestas, die Befolgung mit Gewalt zu erzwingen. In der vollkommenen Welt wäre potestas überflüssig. Potestas ist nur als autorisierte zulässig; potestas ohne auctoritas ist Gewaltherrschaft. Potestas steht gleichsam unter der auctoritas. Potestas vollstreckt notfalls den Rat oder Befehl der auctoritas. Zur Autorität bedarf es höherer Einsicht und tieferer Weisheit; potestas ist lediglich eine handelnde Funktion der auctoritas. Das Gericht hat auctoritas, aber der Vollstrecker des Urteils übt potestas aus. Es ist nicht von der potestas, sondern nur von der auctoritas der Heiligen Schrift die Rede, die unbedingte Anerkennung verlangt. Andererseits besitzt der Priester nicht die auctoritas, über die nur Kirche und Papst verfügen, wohl aber hat er die potestas solvendi et ligandi, das Absolutionsrecht aufgrund der Ordination.

»Kein Zeitalter hat so sehr mit ›Autoritäten‹ gearbeitet wie das Mittelalter, und auch keines hat so viel ›bewiesen‹« (Seeberg, Bd. III, S. 10). Der Soziologe Rosenstock-Huessy hat Autorität ein »Zauberwort der päpstlichen Gewalt« genannt (*Die europäischen Revolutionen und der Charakter der Nationen*, S. 143).

Thomas von Aquino

Hatte die Kirche für die Zwecke ihrer Institutionalisierung den Begriff der Autorität aus dem weltlichen Bereich übernommen und nach ihren Vorstellungen und Bedürfnissen gemodelt, so durchdrang Thomas von Aquino (1225 – 1274), der das Interregnum im Reich und den Beginn des Verfalls des Papsttums erlebt hatte mit seiner Soziallehre, auf die sich die gegenwärtige katholische Kirche weiterhin noch stützt, den ganzen weltlichen Bereich. Der Mensch ist nach der göttlichen Schöpfungsordnung sozial; er ist darauf angelegt, in organisierten Verbänden der Gesellschaft zu leben. Nur im Rahmen der Gesellschaft vollzieht sich die geistige und sittliche Vervollkommnung des Menschen. So hatte Aristoteles es mit seinen Begriffen vom Menschen als zoon politicon und vom glückseligen Leben, das anzustreben Aufgabe des politischen Gemeinwesens sei, gelehrt. Es ist daher »für den Menschen eine gottaufgetragene Pflicht, in der Gemeinschaft mit andern sein Ziel zu suchen« (Arthur Fridolin Utz, *Sozialethik,* Bd.I, S.126). Darin liegt die Aufgabe der gesellschaftlichen Organisationseinheiten, unter denen der Staat einen hervorragenden Platz einnimmt. Die Lösung dieser Aufgabe »geschieht durch die Beobachtung des bonum commune, das politisches und ethisches Gut in einem ist; es umfaßt in seiner analogen Reichweite Gott als das höchste Ziel, die geistig sittliche Vollendung des Menschen, die gesamte kulturelle Atmosphäre einer Gesellschaftsordnung und erstreckt sich bis herab zu den materiellen und wirtschaftlichen Lebensbedingungen, die gesichert werden müssen, damit alle Glieder der Gesellschaft das Ziel erreichen können« (Franz-Martin Schmölz, *Thomas von Aquin,* in: *Staatslexikon der Görres-Gesellschaft,* 6. Aufl., Bd.7, Sp.977). »Wenn es das Gemeinwohl gibt, so muß eine ihm dienende gesellschaftliche Organisation, die legitimiert ist, gefunden werden. Da die Menschen in ihrem Zielstreben einen je und je verschiedenen Ausgangspunkt wählen, ergibt sich ganz natürlich die Frage, wie nun das Gemeinsame in allen Verschiedenheiten gefunden werden soll . . . Also muß es einen über den einzelnen stehenden Lenker der Gesellschaft geben, der nicht vom einzelnen, sondern vom Gemeinsamen ausgeht . . . Da die vielen einzelnen Menschen von Natur aus nicht das Gemeinwohl garantieren können, muß zur verbindlichen Auflage dessen, was zum Gemeinwohl führt, eine neue Kompetenz gesucht werden. Und das ist die Autorität . . . Wer nun Träger dieses Amtes sein soll, kann unbestimmt bleiben. Ebenfalls kann offenbleiben, wer den Träger zu bezeichnen hat . . . Die innergesellschaftliche Autorität als Kompetenz im Sinne des Gemeinwohls verbindlich zu empfehlen, stammt von jenem, der das Gemeinwohl begründet. Daraus folgt nun . . . für die natürlichen Gemeinschaften, wie Ehe, Familie, Staat, daß die begründete Autorität unmittelbar wie die Begründung von Ehe, Familie und Staat auf Gott zurückgeht . . . Der Auftrag des Begründers des Gemeinwohls ist das formalrechtliche Fundament. Das Gemeinwohl ist die Norm der Autorität . . . Autorität im menschlichen Bereich besitzt nur jener, welcher in höherem Auftrag entsprechend den sittlichen Normen befiehlt . . . Rechtliche Autorität ist die wirksame Befehlsgewalt, die einer Gesellschaft das Gemeinwohl oder das Sozialgerechte verbindlich auferlegt . . . Die Zwangsgewalt gehört daher zum Wesen der Autorität . . . Es wäre aber falsch, unvermittelt zu sagen, die Autorität stehe im Dienste der Gesellschaftsmitglieder. Sie dient den Gesellschaftsmitgliedern, weil sie deren Gemeinwohl dient. Sie bleibt aber stets über den Gesellschaftsmitgliedern, sonst wäre sie keine Autorität« (Utz, S. 242 ff.). Einer der wesentlichsten Sätze Thomas von Aquinos ist: »propter quod et in omnibus quae in unum ordinantur. aliquid invenitur alterius regitivum«, (*De regimine principum* I, 1), in deutscher Übersetzung: »Denn bei allem, was auf ein bestimmtes Ziel hingeordnet wird, findet sich etwas, das ihm die Richtung bestimmt« (Thomas von Aquino, *Ausgewählte Schriften zur Staats- und Wirtschaftslehre.* Übertragen von Friedrich Schreyvogl, S. 13). Wie das Gemeinwohl in Gottes Schöpfungsordnung begründet ist, so die Autorität im Gemeinwohl. »Das Wort der Offenbarung bestätigt die Schöpfungsordnung, aus der ja nicht minder Gottes Wille spricht; Gott ist der Begründer der staatlichen Autorität nicht in positiver, äußerer Anordnung, sondern durch schöpferische Gründung der sozialen Naturanlage, aus der sie sich notwendig ergibt« (Richard Hauser, *Autorität und Macht*, S. 375).

Weltliche Autorität nach katholischer Soziallehre ist also weltliche Obrigkeit im Dienste des bonum commune und gebunden, auch in dem von ihr gesetzten positiven Recht, an das Naturrecht. »Die gesellschaftliche Autorität ist wegen ihrer Zugehörigkeit zur natürlichen, sittlichen und rechtlichen Ordnung in allen ihren Maßnahmen an die Prinzipien dieser Ordnung gebunden. Nur als gesellschaftliche Ordnungsgewalt . . . ist gesellschaftliche Herrschaftsgewalt durch die sittlichrechtliche Naturordnung legitimierte Rechtsgewalt zum Unterschied von Herrschaftsgewalt auf Grund von Gewaltrecht, begründet in äußeren Machtverhältnissen« (Johannes Messner, *Das Naturrecht,* S. 250).

Das gilt für jegliche gesellschaftliche Autorität, auch für natürliche, nämlich Ursprungsmacht, wie im Fall der Eltern. Sie ist in den Mitteln und Zwecken beschränkte Obrigkeit. Nur die Bindung an das Naturrecht und die Beschränkung aufs Naturrecht sichern die Freiheit derjenigen, die der Autorität unterworfen sind.

Die Kirche, eine Stiftung Gottes, der ihr »unbedingte Autorität« übertragen hat, steht selbstständig neben dem weltlichen Staat, ist Hüterin des Naturrechts als der sittlichen Ordnung, der ideellen Zusammenfassung von ungeschriebenen wie geschriebenen Gottesgesetzen. Die »unfehlbare« Lehrautorität des Papstes wird von Thomas von Aquino, gestützt auf die pseudoisidorischen Dekretalien, anerkannt. »Deshalb gehört die Herausgabe eines neuen Glaubensbekenntnisses allein zur Autorität des Papstes, wie auch alles andere, was die ganze Kirche angeht, wie das allgemeine Konzil versammeln und ähnliches.«

Der protestantische Religions- und Geschichtsphilosoph Ernst Troeltsch beschreibt die Autoritätslehre des Thomas von Aquino: »Die vorgeordnete Einheit wird im letzten Grunde zu der das Ganze beseelenden und leitenden Autorität, die nach den Grundsätzen der distributiven Gerechtigkeit jedem nach seiner Stellung und seinem Maße die Beteiligung an dem Zentralwert des Ganzen zuweist. So wird jeder Einzelorganismus innerhalb des großen Systems als von einer Autorität geleitet und zusammengehalten betrachtet, indem sie den spezifischen Zweck des einzelnen Kreises, der Familie, der Stadtgemeinde, des Staates, der Zünfte und Gesellschaften gerecht, d. h. mit Rücksicht auf den einzelnen verwirklicht. Und so erhebt sich über dem Ganzen mit dem religiösen Zentralzweck die religiöse Autorität als die eigentliche Seele der ganzen menschlichen Gesellschaft in all ihren Stufen und Gruppen, die teils die Einzelgruppen ihre Zwecke selbst verwirklichen läßt, teils berichtigend und Gerechtigkeit stiftend im Notfalle in sie eingreift und vor allem das Ganze selber in seinen Grundverhältnissen leitet und bedingt, um jeden auf seine Weise und an seinem Ort an dem ewigen Zwecke seinen entsprechenden Anteil finden zu lassen ... Der ›Organismus‹ ist in letzter Linie als autoritative Leitung der von Naturtrieb und Zweckeinsicht geschaffenen Gliederungen auf den eigentlichen und letzten, den religiösen Zweck hin gedacht, und die leitende Autorität ist das kirchliche Lehr- und Hirtenamt mit seiner Gipfelung im Papst« (Troeltsch, *Die Soziallehren der christlichen Kirchen und Gruppen,* Bd. I, S. 320).

Die Lehre des Thomas von Aquino geht von der Ungleichheit der Menschen, nicht nur nach Eigenschaften, sondern vor allem nach Herkunft und Stand aus. Sie fußt auf der statischen feudalpatriarchalischen Ordnung, die er selbst erlebt hat, und rechtfertigt sie nicht nur für den Augenblick, sondern auf Jahrhunderte. Sie ist aber in der Anlage so generell gehalten und gleichzeitig so elastisch, daß sie vor allem bei deren späteren Ausbau auch auf andere, dem feudalen Patriarchalismus fremde Ordnungen zumindest theoretisch angewandt werden konnte.

Der gesellschaftlichen Autorität sind durch das Naturrecht Schranken gesetzt. Durchbricht sie diese, so hat der ihr Unterworfene im Prinzip ein Widerstandsrecht. Ganz im Sinne Thomas von Aquinos sagt die Enzyklika *Diuturnum Illud* (1881): »Nur einen Grund haben die Menschen, nicht zu gehorchen, wenn nämlich etwas von ihnen gefordert werden sollte, was dem natürlichen oder göttlichen Gesetz offenbar widerspricht; denn nichts von allem, wodurch das Naturgesetz oder der Wille Gottes verletzt wird, ist zu gebieten oder zu tun erlaubt ... Auch besteht kein Grund, jene, die so handeln, der Verweigerung des Gehorsams zu zeihen, wenn nämlich der Wille Gottes Willen und Gesetzen widerspricht, dann überschreiten sie ihre Machtbefugnisse und zerstören die Gerechtigkeit; dann wird ihre Autorität hinfällig, denn wo Gerechtigkeit fehlt, da ist auch keine Autorität.« Dem Widerstandsrecht sind jedoch Grenzen gezogen. »Nur sehr schwere Notstände des allgemeinen Wohls berechtigen zu aktivem Widerstand, und der aktive Widerstand kommt nur als letztes Mittel der Selbstverteidigung bzw. Selbsthilfe in Frage ... Aktiver Widerstand ist nicht gestattet, wo die Lage sich durch ihn nicht bessert, sondern nur verschlimmert« (*Herders Sozialkatechismus,* 2.Bd., S.264 f.).

Es handelt sich also um eine Autorität der Institution, unabhängig von den persönlichen Eigenschaften des Amtsträgers. Dieser soll freilich der Autorität des Amts entsprechend besonders qualifiziert sein. Er soll über die erforderlichen seelischen und geistigen Eigenschaften verfügen und sich autoritätsgerecht verhalten. »Im autoritativen Amt gewinnt also der Mensch einen besonders weitreichenden und einzigartigen Ausdruck der in seinem Wesen angelegten Kräfte und Fähigkeiten seiner Gottebenbildlichkeit« (Hauser, S. 374). Der das Amt übernimmt, den übernimmt es. Das Wort »Wem Gott ein Amt gibt, dem gibt er auch Verstand« war ursprünglich ernstgemeint. Es mag dem Pauluswort nachgebildet sein: »Der Herr wird Dir in allen Dingen Verstand geben« (*Thimotheus 7*).

Für die Katholiken mag sich aus dem Autoritätsprinzip ihrer Sozialethik die innere Rechtfertigung ergeben, darauf zu achten und dafür zu sorgen, daß die Ämter mit Angehörigen ihrer Konfession besetzt werden, die den Charakter ihrer Amtsführung im Sinne ihrer Lehre mehr oder minder bestimmen. Wenn Leistung und Richtung in einer Art Konkurrenz miteinander stehen, so soll die Richtung den Vorrang haben, innerhalb der einen Richtung wiederum die Leistung.

Die gesellschaftliche Autorität, auch wenn sie sich streng an die sittlichen Normen hält, ist in ihren Kompetenzen nach dem Subsidiaritätsprinzip der katholischen Soziallehre nicht unbegrenzt, sondern dieses fordert geradezu eine »Streuung der sozialen Kompetenzen« (Utz, S. 257). Das gilt sowohl für das Verhältnis zwischen Staat und Religionsgemeinschaften als auch zwischen den größeren und kleineren Gemeinschaften. Im Grunde konnte sich der von Thomas von Aquino erdachte und bestimmte Autoritätsbegriff, für den er keineswegs immer die Bezeichnung auctoritas verwandte, in der katholischen Kirchenlehre bis in die Gegenwart hinein erhalten. Erst in allerjüngster Zeit, zuerst auf dem Zweiten Vatikanischen Konzil 1962/1963, zeigten sich beachtliche Ansätze, gestützt auf Demokratisierungsbestrebungen, den Autoritätsbegriff Thomas von Aquinos gerade in der Kirche zu revidieren (s. S. 232 ff.).

Allerdings war der katholische Autoritätsbegriff nicht der allein herrschende, er bleibt einer unter vielen, obschon er großen Einfluß auch auf nichtkatholische Bereiche und Vorstellungen ausgeübt hat.

Luthers Obrigkeit

Die Reformation hat die institutionelle, die anstaltliche Autorität der an römischen Herrschaftstraditionen orientierten hierarchischen Papstkirche als antichristlich verworfen. Nicht zuletzt der religiöse und moralische Verfall der kirchlichen und päpstlichen Autorität hatte zur Reformation geführt.

Die evangelische Kirche ist »eine Schrift- und Predigerkirche« (Troeltsch, S. 449). Luther spricht im Weltmaßstab von der »unsichtbaren Kirche« im Gegensatz zu der durch ihre hierarchische Organisation sichtbar in Erscheinung tretenden katholischen Kirche. An die Stelle der in einer Person, nämlich des Papstes als des Stellvertreters Christi, sich manifestierenden Autorität tritt die Autorität der Bibel. »Die Schrift als Trägerin der reinen Lehre von der sündenvergebenden und erneuernden Gnade bewirkt alles rein durch sich selbst, durch ihre dem Glauben gewisse Wunderkraft. Sie beweist durch das Zeugnis der inneren Erfahrung ihre eigene göttliche Inspiriertheit, die sich in steigendem Maße auf den gesamten Schriftinhalt bis auf Interpunktion und Textform erstreckt. Sie ist dadurch die absolute und alleinige, die die Kirche selbst leitende Norm, die Autorität, in der Christus selbst wirksam ist und neben der es keiner menschlichen Tradition, keines unfehlbaren Lehramtes, keines Priestertums und keiner Hierarchie bedarf« (Troeltsch, S. 514). Das Wesentliche ist, »daß diese Autorität als eine gefaßt wird, die sich immer nur in Vollzug der Schriftauslegung durchsetzen und inhaltlich bestimmen wird ... Die evangelische Kirche ist in einem noch höheren Sinn als alle anderen christlichen Kirchen auf die Theologie angewiesen. Deshalb ist auch der Theologie in den Kirchen reformatorischer Prägung eine Führungsrolle zugefallen, wie sie ihr in keiner anderen Ausprägung des Christlichen eingeräumt ist ... Die evangelische Kirche stellt sich als Lehrkirche, als Professorenkirche dar« (Hans Rückert, *Die Bedeutung des konfessionellen Gegensatzes für die evangelische Theologie*, S. 8). Luthers Wort, daß Papst und Konzilien irren können, war ein Hauptgrund für die Reichsacht.

Luther unterscheidet zwischen den beiden Körpern der Christenheit, dem geistlichen und dem weltlichen, dem Staat und der Kirche. Beide Reiche sind Gottes Stiftung und Ordnung, aber ihre Aufgaben sind voneinander getrennt. Der weltlichen Obrigkeit obliegen die irdischen Aufgaben, den Frieden und das Recht in der Welt zu wahren. Sie ist »Gottes Amptmann und seines Zornes Diener«. Kein geistliches Amt verwirklicht durch Wortverkündigung und Sakramentsverwaltung Gottes Gerechtigkeit, durch die die Gläubigen ewiges Leben erlangen. »Über die Seele kann und will Gott niemand lassen regieren denn sich selber alleyne«. Die geistliche Obrigkeit übt ihr Amt durch das Wort, die weltliche durch das Schwert aus. Die Kirche hat nicht in staatlichen Angelegenheiten und der Staat nicht in Glaubensfragen zu entscheiden. Zwischen Kirche und Staat besteht ein Koordinations-, nicht ein Subordinationsverhältnis. Die Kirche, gestützt auf die Autorität der Heiligen Schrift, hat die weltliche Obrigkeit zu ermahnen und zu belehren, daß sie ihr Regiment im christlichen Sinne ausübe. Andererseits soll der Staat der Kirche mit seinen Mitteln dienen.

Aber auch der lutherischen Kirche mit ihrer Verinnerlichung des Religionsbegriffes und ihrer unmittelbaren Beziehung zwischen Gott und Mensch stellte sich das Problem »der Organisation eines Amtes der Wortverkündigung« (Troeltsch, S. 463). Luther »mußte erleben, was jeder solcher Glaube erlebt und was auch schon die alte Kirche erlebt hatte, daß nämlich die Idee und der Glaube allein nie zu einer unbedingt allgemeinen Herrschaft mit rein geistigen Mitteln kommen kann, daß die Beschränkung auf diese Mittel die Universalität und Einheit in Frage stellt« (Troeltsch, S. 469 f.). So bedurfte die protestantische Kirche politisch der institutionellen Verankerung und Sicherung, schon um sich im Kampf gegen den katholischen Kaiser auf der einen Seite, gegen radikale revolutionäre und religiöse Kräfte der anderen Seite zu behaupten, aber ebenso um der dauerhaften Befestigung des neuen Glaubens willen. Sie stand vor zahlreichen kirchenpolitischen und kirchenorganisatorischen Problemen, wenn auch in einer völlig anderen Herrschaftsumgebung als z. B. Augustin.

Die weltliche Landesherrschaft, die Landesfürsten und die Räte der Reichsstädte, übernahmen das Landeskirchenregiment. Der Landesherr wurde summus episcopus (oberster Bischof). Die Staatsgewalt diente der Kirche mit ihren Rechtsmitteln. »Was der Katholizismus durch ein unmittelbar göttliches Recht vollbringt, das vollzieht das jedes hierarchisch-priesterlichen Organs beraubte und rein spiritualisierte Luthertum durch die Obrigkeit und das weltliche Recht, dem aber eben darum auch eine gewisse Halbgöttlichkeit zuwächst« (Troeltsch, S. 519). Die katholische Kirche war aus einer locker zusammengefügten, obwohl durch den Glauben fest zusammengehaltenen Gemeinschaft zu einem Stützbau des Staates und durch die Formen, aber z. T. auch durch den dogmatischen Gegensatz zu dem byzantinischen Kaiser zu einem Rivalen der weltlichen Herrschaft geworden, der sie nur mit entsprechenden Mitteln begegnen konnte. Der organisatorische Aufstieg und Ausbau der Kirche setzte erst ein, als der staatliche Verfall des Römischen Imperiums begann. Deswegen hat die katholische Kirche in so starkem Maß weltliche Züge angenommen. Die protestantische weltliche Landesobrigkeit, die in eine neue Herrschaftsform, nämlich die des Absolutismus hineinwuchs und hineindrängte, also im Aufstieg begriffen war, erhielt durch die Übernahme kirchenorganisatorischer Aufgaben einen religiösen Glanz.

Es kam in Deutschland nicht zu einer Unterwerfung der Kirche unter weltliche Willkürherrschaft, wohl aber bestimmte die Bindung der Kirche an die Landesfürsten die politischen Vorstellungen der Kirche und ihrer Diener in der Monarchie. Deren Ordnungsprinzip mit seiner feudal-patriarchalischen Akzentuierung ertrug die überwiegende Mehrheit nicht nur willig, sondern bejahte es ausdrücklich, solange es in Geltung war.

Durch die Bindung an die vorgegebene Staatsautorität, nämlich des Monarchen, erlitt der deutsche lutherische Protestantismus in seinen politischen Autoritätsvorstellungen beim Zusammenbruch des Kaiserreichs 1918/1919 eine schwere Erschütterung im Gegensatz zum Katholizismus, dessen Staatsvorstellungen, vor allem nach der Enzyklika Leos XIII. *Immortate Dei* vom 1. November 1885 (s. S. 128) nicht mehr auf eine bestimmte Herrschaftsform fixiert waren. Auch Luther hatte sich theoretisch nicht an eine bestimmte Herrschaftsform gebunden – »Es liegt Gott nicht daran, wo ein Reich herkommt« –, wenngleich seine eigenen zeitgenössischen patriarchalischen Staatsvorstellungen in Verbindung mit der administrativen Unterordnung seiner Kirche unter die jeweiligen Landesherrn die politische Ideenwelt des deutschen Protestantismus stark und anhaltend beeinflußt haben.

Die politischen Auswirkungen dieser Erschütterung zeigten sich während der Weimarer Zeit in dem Gefühl politischer Heimatlosigkeit weiter evangelischer Kreise. Sie hatten nicht nur ihre traditionelle, durch Luthers Lehre begründete weltliche Autorität in der Kirche verloren und sträubten sich gegen eine Demokratisierung ihrer Ordnung, sie konnten auch den Verlust der geheiligten Autorität des Staates nicht verwinden. So entstand für sie ein Autoritätsvakuum. Nicht zuletzt auf der Suche nach einer neuen greifbaren konstanten Staatsautorität bildete sich in Verbindung mit dem Nationalsozialismus die sogenannte »Glaubensbewegung der deutschen Christen«.

Weltliche, auch heidnische Herrschaft ist nach lutherischer Lehre unmittelbar von Gott eingesetzt. Sie erfährt dadurch in der Vorstellung der ihr Unterworfenen eine besondere religiöse Weihe. Zum bestimmenden Wort für weltliche Herrschaft wurde im deutschen Protestantismus »Obrigkeit«. Diesem Wort hat Luther durch seine Art der Übersetzung von *Römer 13* säkulare Geltung verschafft. »Jedermann sei untertan der Obrigkeit, die Gewalt über ihn hat. Denn es ist keine Obrigkeit ohne von Gott, wo aber Obrigkeit, die ist von Gott verordnet.« Im lateinischen Text heißt es: »omnis anima potestatibus sublimioribus subdita sit« (wörtlich: jede Seele sei den höheren Amtsgewalten untergeben). Luther hat an anderer Stelle omnis anima wörtlich mit »ein jegliche Seele« übersetzt. Für die Bibelübersetzung brauchte er ebenso wie Zwingli das mehr einem Befehl entsprechende Wort »jedermann«, aber für potestatibus sublimioribus hatte Zwingli den Plural beibehalten: »Jedermann sei den vorgesetzten Obrigkeiten untertan«; und ebenso Calvin: »Que toute personne soit soumise aux puissances supérieures.« Luther wählte in Abweichung vom lateinischen, aber auch vom griechischen Text den Singular und teilte den Begriff potestas in Obrigkeit und Gewalt. In seiner Bibelübersetzung von 1522 heißt es: »Jedermann sey unterthan der Oberkeyt und Gewalt, denn es ist keine Gewalt on von Gott. Die Gewalt aber, die allenthalben ist, ist von Gott verordnet.« Luther gab später die Verbindung von Obrigkeit und Gewalt auf und erläuterte den Obrigkeitsbegriff durch einen Relativsatz mit »Gewalt« als Subjekt. In der Textrevision von 1528 änderte er die Übersetzung: »Jedermann sey unterthan der oberkeyt, die Gewalt über yn hat«. Luther interpretierte dieses Paulus-Wort durch seine verkürzende sowie umstellende Übersetzung und gab ihm den rhythmisch hämmernden Klang, um es in jedermanns Gedächtnis hereinzudrücken. Gerta

Scharffenorth hat die vermutlichen Motive der Lutherschen Übersetzungsrevision untersucht: »Luther bemühte sich offensichtlich, den Text so zu übertragen, daß für den gemeinen Mann keine Unklarheiten entstehen konnten. Der Begriff ›Gewalt‹ bot in seiner Umwelt die Möglichkeit eines Mißverständnisses. Daß alle rechte Gewalt von Gott kommt, war alte, feste Überzeugung des Volkes. ›Rechte Gewalt‹ hatte aber im Mittelalter jeder Rechtsgenosse, wenn es galt, das verletzte Recht wiederherzustellen; darum gab es ›rechtmäßige‹ Gewalthandlungen gegen die Obrigkeit. Es mußte also zum Ausdruck kommen, daß die das Recht wahrende Gewalt nur so wirksam werden darf, daß Gottes Ordnung nicht ständig durch ›fechten und kriegen‹ gefährdet ist: Nur durch eine höchste ›Recht austeilende‹ Instanz, die Gottes Willen entsprechend die Gerechtigkeit handhabt und Gott verantwortlich bleibt, kann dies geschehen . . . Mit dieser Formulierung wird nun ›begriffen‹, daß die ›gewalt‹ nach Gottes Anordnung nur von der Obrigkeit als richterlicher Instanz auszuüben ist«. (*Römer 13 in der Geschichte des politischen Denkens* S. 134 f.).

Was Luther unter Gewalt versteht, sagt er in seiner Schrift *Das Magnifikat*, die er 1521 verfaßt hat, nämlich »alle oberkeit, adel, freundt, würde und ehre, mit allem recht, freyheyt, forteyl, das daryn sein mag, besitzen die ›oberpersonen‹«. (Martin Luther, *Werke*, Weimarer Ausgabe, Bd. 2, S. 578). Gerta Scharffenorth meint, ». . . im Begriff der Gewalt sind bei Luther also drei Grundbedingungen der Herrschaft zusammengefaßt: Autorität, Recht und Macht . . .« (S. 72). Diese Interpretation entspricht der eben zitierten Definition im *Magnifikat*: »Die obrigkeitliche Gewalt ist also Befehlsgewalt und steht über dem positiven Recht . . . Durch die biblische Begründung dieser Gewalt wird die Bindung an das historische Recht gelockert. Luther vollzieht damit den gleichen Schritt wie die mittelalterliche Kirche, die den Herrscher von der starren Rechtsgebundenheit befreite, wenn das göttliche Gesetz durch neues Recht besser zu verwirklichen war. Hier ist jedoch nicht mehr die Kirche als entscheidende Instanz bei der Gesetzgebung eingeschaltet. Die Autorität der Obrigkeit beruht aber nicht auf der Befehlsgewalt, sondern auf der Würde des göttlichen Amtes einerseits und dem vernünftigen Gebrauch der Gewalt andererseits . . . Die Akzente werden in den Textzusammenhängen verschieden gesetzt, so daß einmal die

Bindung an das Recht, ein anderes Mal die der Obrigkeit gegebene Macht oder ihre Autorität stärker zum Ausdruck kommen« (a.a.O.).

Luther scheint das Wort Autorität in seinen Schriften gescheut zu haben. Es hatte damals einen spezifisch katholischen Klang und Sinngehalt, und den wollte er meiden. »Als Melanchthon einmal harmlos die Wendung gebrauchte, sie seien in einer bestimmten Frage ›seiner Autorität gefolgt‹, stieß Luther ihm das Wort sofort in den Mund zurück. Melanchthon habe es vielleicht nicht so schlimm gemeint, aber er wolle den Ausdruck nicht hören« (Karl Holl, *Luthers Urteile über sich selbst* in: *Gesammelte Aufsätze zur Kirchengeschichte,* Bd. I, zitiert bei Thielicke, *Ethik des Politischen*, S. 221).

Obrigkeit ist auctoritas und potestas zugleich, und zwar in einer Person, da die Obrigkeit zu Luthers Zeiten meist monarchisch war. Ob es sich bei der Stelle *Römer 13, 1–7* um eine autoritätsbeanspruchende Glaubensmaxime oder um eine in erster Linie taktisch motivierte Legalitätsbeteuerung des Apostels Paulus, oder ob es sich hier um einen späteren Einschub, vielleicht sogar von fremder Hand handelt (s. a. Albert Schweitzer, *Die Mystik des Apostel Paulus*; und Alexander Rüstow, *Ortsbestimmung der Gegenwart*, II. Bd., S. 218 f.; Otto Dibelius, *Obrigkeit*), das zu prüfen kann nicht Aufgabe dieser kleinen Schrift sein und ginge über das Vermögen des Verfassers hinaus. Interessant in diesem Zusammenhang ist nur, daß durch Luther »Obrigkeit« zu einem die Staatstheorien des deutschen Protestantismus bestimmenden Terminus geworden ist.

Römer 13 war auch vor der Reformation, im Mittelalter, die entscheidende Textstelle für die Begründung der weltlichen Gewalt, allerdings im Sinne der Zwei-Gewalten-Lehre des Gelasius, gewesen. Nach protestantischer Auffassung unterstand die Obrigkeit aber nicht mehr kirchlicher Aufsicht, sie hatte keine andere Obrigkeit neben oder über sich. Sie war Gott unmittelbar verantwortlich. Das bedeutete eine Steigerung der Ansehensmacht der protestantischen Fürstengewalt in der Vorstellung der Untertanen. Der Christ soll an die Autorität der Obrigkeit glauben.

Die komplementäre Personenbezeichnung zu Obrigkeit war »Oberperson«; deren Gegenfigur hieß »Untertan«. Schon im Althochdeutschen war das Wort »Untertan« bekannt; Luther hat ihm durch seine Übersetzung von *Römer 13* eine breitere Wirkung gegeben und damit erreicht, daß der Gehorsam gegenüber weltlicher Obrigkeit als unbedingte Pflicht des Christen betrachtet wurde. Gleich wie er die Obrigkeit als »Gottes Dienerin« (*Römer 13, 4*) immer wieder zu einem christlichen Regiment ermahnte, drängte er die Untertanen zum Gehorsam, indem er ständig um Vertrauen für die Obrigkeit warb, die »dir zu gut« von Gott eingesetzt ist und für das Wohl »des gantzen Hauffen« zu sorgen hat. Der Glauben verpflichtet zum Gehorsam, das Vertrauen rechtfertigt ihn. Das Modell für den Staat ist die Familie, für den Landesvater der Hausvater. In der Erklärung des großen Katechismus zum vierten Gebot, die Troeltsch »das Zentrum der Sozialethik Luthers« nennt (S. 552), heißt es: »Desgleichen ist auch zu reden vom Gehorsam weltlicher Obrigkeit, welche (wie gesagt) alle in den Vaterstand gehört und am allerweitesten um sich greift. Denn hier ist nicht ein einzelner Vater (ein Vater bloß etlicher), sondern so vieler Leute Vater, so viel er Landsassen, Bürger oder Untertanen hat; denn Gott gibt und erhält uns durch sie als durch unsere Eltern Nahrung, Haus und Hof, Schutz und Sicherheit. Darum, weil sie solchen Namen und Titel als ihren höchsten Preis mit allen Ehren führen, sind wir auch schuldig, daß wir sie ehren und groß achten für den teuersten Schatz und das köstlichste Kleinod auf Erden« (*D. Martin Luthers Großer Katechismus*, 1529, S. 40). Dazu sagt Troeltsch: »Der Fürst wird zum Landesvater und die Untertanen zu Landeskindern, der Gutsherr zum fürsorgenden und Gott im Patrimonialgericht vertretenden Gutsvater und die abhängige Bauernschaft zu pietätvoll gehorchenden und gern dienenden Gutskindern, der Arbeitgeber zum fürsorgenden, Dienstboten und Gesellen in der häuslichen Gemeinschaft und Zucht haltenden Hausvater und die Dienstboten und Lohnarbeiter zu willigen und dankbaren Hausgenossen, die in dem Hausherrn Gott dienen.« An anderer Stelle sagt Luther, wahrscheinlich von Augustin ausgehend: »Denn so in Häusern Gehorsam nicht gehalten wird, wird man es nimmermehr dahin bringen, daß eine ganze Stadt, Land, Fürstentum oder Königreich wohl regiert werde . . . Wo das Regiment der Eltern hinweg ist, so wäre es mit der ganzen Welt geschehen. Denn ohne Regiment kann sie nicht bestehen.« Für Luther war das Elternhaus gleichsam die Schule zur Erlernung der Untertänigkeit gegenüber weltlicher Obrigkeit. »Der Hausvater ist der Rechtsvertreter, der nicht kontrollierte Gewaltinhaber, der Brotherr, Seelsorger und

Priester seines Hauses« (Troeltsch, S. 558). Obrigkeit ist die von Gott eingesetzte Herrschaft des erblichen, unabsetzbaren Monarchen und der meist patrizischen Räte der Reichsstädte.

Max Weber vergleicht diesen auf Pietätspflicht beruhenden Autoritätsglauben mit dem des Konfuzianismus. »Wie der Patrimonialismus genetisch aus den Pietätsbeziehungen der Hauskinder gegenüber der hausväterlichen Autorität entstanden ist, so gründet der Konfuzianismus die Subordinationsverhältnisse der Beamten zum Fürsten, der niederen zu den höheren Beamten, vor allem auch der der Untertanen zu den Beamten und zu den Fürsten auf die Kardinaltugend der Kindespietät. Der spezifisch mittel- und osteuropäische patrimoniale Begriff des Landesvaters und etwa die Rolle, welche die Kindespietät als Grundlage aller politischen Tugenden in dem streng patriarchalischen Luthertum spielt, ist die entsprechende, nur im Konfuzianismus weit konsequenter durchgeführte Gedankenreihe« (Max Weber, *Wirtschaft und Gesellschaft*, S. 618/619).

Autorität als Begriff der katholischen Soziallehre war und ist im wesentlichen nur den Gebildeten zugänglich; sie vermochten ihn durch die zwar logische, aber komplizierte Beschreibung und Erläuterung auch rational zu erfassen, für die ungebildete Menge blieb es ein fremder, wenn auch ehrfurchtgebietender Ausdruck, ein Zauberwort. Luther übersprang mit »Obrigkeit« alle Bildungsunterschiede. Dies eingängige, sehr sinnfällige deutsche Wort, das zum allgemeinen Sprachschatz des Volkes gehört, wurde allein schon durch den Religions- und Konfirmandenunterricht jedem gleichsam eingehämmert. Hier lag im monarchischen Staat der Schwerpunkt der politischen Volkserziehung, eben zur »gottgewollten Obrigkeit«.

Zu Luthers Zeiten im institutionellen Bereich drängte das Wort Obrigkeit das Wort Autorität zurück. »Dadurch wurde der Begriff Autorität verengt auf eine nicht institutionell abgesicherte, persönlich-menschliche Autorität ...« (Cornelius Adalbert v. Heyl, *Evangelisches Soziallexikon*, 4. Aufl., Sp.130). Und in diesem Ciceronischen Sinn gewann das Wort einen Teil seiner früheren Bedeutung wieder.

Erst nach Luther trat Autorität in gebildeten Kreisen als ein der Obrigkeit zugeordnetes Wort wieder auf und ersetzte es auch teilweise. Die Obrigkeit hat Autorität, und indem diese beiden Worte miteinander in Verbindung gebracht wurden, erhielt der

Ausdruck Autorität einen bestimmten, an der Obrigkeit orientierten Sinngehalt. Autorität, soweit sie nicht religiös bestimmt ist, wie die der Heiligen Schrift, oder wissenschaftlicher Natur ist, wie die gelehrte Autorität, oder eine persönliche Beziehung ausdrückt, ist obrigkeitlich, und die Obrigkeit hat Autorität. Der Respekt vor, die Ergebenheit gegenüber der Autorität der Obrigkeit verband sich im deutschen Protestantismus mit Pietät, mit religiöser Gesinnungsethik im Sinne des liebenden Gehorsams, Gehorsam und Unterordnung wurden als Tugend verstanden. Er ist ein Bestandteil christlicher Frömmigkeit und bewahrte auch konventionell die Tradition der Autorität. »Die Pietät der Tradition und die Pietät gegen die Person des Herrn waren die beiden Grundelemente der Autorität« (Max Weber, *Wirtschaft und Gesellschaft*, S. 590).

Politische Autorität ist Amtsautorität, aber mit ihr verbunden ist die Vorstellung der Autoritätsverpflichtung, des amtsgemäßen, des amtswürdigen Verhaltens im Dienst und im privaten Leben. Diese Verpflichtung zur Autoritätswürdigkeit bestimmte die Vorstellungen des vorwiegend protestantischen preußisch-deutschen Beamtentums und Offizierskorps. Eine strenge Dienstmoral, der sich das private Leben auch der Angehörigen unterzuordnen hatte, verband sich mit Amts- und Standesstolz. Offiziere und Beamte fühlten sich als Diener der monarchischen Autorität, die Träger der Staatsautorität war und von der sie als Repräsentanten die ihre herleiten konnten. Als spezifischer Terminus hat Autorität in der protestantischen Soziallehre jedoch bei weitem nicht die Bedeutung gehabt wie in der katholischen.

Autorität in der Aufklärung
und im Absolutismus

Solange es nur eine einzige allgemeine christliche Kirche im Abendland gab, existierte im engumrissenen kirchlich-politischen Bereich im Prinzip nur ein einziger Autoritätsbegriff. Ob die Autorität des Papstes über, neben oder unter dem Kaiser stand, war umstritten, nicht aber, daß der Papst Autorität besaß. Das änderte sich durch die Reformation. Zwar bejahten Protestanten wie Katholiken die Autorität der Heiligen Schrift, aber sie unterschieden sich schon darin, daß diese für die evangelische Kirche im Gegensatz zur katholischen die einzige Lehrautorität ist. Ganz klar trat der Gegensatz in der Bejahung oder Verneinung der Autorität des Papstes hervor. Daß die Autorität ein und derselben Institution von der einen Seite anerkannt, von der anderen geleugnet wurde, mußte dazu führen, daß der institutionelle Glanz des Wortes schwächer wurde.

Um 1500 war das deutsche Wort Autoriteit aufgekommen, und zwar zunächst im Sinne der überlegenen Persönlichkeit nach dem Sprachgebrauch Ciceros. Das lateinische Wort »potestas« ist nie in die deutsche Sprache übernommen worden, sondern dafür wurde u. a., aber überwiegend das Wort Macht gebraucht. Das führte seit dem 16. Jahrhundert zur Verwendung von »Macht und Autorität«. Damit sollte die Beschränkung beider Begriffe zum Ausdruck gebracht werden. Autorität kann nicht auf Macht verzichten, und diese muß durch Autorität begründet sein. Macht und Autorität gelten als die beiden in Wechselwirkung sich ergänzenden Momente echter Herrschaft.

In der Zeit des beginnenden Absolutismus hat der Calvinist Johannes Althusius (1557-1630), in seiner *Politica Methodice Digesta*, der ersten deutschen Staatslehre, Autorität beschrieben. Er hat sich nicht mit dem Wort begnügt, sondern es ausführlich, eigentümlich und treffend dargestellt. 1586-1604 war er Professor für römisches Recht an der calvinischen gräflich nassauischen Hochschule in Herborn gewesen. »Zeitlebens hielt er fest an humanistischem Stil, stadtbürgerlicher Lebensform und calvinistischer Frömmigkeit; aber auch an jener Verbindung von theologischem mit juristischem Scharfsinn, wie sie den reformierten Denkern eigentümlich ist« (Erik Wolf, *Johannes Althusius*, in: *Große*

Rechtsdenker, S. 179). Auf Grund dieses in seiner Zeit aufsehen-erregenden Buches wurde er zum Ratssyndikus der calvinistischen Reichsstadt Emden bestellt, die im Kampf um Glauben und Bürgerfreiheit gegen die lutherische Landesherrschaft des Fürsten von Ostfriesland und unter dem Schutz der ebenfalls reformierten Republik der Vereinigten Niederlande stand.

Politik war für ihn die Lehre von der Symbiotik, vom Verhalten der Menschen in der Gemeinschaft und dem Verhältnis der Gemeinschaften zueinander. Wie Gott nach calvinistischer Lehre Herr der Gemeinde ist, so ist er auch Herr des Staates. Wie die kirchliche Gemeinde die Geistlichen bestellt, so die weltliche die Verwaltung des Staates. »Die Einzelnen sind . . . Untertanen, aber die Gesamtheit herrscht« (Otto v. Gierke, *Johannes Althusius und die Entwicklung der naturrechtlichen Staatstheorien*, S. 26). »Herrschaft ist Dienst und Sorge für das Wohl der Gesamtheit, Gehorsam ist Entgelt für den gewährten Schutz und Schirm« (S. 21). Althusius unterscheidet zwei Arten von Verwaltern, die Ephoren (griech. Aufseher, aus fünf Männern bestehendes oberstes Regierungskollegium in Sparta), und den summus magistratus. Die Ephoren wahren die Rechte des Volkes gegenüber dem summus magistratus und überwachen ihn; sie haben das Volk vor Tyrannei zu schützen, können notfalls den summus magistratus absetzen, aber auch diesen vor ungerechten Angriffen des Volkes bewahren. Die Ephoren werden je nach der Regierungsform vom Volk oder einem aristokratischen Gremium gewählt, von Monarchen berufen oder kooptiert. Auf jeden Fall wählen sie den summus magistratus, sei es als Einzelperson, Monarch oder Bürgermeister, oder als Kollegium. Das ist die eigentliche Regierung, die die gesamte Herrschaftstätigkeit, auch die Gesetzgebung, ausüben kann. Mit ihr schließt das Volk einen Vertrag, der die Vollmacht einerseits und die Gehorsamsverpflichtung, den Eid, andererseits beinhaltet. Sie kann sehr weitgehende Vollmachten haben, allerdings nur im Rahmen der Gesetze, des natürlichen und göttlichen Rechts.

In Althusius' Buch findet sich ein besonderes Kapitel über die Autorität des Magistrats (*Politica Methodice Digesta of Johannes Althusius with an Introduction by Carl Joachim Friedrich*, S. 228 ff. Der Auszug ist in eigener Übersetzung wiedergegeben):

»Ehrerbietig ist eine Gesinnung gegen einen Amtsträger, die

aus der Amtsbefugnis einerseits und der Ansicht von der Autorität des Amtes auf der anderen Seite hervorgeht.

Diese Autorität ist eine von den Untergebenen oder Außenstehenden empfundene und ihnen eingeprägte ehrerbietige Haltung, die infolge der Ausübung der Herrschaft im Sinn der Untergebenen oder Fremden entstanden ist und das oberste Amt und sein Wesen betrifft.

Diese ist Leben und Seele der Herrschaft. Sie bewirkt, daß über so viele Tausende von Sterblichen eine einzige Person herrscht, bisweilen die eines kraftlosen Greises; und sie ist eine scharfe Waffe zur Herrschaft, die die Menschen eher in ihren Pflichten hält, als Waffengewalt und Kapitalstrafen.

Dieses Ansehen wird bei dem obersten Amtsträger Majestät, bei anderen Hoheit, Erhabenheit oder Durchlaucht genannt.

Diese Autorität besteht aus Bewunderung und Furcht. Beide Begriffe stammen aus der Form der Amtsausübung, der Macht, oder dem Verhalten dessen, der befiehlt.

Die Form der Herrschaft sollte streng, beharrlich und genau sein, um sich Autorität zu verschaffen.

Streng sollten Herrschaft und Verwaltung deshalb sein, weil eine ständige und dauernde Milde Verachtung erzeugt.

Auch Gehorsam wird durch diese Strenge erzeugt, durch den der Bestand der Herrschaften gesichert ist. Denn wo Ehrerbietigkeit die Menschen verlassen hat, folgt Verwirrung und Verachtung.

Vor allem wird der Amtsträger diese Strenge und Überprüfung der Disziplin gegen seine Diener durchführen.

Die beständige Form der Herrschaft ist gewissenhaft und wird von ein und derselben alten Haltung getragen, kennt keine häufigen Veränderungen, ist die Handhabung der Befehlsgewalt.

Im Gegensatz dazu wird die ununterbrochene Fortführung und Beibehaltung der Sitten das Vaterland dem Amtsträger gegenüber zu Dank verpflichten und ihm die Geneigtheit der Untergebenen verschaffen und Autorität.

Trotzdem ist bisweilen, freilich nur, wenn es äußerst nützlich ist oder es die Notwendigkeit befiehlt, eine Veränderung und Erneuerung zuzulassen, aber langsam, Schritt für Schritt, und nicht alles sofort auf einmal.

Jede Veränderung ist (schon an sich) ein Extrem, man muß sich hüten, daß sie zum Äußersten führt; doch im größten Unglück muß man sich den Umständen fügen.

Schließlich wird man nicht zulassen, daß man vom Volk oder von den Mächtigeren vom rechten Pfade abgeführt wird, so daß man nach dem Gefallen jener unrecht handelt.

Die Macht einer befehlenden Amtsperson sollte auf geradem und königlichem Wege zu einer dauerhaften Autorität sein, die, wie sich denken läßt, die geeigneten Möglichkeiten besitzt, das Eigene zu erhalten und Fremdes in Besitz zu nehmen.

Durch Sitte und Leben verschafft sich der Amtsträger Autorität, durch innere und äußere Tugenden, ... besonders durch solche, welche im Gegensatz zu jenen Fehlern stehen, zu denen die Befehlenden wegen der Macht zu regieren, der Willkür, Schmeichler aber auch anderer Ablenkungen sehr leicht hingeführt werden.

Durch innere Qualitäten, das bedeutet 1. durch Frömmigkeit, 2. durch Fürsorge, 3. durch Tapferkeit, 4. durch Zuverlässigkeit, 5. durch Bescheidenheit, 6. durch Mäßigkeit, 7. durch Beherrschung der Affekte und 8. durch Genügsamkeit.«

Die Untertanen sind durch Eid, Teil des Vertrages zwischen Regierung und Volk, zum Gehorsam verpflichtet. Doch dieser Gehorsam bedarf gleichsam der ständigen Pflege. Regieren heißt nicht nur laufende konkrete Aufgaben erledigen, sondern ständig das Volk von neuem integrieren. Macht befiehlt und erzwingt Gehorsam mit Gewalt, Autorität führt zu freiwilligem Gehorsam. Diese Autorität nennt Althusius »Leben und Seele des Staates, sie konstituiert die Majestät der Regierung« (Friedrich im Vorwort zu *Politica Methodice Digesta*, S. 43). Die Regierung, das allein und umfassend zuständige handlungsfähige Organ, das sowohl rechtlich als auch unter religiös-sittlichen Aspekten von den Ephoren kontrolliert wird, soll nicht nur im Dienst des Gemeinwohls denken und wirken, sondern ihr Handeln in diesem Sinn psychologisch auch glaubhaft machen. Daß der Glaube an eine Regierung auf Bewunderung und Furcht beruht, entspricht altrömischen Vorstellungen; eines der großen Vorbilder für Althusius war Cicero. Aber wer diesen einen Glauben störe oder zersetze, begehe ein Majestätsverbrechen und müsse hart bestraft werden.

Wenn Althusius auch keiner Regierungsform den Vorrang gab, vielmehr seine Konstruktion für alle Regierungsformen mit Ausnahme der Tyrannis passen sollte, so waren sein Modell doch die aristokratischen Republiken. Er hat selbst nach diesen Grundsätzen in Emden regiert. »Eigentlich ›demokratisch‹ war Althusius weder im antiken noch im modernen Sinn dieses Wortes gesinnt« (Erik Wolf, *Johannes Althusius*, S. 200). Nur wenn der Vertrag durch die Regierung gebrochen war, erhalte das Volk das »ius resistantiae et exauctoritationis«, das Recht des Widerstandes und der Autoritätsaberkennung, und dies nur als Gesamtheit. Die Ephoren üben dieses Recht aus; sie können notfalls das Volk zur gewaltsamen Vertreibung des Tyrannen aufrufen. Althusius' Vorstellungen, die in scharfem Gegensatz zu den Strömungen seiner Zeit standen, beruhte auf einem Staat mit sehr begrenzten Aufgaben und einer statischen Gesellschaftsordnung.

In der Aufklärung setzte dann die Abkehr von der kirchlich-religiösen Autorität ein. »Die Vernunft als letzter Probierstein der Wahrheit wird an die Stelle des Glaubens gesetzt.« Wie man an Autorität nicht mehr glauben, sondern sie nur noch erkennen wollte, so war auch Autoritätsglauben – und das war der kirchliche Glaube – fragwürdig geworden. Für die, denen die Bibel Sittenkodex und religionshistorische Beschreibung, obschon nicht mehr Lehrautorität war, war auch die von Gott gesetzte irdische Autorität in Frage gestellt. Das bedeutete: der Staat war nicht mehr eine göttliche Einrichtung, sondern, entsprechend der Vertragstheorie, eine von Menschen geschaffene Institution.

Die Bekämpfung der religiösen Autorität führte stellenweise zur Diffamierung der Autorität schlechthin. Doch nach Hugo Grotius (1583-1645), dem eigentlichen Begründer des Völkerrechts, würden »diese hier dargelegten Bestimmungen (des Naturrechts) auch Platz greifen, selbst wenn man annähme, daß es keinen Gott gäbe, oder daß er sich um die menschlichen Angelegenheiten nicht bekümmere« (*De Iure Belli ac Pacis*, S. 33). Unzulängliche, mißbrauchte Autorität, eben der Kirche, sollte abgebaut werden. Der mündige Mensch sollte nicht mehr der überirdischen Autorität bedürfen, was sich auch gegen die Autorität des Königtums und der Aristokratie richten mußte, ohne daß es gesagt wurde. Das Zauberwort, von dem sich die Zeit die Lösung aller sozialen, ethischen und wirtschaftlichen Probleme erhoffte, hieß: »Erziehung«. Man wollte nicht nur das Kind, sondern auch das Volk: »den Landmann, den Kleinbürger, den Proletarier erziehen und erblickte am Ende dieses moralischen Lehrkurses die Verwirklichung des paradiesischen Reiches der Menschenliebe,

Glückseligkeit und Freiheit« (Egon Friedell, *Kulturgeschichte der Neuzeit*, II. Bd., S. 299). Hatte die Reformation der universalen Autorität der katholischen Kirche einen schweren Stoß versetzt, ja die Universalität beseitigt, so richtete sich die Aufklärung gegen jegliche religiös bestimmte Autorität. Das ökonomisch bedingte Abhängigkeitsverhältnis, das weitgehend religiös gerechtfertigt war, hat die Aufklärung kaum gesehen, »und vor allem haben sie (die damaligen französischen Adligen) keinen Begriff vom Geld: Die stärkste Macht der modernen Zivilisation war ihnen unbekannt. Sie wußten nur, daß Geld nötig sei, um es wieder auszugeben. Geld war nötig, das Nötige aber für sie das Selbstverständliche; Geld war für sie wie Luft, ebenso unerläßlich zum Leben, aber offenbar ebenso leicht zu beschaffen und daher ebenso wertlos«. (a.a.O., S. 245). Weder Reformation noch Aufklärung vermochten den Autoritätsbegriff schlechthin zu zerstören. Vielmehr setzte in der Aufklärung eine Säkularisierung der Autoritätsbegriffe ein. Im 18. Jahrhundert entstand das weltliche Naturrecht, das zwar jede theologische Begründung verwarf, aber seinerseits von einer Autorität der Natur oder Vernunft abgeleitet war: »Als Quelle des Naturrechts wurde demnach Gott, die Natur oder auch die Vernunft begriffen. So wechselte zwar seine Begründung, aber nie seine Wirkung: Es bedeutete immer eine unabgeleitete höchste Regel von unanfechtbarer Autorität« (Erik Wolf, S. 312). Autorität wurde von der Vernunft abgeleitet. Nach Kant, der in den Vorstellungen einer statischen Gesellschaft lebte, ist der Staat – in der Idealform der Gewaltenteilung – in dem die Autorität der mit Zustimmung des Volkes, aber nur der Vollbürger, zustandegekommenen Gesetze herrscht, eine rational auf dem kategorischen Imperativ beruhende Einrichtung. Darin liegt die Rechtfertigung der notwendigen Autorität des Staates durch die Vernunft. Der Staat wird durch rationale Autorität regiert.

Von dem englischen Philosophen Thomas Hobbes (1588-1679), der den englischen Bürgerkrieg erlebt hatte und die Revolution haßte, der aus Haß gegen die Revolution nach einer neuen stabilen obersten Gewalt suchte, stammt das Wort »auctoritas non veritas facit legem« – die oberste Staatsgewalt, nicht Wahrheit, bestimmt das Gesetz. – In diesem Sinn sagt Carl Schmitt: »Die Autorität beweist, daß sie nur Recht zu schaffen, nicht Recht zu haben braucht« (*Politische Theologie*, S. 20). Den Ge-

setzesbefehlen ist unbedingter Gehorsam zu leisten. Die gesetzgebende Gewalt allein ist zur Gesetzesauslegung befugt.

Auctoritas definiert Hobbes zunächst als das Recht zu handeln.
»Die Worte und Handlungen einiger künstlicher Personen werden von den durch sie Vertretenen als eigene anerkannt. Damit
ist die Person der Vertreter und derjenige, welcher dessen Worte
und Handlungen als eigene anerkennt, der Autor; in diesem Fall
handelt der Vertreter mit Autorität. Denn was man bei Gütern
und Besitzungen Eigentümer nennt – auf lateinisch dominus –
das nennt man bei Handlungen Autor. Und wie man das Recht
auf Besitz Herrschaft nennt, so nennt man das Recht auf irgendeine Handlung Autorität. So versteht man also unter Autorität
ein Recht auf irgendeine Handlung, und unter einer autorisierten
Handlung eine solche im Auftrag oder mit Erlaubnis des Berechtigten« (Hobbes, *Leviathan*, herausgegeben von Iring Fetscher,
S. 123).

Diese auctoritas kann einer einem anderen übertragen, diesen
autorisieren, für ihn zu handeln. Nach Hobbes' Gedankenkon-
struktion wird der Naturzustand des Kampfes aller gegen alle
durch einen Friedensschluß beendet, in dem sie ihr Recht zu handeln (auctoritas) und ihre Eigentumsrechte einem künstlichen
Körper unwiderruflich übertragen. »Ist dies geschehen, so nennt
man diese zu einer Person vereinte Menge Staat, auf lateinisch ci-
vitas. Dies ist die Erzeugung jenes großen Leviathan oder besser,
um es ehrerbietiger auszudrücken, jenes sterblichen Gottes, dem
wir unter dem unsterblichen Gott unseren Frieden und Schutz
verdanken. Denn durch diese ihm von jedem einzelnen im Staate
verliehene Autorität steht ihm so viel Macht und Stärke zur Verfügung, die auf ihn übertragen worden sind, daß er durch den dadurch erzeugten Schrecken in die Lage versetzt wird, den Willen
aller auf den innerstaatlichen Frieden und auf gegenseitige Hilfe
gegen auswärtige Feinde hinzulenken. Hierin liegt das Wesen des
Staates, der, um eine Definition zu geben, eine Person ist, bei der
sich jeder einzelne einer großen Menge durch gegenseitigen Vertrag eines jeden mit jedem zum Autor ihrer Handlungen gemacht
hat, zu dem Zweck, daß sie die Stärke und Hilfsmittel aller so, wie
sie es für zweckmäßig hält, für den Frieden und die gemeinsame
Verteidigung einsetzt. Wer diese Person verkörpert, wird Souverän genannt und besitzt, wie man sagt, höchste Gewalt, und jeder andere daneben ist sein Untertan« (a.a.O, S. 134 f).

Hobbes greift also zunächst auf eine altrömische Bedeutung zurück, um sich aber dann des Wortes auctoritas als Bezeichnung für die oberste Gewalt im Staat, für Herrschaft, zu bedienen. Für ihn ist der Staat nicht eine göttliche Schöpfung, sondern eine menschliche Zweckeinrichtung, ein »wirksam funktionierender Befehlsmechanismus« (Carl Schmitt, *Leviathan in der Staatslehre des Thomas Hobbes*, S. 53). Seine Theorie ist zweieinhalb Jahrhunderte später zur Rechtfertigung des totalitären Staates in Anspruch genommen worden.

Soweit Autorität als Herrschaft und Obrigkeit verstanden wurde, trat der Begriff im Absolutismus hinter dem Wort »Souveränität«, juristischer und politischer Terminus zugleich, zurück. Autorität war im deutschen Wortgebrauch nie ein juristischer Begriff. Allerdings hieß im germanischen Recht die Gerichtsentscheidung über den Urteilsvorschlag auctoritas. Auctoritas rei judicatae bedeutete im Mittelalter die Rechtskraft eines Urteils. Durch die damalige Aktualität des Begriffes der Souveränität wurde für Autorität die ursprüngliche Sinnbedeutung der Ansehensmacht wieder stärker bestimmend. Shakespeare läßt in *König Lear* Kent zu Lear sagen: »You have that in your contenance which I would fain call master.« Lear fragt: »What's that?« Worauf Kent erwidert: »Authority«.

Der Begriff Souveränität kam im 14. Jahrhundert auf, als die Fürsten das Monopol der Herrschaftsausübung beanspruchten, keinen Oberen über sich anerkennen, also »Kaiser auf bestimmten Gebieten« sein wollten. Der französische Staatstheoretiker Jean Bodin (1530-1596) hatte während der Hugenottenkriege (1562-1598) aus dem Bedürfnis nach einer starken, von den streitenden konfessionellen Parteien unabhängigen Staatsgewalt, die dem Chaos der Glaubenskämpfe ein Ende setzen sollte, die Lehre von der Souveränität entwickelt. Träger der obersten Entscheidungsgewalt ist der erbliche Monarch; er ist souverän. Seine Herrschaft ist absolut und dauernd, durch keine andere Macht von außen oder von innen, weder durch den Papst noch durch den Kaiser oder die Stände begrenzt. Die Gesetze hängen vom Willen des Fürsten ab, er kann sie im Notfall aufheben. Er ist unabhängig und untersteht keinem Gericht. Souveränität ist »die Eigenschaft von Staat und Staatsgewalt zu höchst zu sein« (Herbert Krüger, *Allgemeine Staatslehre*, S. 856). Die Souveränität kann religiös von Gott, was man allerdings in Verbindung mit diesem Wort selten zum Ausdruck brachte, aber auch rational von der Fiktion eines ursprünglichen Staatsvertrages abgeleitet werden. Rousseau hat die Theorie von der Volkssouveränität aufgestellt. Die Worte Souveränität und Autorität decken einander nicht; es gibt nur eine Souveränität im Staat, jedoch vor allem nach damaliger Vorstellung abgestufte politische Autoritäten. Beide Worte können aber so nahe beieinanderstehen, daß sie sich zumindest in Teilbedeutungen überschneiden.

Die absoluten Monarchen nahmen eher Souveränität als Autorität für sich in Anspruch. Sie glaubten sich ihrer Herrschaft so sicher zu sein, daß sie das Ansehen bei ihren Untertanen nicht sonderlich interessierte. König Friedrich Wilhelm I. von Preußen (1713-1740) soll den Ausspruch »oderint dum metuant« – sie mögen mich hassen, wenn sie mich nur fürchten – getan haben. Das Wort hat schon Cicero aus einer römischen Tragödie zitiert. Es soll ein Lieblingswort des Kaisers Caligula gewesen sein, was Friedrich Wilhelm I. entweder nicht gewußt hat oder ihm gleichgültig war. Typisch ist die gleichzeitige Benutzung beider Worte Autorität und Souveränität und die sich daraus ergebende Unterscheidung, so in einer angeblichen Randbemerkung dieses Königs zu einer von ihm abgelehnten Eingabe der Stände, deren Macht er noch weiter, als es seine Vorgänger schon getan hatten, einzuschränken suchte: »nihil kredo, davon glaub ich nichts, aber das kredo, daß die Junkers ihre Autorität Nie pozwalam («Ich erlaube es nicht«, Worte, mit denen jedes polnische Reichstagsmitglied einen Beschluß verhindern konnte) wird ruiniert werden. Ich stabilisiere die Souveränität wie einen Rocher von Bronze« (Büchmann, *Geflügelte Worte*, S. 665). Der Souverän jener Zeit besaß zwar Autorität, bedurfte jedoch bei seiner Machtfülle dieses Attributes nicht. Wer aber Autorität hatte, war deswegen noch lange nicht souverän. Im Verhältnis zum König waren die Adeligen, die Junkers, wie sie Friedrich Wilhelm I. nennt, Untertanen wie alle anderen, aber gegenüber den von ihnen Abhängigen hatten sie Autorität.

Bei manchen Monarchen reichte die persönliche Autorität nicht aus, um ihrer Souveränität wirklich Geltung zu verschaffen. Für sie dachten und handelten Minister von großer persönlicher Autorität, die sich dann mit Amtsautorität verband, auf die sie angewiesen waren. So verfügten Richelieu und Metternich über abgeleitete, jederzeit widerrufbare Autorität. Ständig rangen sie mit ihrem Monarchen um Billigung ihrer Politik. Ohne Amtsautorität hätte ihre persönliche die Wirkung verloren. Von dem unablässigen Werben Richelieus um die Gunst seines Königs Ludwig XIII. von Frankreich gibt Carl J. Burckhardt in seiner dreibändigen Richelieu-Biographie ein höchst eindrucksvolles Bild.

Goethe, der den Auslauf des aufgeklärten Absolutismus, die französische Revolution und das Aufkommen des Konstitutionalismus erlebt hatte, hat das Wort in mannigfaltiger Breite positiv, skeptisch und negativ verwandt, im Sinne von persönlicher, beruflicher, wissenschaftlicher und künstlerischer Geltung, also in dem, wie er selbst sagt, von Meisterschaft, von Ansehen fördernder, aber auch belastender Überlieferung.

Der historische Teil der Farbenlehre, die er 1810 abgeschlossen hatte, enthält einen Abschnitt über Autorität, von dem manche Partien heute geschrieben sein könnten: »Indem wir nun von Überlieferung sprechen, sind wir unmittelbar aufgefordert, zugleich von Autorität zu reden. Denn genau betrachtet, so ist jede Autorität eine Art Überlieferung. Wir lassen die Existenz, die Würde, die Gewalt von irgend einem Dinge gelten, ohne daß wir seinen Ursprung, sein Herkommen, seinen Werth deutlich einsehen und erkennen. So schätzen und ehren wir z. B. die edlen Metalle beim Gebrauch des gemeinen Lebens; doch ihre großen physischen und chemischen Verdienste sind uns dabei selten gegenwärtig. So hat die Vernunft und das ihr verwandte Gewissen eine ungeheure Autorität, weil sie unergründlich sind; ingleichen das, was wir mit dem Namen Genie bezeichnen. Dagegen kann man dem Verstand gar keine Autorität zuschreiben: denn er bringt nur immer Seinesgleichen hervor; so wie denn offenbar aller Verstandes-Unterricht zur Anarchie führt.

Gegen die Autorität verhält sich der Mensch, so wie gegen vieles andere, beständig schwankend. Er fühlt in seiner Dürftigkeit, daß er, ohne sich auf etwas Drittes zu stützen, mit seinen Kräften nicht auslangt. Dann aber, wenn das Gefühl seiner Macht und Herrlichkeit in ihm aufgeht, stößt er das Hülfreiche von sich und glaubt für sich selbst und andre hinzureichen.

Das Kind bequemt sich meist mit Ergebung unter die Autorität der Eltern; der Knabe sträubt sich dagegen; der Jüngling entflieht ihr, und der Mann läßt sie wieder gelten, weil er sich deren mehr oder weniger selbst verschafft, weil die Erfahrung ihn gelehrt hat, daß er ohne Mitwirkung anderer doch nur wenig ausrichte.

Eben so schwankt die Menschheit im Ganzen. Bald sehen wir um einen vorzüglichen Mann sich Freunde, Schüler, Anhänger, Begleiter, Mitlebende, Mitwohnende, Mitstreitende versammeln. Bald fällt eine solche Gesellschaft, ein solches Reich wieder in vielerlei Einzelheiten auseinander. Bald werden Monumente älterer Zeiten, Documente früherer Gesinnungen, göttlich verehrt, buchstäblich aufgenommen; jedermann gibt seine Sinne, seinen Verstand darunter gefangen; alle Kräfte werden aufgewendet, das Schätzbare solcher Überreste darzuthun, sie bekannt zu machen, zu commentiren, zu erläutern, zu erklären, zu verbreiten und fortzupflanzen. Bald tritt dagegen, wie jene bilderstürmende, so hier eine schriftstürmende Wuth ein; es thäte Noth man vertilgte bis auf die letzte Spur das, was bisher so großen Werthes geachtet wurde. Kein ehmals ausgesprochenes Wort soll gelten, alles was weise war, soll als närrisch erkannt werden, was heilsam war, als schädlich, was sich lange Zeit als förderlich zeigte, nunmehr als eigentliches Hinderniß.

Die Epochen der Naturwissenschaften im Allgemeinen und der Farbenlehre insbesondere, werden uns ein solches Schwanken auf mehr als eine Weise bemerklich machen. Wir werden sehen, wie dem menschlichen Geist das aufgehäufte Vergangene höchst lästig wird zu einer Zeit, wo das Neue, das Gegenwärtige gleichfalls gewaltsam einzudringen anfängt; wie er ja die alten Reichthümer aus Verlegenheit, Instinkt, ja aus Maxime wegwirft; wie er wähnt, man könne das Neuzuerfahrende durch bloße Erfahrung in seine Gewalt bekommen: wie man aber bald wieder genöthigt wird, Räsonnement und Methode, Hypothese und Theorie zu Hülfe zu rufen; wie man dadurch abermals in Verwirrung, Controvers, Meinungenwechsel, und früher oder später aus der eingebildeten Freiheit wieder unter den ehernen Scepter einer aufgedrungenen Autorität fällt . . .« (*Goethes Werke*, Weimarer Ausgabe, Abteilung II, Bd. 3, S. 145 ff).

Die Französische Revolution

Jahrhundertelang hatte die Autorität der Fürsten sich nicht nur auf kirchliche Lehre und Rechtfertigung gestützt, sondern auch darauf, daß die bestehende Sozialordnung sie respektierte. Die Reformation hatte zur Spaltung der Konfessionen, nicht zur Änderung der Sozialordnung geführt. Die absolutistischen Herrscher hatten sich zwar des politischen Mitbestimmungsrechts der Stände entledigt, aber nicht deren Privilegien angetastet. Im Grunde hatte eine weitgehende Interessensolidarität zwischen Fürsten und der adeligen Oberschicht trotz aller Gegensätze bestanden. Die Fürsten hatten ihre Autorität starken politischen oder gar militärischen Belastungsproben durch den Versuch einer Änderung der Gesellschaftsordnung nicht ausgesetzt. Das vielschichtig gegliederte Autoritätssystem durfte nicht gefährdet werden.

Erst die Französische Revolution hat die Autorität der bisherigen politischen Autoritäten in Frage gestellt, ja zunächst sie gänzlich verneint. In dem nunmehr einsetzenden Ringen zwischen Fürsten und Volkssouveränität, zwischen traditioneller hierarchischer und neuer egalitärer Ordnung, wurde Autorität zu einem stark umstrittenen politischen, zu einem polemischen Begriff in doppelter Hinsicht. Einmal wurde er als spezifischer Ausdruck der alten Ordnung von deren Anhängern ausschließlich in Anspruch genommen. Es gab nur eine politische Autorität, nämlich die auf Tradition und Religion gegründete. Diesem Ausschließlichkeitsanspruch fügten sich zunächst die Gegner und strichen das Wort aus ihrem Vokabular. Andererseits stellte sich sehr bald bei den Anhängern einer neuen Ordnung das Bedürfnis ein, das Wort auch für ihre Zwecke zu verwenden, es ihren Zielvorstellungen anzupassen, weil sich wahrscheinlich eine andere passende Bezeichnung nicht finden ließ.

Seit dem Mittelalter hatte trotz mannigfacher Wandlung die Gesellschaftsverfassung, gestützt von der Kirche und seit der Reformation von den Kirchen, ihre Stabilität in den Grundzügen bewahrt. Diese ruhte, wie Hannah Arendt sagt, auf der »Dreieinigkeit von Autorität – Tradition – Religion« (S.167). Die patriarchalische Ordnung war das bestimmende Prinzip im Mittelalter, das von der Antike übernommen worden war. Die griechische Polis und die römische ›res publica‹ waren Staaten von »Haushaltungsvorstehern« (Hannah Arendt, S. 147) gewesen. Der pater familias war nach römischem Recht Oberhaupt der Familie, hatte eheherrliche Gewalt und die schrankenlose (potestas) über seine Kinder und alle, die zu seinem Haus gehörten. Das *Neue Testament* schränkte diese Gewalt ein, aber ließ sie im Kern unangetastet. Luther spricht vom Vateramt und meint damit die Aufgaben und Funktionen des Hausvaters. Als »pater patriae« (Vater des Vaterlandes) wurde Cicero nach Aufdeckung der Catilinarischen Verschwörung begrüßt; dieser Titel wurde Caesar, Augustus und allen Kaisern verliehen. Seit dem 5. Jahrhundert nannten sich die Bischöfe von Rom Papst. Das lateinische Wort »papa« wurde von dem griechischen Wort »papas«, was Vater bedeutet, abgeleitet. Noch heute heißt der Papst »Heiliger Vater«. Die Zeitgenossen Leos I. haben von seiner auctoritas paterna, seiner väterlichen Autorität, gesprochen. Auch das Wort Abt bedeutet Vater. Die Vatervorstellung wurde mit der Verwerfung der päpstlichen Autorität in der Reformation auf die Fürsten übertragen. Der Fürst wurde zum Landesvater als Vertreter Gottes und als Haupt der Großfamilie. Er hatte Ursprungsmacht und natürliche Autorität. Der Fürst sollte und wollte für Land und Untertanen sorgen wie für seine Familie und hatte daher Anspruch auf liebenden Gehorsam. »Luthers Gott trägt gelegentlich unverkennbare Züge eines patriarchalischen deutschen Landesvaters« (Rüstow, *Zur Ortsbestimmung der Gegenwart*, Bd. I, S. 130). Das Wort »Vater Staat« ist heute noch nicht ganz preisgegeben. »In der Tiefe der christlichen Jahrhunderte scheint es verborgen zu liegen, daß die Vorstellung von Autorität sich an die Vaterrolle knüpft, und daß die Vaterfigur ihrerseits wieder mit der Ausübung mehr oder weniger ungeteilter Herrschaft ausgestattet ist . . . Die Ausschließlichkeit des einen väterlichen Gottes wiederholte sich offenbar in der ausschließlichen Gewalt des einen väterlichen Fürsten im Gemeinwesen und wiederum derjenigen des einen Hausvaters in der Familie. An diesen väterlichen Gestalten haftet . . . ebenso die Macht wie die Autorität, die Macht nämlich zu bestimmen, zu gebieten, zu richten, zu strafen und zu begnadigen und in eins damit die Autorität, nämlich so handeln zu können und zu dürfen aus höherer Einsicht und tieferer Weisheit, aus einer Vollmacht, welche Hauskinder dem Hausvater, die Landeskinder dem Landesvater und die

Menschenkinder dem Menschenvater einräumen« (Sternberger, *Autorität, Freiheit und Befehlsgewalt,* S. 3).

Gewiß kannte die Zeit vor der Französischen Revolution genossenschaftliche Institutionen. Doch das monarchisch-patriarchalische Prinzip war weithin bestimmend, und zwar nicht nur im Staat, in der katholischen Kirche mit ihrer eigenen Hierarchie und in der protestantischen mit dem Landesherrn als summus episcopus, sondern auch im gewerblichen sowie agrarischen Bereich – und vor allem in der Familie, zu der das Hausgesinde gehörte. Die Bestellung der von Gott eingesetzten »Oberpersonen« – um das Luthersche Wort zu gebrauchen – geschah meistens im Wege der Erbfolge. Durch sie bildete sich Autorität. Ihre Einsetzung entzog sich dem Willen der ihr Unterworfenen. Darauf beruhte z. T. die Stabilität der Gesellschaftsverfassung. Zweifellos haben die herrschenden Schichten ihre Kinder vielfach auf ihre künftigen herrschaftlichen Funktionen hin erzogen, aber in erster Linie gründete die Autorität auf dem erblichen Amt; sie konnte durch persönliche Leistung und Haltung gesteigert oder gemindert, allerdings nicht beseitigt werden. Auch das stärkte die Autorität und erhöhte deren Mythos, daß der Gebieter unabsetzbar war. In der Pyramide der in Stände gegliederten Gesellschaft gab es auf allen Stufen soziale Autoritätspositionen, die weitgehend patriarchalisch interpretiert wurden. Nur mit Hilfe dieser strengen Gliederung konnte man sich die Bewahrung der Ordnung überhaupt vorstellen, nur »Oberpersonen« konnten sie in einer Gesellschaft, in der die Mehrheit nicht lesen, also auch Gesetze nicht zur Kenntnis nehmen konnte, behüten. Damit jemandem mit Gehorsam begegnet wurde, um Widerspruch und Widerstand zu hemmen, mußte seine Überordnung ständig artikuliert werden. Durch das Eheverbot zwischen Ungleichen, durch die Abstufung von Titulaturen, durch Anrede und Grußarten, durch Kleidung und Kleidungsvorschriften, durch konventionelle Verhaltensweisen und Rangordnung sowie durch manifeste Privilegien wurden diese abgestuften Standes- und Rangunterschiede sichtbar zum Ausdruck gebracht. Wer institutionelle Autorität für sich in Anspruch nahm, war durch einen mehr oder minder breiten Graben vor seinen Autoritätsunterworfenen geschützt. Diese konventionelle Distanzierung wurde durch befohlene oder geübte Verkehrsregeln verbürgt. Darin bestand ein Geheimnis dieser Herrschaft, daß im Prinzip nicht etwa erlaubt war, was nicht verboten war, sondern daß verboten war, was nicht erlaubt war. Die Erschwerung des Zugangs zur Macht, indem man ihn umständlich machte, schützte deren Träger, vor allem den obersten, der kein Widerlager hatte, vor Nachgiebigkeit. Der etwaigen Suggestivität der Bittsteller wurde durch zeremonielle Prophylaxe entgegengewirkt. In einem mehr als hundertjährigen Prozeß sind diese Verkehrsformen im wesentlichen geschwunden. Ihr Nachlassen und Schwinden waren Ursache und Folge der Veränderung des Verhältnisses der Menschen untereinander in Gemeinschaften aller Stufen und Arten.

Alle diese Regeln und Formen waren Hilfsmittel, um Autorität wirksam zu machen und zu kräftigen. Stündlich und täglich wurde jedem die gottgewollte Über- und Unterordnung demonstriert, damit sie ja nicht einen Augenblick vergessen wurde.

Die Autorität im Sinne des Mehr- und Übergeordnetseins war nicht funktional, z. B. auf die berufliche Tätigkeit, begrenzt, sondern ständig umfassend und überall existent. Sie wurde immerfort erlebt und dadurch auch geübt. Aus der geschlossenen Gesellschaft gab es kaum ein Entrinnen. In der Pyramide abgestufter Autoritäten war ein jeder mehr oder minder fest placiert und konnte sich in ihr zurechtfinden. »Die auf feudalistisch-legitimistischem Grund gewachsene Monarchie war für Europa mehr als nur eine Herrschaftsform; sie war Symbol und Garant einer gleichartigen Autorität und Legitimität, einer gleichartigen Sozialverfassung, einer gleichartigen Grundordnung für die Gesamtheit der europäischen Völker« (Ernst Rudolf Huber, *Deutsche Verfassungsgeschichte seit 1789*, Bd. I, S. 17). »Die enorme Stabilität vorindustrieller Gesellschaft hängt sicher mit der damals unbestrittenen Geltung von Rangordnungen und mit der Solidarisierungsfunktion der Ranghöchsten (Königtum) zusammen« (Arnold Gehlen, *Philosophische Anthropologie*, in: *Meyers Enzyklopädisches Lexikon*, Bd. 2, S. 316). Dieses alte, scheinbar stabile Autoritätsgefüge hatte in einem der bedeutendsten Länder Europas, nämlich Frankreich, durch den Sturz des Königtums, die Aufhebung der Rechte des Adels und der Kirche und den Versuch zur Begründung einer egalitären Demokratie einen so schweren Schlag erlitten, daß sich auch die anderen Länder bedroht fühlten und es zum Teil auch waren. Mannigfache Ursachen und Anlässe haben zur Französischen Revolution geführt; wirtschaftliche Mißstände und soziale Notlage haben sie ange-

trieben und mit ausgelöst. Der »Exauctoritatio«, von der Althusius gesprochen hat, hat der Rationalismus der Aufklärung, »die
geschichtslos sich düngende Vernunft« mit der theoretischen An-
zweiflung der göttlichen Autorität und damit auch der von ihr ab-
geleiteten vorgearbeitet. Jetzt entzog die Französische Revolution gewaltsam der Kirche, dem König und dem Adel die
Legitimitätsgrundlage ihrer Autorität. Konkreter Anlaß war, daß
die Autorität des Königs in der Finanzkatastrophe versagt hatte.
Dadurch hatte dieser sie um ihre schützende Funktion gebracht.
Sein Autoritätskredit hatte er weit überzogen, weil er bei der
Verteilung der Steuerlasten seine Autorität gegen den Adel nicht
durchzusetzen wagte. Alle zusätzlichen Lasten hatte er einseitig
den Unprivilegierten aufgebürdet. Die Nationalversammlung
von 1789 schuf den auf Menschenrechte gegründeten Verfassungsstaat, der sich jedoch nicht behaupten konnte.

   Durch die Revolution entstand ein Zustand der Autoritätslosigkeit, der ins Chaos zu treiben drohte. Ihm wurde durch Gewalt
begegnet. Aber nicht mehr durch traditionelle, sondern durch
usurpatorische, nämlich die Napoleons. Sie suchte durch militärische Erfolge sich neue Autorität zu schaffen. Erbittert wehrten
sich die Mächte traditioneller Autorität gegen die von Frankreich
her einsetzende Infektion ihrer Länder. Nicht nur die mehr oder
minder unreflektierte Tradition, sondern die Lehren Thomas von
Aquinos und Luthers rechtfertigten die alte Autorität. Autorität
wurde zur Defensivparole und zum politischen Schlagwort der im
Kampf gegen Aufklärung und Revolution sich formierenden
konservativen Kräfte. Für sie dürfte es nur eine Autorität geben,
nämlich die von Gott eingesetzte, die unverbrüchlich unantastba-
re, einmal die kraft Geburt zugefallene weltliche, zum andern die
päpstliche Herrschaft.

Autorität im Streit der Ideologien

1. Autorität, nicht Majorität

Für die Konservativen waren Autorität und Legitimität einander zugeordnet. Unter Legitimität versteht man die Bejahung einer Herrschaftsordnung auf Grund anerkannter Werte, während Legalität die formalrechtliche Gesetzmäßigkeit bedeutet. Legitimität und Legalität können sich decken, aber auch in Gegensatz zueinander stehen. Das Wort Legitimität soll von Talleyrand auf dem Wiener Kongreß zum ersten Mal gebraucht worden sein. Legitim war die historisch gewachsene, in sich ruhende, keine künstlich gemachte Ordnung, und legitim war nur die traditionell begründete, religiös fundierte Herrschaft der thronberechtigten Familie. Legitim soll angeblich von legi intimus, was bedeuten würde, dem Gesetz innig verbunden, abgeleitet sein. Das wird von der altphilologischen Fachwissenschaft energisch bestritten.

Der Rechts- und Staatsphilosoph Friedrich Julius Stahl (1802-1861), der Theoretiker des legitimistischen Konservativismus, hatte in den dreißiger Jahren Autorität und Legitimität in ihrem Verhältnis zueinander erklärt: »Das göttliche Recht (Vollmacht) und die Legitimität sind danach verschiedene, aber zusammengehörige Begriffe; jenes bedeutet, daß die Autorität, kraft der der König herrscht, diese daß seine Throngelangung von Gott ist. ... Das Prinzip der Legitimität selbst bezeichnet nichts Andres als das Recht göttlicher Fügung im Gegensatz menschlicher That, die gegebene Autorität gegenüber der gemachten« (*Philosophie des Rechts*, Bd. II/2, S. 220). Die auf eine Dynastie gegründete Legitimität erlischt erst, wenn die Dynastie ausgestorben ist. Selbst die rechtlich neu geordnete legale Herrschaft des Usurpators kann nur durch eine langfristige Verjährung, die dazu führt, daß das Volk den alten Rechtszustand vergißt, legitim werden. Diese Legitimitätstheorie stand in einem unüberbrückbaren Gegensatz zur Lehre von der Volkssouveränität, die nur eine Herrschaft als legitim bezeichnete, die vom Volk ausging. Das System der »Restauration« (der Wiederherstellung der legitimen Herrschaftsordnung und deren Sicherung gegen erneuten Umsturz) ruhte auf den »drei Prinzipien der Legitimität, der Autorität und der Stabilität« (Huber, S. 535). Es gab keine andere

Autorität als legitime. Nur Legitimität vermochte Autorität zu
bewirken, und nur diese konnte Stabilität gewährleisten, während
Mitbestimmungs- und Freiheitsrechte der Bürger zu einigungsstörenden
und ordnungsgefährdenden Machtansprüchen
führen mußten. Das waren nicht nur interessenorientierte Auffassungen;
gerade ein Mann wie Stahl, der Jude war, hätte Liberaler
oder Demokrat sein können. Er gehörte aber zu jenen, die
sich offenbar die Beständigkeit einer anderen Autorität als der
traditionellen nicht vorzustellen vermochten.

Gewiß konnte illegitime Autorität spontan entstehen, wie das
Beispiel des Usurpators Napoleon zeigt. Doch dieser mußte immer
neue Kriege führen, neue Eroberungen machen, um seine
Autorität unter Beweis zu stellen und dadurch zu bewahren.
Aber es galt geradezu als ein Kriterium der Autorität, daß sie sich
in Gefahren behauptet, auch schwere Krisen übersteht. Kaiser
Franz II. von Österreich soll nach der Schlacht bei Austerlitz
1805, in der er von Napoleon besiegt und durch die er zu einem
demütigenden Frieden gezwungen war, als er vom Volk umjubelt
in Wien einzog, zum französischen Botschafter gesagt haben:
»Glauben Sie, daß Ihr Herr so nach Paris zurückkehren könnte,
wenn er eine Schlacht verloren hätte, wie ich sie verloren habe?«
(Ferrero, *Macht*, S. 175).

Nach Stahl gründet sich der Staat auf Gottes Gebot und Ordnung,
nicht aber auf Gottes unmittelbarer Tat (a.a.O., S. 145). In
der Erbmonarchie ist »der Inhaber der Staatsgewalt ohne
menschliches Zuthun in ihrem Besitz . . . durch göttliche Fügung,
welcher sich die Menschen in Ehrfurcht unterwerfen sollen«
(a.a.O., S. 219). Für Stahl ist nur »dann staatliche Einheit und
staatliches Wesen möglich, wenn eine ›über den Menschen erhabene
Herrschaft im persönlichen Charakter, d. i. ihrer selbst bewußte
und ihres Handelns mächtige‹ Herrschaft da ist, wenn eine
›gegebene höhere reale Autorität‹ da ist, eine Obrigkeit, die vor
und über dem Volk ist, in der es politisch Eins werden soll« (Erich
Kaufmann, *Friedrich Julius Stahl als Rechtsphilosoph*, in: *Gesammelte
Schriften*, Bd. III, S. 24 f.). Der Monarch ist an die Gesetze,
von denen ein Teil mit Zustimmung der Stände erlassen
wird, gebunden, aber kann von niemandem gerichtet werden,
wenn er sie verletzt. »Es muß eine Autorität geben, über die hinaus
keine andere ist.« (Stahl, S. 224). Die liberal-konstitutionelle
Theorie (gemeint ist vor allem die Gewaltenteilungslehre Mon-

tesquieus) »ist nicht eine Verfassung des Staats, sondern Auflösung des Staats; denn sie vertilgt dasjenige, was den Staat zum Staate macht: die höhere Autorität über dem Einzelnen und der Masse« (Stahl, S. 273). Auch Stahl definiert das Wort Autorität nicht, sondern übernimmt es zusammen mit alten Vorstellungen und modelt es nach seinen Bedürfnissen um. Autorität scheint für ihn in erster Linie herrschaftliche Ansehensmacht zu sein, aber in einer ganz bestimmten Zuordnung, nämlich zur legitimen erblichen Monarchie eines christlichen Staatswesens. Nur eine solche Herrschaft vermag, seiner Meinung nach, Ansehen zu haben und dank diesem Ansehen staatliche Einigung und Ordnung zu bewirken und zu erhalten. Sie allein, die über allen Interessen stehen soll, hat integrierende Kraft. Stahls Theorien haben stark die konservativen Vorstellungen noch bis in die Weimarer Zeit hinein bestimmt.

Das vielzitierte Wort »Autorität, nicht Majorität« hat Stahl nie gesagt. Es handelt sich vielmehr um die lapidare Zusammenfassung einer Parlamentsrede aus dem Jahr 1850 in der Auseinandersetzung um geborene oder künstlich geschaffene, also gewählte Obrigkeit nach der Revolution von 1848: »Wie können vollends die Anhänger jenes Systems mit solcher Zuversicht jetzt vor uns hintreten nach den Erfahrungen des Jahres 1848? Standen sie da der entfesselten Bewegung nicht ebenso gegenüber wie jener Zauberlehrling den Gewässern, welche er heraufbeschworen hatte und nicht mehr zu bannen vermochte? Sie hatten den Spruch vergessen, sie zu bannen, oder vielmehr dieser Spruch stand nicht in ihrem Lexikon, denn dieser Spruch heißt ›Autorität‹. Da wollten sie die Gewässer besprechen mit dem Zauberspruch ihres Systems: ›Majorität, Majorität‹« (zitiert bei Büchmann, a.a.O., S. 700.) Ein Jahr später erschien eine Schrift von einem Mann namens Knönagl *Autorität – nicht Majorität – beherrscht die Welt*. 1852 erhielt Stahl von Gesinnungsfreunden eine silberne Säule mit der Inschrift »Autorität, nicht Majorität«.

Also: Majorität hat keine Autorität, auch nicht, wenn sie auf der Grundlage einer legalen Ordnung entschieden hat. Autorität kann nur auf der Obrigkeit der von Gott eingesetzten Dynastie beruhen. Aber ganz abgesehen von den Legitimitätsvorstellungen ging es auch um eine Frage, die durch zahlreiche Zitate charakterisiert wird, von denen das bekannteste das Schillersche Wort aus dem Demetrius »Was ist die Mehrheit? Mehrheit ist der

Unsinn, Verstand ist stets bei wen'gen nur gewesen« ist. Es war das alte Problem der quantitativ oder qualitativ bestimmten Entscheidungen. (s. S. 77 f.).

Majorität war für Stahl diejenige, die die Oberschicht von Bildung und Besitz sowie den Mittelstand repräsentierte. Nur sie waren durch das Census-Wahlrecht wahlberechtigt. »Die Sicherung des Eigentums erfolgt nicht durch die Grundrechte, sondern durch das Wahlrecht: dieses wird auf die Besitzenden beschränkt« (Martin Kriele, *Einführung in die Staatslehre*, S. 203). Ihrem Autoritätsanspruch hielt Stahl entgegen: »Wenn es nun darauf ankommt, den Gedanken der Volkssouveränität positiv durchzuführen, das gesamte Volks gleichmäßig zur Herrschaft zu berufen, auch innerhalb des Volkes nicht eine Klasse der Autorität der andern zu unterwerfen, da verläßt sie (die liberale Partei) diesen Gedanken, sie beruft zur Herrschaft nur den Mittelstand, die Vermöglichen, Gebildeten, das ist eben nur sich selbst. – Ebenso behauptet die liberale Partei den Gedanken der Gleichheit gegen den Adel, gegen alle Stände als solche, weil sie nach der Basis der Revolution keine organische Gliederung zugeben kann. Allein, soll die Gleichheit positiv durchgeführt werden, soll die Klasse der Besitzlosen dieselben Rechte mit ihr erhalten, dann gibt sie den Gedanken auf und macht politisch rechtliche Unterschiede zugunsten der Vermöglichen. Sie will Census für die Repräsentation, Kautionen für die Presse, läßt nur den Fashionablen in den Salon, gewährt dem Armen nicht die Ehre und Höflichkeit wie dem Reichen. Diese Halbdurchführung der Prinzipien der Revolution ist es, was die Parteistellung der Liberalen charakterisiert« (*Die gegenwärtigen Parteien in Staat und Kirche*, S. 73). Diese Argumentation kannte auch Bismarck, gleichgültig ob er Stahls Schriften gelesen hatte oder nicht, als er für den norddeutschen Reichstag 1867 das allgemeine, geheime, gleiche Wahlrecht nicht aus ideologischen, sondern praktisch-politischen Gründen eingeführt hatte. Er wollte die Autorität der liberalen Majorität brechen.

Für die Romantiker mit ihrem Hang zum Mittelalter, wie sie es sich vorstellten, mit ihren Ideen vom Staat als Organismus mit Haupt und Gliedern, von der natürlichen, gottgewollten Ungleichheit der Menschen, die in der Ordnung der ständischen Gliederung Ausdruck findet, aber auch mit ihrem Widerstand gegen den monarchischen wie gegen den demokratischen Absolutismus, war die Autorität mit ihrem reichen und mannigfachen Bedeutungsinhalt ein wesentlicher Begriff. So hat der katholische Philosoph Franz von Baader (1765-1841) eine eigene Autoritätslehre entwickelt, die sich gegen Rousseau und Hobbes, gegen Volkssouveränität und Volksrepräsentation richtete. Er unterschied zwischen der vorgegebenen Autorität des Amtes, der die persönliche Autorität des Amtsträgers entsprechen sollte, und der in der Institution des Standes gesicherten Autorität. Auch ihm fällt es schwer, das Wort zu erklären: »Wenn also meines Wissens noch niemand das Wesen der Autorität richtig und erschöpfend definiert hat, so hat auch noch niemand das Faktum derselben geleugnet, was selbst bis auf die Sansculotten und ihre Volksautorität herab gilt. Es war auch bekanntlich den wütendsten Revolutionsmännern nicht darum zu tun, die Autorität zu vernichten, sondern sie zu transferieren und an sich zu reißen« (Franz von Baaders *Schriften zur Gesellschaftsphilosophie*, S. 375).

Die Romantiker schwärmten für das Wort, gerade weil es so unbestimmt und kaum eindeutig zu fixieren war. Sie stellten sich gegen die rational konstruierte Verfassung, die die Ordnung in dieser Welt zu reinem Menschenwerk machte und sie von Gott löste. Autoritätslosigkeit und Gottlosigkeit entsprächen einander. »Ihr Philosophen, wie ihr euch nennt, gabt vor, den Menschen damit frei zu machen, daß ihr ihn autoritätslos machtet, ihr habt ihn aber hiermit zwar gottlos, aber nicht frei gemacht, sondern sein freies Verhältnis zu Gott und Menschen und hierdurch auch zur Natur in ein höchst unfreies und drückendes verwandelt. Mit der Schwächung oder Verdrängung der legitimen Autorität bleibt zwar die Notwendigkeit des Dienens, aber dieses wird unfrei und wahrhaft servil, womit denn auch als mit der Moral die Fabel des Liberalismus jedesmal endet, so daß man sagen kann, daß der Liberalismus eine Fabel ist, deren Moral der Servilismus ist« (a.a.O., S. 374). »Jenen, welche sich als die Freien wähnen, weil sie sich autoritätslos wähnen (obschon sie weder das eine noch das andere sind), muß man das Konzept damit verrücken, daß man ihnen zeigt, wie jede wahrhafte Autorität in der Gesellschaft eben keinen anderen Zweck hat, als jeden Menschen in ihr frei zu machen, erst von sich selber und hiermit von allen anderen Menschen, und daß folglich nur die Autoritätslosen wie die einer falschen und usurpierten Autorität Folgenden die Unfreien sind.

Diejenige Autorität ist darum ohne Zweifel die wahre, welche diese doppelte Befreiung bewirkt, und nur jener Mensch, welcher gleichsam durch das Experiment diese ihn von sich und anderen Menschen als solchen gründlich oder radikal befreiende Macht der Autorität durch freie Unterwerfung unter dieselbe kennen gelernt hat, vermag zum klaren Begriff und zu einer Theorie dieser Autorität zu gelangen oder selbst nur eine solche zu verstehen, welcher Theorie erster Schritt folglich der sein muß, nachzuweisen, wie eben die nicht von Menschen gemachte Autorität deren Freiheit in der Gesellschaft begründet und erhält«(a.a.O., S. 380).

Achtzig Jahre später hat Otto von Gierke (1841-1921), der Historiker des deutschen Genossenschaftsrechts, in einem Vortrag über die Geschichte des Majoritätsprinzips dieses mit dem Autoritätsprinzip zu verbinden versucht. »Die Herrschaft des Stimmenmehrs allein vermag keinen Verband und am wenigsten den Staat zur lebendigen Verbandsperson zu stempeln. Immer bedarf es neben einer mit Mehrheit beschließenden Mitgliederversammlung führender Organe, damit ein handlungsfähiges Gemeinwesen zustande komme. Soweit durch eine monarchische Verfassung ein Verbandshaupt zum obersten Organ bestellt ist, versteht es sich von selbst, daß keine Versammlungsmehrheit für sich allein den einheitlichen Verbandwillen erzeugen kann. Aber auch wo kraft streng demokratischer Verfassung der mit Mehrheit beschließende Inbegriff der Mitglieder als oberstes Organ fungiert, offenbart sich nur bei den ihm vorbehaltenen letzten Entscheidungen in dem Abstimmungsergebnis der Gemeinwille, während andere selbstständige Organe in ihren Zuständigkeitsbereichen gleich = unmittelbar die Persönlichkeit des Ganzen zur Erscheinung bringen. Irgendwie wird in jedem sozialen Organismus kraft der verfassungsmäßigen Funktionenverteilung das Majoritätsprinzip durch das Autoritätsprinzip ergänzt« (*Schmollers Jahrbuch für Gesetzgebung*, Bd. XXXIX, S. 585 f.).

Sicherlich hat Gierke das Wort Autoritätsprinzip nicht erfunden, aber er hat es stark herausgestellt, und seitdem ist es vielfach benutzt worden. Die konstitutionelle Monarchie, wie sie nach dem Wiener Kongreß in den süddeutschen Ländern, 1850 in Preußen eingeführt worden und auch das Verfassungsprinzip des 1870 gegründeten Kaiserreichs war, stellte eine Verbindung von Autoritäts- und Majoritätsprinzip dar, wenn auch das Autoritätsprinzip vorherrschend war. Der Schweizer Historiker Werner Naef hat das Bismarcksche Reich »eine Monarchie mit demokratischem Zusatz« genannt (*Epochen der neueren Geschichte*, Bd. II, S. 267). Gierke unterscheidet zwischen der geborenen Autorität des erblichen Herrschers, dessen Bestellung nicht von fremdem Willen abhängt, und einer anderen nicht näher bestimmten Autorität in einem demokratischen Staatswesen. Mag sein, daß er konkret dabei an den Präsidenten der Vereinigten Staaten gedacht hat. Dieser hat bedeutsame Entscheidungsbefugnisse unabhängig vom Kongreß. Legt er ein Veto gegen vom Kongreß beschlossene Gesetze ein, so kann das nur dadurch aufgehoben werden, daß es mit Zweidrittelmehrheit beider Häuser binnen zehn Tagen überstimmt wird. Nach der Bundeshaushaltsordnung und der Geschäftsordnung der Bundesregierung hat der Bundesfinanzminister ein Widerspruchsrecht gegen Beschlüsse der Regierung von finanzieller Bedeutung. Dieses Veto kann nur durch die Mehrheit bei gleichzeitiger Zustimmung des Bundeskanzlers überwunden werden. Der Kanzler kann also allein mit dem Finanzminister gegen das übrige Kabinett dessen Entscheidung bestätigen oder sie mit der Mehrheit der Bundesregierung ablehnen. Da nach Art. 113 GG Beschlüsse des Bundestages und des Bundesrates über Ausgabenerhöhung der Zustimmung der Bundesregierung bedürfen, kann deren Gültigkeit ein gemeinsames Veto von Kanzler und Finanzminister verhindern. Von diesem Recht ist allerdings bisher nicht Gebrauch gemacht worden.

Dem Autoritätsprinzip scheint Rechnung getragen zu sein, wenn in einem Regierungssystem eine Führungsinstitution besteht, in der ein einzelner allein in relativer Unabhängigkeit Entscheidungen treffen kann oder eine Mehrheitsentscheidung seiner Zustimmung zu ihrer Gültigkeit bedarf. Es entsprach konservativ-monarchistischen Vorstellungen und ist aus deren Terminologie entlehnt worden. Aber es wird unabhängig davon auch zu funktionalen Zwecken angewandt.

2. Autorität der Gesetze

Die frühen Demokraten und radikalen Liberalen hatten das Wort Autorität zunächst nur in negativer Fassung gebraucht. Sie sprachen von »antiautoritär«, wie sie sich selber nannten. Das in weiten Kreisen und in breiten Schichten auch gefühlsmäßig tief verankerte Wort Autorität scheuten sie und befürchteten, daß es aus ihrem Munde, selbst wenn es mit anderen Einrichtungen und Erscheinungen wie Idee, Verfassung, Gesetz in Verbindung gebracht worden wäre, mißverstanden würde.

Aber die Ächtung der Autorität war nur ein vorübergehender und partieller Vorgang. Der Kampf des aufsteigenden Bürgertums, des dritten Standes, richtete sich nicht gegen Autorität schlechthin, sondern gegen die der beiden ersten Stände des weltlichen Adels und der kirchlichen Amtsaristokratie. Würden diese ihre Autorität ganz oder teilweise verlieren, würde sich auch dadurch die des Monarchen verändern. In das so entstehende Autoritätsvakuum wollte das Bürgertum dringen und eigene Autoritätspositionen sich verschaffen. Die aus Wahlen hervorgegangene Legislative und die kommunale Selbstverwaltung waren die Ausgangspositionen für ein Mitbestimmungsrecht der Bürger. Staatliche Autorität sollte in der Regel öffentlicher Kritik entzogen bleiben. Vor der Französischen Revolution hat es Ansätze zu einer öffentlichen Meinung, wenn auch vielfach nur vorübergehend, schon in der Antike und im Mittelalter gegeben. Aber der Begriff im Sinne einer Institution kommt erst durch die Aufklärung, so durch Locke, Montesquieu und Rousseau auf. Nach Locke gibt es neben Naturrecht und positivem Recht das Recht der Meinung und Reputation. Theodor Litt spricht von der »eigentlichen Inthronisierung der öffentlichen Meinung durch Locke.« Am Vorabend der Französischen Revolution erhebt der Finanzminister Necker die öffentliche Meinung (opinion publique) zum obersten Kriterium des politischen Handelns. Benjamin Franklin spricht im amerikanischen Verfassungskonvent von der »Abhängigkeit der Macht und Wirksamkeit . . . der Regierungen von Meinung, allgemeiner Meinung über die Integrität und Weisheit derer, die sie vollziehen.« Im Verfassungsstaat des neunzehnten Jahrhunderts wurde öffentliche Meinung zur öffentlichen Kritik an den Personen und Angelegenheiten des öffentlichen Lebens und damit auch an obrigkeitlicher Autorität. Die Bedeutung der Kritik stieg mit zunehmender Verbreitung der Presse. Das regte einerseits die Tendenz zur Entmythologisierung von Autorität an, zum anderen wurde Autorität zu einem Objekt der Propaganda und damit in die Ambivalenz gedrängt.

Die gemäßigten Liberalen bejahten die konstitutionelle Monarchie, auch aus Abwehr gegen die Radikalen, die Anhänger der Volkssouveränität, und gegen die aufkommende Arbeiterbewegung. Das Bürgertum fürchtete die revolutionäre Gefährdung seiner Interessen, deren Schutz nur ein Monarch, der Herr über Militär und Polizei war, gewähren konnte.

In der Vorrede zur zweiten Auflage des von den beiden Liberalen Carl von Rotteck und Carl Welcker herausgegebenen *Staatslexikon* (1845 erschienen) sagt letzterer: »Wir Liberalen dagegen wollen in Wahrheit die moralische Achtung und Autorität des Fürstentums erhalten und kräftigen, und sie und uns und unsere Kinder vor Revolution schützen . . .« (Bd. I, S. XXXIII). Gemeint war das an die Verfassung gebundene Fürstentum. Autorität ist nicht mehr mit Macht verbunden, sondern mit moralischer Achtung, ganz im Sinn von Bürgerpflicht und Bürgertugend des 19. Jahrhunderts. Durch die Koppelung von Autorität mit diesem anderen Wort konnte man ihr eine ganz bestimmte Akzentuierung geben. Hier wurde unter Autorität vorwiegend, wenn auch nicht allein, Amtsgewalt verstanden. Aber sie war moralisch qualifiziert, nämlich an die Verfassung gebunden; der Fürst, der sie bricht, ist ein Tyrann und autoritätslos. Das Wort Autorität wird in diesem ersten deutschen Staatslexikon relativ selten gebraucht, im wesentlichen nur bei Beschreibung der katholischen Kirchenverfassung und in Verbindung mit dem konstitutionellen Monarchen. Im letzten Fall wird Autorität als Attribut der vom Volks und seiner Vertretung unabhängig bestehenden, aber in der Gesetzgebung mit ihr gemeinsam entscheidenden und an diese Gesetze gebundenen Obrigkeit verstanden. Rotteck spricht von »der ächten und doppelten Legitimität«, die auf dem Thronrecht und der Verfassung beruht (Bd. VIII, S. 481). Das ist die neue Legitimität im Übergang von der Fürsten- zur Volkssouveränität.

In der Vorrede zum ersten Band des *Staatslexikons* ist von der »gesetzgebenden Autorität« der Rechtsgelehrten bei der Verfassungsgestaltung seit Grotius die Rede (S. VII), was Macht des wissenschaftlichen Ansehens bedeutet. Wenn nach einem Satz der Gewaltenteilungslehre, der auf mehrere Autoren zurückgeführt wird, an die Stelle der Herrschaft von Personen die von Gesetzen treten sollte, so mußte auch diesen Autorität zukommen. Die Autorität der Gesetze kannte schon die Antike und das Mittelalter. Plato hatte vom Gesetz als »dem unumschränkten Herrscher über die Regierenden« und von den Regierenden »als den nur willenlosen Knechten des Gesetzes« gesprochen (*Gesetze* 715). Nur in einer solchen Ordnung erblickte er »das Heil und alle Segnungen, die der Himmel jemals über einen Staat auszugießen vermochte« (a.a.O.). In dieser Gesetzesautorität, die, wenn auch nicht bei Plato, so doch bei Aristoteles, dann bei Montesquieu, Locke und Kant auf dem gewaltenteiligen Prinzip beruhte, lag ein starkes Mißtrauen gegen die politische Autorität der Person. Die persönliche Autorität wird nicht geleugnet, aber kein Mensch sei gegen die Versuchung zur willkürlichen Entscheidung gefeit. Deswegen müsse auch der Herrschende unbedingt und uneingeschränkt einer institutionellen Autorität, nämlich der des Gesetzes, unterstellt sein. Im Kampf gegen die monarchisch-feudale Herrschaft traten Tendenzen auf, die die Herrschaft von Menschen über Menschen schlechthin verneinten. Daß der Mensch von Menschen beherrscht wird, erscheint als des Menschen unwürdig. Zwischen der abstrakten allgemeinverbindlichen, für alle in gleicher Weise geltenden Regel, dem Gesetz, und der konkreten Einzelfallentscheidung, dem Befehl und dem Urteil, wird streng unterschieden. Die Freiheitssicherung liegt darin, daß nur auf Grund eines im voraus und für dauernde Geltung bestimmten Gesetzes Befehle erteilt und Urteile erlassen werden dürfen. Das Gesetz gewährt durch seinen generellen Charakter Schutz vor Launen und persönlichen Interessen des Herrschers oder seines Beauftragten. »Das Gesetz kann schlecht sein, ungerecht; aber infolge seiner generellen und abstrakten Fassung ist diese Gefahr auf ein Minimum reduziert. Der Schutzcharakter des Gesetzes, ja seine raison d'être selbst liegen in seinem generellen Charakter« (L. Duguit, *Manuel de Droit constitutionnel*, 1923, S. 92, zitiert bei Carl Schmitt, *Verfassungslehre*, S. 157).

Bei der liberalen Vorstellungen entsprechenden Trennung zwischen Eigentum, Freiheit und Leben seiner Bürger sicherndem Staat und der frei sich selbst, im übrigen durch die Konkurrenz des freien Marktes regulierenden Gesellschaft bestand im wesentlichen ein Bedürfnis nur nach allgemeinen Gesetzen, nicht nach besonderen Regelungen für einzelne Schichten und Gruppen. Die Interessenkonflikte sollte die Gesellschaft in sich austragen, der Staat hatte lediglich dafür zu sorgen, daß Ordnung und Sicherheit nicht gestört wurden; in die Ordnung der bürgerlichen Gesellschaft sollte er nicht eingreifen dürfen. Das Gesetz konnte also über allem stehen und Autorität haben, wofern es vernünftig und gerecht war. Es sollte ein Ausdruck der Vernunft sein. In öffentlichen Debatten der gewählten Volksvertretung und durch publizistische Erörterung werde, so meinte man, das vernünftigere Argument, also letztlich die Vernunft, die rationale Autorität entscheiden. Das höchstmögliche Maß an Gerechtigkeit in der Gesetzgebung werde dadurch erreicht, daß im Rechtsstaat des bürgerlichen Liberalismus die Gesetzgeber selber, ebenso wie die Regierung und die Justiz, dem Gesetz unterworfen seien. »Nun ist es, wenn jemand etwas gegen einen Anderen verfügt, immer möglich, daß er ihm dadurch unrecht tue, nie aber in dem, was er über sich selbst beschließt« (Kant, *Die Metaphysik der Sitten*, in: *Sämtliche Werke*, 5. Bd., S. 434).

Die gesetzgebenden Körperschaften waren die Repräsentanten von »Bildung und Besitz«, des Adels und des Bürgertums. Das Wahlrecht war von einer bestimmten Höhe des Einkommens, des Vermögens oder der direkten Steuerleistung abhängig. Kant hat diese Begrenzung noch vor Einführung eines Wahlrechts in Deutschland gerechtfertigt. »Nur die Fähigkeit der Stimmgebung macht die Qualifikation zum Staatsbürger aus; jene aber setzt die Selbständigkeit dessen im Volk voraus, der nicht bloß Teil des gemeinen Wesens, sondern auch Glied desselben, d. i. aus eigener Willkür in Gemeinschaft mit anderen handelnder Teil desselben, sein will. Die letztere Qualität macht aber die Unterscheidung des aktiven vom passiven Staatsbürger notwendig . . . Der Geselle bei einem Kaufmann oder bei einem Handwerker; der Dienstbote (nicht der im Dienste des Staates steht); der Unmündige; alles Frauenzimmer und überhaupt jedermann, der nicht nach eigenem Betrieb, sondern nach der Verfügung Anderer (außer der des Staates) genötigt ist, seine Existenz (Nahrung und Schutz) zu erhalten, entbehrt der bürgerlichen Persönlichkeit, und seine Existenz ist gleichsam nur Inhärenz ... (sie) sind bloß Handlanger des gemeinen Wesens, weil sie von anderen Individuen befehligt oder beschützt werden müssen, mithin keine bürgerliche Selbständigkeit besitzen« (Kant, *Die Metaphysik der Sitten*, S. 434 f.). Zudem mußte die Wahlstimme offen abgegeben werden, was bedeutete, daß, sofern der wirtschaftlich Abhängige wahlberechtigt war, er auch politisch abhängig war. Aus Antipatriarchalismus, nicht aus demokratischen Motiven vertrat Kant die Herrschaft der Gesetze.

Die Autorität des Gesetzes sollte für alle gelten, die Gesetzgebung jedoch nur in den Händen der mehr oder minder breiten Oberschicht liegen. Das Problem der gesellschaftlichen Macht, die nicht vom Staat kontrolliert wird, vor allem der wirtschaftlichen Macht, die gesellschaftliche Abhängigkeit schuf und Willkürentscheidungen treffen konnte, wurde von der herrschenden Schicht nicht gesehen oder geflissentlich übersehen. Jahrhundertelang hatte die Autorität der deutschen Fürsten sich nicht nur auf kirchliche Lehre und Rechtfertigung gestützt, sondern auch darauf, daß sie die bestehende Sozialordnung verteidigte. Die absolutistischen Herrscher hatten sich zwar des politischen Mitbestimmungsrechts der Stände entledigt, aber nicht deren Privilegien angetastet. Im Grunde hatte eine weitgehende Interessensolidarität zwischen Fürsten und der adeligen Oberschicht bestanden. Die Fürsten hatten ihre Autorität starken sozialen Belastungsproben durch den Versuch einer Änderung der Gesellschaftsordnung nicht ausgesetzt und daher kaum in Frage gestellt. Auch die Vorstellungen von der Autorität der Gesetze gründeten auf einer starken Verwandtschaft der Interessen der Schichten von Bildung und Besitz. In dem Vertrauen zur schützenden Institution klangen altrömische Theorien an. Neben die geborene und religiös gerechtfertigte, aber institutionell beschränkte Autorität des Fürsten, ja an deren Stelle, sollte die rational begründete Autorität des Gesetzes treten.

Die Problematik der auf ganz bestimmte Aufgaben konzentrierten Gesetzgebung nach liberaler Theorie lag vor allem darin, daß die sozial Abhängigen ungeschützt blieben und sich des Schutzes des Gesetzes kaum oder nicht bedienen konnten, weil die gesellschaftliche Macht stärker war als die des liberalen Staates. Aus jener Zeit stammt das Wort Anatole Frances »von den Gesetzen, die in majestätischer Unparteilichkeit den Armen wie den Reichen in gleicher Weise verbieten, Holz zu stehlen und unter den Brücken zu schlafen«.

Im Rahmen der Bejahung der bestehenden Ordnung der bürgerlichen Gesellschaft war der Begriff der Autorität des Gesetzes an bestimmte Tugendvorstellungen gebunden, wie die Autorität des Fürsten nach den Lehren Thomas von Aquinos und Luthers. Diese Tugendvorstellungen, die vielfach der heutigen Gesellschaftsvorstellung nicht mehr entsprechen, wurden auch beachtet. In der Zeit von der Mitte des 19. Jahrhunderts bis hin zum Ersten Weltkrieg wurde das hohe Niveau von Gesetzgebung, Verwaltung und Rechtspflege anerkannt. Das moralische Ansehen der Gesetze, die mit wissenschaftlicher Gründlichkeit und mit starkem Bemühen um Gerechtigkeit entsprechend den bestehenden Vorstellungen von einer qualifizierten Ministerialbürokratie entworfen wurden und von Parlamenten, die über eine stattliche Anzahl befähigter Juristen verfügte, war sehr groß.

Ihre Autorität wurde auch oder gerade deswegen akzeptiert. In gesicherten wirtschaftlichen Verhältnissen bei einer über Jahrzehnte hinaus festen Währung, bei begrenztem Aufgabenbereich, der in Richtung der Daseinsvorsorge erst durch die Bismarcksche Sozialversicherung und Zollgesetzgebung ihre Ausdehnung erfuhr, und mit einem zwar aus bestimmten Schichten sich rekrutierenden, aber im übrigen gruppenunabhängigen Beamtentum konnte eine sich an Gesetzen orientierende Gerechtigkeit sich relativ leicht behaupten. Es wurde in weiten Kreisen bis ins Kleinbürgertum hinein an den gerechten Staat – was die Alltagsangelegenheiten der Verwaltung anging, auch in Teilen der Arbeiterschaft – geglaubt; daher rührte seine Autorität, und darauf beruhte die komplementäre Erscheinung des Staatsbewußtseins. Der Gesetzesautorität entsprach eine vorherrschende Tendenz zur Gesetzesmoral; der Staat hinterging nicht, also durfte man auch ihn nicht hintergehen. Das galt in beachtlichem Umfang als nobile officium.

Aber man darf die Herrschaft des Gesetzes, die auch neben und außerhalb der gesellschaftlichen Macht nie allein wirksam gewesen war, nicht überschätzen. Diese Vorstellung, der vor allem Kant geistig Geltung verschafft hatte, war von rechtsphilosophischen Vorstellungen von vor- und überstaatlichem Recht, an die die Gesetze gebunden waren, ausgegangen. Fragwürdig wurde die Autorität des Gesetzes, sobald durch sie elementare Prinzipien der einen oder anderen Rechtsphilosophie verletzt wurden. Der Staat des neunzehnten Jahrhunderts mit seinen verschiedenen weltanschaulichen Strömungen tendierte zu einer wertneutralen Gesetzgebung. Das Gesetz wurde nicht mehr metaphysisch legitimiert. Es gab nicht ein höheres, übergesetzliches Recht, sondern Recht war, was Monarch und gesetzgebende Körperschaften durch Gesetz bestimmten. Dieser Gesetzgebungspraxis entsprach die Lehre vom Rechtspositivismus.

Die Gesetzesautorität geriet mit zunehmender politischer und sozialer Emanzipation in den ideologischen Streit der Parteien und in die Auseinandersetzung der Rechts- und Sozialphilosophie. Ein Konflikt um einen ganzen Gesetzeskomplex, der im Grenzgebiet zwischen staatlicher und kirchlicher Kompetenz lag, kam im Kulturkampf (1873-1887) zwischen der preußischen Regierung und der katholischen Kirche auf. Der sogenannte Kanzelparagraph, der 1871 in das Strafgesetzbuch eingefügt worden war, bedrohte Geistliche, die in Ausübung ihres Amtes Angelegenheiten des Staates in einer »den öffentlichen Frieden gefährdenden Weise« erörterten, mit Strafe. Das preußische Schulaufsichtsgesetz von 1872 sah die ausschließlich staatliche Schulaufsicht und die Entfernung fast sämtlicher Geistlicher aus der Schulinspektion vor. Beide Maßnahmen richteten sich gegen die Katholiken. Das Jesuitengesetz vom gleichen Jahr verbot alle Niederlassungen der ›Gesellschaft Jesu‹ und verwandter Orden. Die Maigesetze von 1873 enthielten Vorschriften über Vorbildung und Anstellung von Geistlichen und über die kirchliche Disziplinargewalt und genaue Strafbestimmungen gegen Übertretungen. Die Katholiken setzten diesen Gesetzen und den auf ihnen beruhenden administrativen Maßnahmen passiven Widerstand entgegen. Papst Pius IX. erklärte in der Enxyklika *Quod nunquam* vom Februar 1875 die Kulturkampfgesetze, soweit sie mit der göttlichen Verfassung der Kirche in Widerspruch standen, für nichtig. Daraufhin wurde durch ein weiteres Gesetz die Auflösung aller geistlichen Orden verfügt.

Die komplexen Beweggründe, die zum Kulturkampf geführt haben, können hier nicht dargelegt werden. Bismarcks Kampf richtete sich aus außen- und innenpolitischen Gründen nicht zuletzt gegen die Autorität des römischen, also ausländischen Papstes und die deutsche katholische Bewegung, die diese Autorität uneingeschränkt anerkannte. 40 % der Reichsbevölkerung war katholisch. Dieser Verbindung von fremder Autorität innerstaatlicher solidarischer Organisation galt sein Kampf. Staatliche Autorität stand gegen kirchliche. Zu Anfang der neunziger Jahre wurde ein erheblicher Teil der Kulturkampfgesetze wieder aufgehoben.

Gerade im Fall des Kulturkampfes, der hier nur beispielhaft

herausgegriffen ist, zeigt sich die Labilität der Autorität des Gesetzes. Die katholische Kirche hatte für den weltlichen Bereich in der Enzyklika Leos XIII. *Immortale Dei* von 1885 den traditionellen Begriff von der vorgegebenen – konservativ verstandenen – legitimen Autorität aufgegeben und ihre prinzipielle Neutralität gegenüber den Staatsformen, vor allem mit Rücksicht auf das republikanische und demokratische Frankreich, unter voller Aufrechterhaltung der Autorität der Kirche und der innerkirchlichen Ordnung verkündet. »Wir halten es für äußerst wichtig und unserem apostolischen Amt durchaus angemessen, die neuen Ansichten über den Staat mit der christlichen Lehre zu vergleichen ... Es ist dem Menschen angeboren, in der bürgerlichen Gesellschaft zu leben... Da aber keine Gesellschaft bestehen kann, wenn nicht einer an der Spitze aller steht ... so folgt daraus, daß auch die bürgerliche Gemeinschaft eine Autorität braucht, die sie leitet. Diese ist, wie die Gesellschaft selbst, in der Natur begründet und hat daher Gott selbst zur letzten Ursache ... Wer also das Befehlsrecht hat, empfängt es nicht anderswoher als von Gott, dem höchsten Herrn aller Dinge. ›Alle Gewalt kommt von Gott.‹ Das Befehlsrecht ist freilich an und für sich mit keiner Staatsform notwendigerweise verbunden. Es darf sich diese oder jene dienstbar machen, wenn sie nur imstande ist, Nutzen zu stiften und das Gemeinwohl tatkräftig zu fördern. Aber in jeder Staatsform müssen die Regierenden durchaus ihre Blicke auf den höchsten Weltenlenker, auf Gott, richten und Gott muß ihnen bei der Verwaltung des Staatswesens als Vorbild und Wegweiser vorschweben.« Die Formel Gelasius' I. in ihrem ursprünglichen Gehalt, aber in neuer Fassung und den neuen Verhältnissen Rechnung tragend, wurde wiederholt: »So hat also Gott die Sorge für das Menschengeschlecht zwei Gewalten zugeteilt: der kirchlichen und der staatlichen. Der einen obliegt die Sorge für die göttlichen, der anderen für die weltlichen Dinge. Jede ist in ihrer Art die höchste: Jede hat bestimmte Grenzen, innerhalb deren sie sich bewegt, Grenzen, die sich aus dem Wesen und dem höchsten Zweck jeder der beiden Gewalten ergeben« (abgedruckt in *Mensch und Gemeinschaft in christlicher Schau*. Dokumente hrsg. v. E. Marmy, 1945, S. 570-602).

Diese Enzyklika ist nur allmählich in den katholischen Völkern durchgedrungen und ist zunächst auf den passiven Widerstand des Klerus gestoßen. Die deutschen Katholiken haben sie in ihrer überwiegenden Mehrheit seit 1918/1919 streng respektiert; sie vermochten jedoch dank derselben Enzyklika zunächst das nationalsozialistische Regime anzuerkennen, das sogar gleich nach der Machtergreifung im Sinne der Enzyklika ein Konkordat abgeschlossen, es aber nicht eingehalten hat.

Die Enzyklika Leos XIII. entsprach den Prinzipien Thomas von Aquinos (s. S. 84ff.), wenn diese auch aus einem ganz anders gearteten politischen und gesellschaftlichen Milieu entstanden waren. Adressat dieser Enzyklika war vor allem die katholische Bevölkerung in katholischen und gemischt konfessionellen Staaten. Sie sollten über ihre Parteien, Abgeordneten und nichtparlamentarische Organisationen als Hüter der Autorität von Papst und Kirche wirken. Von diesen Kreisen wurde kraft päpstlicher Autorität verlangt, daß sie zu deren Schutz nicht nur ihre politischen Rechte wahrnahmen, sondern gegebenenfalls auch zum passiven Widerstand bereit waren.

Durch alle Wandlungen bewahrte der Katholizismus innerhalb der Kirche seinen traditionellen Autoritätsbegriff und seine traditionelle Autoritätsordnung. Zwar hatte die von Napoleon angeordnete Säkularisierung der geistlichen Fürstentümer 1801, die sich seit dem Mittelalter bis dahin behauptet hatten, die nicht zuletzt auf diesen beruhende Macht des deutschen Katholizismus geschwächt, aber andererseits waren durch diese Entweltlichung der Kirche Vorbedingungen für deren religiöse Neubesinnung und Kräftigung geschaffen worden, die zu einer Stärkung der Autorität der Bischöfe führte. 1870 hatte Pius IX. auf dem I. Vatikanischen Konzil das Dogma vom Universalepiskopat (Unumschränktheit der Kirchenregierung) und von der Unfehlbarkeit des Papstes in amtlichen Lehrentscheidungen nach schweren Kämpfen durchgesetzt. Damit sollte die Autorität des Papstes in der Kirche, und zwar mitten im Zusammenbruch des Kirchenstaates, erneut manifestiert werden. Die Unfehlbarkeitsverkündung war zugleich eine Defensivproklamation gegen den »mit einer rasenden Industrialisierung sich schnell durchsetzenden Liberalismus (und seinen in vielem ähnlichen Gegenspieler, den Sozialismus), der mit seinem Glauben an Fortschritt und Freiheit in Wirtschaft und Politik, Wissenschaft und Kultur die religiöse Autorität und Tradition aufzuheben schien. Klerikalismus und Antiklerikalismus schaukelten sich gegenseitig hoch.« (Küng, *Unfehlbar?*, S. 71). Ein Motiv mochte auch gewesen sein, daß man die Weltkirche vor der Bildung von innerkirchlichen Parteien, wie sie in den Verfassungsstaaten aufkamen und bestanden, aus Sorge vor einer Parlamentarisierung der übernationalen Kirchengremien bewahren wollte. Man suchte in dem weltlichen Milieu des sich ausbreitenden, aber mehr und mehr zu Demokratisierung tendierenden Konstitutionalismus sich auf den päpstlichen Absolutismus zu berufen. Eine entscheidende Rolle spielte die »römische Frage«. Das 1860 geeinte Italien hatte den Kirchenstaat außer der Stadt Rom annektiert. Rom stand unter dem Schutz einer französischen Besetzung. Als das I. Vatikanische Konzil 1869 zusammentrat, war trotzdem Rom von italienischen Freischaren bedroht. Die Steigerung der Autorität des Papstes sollte den möglichen Verlust des Kirchenstaates, der tatsächlich im Herbst 1870 eintrat, kompensieren. Es war nicht die Verkündung eines neuen Dogmas, sondern die ausdrückliche, kodifizierte Anerkennung einer Tradition, die sich durch mehr als ein Jahrtausend trotz aller Schwankungen und Unterbrechungen behauptet hatte. Küng nennt die Unfehlbarkeitsverkündung »eine Flucht in die Autorität« (a.a.O., S. 103). Für die Konzilsmehrheit war die Frage, ob die Einheit der Weltkirche mit ihren Soziallehren in einer Zeit sich anbahnender und wachsender gesellschaftspolitischer Konflikte ohne letztinstanzliche Lehrautorität des Papstes behauptet werden könne. Andererseits führte die Unfehlbarkeitslehre zu einem neuen Schisma, wenn auch im Weltmaßstab von geringem Ausmaß. Die sie nicht anerkannten, waren mit Exkommunikation bedroht. Eine Reihe von führenden Katholiken, vor allem in Deutschland, die zur Anerkennung nicht bereit waren, wurde ausgeschlossen. In Deutschland, in der Schweiz und den Niederlanden entstanden altkatholische Kirchen.

Trotz einer weltlichen Entwicklung, die monarchische Autorität einschränkte oder ausschloß und sie teilweise oder ganz durch Volkssouveränität ersetzte, also neue Legitimationsgrundlagen schaffte, behauptete sich in der katholischen Kirche die Tradition von eineinhalb Jahrtausenden. Die institutionalisierte Autorität und Hierarchie der erblichen Herrscher schwand mehr und mehr, aber sie blieb im katholischen Dogma der von Gott gestifteten Kirche und legitimierte deren monokratisch-hierarchische Verfassung. Nach dem Codex Juris Canonici hat »der römische Bischof, Nachfolger des heiligen Petrus im Primat, nicht allein den Ehrenvorrang, sondern die höchste und volle Hirtengewalt über die ganze Kirche, sowohl in Sachen des Glaubens und der Sitten, als auch in den Sachen, die zur Disziplin und Leitung der über dem ganzen Erdkreis zerstreuten Kirche gehören« (Kanon 218). Unmittelbar von Gott hat der Papst seine Gewalt (Kanon 109), nicht aber vom Kardinalskollegium, von den Bischöfen oder der Gemeinschaft der Gläubigen. Die Kardinäle, vom Papst ernannt, sollen den »Senat der Päpste« bilden. Sie haben aber kein Beratungs- oder gar Bewilligungsrecht. Zur Beratung des Papstes können sie jeweils, müssen aber nicht, hinzugezogen werden. Die einzige rechtliche Funktion des Kardinalskollegiums ist die Wahl des Papstes, doch aus dem Wahlrecht können weitere Rechte nicht abgeleitet werden. Den ökumenischen Konzilien gehören auch alle Bischöfe an. Diese Konzilien verkörpern die Gesamtkirche, »jedoch nur, wenn sie vom Papst berufen und geleitet werden und dieser ihren Beschlüssen zustimmt. Der Papst kann also ohne Mitwirkung des Episkopates entscheiden. Auch das Amt des Bischofs ist göttlichen Ursprungs, aber die bischöfliche Gewalt beschränkt sich auf die Diözese und ist an übergeordnete päpstliche und konziliare Gesetze gebunden. In jeder Diözese kann es nur einen Bischof geben. Das Domkapitel ist »Senat und Rat des Bischofs« und verfügt über das »Beispruchsrecht« (s. S. 25). In bestimmten Fragen, so vermögensrechtlichen, hat das Domkapitel ein Zustimmungs-, bei der Bestellung des Bischofs ein Mitwirkungsrecht. Die Domkapitulare, ausschließlich Geistliche, werden vom Papst oder vom Bischof unter Mitwirkung des Domkapitels ernannt. Dies ist nicht eine Vertretung der Pfarrer, sondern, wie schon gesagt, ein »Senat des Bischofs«.

Der Pfarrer, vom Bischof ernannt und bevollmächtigt, ist einfacher Hirte. Er übt die Seelsorge mit Autorität des Bischofs aus. In jeder Pfarrgemeinde kann es nur einen Pfarrer im kanonischen Sinn geben. Das monokratische Prinzip erstreckt sich von der Spitze bis zur Basis. Gegen Entscheidungen des Papstes gibt es keine Appellation. Die Amtskollegien, die vorwiegend beratende Funktion haben, sind ausschließlich, und zwar streng hierarchisch, abgestuft von Klerikern besetzt. Die Laien sind nur Schutzgenossen, »lediglich das zu leitende und zu beratende Volk«. Wohl aber gab es katholische Laienorganisationen, allerdings unter Führung des Klerus und vorwiegend strenger Bindung an diesen. Im Frühliberalismus, in den dreißiger Jahren des vorigen Jahrhunderts, setzte mit der allgemeinen Vereinsbildung eine besondere katholische ein. So entstanden katholische Bürger-, Bauern-, Arbeiter- und Studenten-, Gesang- und Turnvereine, um nur einige Beispiele zu nennen. 1870 wurde nach einigen Vorläufern auf Landesebene eine katholische Partei, das Zentrum, in Reich und Ländern gegründet, vielfach mit eigenem Publikationsorgan. Es gab kaum ein Vereinsbedürfnis, das nicht durch katholische Organisationen befriedigt werden konnte. Der katholische Gläubige hatte die kirchliche Pflicht, worauf auch der Pfarrer achtete, nur katholischen Vereinigungen beizutreten. Der Exkommunizierte verlor seine Mitgliedschaft, was in rein oder überwiegend katholischen Gegenden weitgehend gesellschaftliche Folgen haben konnte. Es soll jegliche Anpassung an die nichtkatholische Welt unterbunden werden. Den gleichen Zwecken dienten übrigens auch die katholischen Konfessionsschulen. In ihnen sollte das ganze Schulleben vom katholischen Geist getragen sein, und in der Regel sollten nur katholische Lehrer unterrichten. Nach außen war der Anspruch auf katholische Konfessionsschulen ein liberal anmutendes Elternrecht der Katholiken, im Innenverhältnis eine Kirchenpflicht.

Aus der katholischen Volksbewegung, damals der größten in Deutschland, entwickelte sich eine katholische »Sondergesellschaft«, ein aus eigener Initiative geschaffenes »katholisches Ghetto«, wie es namhafte Katholiken genannt haben. Es war eine erstaunliche äußere Anpassung der antiliberalen Kirche an den liberalen Zeitgeist bei gleichzeitigem Widerstand gegen jegliche innere Anpassung. Sicherten Dogma und streng vom Laientum abgeschlossene Amtshierarchie im Kern die kirchliche Autorität, so schützte sie im Außenbereich der breite Wall des »Verbandskatholizismus« und politisch die Zentrumspartei.

4. Autorität und Arbeiterbewegung

Das aufsteigende Bürgertum mit seinen gewerblichen Interessen im Gegensatz zu den agrarischen des Adels bekämpfte die Autoritätsansprüche der Monarchie und der privilegierten Aristokratie, aber die Angst vor Sozialismus und extremer Demokratisierung drängte es, den Schutz des Monarchen, der ihm unterstehenden Verwaltung und Armee zu suchen. Das Bürgertum verlangte Freiheit und Gleichheit gegenüber Fürst und Adel, aber beanspruchte die Autorität von Bildung und Besitz, wobei die Bildung weitgehend auf Besitz beruhte. Es entstand, was Max Weber »Honoratiorenherrschaft« nennt. Sie besteht überall da, wo »soziale Ehre« (»Prestige«) innerhalb eines Kreises Grundlage einer Herrschaftsstellung mit autoritärer Befehlsgewalt wird – was bei weitem nicht bei jeder sozialen Ehre der Fall ist . . . Die spezifische Autorität des Honoratioren (insbesondere des durch Vermögen, Bildungsqualifikation oder Lebensführung Ausgezeichneten im Kreise der Nachbarn) beruht dagegen gerade nicht auf Kindes- oder Dienerpietät, sondern, auf »Ehre« (Max Weber, *Wirtschaft und Gesellschaft*, S. 590).

Dieses Bürgertum strebte danach, sich in Positionsvorstellungen und Verhaltensweisen dem Adel anzupassen. Prädikate wie Hochwohlgeboren, die ehedem nur dem niederen Adel und hohen Beamten vorbehalten war, und die Anrede »gnädige Frau«, für die Entsprechendes gilt, kam in bürgerlichen Kreisen ebenso wie die Anrede in der dritten Person auf. Nur das Bürgertum in den Hansestädten mied im großen und ganzen diese Gebräuche. Patriarchalische Vorstellungen, wie sie aus der Tradition in der Landwirtschaft, vor allem beim ostelbischen Großgrundbesitz bestanden, versuchten die Fabrikanten in ihren vorwiegend städtischen Betrieben zu übernehmen. Auch nach der Agrarreform des Freiherrn vom Stein im Jahr 1807 sahen die Gutsbesitzer in den Tagelöhnern, die nicht selten durch mehrere Generationen auf dem Gutshof lebten, eine Deputatwohnung hatten, Deputatnahrung erhielten, deren Angehörige ebenfalls dort arbeiteten, ihre Untertanen. Wie die ostelbischen Großgrundbesitzer »Kaiser« auf ihrem Hof sein wollten, so wollte vor allem in der Schwerindustrie, und hier wiederum im Kohlen- und Erzbergbau, der ebenfalls an Grund und Boden gebunden war, der Unternehmer, der im 19. Jahrhundert überwiegend Inhaber und Leiter seines Betriebes war, »Kaiser« in seinem Werk sein. Noch zu Anfang des zwanzigsten Jahrhunderts hat der saarländische Großindustrielle Freiherr von Stumm (1836-1901), einer der entschiedensten Verfechter eines zwar sozialverpflichteten Patriarchalismus, aber dementsprechend schärfster Gegner der Sozialdemokratie und der Gewerkschaften, in einer Rede vor seinen Arbeitern, in der er Gewerkschaftsmitgliedern mit Entlassung gedroht hatte, gesagt: »Ich will in meinem Haus wie auf meinem Boden Herr sein und bleiben.« Tatsächlich hatte schon mit der Sozialgesetzgebung unter Bismarck die Einschränkung der Unternehmerbefugnisse gegenüber der Arbeiterschaft im eigenen Betrieb eingesetzt. Bei anderer Gelegenheit hatte Stumm erklärt, wenn die Arbeiter über die Autorität der Arbeitgeber siegten, würde die Autorität von Staat und Kirche gefährdet. Tatsächlich sahen viele Unternehmer in den Arbeitern ihrer Betriebe einzig Untergebene und traten entsprechend ihnen gegenüber auf. Sie fühlten sich als Werksobrigkeit im Sinne Luthers oder als Werksautorität im Sinne Thomas von Aquinos. Sie dachten nach oben liberal und nach unten feudalständisch. Sie beanspruchten Vereinigungsfreiheit und verlangten zugleich das Koalitionsverbot für die Arbeiter. Sie beriefen sich nicht auf die funktionale Autorität des Leiters eines landwirtschaftlichen oder industriellen Betriebes, sondern viele von ihnen auf durch das Eigentum legitimierte Autorität.

Die katholischen Arbeiter durften kraft kirchlichen Verbotes weder den freien Gewerkschaften, mit deren Bindung an die Sozialdemokratie, noch dieser wegen der damals kirchenfeindlichen Haltung angehören. Deshalb standen die katholischen Arbeiter vor der Alternative, entweder zur Wahrung ihrer Interessen sich einer glaubensfeindlichen Organisation anzuschließen oder um des Glaubens willen auf die organisierte Vertretung ihrer Interessen zu verzichten.

Deshalb wurden die christlichen Gewerkschaften um die Jahrhundertwende gegründet. Sie waren die erste gemischt konfessionelle Organisation in Deutschland, der vorwiegend Katholiken angehörten, und verletzten das bisher strikt eingehaltene Ausschließlichkeitsprinzip des Verbandskatholizismus. Die Gründung stieß auf starken Widerstand des hohen Klerus. Er fürchtete durch eine solche Verbindung der Katholiken mit Andersgläubigen für die alleinige Autorität der Kirche. Die christlichen Gewerkschaften nahmen für sich das Streikrecht in Anspruch, wenn sie auch zu den grundsätzlichen gesellschaftspolitischen Forderungen der sozialistischen Gewerkschaften in scharfem Gegensatz standen. Das empörte nicht nur katholische Unternehmer, sondern weite Kreise des katholischen Bürgertums. Sie erblickten darin eine schwere Verletzung der patriarchalischen Autoritätsgrundsätze Thomas von Aquinos, stießen dabei aber auf festen Widerspruch der gewerkschaftsfreundlichen

Kreise im Katholizismus. Vor allem von seiten einiger Bischöfe ist mehrfach der Versuch gemacht worden, den Papst zu veranlassen, den katholischen Arbeitern die Zugehörigkeit zu christlichen Gewerkschaften zu untersagen. Dieser Streit, bei dem es nicht nur um das Streikrecht, sondern auch um die Vereinigung von Katholiken und Nichtkatholiken in einer Gewerkschaft ging, fand erst 1912 durch die Enzyklika *Singulari quadam Pius X.* seinen Abschluß. Der Papst erlaubte den Katholiken, auch an gemischt konfessionellen Vereinigungen Anteil nehmen zu können (die Mitgliedschaft in sozialistischen Gewerkschaften war ohnehin verboten). Die Bischöfe sollten darüber wachen, daß die christlichen Gewerkschaften nicht Grundsätze verträten oder Schritte unternähmen, »welche irgendwie den vom obersten Lehramt überlieferten Geboten . . . zuwider« sind. Der Papst duldete auch im Prinzip den Streikrechtsanspruch – allerdings sollten soziale Streitfragen, wozu auch die willkürliche Einstellung der Arbeit gehört, »nicht ohne Rücksicht auf die kirchliche Autorität« entschieden werden. Hier zeigt sich wieder die Flexibilität der katholischen Autoritätsvorstellung. Die Kirche paßte sich den existentiellen und organisatorischen Bedürfnissen ihrer Arbeiterschaft, die trotz ideologischer Gegensätze die gleichen waren wie die sozialistischen, an, um das größere Übel zu verhindern, daß diese den Sozialdemokraten erlag.

Patriarchalismus und überkommene Autoritätsansprüche, von welcher Seite sie auch vertreten sein mochten, verwarf die um Emanzipation ringende Arbeiterschaft mit ihrem wachsenden Solidaritätsbewußtsein. Nach Marx und Engels läßt sich alle Autorität auf Eigentum und dieses auf Gewalt und Betrug zurückführen. Sie begründet in der Gesellschaft Ausbeutungs- und Herrschaftsverhältnisse. Über gesellschaftliche Autorität verfügt nur die Minderheit der Kapitalbesitzer. »Die Autorität, die der Kapitalist als Personifikation des Kapitals im unmittelbaren Produktionsprozeß annimmt, die gesellschaftliche Funktion, die er als Leiter und Beherrscher der Produktion bekleidet, ist wesentlich verschieden von der Autorität auf Basis der Produktion mit Sklaven, Leibeigenen usw. Während, auf Basis der kapitalistischen Produktion, der Masse der unmittelbaren Produzenten der gesellschaftliche Charakter ihrer Produktion in der Form streng regelnder Autorität und eines als vollständige Hierarchie gegliederten, gesellschaftlichen Mechanismus des Arbeitsprozesses ge-

genübertritt – welche Autorität ihren Trägern aber nur als Perso-
nifizierung der Arbeitsbedingungen gegenüber der Arbeit, nicht
wie in früheren Produktionsformen als politischen oder theokra-
tischen Herrschern zukommt –, herrscht unter den Trägern dieser
Autorität, den Kapitalisten selbst, die sich nur als Warenbesitzer
gegenübertreten, die vollständigste Anarchie, innerhalb deren
der gesellschaftliche Zusammenhang der Produktion sich nur als
übermächtiges Naturgesetz der individuellen Willkür gegenüber
geltend macht« (Karl Marx, *Das Kapital*, 3. Bd, in: Karl Marx und
Friedrich Engels *Werke*, Bd. 25, S. 888).

Marx und Engels verwarfen frühere geistige und religiöse Autorität nicht nur, weil sie »Waffen in der Hand der Ausbeuterklasse
waren, sondern weil alle vorausgegangenen Vorstellungen falsch
gewesen sind« (Alfred G. Meyer, *Autorität im Sowjetsystem und
demokratische Gesellschaft*, Bd. 1, S. 539). Aber sie leugneten
den Autoritätsbegriff als solchen nicht, so die funktionale oder
rationale Autorität in der hierarchischen Ordnung eines Produk-
tionsbetriebes um seiner wirtschaftlichen Funktionsfähigkeit willen. Marx und Engels gelten und galten selber als Autorität ihrer
Doktrin und nahmen diese Geltung für sich in Anspruch.

Gegen die jegliche Autorität ablehnenden Anarchisten schrieb
Engels 1874 in einem italienischen sozialistischen Almanach einen Aufsatz *Von der Autorität*.

»Einige Sozialisten haben in letzter Zeit einen regelrechten
Kreuzzug gegen das eröffnet, was sie das Autoritätsprinzip nennen. Sie brauchen nur zu sagen, dieser oder jener Akt ist autoritär, um ihn zu verurteilen. Mit diesem summarischen Verfahren
wird derart Mißbrauch getrieben, daß es nötig ist, die Angelegenheit ein wenig aus der Nähe zu betrachten. Autorität will . . . soviel besagen wie: Überordnung eines fremden Willens über den
unseren; Autorität setzt auf der anderen Seite Unterordnung
voraus. Da nun diese beiden Worte einen üblen Klang haben, . . .
handelt es sich um die Frage, . . . ob wir nicht einen anderen sozialen Zustand ins Leben rufen können, in dem diese Autorität
keinen Sinn mehr hat und folglich verschwinden muß . . . Wer
aber kombinierte Tätigkeit sagt, sagt Organisation; ist nun Organisation ohne Autorität möglich? . . . die erste Bedingung eines
Betriebes ist ein dominierender Wille, der jede untergeordnete
Frage beiseite schiebt, mag dieser Wille nur durch einen einzelnen Delegierten repräsentiert sein oder durch ein Komitee, dem

die Ausführung der Beschlüsse einer Mehrheit von Interessenten übertragen ist. In dem einen wie in dem anderen Fall haben wir es mit einer ganz ausgesprochenen Autorität zu tun ... die Notwendigkeit einer Autorität, und zwar einer gebieterischen Autorität, tritt am deutlichsten bei einem Schiff auf hoher See zutage ... Wir haben also gesehen, daß einerseits eine gewisse, ganz gleich auf welche Art übertragene Autorität und andererseits eine gewisse Unterordnung Dinge sind, die sich uns aufzwingen unabhängig von aller sozialen Organisation, zusammen mit den materiellen Bedingungen, unter denen wir produzieren und die Produkte zirkulieren lassen.« Er fügt aber hinzu, »daß die soziale Organisation der Zukunft die Autorität einzig und allein auf jene Grenzen beschränken würde, in denen die Produktionsbedingungen sie unvermeidlich machen« (Karl Marx, Friedrich Engels, *Werke,* Bd. 18, S. 305 ff.). Was Engels unter Autorität versteht, ist Leitungsbefugnis, Leitungsgewalt, nicht originäre, sondern übertragene und beschränkte, wie sie der Leiter eines Betriebes oder der Kapitän eines Schiffes hat, also potestas, für das wir keine entsprechende Verdeutschung haben wie für auctoritas.

So verschieden die Wurzeln des Autoritätsbegriffs bei Engels und Thomas von Aquino sind, so weicht doch jener von diesem in der Funktionsbegründung für den Bereich der arbeitsteiligen Produktion nicht wesentlich ab. Thomas von Aquino hatte das Bedürfnis nach Autorität im Sinn von Herrschaft aus dem Naturgesetz gesellschaftlicher Organisation erklärt, so »Denn bei allem, was auf ein bestimmtes Ziel hingeordnet wird, findet sich etwas, das ihm die Richtung bestimmt« (*Über die Herrschaft der Fürsten* I, 1, in: *Ausgewählte Schriften zur Staats- und Wirtschaftslehre des Thomas von Aquino,* übertragen von Friedrich Schreyvogl, S. 13).

Engels führt aber noch ein Argument der revolutionären Technik an: »Alle Sozialisten sind einer Meinung darüber, daß der politische Staat und mit ihm die politische Autorität im Gefolge der nächsten sozialen Revolution verschwinden werden, und das bedeutet, daß die öffentlichen Funktionen ihren politischen Charakter verlieren und sich in einfache administrative Funktionen verwandeln werden, die die wahren sozialen Interessen hüten. Aber die Antiautoritarier fordern, daß der erste Akt der sozialen Revolution die Abschaffung der Autorität ist. Haben diese Herren nie eine Revolution gesehen? Eine Revolution ist gewiß das autoritärste Ding, das es gibt; sie ist der Akt, durch den ein Teil der Bevölkerung dem anderen Teil seinen Willen vermittels Gewehren, Bajonetten und Kanonen, also mit denkbar autoritärsten Mitteln, aufzwingt, und die siegreiche Partei muß, wenn sie nicht umsonst gekämpft haben will, dieser Herrschaft Dauer verleihen durch den Schrecken, den ihre Waffen den Reaktionären einflößen ... Diese Herren glauben, die Sache verändert zu haben, wenn sie den Namen schon verändern« (a.a.O., S. 308). Lenin hat sich 1917 dieser Argumentation Engels, den er ausführlich zitiert, zur Rechtfertigung der Diktatur des Proletariats bedient (in seinem Aufsatz *Staat und Revolution* in: *Sämtliche Werke*, Bd. XXI, S. 520 f.): Autorität und Autonomie seien relative Begriffe, ihr Geltungsbereich ändere sich mit den verschiedenen Phasen der gesellschaftlichen Entwicklung, es sei unsinnig, sie für etwas Absolutes zu halten. Diesen Aufsatz hatte Lenin im August und September 1917 in Petersburg, drei Monate nach seiner Rückkehr aus der Schweiz, zwei Monate vor der bolschewistischen Revolution niedergeschrieben.

Während aber bisher Autorität weithin durch Tradition – wenn man vor allem von der gesellschaftlichen Autorität nach der Lehre Thomas von Aquino absieht – begründet ist oder sie bei den Gesetzen auf einem deren Vernünftigkeit gewährleistenden oder zumindest in Aussicht stellenden Verfahren beruht, stellen Engels und Lenin den Begriff in den Dienst ihrer revolutionären Bewegung. Autorität ist bei Lenin lediglich eine andere Bezeichnung für Diktatur der Kommunistischen Partei und in ihr. Quelle der Autorität, auch im Sinne der Augustinschen auctoritas concors, allerdings in einer unvergleichlich härteren Interpretation, kann nur die Partei sein. Nach den Prinzipien des »demokratischen Zentralismus« faßt die Parteispitze alle Funktionen der Staats- und Parteiführung, der Rechtsprechung und Gesetzgebung sowie der Auslegung der Lehre in letztentscheidender Instanz zusammen. Mit ihr gibt es keine Diskussionen und gegen sie keine Berufung. Die Parteispitze bestimmt letztlich, welche Klassiker der Lehre Autorität haben und nicht haben dürfen. Der einzelne ist der unbedingten Autorität der Parteidoktrin in der jeweiligen Auslegung und den jeweiligen Parteiweisungen unterworfen. Zur Bewahrung der Einheit der Partei und damit zu deren Schutz übte Stalin einen prophylaktischen Terror aus: er liquidierte auch mögliche Gegner im voraus und unterdrückte durch exemplarischen Terror jeglichen Widerspruch. Stalins persönliche dogmenwidrige, durch Propaganda und Gewalt forcierte Autorität entsprach dem russischen traditionellen Autoritätsbegriff und erinnert an den Autoritätskult römischer Imperatoren wie byzantinischer Kaiser. Stalins Autorität wurde international, vor allem vom ausländischen Kommunismus, mit der Rußlands und der KPdSU identifiziert. Daher hat auch Stalins posthume Exautorisation durch den XXII. Parteitag neben anderen Faktoren dem Ansehen Rußlands und der KPdSU im kommunistischen Staatenbereich geschadet.

Die Parteispitze hat Amtsgewalt und Amtsansehen, ist Kaiser und Papst zugleich, aber nur die jeweilige hat sie. Sie stützt sich auf eine letztlich von ihr zu bestellende Hierarchie, in der jeder von ihr jederzeit abberufen werden kann. Wer abberufen wird, verliert sofort, wie das Beispiel Chruchtschows zeigt, Autorität auch im Sinne von Ansehen. Liquidierung von Machtkonkurrenten, wie sie Stalin vorgenommen hat, wird jetzt verworfen und ist auch nicht mehr notwendig, ebensowenig wie neuerdings die Verbannung in ferne und unwirtliche Gegend. Die Exautorisierung erfolgt durch Isolierung des Betroffenen in seiner Umwelt mit technischen Mitteln und polizeilichen Methoden.

Exkurs über katholische und kommunistische Unfehlbarkeit

Wie die katholische Kirche beansprucht der Kommunismus für sich unfehlbare Autorität. Wie nach katholischer Lehre vor allem in der Spätantike und im Mittelalter Gehorsam gegenüber der Autorität durch Anspruch auf Glückseligkeit belohnt wurde, so gehört nach sowjetischer Lehre Gehorsam wesenhaft zum Glücklichsein, während Auflehnung eine Krankheit sei, die den Rebellen außerhalb seiner Gemeinschaft stelle und ihn folglich zu dessem eigenen Feind mache. Der aus Sowjetrußland 1922 ausgewiesene Religionsphilosoph Nikolai Berdiajew hat vom »pseudo-theokratischen Charakter des kommunistischen Staates« gesprochen (*Wahrheit und Lüge des Kommunismus*, S. 41). »Die Sowjetphilosophie ist . . . eine Art ›gottloser Theologie‹, sie beugt sich vor der Autorität einer ›Kirche‹ und den Meinungen der ›Kirchenväter‹, sie unterscheidet zwischen ›Orthodoxie‹ und ›Häresie‹« (S. 87). »Die Direktiven der Partei bilden . . . die Grundlage der Sowjetphilosophie« (S. 88). Berdiajew läßt auch mehrfach anklingen, daß Ähnlichkeiten in der Form der Lehrautorität zwischen Katholizismus und Kommunismus bestehen. Diesen Hinweis hat der katholische Philosoph und Jesuitenpater Gustav A. Wetter in seinem Werk *Der dialektische Materialismus* aufgegriffen. »Die Verwandtschaft in der ›forma mentis‹ kommt nämlich daher, daß die Sowjetphilosophen ... ihrer Forschung nicht eine philosophische, sondern eine ausgesprochen theologische Methode zugrunde legen; eine Methode, die nicht fragt, ob ein Satz an sich richtig oder falsch ist, sondern ob er in dem Offenbarungsbestand einer als unfehlbar erwiesenen Lehrautorität enthalten ist ... Es ist jedoch hier festzuhalten, daß diese Methode im christlichen Denken nur in der Theologie, nicht aber in der Philosophie angewandt wird. Auf philosophischem Gebiet gilt auch für den christlichen Denker eine Autorität grundsätzlich soviel, wie ihre Argumente beweisen. Der sowjetische Ideologe wendet jedoch diese Methode auch auf philosophischem Gebiet an, wenn er auf dem Standpunkt steht, gewisse Sätze des Marxismus-Leninismus wären unanfechtbar. Und selbst auf dem Gebiete der Theologie besteht ein sehr wesentlicher Unterschied zwischen der Arbeitsweise eines katholischen Theologen und eines sowjetischen Ideologen. Bevor nämlich der katholische Theologe aus der Autorität der göttlichen Offenbarung argumentiert, hat er sich auf rein philosophischem Wege der Existenz Gottes vergewissert und auf rein wissenschaftlich-historischem Wege die Tatsache erkannt, daß dieser Gott in positiver Offenbarung in Jesus Christus zur Welt gesprochen hat. Für den Sowjetphilosophen hingegen steht die Autorität der ›Klassiker‹ des Marxismus nicht zur Diskussion, sondern ist in blindem Glauben hinzunehmen. ... Und daß es von allen historischen Formen des Christentums gerade der Katholizismus ist, mit dem der Bolschewismus die meisten formalen Gemeinsamkeiten, doch mit umgekehrtem Vorzeichen, aufweist, das deutet vielleicht darauf hin, daß andrerseits auch der Gegensatz zwischen Bolschewismus und Katholischer Kirche der radikalste ist« (S. 635 f. und 641).

Im russischen Kommunismus ist zum ersten Mal die totalitäre Autorität aufgetreten. Diese Art von Autorität erscheint westlichen Vorstellungen so wesensfremd, daß im westlichen Sprachgebrauch von Autorität in Verbindung mit totalitär kaum die Rede ist. Es ist nicht das einzige Wort westlicher Prägung, das vom russischen Kommunismus übernommen wurde und durch ihn eine veränderte Bedeutung erfahren hat. Die totalitäre Autorität war in der Anlage der Theorie Lenins nicht vorgesehen, sie hat sich erst aus dem Kampf um die Behauptung und Einheit der Partei, der zugleich ein Kampf um die staatliche Existenz war, herausentwickelt, allerdings sehr schnell. Die prinzipiellen Ansprüche des Kommunismus an die Veränderung des Denkens und Verhaltens, aber auch die konkreten Ziele zur Anpassung der russischen Wirtschaftseffektivität an die des Westens waren so gewaltig, daß sie ohne totale Beherrschung des Menschen keine Aussicht auf Realisierung gehabt hätten.

Sowjetrußland hat nach dem Zweiten Weltkrieg durch militärische Besetzung eine Reihe von Staaten Osteuropas, die sich mehr oder minder weitgehend in ihrem wirtschaftlichen, sozialen, aber auch politischen Status den westeuropäischen angenähert, wenn nicht sogar, wie die Tschechoslowakei, angeglichen hatten, mit Hilfe ihrer kommunistischen Parteien und deren vorwiegend nach Rußland emigrierten Funktionären seiner Autorität unterworfen. 1949 hat China, das durch den Sieg Mao Tse-tungs kommunistisch geworden war, sich der Lehrautorität Moskaus vorläufig untergeordnet, wobei China von Anfang an und im Gegensatz zu den Satellitenstaaten die Rolle eines Partners gegenüber Moskau spielte. Diese Ausdehnung der Lehrautorität, die mit den politischen Interessen einer Weltmacht verbunden war, auf im Verhältnis zu Sowjetrußland über- und unterentwickelte Gebiete, führte zu einer mehr oder minder latenten Krise in den Beziehungen zu den osteuropäischen Staaten und einer akuten gegenüber China. Die nationalen Interessen, der Status der wirtschaftlichen, sozialen und kulturellen Entwicklung, freilich auch die Unterschiede des Denkens, haben sich zum Teil als stärker erwiesen denn die ideologischen Bindungen. Die Auseinandersetzung zwischen Moskau und Peking erinnert stellenweise in Verlauf und Verhaltensweisen an die zwischen Rom und Konstantinopel im fünften und achten Jahrhundert. Wenn auch die Kirche keine gesellschaftspolitische Forderung wie der Kommunismus stellen und verwirklichen wollte, waren die sozialen, ökonomischen, kulturellen, eben die entwicklungsgeschichtlichen Unterschiede zwischen Okzident und Orient so groß, daß die Behauptung einheitlicher Kirchenorganisation und Dogmatik sehr schwierig, zeitweise fraglich war und schließlich sich als unmöglich herausstellte. In diesem Ringen um das Dogma, das teilweise nur Vorwand war, hinter dem sich politische, persönlich-geistige Rivalitäten verbargen, kamen die Unterschiede kraß zum Ausdruck und führten zu immer neuen Spannungen. Auch dies war ein Kampf der Autoritäten um Autorität, wie der gegenwärtige zwischen China und Rußland.

Westliche Autoritätsvorstellungen dürften auf die sowjetischen kaum einen wesentlichen Einfluß ausgeübt haben. Diese beruhen einmal auf der altrussischen Tradition von Staat und Kirche mit ihrer religiösen und staatskirchenrechtlichen Prägung durch Byzanz, zum anderen haben sie sich aus der kommunistischen Doktrin entwickelt und sind durch politische Bedürfnisse geformt worden.

Sosehr sich die kommunistischen Autoritätsvorstellungen von den mannigfaltigen westlichen unterscheiden, ihnen ist gemeinsam, daß sie auf Lehren beruhen oder durch sie begründet wurden und staats-, kirchen- bzw. partei- sowie gesellschaftspolitischen Ansprüchen entsprachen.

Autoritätsbeschreibungen
in den vergangenen Jahrzehnten

Zu Anfang dieses Jahrhunderts versuchte der Münchner Staatsrechtler Robert von Piloty (1863-1926), das Wort Autorität zu
objektivieren. Er beschrieb die jeweils geltende Macht im Gegensatz zur traditionell bestimmten oder rechtlich gesehenen
Staatsgewalt, also die der Verfassungswirklichkeit. Die Autorität
des Herrschers rührte daher, »daß sein Wille nicht nur nach dem
Buchstaben der geschriebenen Verfassung oder nach der Überlieferung der ungeschriebenen Verfassung maßgebend zu sein
hat, sondern daß er auch geschieht. . . . Sobald das Fehlen der
Autorität an der Staatsgewalt öffentlich wahrgenommen ist, pfle-
gen ganz bestimmte Wirkungen, nämlich Reformversuche, Reformen oder Anarchie und Kampf um die Herrschaft nicht aus-
zubleiben. . . . Die Notwendigkeit der Vollziehung der Herr-
scherbefehle und der in ihrem Gebot gelegene Zwang bilden ein
so wesentliches Merkmal der Staatsgewalt, daß man geradezu sagen kann, ihre Stärke, Güte und Brauchbarkeit sind an diesem
Merkmal zu messen. . . . Das klassische Beispiel für solch gewaltsame Umgestaltung ist die Entstehung des Prinzipats in Rom.
Das römische Kaisertum ist auf den Siegen von Pharsalus, Thap-
sus und Aktium errichtet worden. Ein Hauptgewinn, den wir aus
Mommsens meisterhafter Darstellung des Bürgerkrieges ziehen
können, liegt in der Erkenntnis, wie bei diesem für die Weltgeschichte so ungemein wichtigen Vorgang nicht etwa nach irgend
einem vorgesetzten Verfassungsplane gehandelt wurde, sondern
die dem Senat verloren gegangene Autorität einen neuen Träger,
gleichsam einem Naturgesetze folgend, suchte, und wie sie den-
selben, nachdem er ihr zuerst in Pompejus erschienen war,
schließlich in dem Imperator Cäsar fand. Das Werk Augustus war
ja nachher nur die Befestigung der durch Cäsar mittels seiner Autorität hergestellten neuen Verfassung. Die Geschichte des römischen Senates ist überhaupt ein belehrender Beleg für die Wan-
delbarkeit der Autorität. Drei Phasen hat er durchgemacht. Zuerst war er in der Zeit der demokratischen Republik bis Sulla ein
Kollegium mit Autorität, aber ohne Staatsgewalt. Die Gewalt lag
beim Volk, in den Komitien und bei den vom Volk gewählten, an
die einjährige Amtsdauer gebundenen Magistraturen. Der Senat

hatte keine Befehlsrechte, sondern nur das Recht der Beratung. Sein Rat galt aber und regierte den Staat. Seit Sulla befand sich der Senat im Besitze der Staatsgewalt, war aber ohne Autorität. Er hatte Befehlsrechte, aber seine Befehle galten nicht. Autoritäten erwuchsen ihm bald in den Rebellen Spartakus und Catilina, bald in den Imperatoren Crassus, Pompejus und Cäsar. Es ist der reine Hohn auf die Sullanische Staatsverfassung und die Regierung des Senats in dieser Periode, daß dem Herrscher Roms ein geschickter Sklaven- und Anarchistenführer für einen minder gefährlichen Feind des Vaterlandes gelten mußte als die siegreichen Eroberer des Ostens und Westens. Die Geschichte kennt wohl kein glänzenderes Beispiel der Trennung von Autorität und Staatsgewalt als dieses. Endlich in seiner dritten Periode unter dem Prinzipat war der Senat ein Kollegium ohne Autorität und Staatsgewalt, welche beide im Prinzipat vereinigt waren« (Robert Piloty, *Autorität und Staatsgewalt,* in: *Jahrbuch der Internationalen Vereinigung für vergleichende Rechtswissenschaft und Volkswirtschaftslehre*, VI. und VII. Bd., I. Abt., S. 552 ff.).

Als weiteres Beispiel führt Piloty die schwachen merowingischen Könige im 7. und 8. Jahrhundert an, unter denen die Hausmeier so viel Autorität erwarben, daß sie zunächst effektiv die Kriegsmacht ausübten, bis Pippin der Kurze selber auch die Königswürde übernahm. Außerdem nennt er als Beispiel die Verlagerung der Exekutivmacht von den schwächlichen englischen Königen aus der Hannoverschen Dynastie auf die Parlamentsregierungen im 18. Jahrhundert. Autorität ist für Piloty reale Macht auf Grund von Ansehen und politischer Kraft, die sich entweder mit der traditionellen bzw. verfassungsrechtlichen Macht deckt oder von ihr abweicht.

Von Piloty scheint Georg Jellinek, einer der führenden Staatsrechtslehrer seiner Zeit, in seiner 1900 erstmalig erschienenen *Allgemeinen Staatslehre* abzuweichen. In dem umfangreichen Sachregister kommt das Wort Autorität nicht vor. Von den Gesetzen sagt Jellinek: »Es sind Normen, die von einer anerkannten äußeren Autorität ausgehen« (S. 33). Damit sind die von der Verfassung vorgesehenen gesetzgebenden Organe gemeint. Er unterscheidet also eine äußere und innere Autorität, ohne zu sagen, was letztere bedeutet. Dabei muß man bedenken, daß er als Positivist im Prinzip von der Autorität der Gesetze überzeugt war.

Der Staatsrechtslehrer Heinrich Triepel nähert sich Piloty in seinem 1938 erschienenen rechtssoziologischen Werk *Die Hegemonie*, das unbeeinflußt vom Nationalsozialismus verfaßt worden ist. Er unterscheidet klar zwischen Herrschaft und Autorität: ».. . die Fähigkeit eines Willens, andere Willen durch die Aussicht auf äußeren Zwang zu motivieren, aber auch nur diese Fähigkeit nenne ich Herrschaft ... Autorität ist innerlich anerkannte Wertüberlegenheit, ein die geistige Herrschaft begründendes Gelten. Und zwar ist sie ein Agens, das entweder auf das kognitive Denken oder auf das emotionale, insbesondere das volitive Denken einwirkt. Denn Autorität ist nicht Macht, erst recht nicht Herrschaft, sondern sie ist eine die Macht des Mächtigen begründende Eigenschaft, genauer eine Eigenschaft, die vom Machtunterworfenen als wertsteigernde Eigenschaft empfunden und anerkannt wird« (S. 133 ff.). In ähnlichem Sinn stellt der italienische Soziologe Guglielmo Ferrero dem »Befehlsrecht« der Amtsgewalt die »Befehlskraft der Autorität« gegenüber (*Macht*).

In dieser Zeit regierte Wilhelm II. Sein Großvater Wilhelm I. hatte Amtsautorität mit persönlicher Autorität verbunden. Selbst Bismarck hatte sie geachtet, der selber trotz aller Richtungskämpfe Autorität hatte. Wilhelm II., schwächlich und äußerst geltungsbedürftig, hat mit seiner Machtprotzerei seine Amtsautorität, die auf heiliger Tradition beruhen sollte, letztlich selbst gestört. Das Amt des Reichskanzlers, das Bismarck auf sich selber in der Verfassung zugeschnitten hatte, erforderte ein Maß an persönlicher Autorität, die seine Nachfolger nicht hatten. In der deutschen konstitutionellen Monarchie fehlte nach Bismarcks Entlassung 1890 die politische Autoritätsfigur, die man ersehnte. Man litt unter dem Führungsvakuum. Vergeblich suchte man nach einem Modell für diesen Begriff. So hofierte man Pseudoautoritäten und mythologisierte die Autorität Bismarcks, wie gerade eine Reihe von ihm gesetzten Denkmälern aus dieser Zeit sinnfällig zeigt, so besonders das Hamburger Bismarck-Denkmal Hugo Lederers.

Der Berliner Soziologe und Philosoph Georg Simmel gab in seiner 1908 erschienenen *Soziologie* die vielleicht treffendste Beschreibung von Autorität: »Was man z. B. ›Autorität‹ nennt, setzt in höherem Maße, als man anzuerkennen pflegt, eine Freiheit des der Autorität Unterworfenen voraus, sie ist selbst, wo sie diesen zu ›erdrücken‹ scheint, nicht auf einen Zwang und bloßes Sich-Fügen-Müssen gestellt. Das eigentümliche Gebilde der ›Autorität‹, das für das Gemeinsamkeitsleben in den mannigfaltigsten Maßen, in Ansätzen wie in Übertreibungen, in akuten wie in Dauerformen bedeutsam ist, scheint auf zweierlei Wegen zustande zu kommen. Eine Persönlichkeit, an Bedeutung und Kraft überlegen, erwirbt bei ihrer näheren oder auch entfernteren Umgebung einen Glauben und Vertrauen, ein maßgebendes Gewicht ihrer Meinungen, das den Charakter einer objektiven Instanz trägt: die Persönlichkeit hat eine prärogative und axiomatische Zuverlässigkeit für ihre Entscheidungen gewonnen, die über den immer variablen, relativen, der Kritik unterworfenen Wert einer subjektiven Persönlichkeit mindestens um einen Teilstrich hinausragt. Indem ein Mensch ›autoritativ‹ wirkt, ist die Quantität seiner Bedeutung in eine neue Qualität umgeschlagen, hat für sein Milieu gleichsam den Aggregatzustand der Objektivität angenommen. Der gleiche Erfolg kann in der umgekehrten Richtung zustande kommen: eine überindividuelle Potenz, Staat, Kirche, Schule, die Organisationen der Familie oder des Militärs, bekleiden von sich aus eine Einzelpersönlichkeit mit einem Ansehen, einer Würde, einer letztinstanzlichen Entscheidungskraft, die aus deren Individualität niemals erwachsen würde. Die ›Autorität‹, deren Wesen ist, daß ein Mensch mit derjenigen Sicherheit und Anerkennung entscheidet, die logischerweise nur dem überpersönlich-sachlichen Axiom oder Deduktion zukommt, hat sich hier gleichsam von oben auf eine Person niedergelassen, während sie im ersteren Falle aus den Qualitäten der Person wie durch generatio aequivoca aufgestiegen ist. An dem Punkt dieses Überganges und Umschlages hat nun ersichtlich der mehr oder weniger freiwillige Glaube des der Autorität Unterworfenen einzusetzen: denn jede Umsetzung zwischen dem überpersönlichen und dem Persönlichkeitswert, die dem letzteren ein, wenn auch noch so minimales Plus über das ihr beweisbar, rational Zukommende hinzufügt, wird von dem Autoritätsglauben selbst vollzogen, ist ein soziologisches Ereignis, das die spontane Mitwirkung auch des untergeordneten Elementes erfordert; ja, daß man eine Autorität als ›erdrückend‹ empfindet, weist auf die eigentlich vorausgesetzte und nie ganz ausgeschaltete Selbständigkeit des Andern hin« (*Soziologie*, S. 102 f.).

Diese Beschreibung ist in dem Kapitel »Über- und Unterordnung« enthalten, sie ist ganz auf Macht durch Ansehen und auf Ansehen der Macht eingestellt. Als Simmel sein Buch schrieb, bestand noch auf beachtlichen Teilgebieten eine wenn auch aufgelockerte patriarchalisch feudale Ordnung und ein durch den Monarchen, seine Regierung und seine Bürokratie z. T. unabhängig vom Parlament gesteuertes Obrigkeitssystem.

Max Weber hat gleich nach dem Ersten Weltkrieg Macht als »jede Chance, innerhalb einer sozialen Beziehung eigenen Willen, auch gegen Widerstreben, durchzusetzen, gleichviel, worauf diese Chance beruht«, bezeichnet (*Wirtschaft und Gesellschaft*, S. 28). »Herrschaft soll heißen, Chance für einen Befehl bestimmten Inhalts bei angebbaren Personen Gehorsam zu finden« (a.a.O., S. 542). Hinter »Herrschaft« setzte er in Klammern »Autorität«. Aber »Ein bestimmtes Minimum an Gehorchen wollen, also: Interesse (äußerem oder innerem) am Gehorchen gehört zu jedem echten Herrschaftsverhältnis« (a.a.O., S. 122). Max Weber fügt hinzu, daß »ihr eigener (der Herrschaft) Legitimitätsanspruch der Art nach in einem relevanten Maßstab »gilt«, ihren Bestand festige und die Art der gewählten Herrschaftsmittel mitbestimmt« (a.a.O., S. 123).

Weber unterschied drei Typen der legitimen Herrschaft. »Ihre Legitimitätsgeltung kann primär sein: rationalen . . . traditionalen, charismatischen Charakters« (a.a.O., S. 124). Unter Legitimität versteht Max Weber das Gelten einer Ordnung, »a) wenn das Handeln an angebbaren Maximen durchschnittlich oder annähernd orientiert wird, . . . b) wenn diese tatsächliche Orientierung an jenen Maximen mindestens auch (also praktisch in einem ins Gewicht fallenden Maß) deshalb erfolgt, weil sie als irgendwie für das Handeln geltend: verbindlich oder vorbildlich, angesehen werden« (a.a.O., S. 16).

Was Weber im ersten Band getrennt über Macht und Herrschaft sagt, hat er im Kapitel über Herrschaftssoziologie des zweiten Bandes zusammengezogen. »Herrschaft in dem ganz allgemeinen Sinn von Macht, also: von Möglichkeit, den eigenen Willen dem Verhalten anderer aufzuzwingen, kann unter den allerverschiedensten Formen auftreten . . . Wir vergegenwärtigen uns daher nur, daß es neben zahlreichen anderen möglichen zwei polar einander entgegengesetzte Typen von Herrschaft gibt. Einerseits die Herrschaft kraft Interessenkonstellation (insbesondere kraft monopolistischer Lage) und andererseits die Herrschaft kraft

Autorität (Befehlsgewalt und Gehorsamspflicht). Der reinste Typ der ersteren ist die monopolistische Herrschaft auf dem Markt, der letzteren die hausväterliche oder amtliche oder fürstliche Gewalt. . . . Beide gehen gleitend ineinander über. Z. B. übt jede große Zentralbank und üben große Kreditbanken kraft monopolistischer Stellung auf dem Kapitalmarkt oft einen »beherrschenden« Einfluß aus. Sie können dem Kreditsuchenden Bedingungen oder Kreditgewährung oktroyieren, also deren ökonomische Gebarung im Interesse der Liquidität ihrer eigenen Betriebsmittel weitgehend beeinflussen, weil sich die Kreditsuchenden im eigenen Interesse jenen Bedingungen der ihnen unentbehrlichen Kreditgewährung fügen und diese Fügsamkeit eventuell durch Garantien sicherstellen müssen. . . . Jede typische Art von Herrschaft kraft Interessenkonstellation, insbesondere kraft monopolistischer Lage, kann aber allmählich in eine autoritäre Herrschaft übergeführt werden. Zur besseren Kontrolle verlangen z. B. Banken als Geldgeber Aufnahme ihrer Direktoren in den Aufsichtsrat kreditsuchender Aktienunternehmen: dieser Aufsichtsrat aber erteilt dem Vorstand maßgebende Befehle kraft dessen Gehorsamspflicht . . . Gelänge die Durchführung einer solchen Kontrolle und würde dann weiterhin ihre Art und Richtung etwa in Reglements niedergelegt, würden vollends besondere Instanzen und Instanzenzüge für die Entscheidung von Zweifeln geschaffen, und würde sie vor allem tatsächlich immer straffer gestaltet – was alles theoritisch denkbar ist –, so könnte im Effekt diese Herrschaft sich der autoritären Herrschaft einer staatlichen bürokratischen Instanz gegenüber den ihr Untergebenen sehr weit angleichen und die Unterordnung den Charakter eines autoritären Gehorsamsverhältnisses annehmen. . . . Und von da aus führen wiederum gleitende Übergänge bis zu der Stellung eines durch formal »gleichberechtigten« Tauschvertrag auf dem Arbeitsmarkt, unter formal »freiwilliger« Annahme der »angebotenen« Bedingungen, angeworbenen Kontoristen, Technikers, Arbeiters innerhalb der Werkstatt, deren Disziplin sich ihrerseits dem Wesen nach nicht mehr unterscheidet von der Disziplin eines staatlichen Büros und schließlich einer militärischen Kommandobehörde. . . . Alles dies sind Machtformen kraft Interessenkonstellationen, den marktmäßigen Machtverhältnissen gleich oder ähnlich, welche aber im Verlauf einer Entwicklung sehr leicht in formell geregelte Autoritätsverhältnisse verwandelt, korrekt formuliert: zur Heterokephalie der Befehlsgewalt und des Zwangsapparates vergesellschaftet werden können. Die bloß marktmäßige oder durch Interessenkonstellation bedingte Herrschaft kann ferner gerade wegen ihrer Ungeregeltheit weit dringender empfunden werden als eine ausdrücklich durch bestimmte Gehorsamspflichten regulierte Autorität . . . Wir wollen im Folgenden den Begriff der Herrschaft in dem engeren Sinn gebrauchen, welcher der durch Interessenkonstellation, insbesondere marktmäßig, bedingten Macht . . . gerade entgegengesetzt, also identisch ist: mit autoritärer Befehlsgewalt (a.a.O., S. 542 ff.).

Wenn Max Weber Autorität in verschiedenem Sinn, auch in dem von Ansehensmacht gebraucht, im wesentlichen versteht er unter Autorität »autoritäre Befehlsgewalt«. Sehr bezeichnend ist, daß Reinhold Bendix in seinem Buch über Max Weber im Sachregister bei dem Wort »Autorität« auf »Herrschaft« verweist. Letztlich ist für Weber Autorität im Gegensatz zu Mommsen nicht ein problematischer, vieldeutiger Begriff. Wohl beschreibt er an mehreren Stellen die Arten des Anspruchs auf Gehorsam. Dabei denkt er nicht nur an gesetztes Recht. »Von selbst versteht sich, daß für die soziologische Betrachtung nicht das aus einer Norm dogmatisch-juristisch ableitbare ›ideelle‹, sondern das faktische Bestehen einer solchen Gewalt maßgebend ist, also: daß einer in Anspruch genommenen Autorität, bestimmte Befehle zu geben, in einem sozial relevanten Umfang tatsächlich Folge geleistet wird« (a.a.O., S. 545). Deutlich wird, daß Max Weber an Marx anknüpft, ohne dessen Kritik und Forderungen zu übernehmen. Die Werke Max Webers, der 1920 gestorben ist, waren bis zu Ende des Zweiten Weltkrieges nur einem relativ kleinen, vorwiegend aber sehr qualifizierten Kreise bekannt. Eine größere Breitenwirkung hat er zunächst nicht gehabt. Dennoch hat seine vorwiegend zu potestas neigende Begriffsprägung, die von namhaften Autoren aufgegriffen wurde, den Sprachgebrauch in den zwanziger Jahren stark beeinflußt. Zugleich hat er durch Hinweise auf ökonomisch bedingte Autorität dem Begriff neue Aspekte gegeben, zumal Marx in weiten Kreisen, gerade auch wissenschaftlich, verfemt war. Erst nach 1945 wurde Max Weber gleichsam neu entdeckt.

Nach dem Zweiten Weltkrieg hat der Politikwissenschaftler Carl Joachim Friedrich, Professor an der Harvard-University in

Boston und an der Universtität Heidelberg, in einem Aufsatz über *Politische Autorität und Demokratie* und in dem 1974 erschienenen Buch *Autorität und Tradition*, sich Piloty, Simmel und Triepel nähernd, ohne sie zu nennen, eine von Max Weber stark abweichende Autoritätsbeschreibung gegeben. »Die vorherrschende, aber irrige Auffassung von Autorität verwechselt Autorität mit Macht oder behandelt beide gar synonym, d. h. als ein und dieselbe Sache« (*Autorität und Tradition*, S. 50). Politische Autorität sei keine Form von Macht oder Herrschaft, sondern eine Eigenschaft von Machthabern, ihre Mitteilung zwar begründen, aber nicht beweisen zu können. »Das ist deshalb wichtig zu betonen, weil der Rationalismus des 18. und 19. Jahrhunderts geneigt war, Ratio mit schlüssiger Beweisführung gleichzusetzen. In der Politik kommt der Fall selten vor« (*Politische Autorität und Demokratie*, S. 7).

Friedrich stellt in seinem Buch die »enge Beziehung zwischen Autorität und Wertungen« heraus. ». . . in der Familie werden schon vom Kind in der frühen Phase der Sozialisation gewisse Werte aufgenommen . . . Worauf es ankommt, ist deutlich, nämlich, daß die Eltern, nachdem sie dem Kind die Grundwerte menschlicher Beziehungen anerzogen haben, alsbald die Begründung für diese Werte nachliefern und dadurch Autorität anstelle von Macht ausüben können. Ähnlich verlangt man von dem Gründer einer Organisation, der zunächst in der Anfangsphase seine Freunde zu den grundlegenden Wertvorstellungen ihrer Unternehmung bekehrt hatte, daß er schließlich die in Augenschein genommene Aktion in Verbindung mit diesen Wertungen begründen kann, das heißt, man erwartet von ihm, daß er in der Theorie dieser Wertungen eine Autorität wird. Krisen in der Familie und in jeder anderen Organisation haben ihre Ursachen in der Ablösung dieser Wertungen . . . Vergleichbare Situationen aus dem Bereich der Politik und der Regierung lassen sich ableiten. . . . Eine Partei kann der Meinung sein, daß ihr Programm abgestanden sei, nachdem die Ziele teilweise erreicht sind oder sich als utopisch erwiesen haben. Also muß das Programm überdacht und vielleicht sogar grundsätzlich verändert werden. Jetzt muß der Neuerer die vorkommenden Werturteile genau verstehen oder zu verstehen lernen. Das kann ein jüngerer Mann leichter als ein alter. Deshalb geht Autorität auch auf eine neue Generation über . . . In diesen und in vielen ähnlichen Fällen zeigte sich, daß der Schwund und eventuell auch der Verlust von Autorität und – dementsprechend auch der Gewinn und eventuell Neuerwerb von Autorität – unmittelbar mit dem Wandel von Werten und Glaubensvorstellungen zu tun hatte« (S. 67 ff.). ». . . Revolution ist kein Autoritätssturz, sondern sie ersetzt eine Autorität durch eine andere« (S. 64). ». . . Deshalb ist von allergrößter Bedeutung für die Freiheit, daß alle Macht an Autorität gebunden wird. Die Verwirrung von Autorität und Macht hat diese Einsicht verdunkelt« (S. 95). ». . . Freiheit beruht auf Autorität, echter Autorität, die in der Fähigkeit liegt, Kommunikationen auszugeben, welche Begründungen für die Autorität enthalten. Solche Autorität setzt die Freiheit voraus, die eine Fähigkeit zur Begründung prüfen oder ablehnen kann, wenn sie sich als nicht vorhanden oder als korrupt erweisen sollte« (S. 99). ». . . Autorität und Freiheit stehen deshalb nicht im antithetischen, sondern im komplementären Verhältnis zueinander. Nur ein bestimmtes Maß an Ordnung, das Autorität ermöglicht, wird dem Menschen erlauben, ein bestimmtes Maß an Freiheit zu genießen« (S. 134).

Friedrich beschränkt seinen Autoritätsbegriff bewußt auf liberale demokratische Gemeinwesen. In »konstitutionellen Herrschaften« sei Autorität diffus und pluralistisch, da autoritative Kommunikationen von vielen Autoritätszentren ausgehen und nicht nur von der Regierung. Obwohl sich die politische Umwelt dieser Zeit mit der des antiken Roms überhaupt nicht vergleichen läßt, näherte sich Friedrich wieder dem Autoritätsbegriff Mommsens. Er unterscheidet wieder zwischen auctoritas und potestas. Macht leugnet er weder, noch diffamiert er sie. Macht kann auch zur Stützung der Autorität eingesetzt werden. Aber auf die Dauer kann sie ohne Autorität nicht bestehen.

Friedrich stützt sich in seinem Buch *Tradition und Autorität* auch auf Schriften des originellen, einfallsreichen, aber schwer einzuordnenden französischen Soziologen Bertrand de Jouvenel, wenn er auch andererseits teilweise stark von diesem abweicht, ja zu ihm im Gegensatz steht. Jouvenel geht es in seiner Schrift *Über Souveränität. Auf der Suche nach dem Gemeinwohl*, die zunächst 1953 in Paris erschienen ist, um »öffentliche Autorität, ein agens unter vielen anderen . . . freilich das mächtigste von allen, das sich aber selbst doch nicht für das alleinige halten darf. Die öffentliche Gewalt muß vielmehr als die große Ergänzung angesehen werden« (S. 29). Jouvenel definiert »die reine politische Tätigkeit« als die, »welche menschliche Aggregate errichtet, festigt und erhält . . . die Eigenschaft Aggregate gründen zu können, wurde am besten mit ›Autorität‹ bezeichnet« (S. 38 f.). ». . . Ich nenne ›Autorität‹ (oder auch eigene Autorität, natürliche Autorität) die Gabe, Vorschläge, die man formuliert hat, zur Annahme zu bringen . . . diese Autorität ist für das Funktionieren jeder Gesellschaft wesentlich, weil es eben Kollektivaktionen geben muß und Konflikte beigelegt werden müssen . . . das Eigentümliche an der Autorität ist, daß sie nur denen gegenüber ausgeübt wird, die sich ihr freiwillig unterwerfen; dagegen genügt es, daß die Führenden bloß über einen Teil ihrer Untertanen Autorität besitzen, damit dieser Teil ihnen dann die Kräfte liefert, auch die übrigen unter ihre Gewalt zu bringen. Die Zwangsmittel gehören somit den Menschen kraft der ihnen verbliebenen Teilautorität, und ihre Macht steht und fällt mit ihr« (a.a.O., S. 50-51). ». . . Es gibt das Phänomen der Autorität in dem von uns definierten Sinne, dann wenn Primus seine Überlegenheit über Sekundus so geltend macht, daß Sekundus so handelt und sich so verhält, wie Primus es vorgeschlagen oder angeregt hat, das ist dann die pure, nackte, natürliche Autorität, das Anziehungsprinzip, aus dem alle Elementargruppen entstehen . . . Aber die natürliche Autorität ist widerruflich, ihr Träger ein vergänglicher Mensch. Immer und überall waren sich die Menschen dunkel des Wertes bewußt, den feste soziale Moleküle für sie haben; das in einer Gemeinschaft vorhandene ›Wir‹-Gefühl widersetzt sich der Auflösung, hält das Bild ihres Gründers hoch, verlangt, daß das Amt, das er geschaffen hat, weiter besetzt bleibe und überträgt die dem Urbild entgegengebrachte Verehrung auf den Nachfolger. . . . Der Erste hat also selbst etwas gegründet; der Zweite leitet sein Ansehen von einer Institution ab. Damit ist die Autorität zur Institution geworden; das Künstliche verlängert die Wirkung des Natürlichen, so wie eine schwächere Stimme mittels Tribüne und Lautsprecher verstärkt wird . . . An der Spitze des Gesellschaftsgebäudes erhebt sich die konstituierte öffentliche Autorität. Da ihre Kontinuität besonders wichtig ist, wurde sie ganz besonders durch erborgtes Ansehen gestärkt: sie wurde auf den Thron erhoben und durch die Krone erhöht. Da man fürchtete, ihre Vorschläge könnten nicht einstimmig angenommen werden, machte man sie zu Geboten, die vom Untertan, wie ihm gesagt wird, befolgt werden müssen, und stellte bisweilen Zwangsmittel in ihren Dienst, deren Abschreckungskraft an die Stelle der Autorität tritt . . . Die öffentliche Autorität ist unter allen die höchstgestellte und hervorragendste. Dabei ist sie qualitativ die tiefststehendste, da sie der meisten Einschüchterungsmittel bedarf, besonders in den Gesellschaften unseres Jahrhunderts« (S. 96 f.). Das entspricht dem Wort Lenins: »Gefährdete Autorität rettet sich nur in der Gewalt.« Damit geht Jouvenel von der persönlichen, der natürlichen Autorität, der Eigenautorität, auf die »Institutionen- und Zwangsautorität« über. Das entspricht der Unterscheidung zwischen der Autorität der Persönlichkeit und der der »überindividuellen Potenz« (Simmel, s. S. 145).

Jouvenel differenziert prinzipell zwischen Autorität und Herrschaft. Auch bei der Institutionenautorität hebt er die auctoritas von der potestas ab. Aber er hält diese Trennung nicht durch; tatsächlich sind auch die Grenzen zwischen Ansehensmacht und Gewalt fließend und daher schwer zu bestimmen. In seiner isolierenden Betrachtungsweise bringt Jouvenel ein eindrucksvolles Beispiel der verschiedenen Wirkungen von natürlicher und institutioneller Autorität. Dem natürlichen Gehorsam gegenüber der natürlichen Autorität entspricht der bürgerliche Gehorsam gegenüber der institutionellen Autorität. »Die natürliche Autorität übt auf mich die Anziehungskraft eines Magneten aus und hängt vom Magnetismus des Primus (Name für den Träger einer natürlichen Autorität) ab. Die eingesetzte Autorität hingegen übt auf mich den Zug eines Seils aus, an das ich vorher festgebunden wurde, und das mich trotz des Mangels an Anziehungskraft des Primus mitschleppt . . . Dieser Kontrast läßt sich auch durch einen dem Geschäftsleben entnommenen Vergleich verdeutlichen: gegenüber der natürlichen Autorität ist man Gläubiger, gegenüber der konstituierten Gesellschaft Schuldner« (S. 111). Mit dem Bild der Seilbindung ist äußere Autorität gemeint, das des Magneten weist auf die innere Autorität hin. Jedes Seil hat ein gewisses Maß an Elastizität; drückt der Autoritätsunterworfene gegen das Seil, so kann es sich ausdehnen, es muß also entweder straffer angezogen werden oder es wird schlaff, und dadurch verliert die Autorität an Wirkung. Gerade in der Kombination von natürlicher und institutioneller Autorität kann diese durch jene eine Steigerung oder Minderung erfahren. Der Magnet kann ganz oder teilweise das Seil entbehrlich machen, solange er wirkt. Es kann aber auch der persönliche Träger der Autorität die Ausweitung zulassen oder selber vornehmen. Die persönliche Wirkung des Trägers der institutionellen Autorität kann so abstoßend sein, daß das Seil ganz hart angezogen werden muß oder seinen Effekt völlig verliert.

Diese Wechselwirkung von persönlicher und institutioneller Autorität macht auch das Bild von Gläubiger und Schuldner deutlich. Der Gläubiger stellt an die Qualität des Trägers der institutionellen Autorität bezüglich Moral und Hingabe, Sach- und Dienstwissen sowie Führungsbegabung Ansprüche; entspricht der Träger den Anforderungen nicht, so läßt die Bereitschaft zur Schuldentilgung nach, bis sie vielleicht überhaupt aufhört, es sei denn, die institutionelle Autorität greift zu härteren Maßnahmen, die der Schuldner zu umgehen oder denen er sich zu entziehen sucht. »Die Grenze der Autorität liegt dort, wo die freiwillige Zustimmung aufhört. In jedem Staat gibt es eine Randsphäre, in der Gehorsam nur durch Gewalt oder Gewaltandrohung erzwungen werden kann; diese Randsphäre schränkt die Freiheit ein und beweist einen Mangel an Autorität. Sie ist bei freien Völkern, bei denen die Autorität sehr groß ist, äußerst schmal« (a.a.O., S. 51 f.). Jouvenel fügt hinzu: »Es ist ein großes Unglück, wenn in einem Staat die Autorität verloren geht. Das kann durch Unfähigkeit der Staatslenker geschehen, durch das Übermaß ihrer Forderungen, denen die Untertanen dann nicht mehr zustimmen können, aber auch durch ein drittes Phänomen: die Zerstörung der Aura der Ehrfurcht, welche die Autorität umstrahlt ... Da aber die Auflösung der menschlichen Gemeinschaften das größte von allen Übeln ist, bedeutet das Ende der Ehrfurcht zugleich den Anfang der Polizeiherrschaft« (S. 52).

Jouvenel charakterisiert in seinem Bemühen um universalgeschichtliche Typisierung ohne Eingehen auf einzelne Herrschaftsformen, insbesondere auf die Demokratie, die beiden Autoritätsarten durch zwei symbolische Figuren, den dux, den auctor der Gruppenbildung und Bewahrer einer gesellschaftlichen Autorität, und den rex, den Träger der öffentlichen Autorität. Die Krone versinnbildlicht die Berufung und das Ziel der bewahrenden Autorität, »nämlich das dauernde Gleichgewicht der als Einheit betrachteten kosmischen und sozialen Einrichtungen« (S. 72). »Das Fehlen jeglicher Initiative oder das Auftreten ungeordneter Initiativen an der Peripherie, die die Zentralgewalt weder zu ersticken noch dem Ganzen einzupassen vermag, können gleichermaßen eine anfeuernde, erweckende (sie kommt dann oft von außen) oder koordinierende Autorität auf den Plan rufen. Das ist dann die Stunde des dux, des Anführers. Nichtsdestoweniger scheint es, als könnten die menschlichen Gesellschaften es nicht allzu lange ertragen, daß die Zentralgewalt ständig dem dux angehört. Die bewahrende Autorität steht der Gesellschaft vor, die anfeuernden Autoritäten entfalten sich innerhalb der Gesellschaft; doch stehen sie immer nur zeitweilig an der Spitze« (S. 75).

So bestechend diese symbolischen Beispiele in Bildern und Figuren wirken, sie lassen eine gewisse Einseitigkeit erkennen, aber ohne sie wäre eine verdeutlichende Akzentuierung kaum möglich.

Friedrich und Jouvenel suchen, was Simmel schon vor ihnen unternommen hatte, jeder auf seine Art, teils einander nähernd, teils voneinander abweichend, den in den Vulgarisierungssog der pluralistischen demokratischen Massengesellschaft geratenen Begriff in seinen Konturen zu reinigen und durch Unterscheidungsmerkmale zu klären. Man kann nicht von Renaissance der altrömischen auctoritas sprechen, aber doch von dem Bemühen, der Autorität einen spezifischen Sinngehalt zu geben, der von der auctoritas abgeleitet wird. Dabei muß man bedenken, daß Jouvenel und Friedrich ihre Arbeiten nach dem Zweiten Weltkrieg unter dem Eindruck der Macht des Faschismus verfaßt haben, letzterer auch unter dem der antiautoritären Bewegung. Die Unterschiede zwischen den beiden Vorstellungen über das liberale demokratische Gemeinwesen treten deutlich in Erscheinung.

Autorität
in der Demokratie

Hannah Ahrendt meint, die Krise der Moderne bestehe »im wesentlichen darin, daß in der Neuzeit die ›römische Dreieinigkeit von Autorität, Tradition und Religion‹ untergegangen und dadurch das spezifisch römische Fundament westlicher Politik ins Wanken geraten sei« (*Was ist Autorität?*, S. 167). Nach Hannah Ahrendt schließt Autorität gerade »den Gebrauch jeglichen Zwanges aus und, wo Gewalt gebraucht wird, um Gehorsam zu erzwingen, hat Autorität immer schon versagt. Andererseits ist Autorität unvereinbar mit Überzeugen, welches Gleichheit voraussetzt und mit Argumenten verbindet. Argumentieren setzt Autorität immer außer Kraft... Denn autoritäre Beziehungen zwischen dem, der befiehlt und dem, der gehorcht, beruht weder auf einer beiden Teilen gemeinsamen Vernunft, noch auf der Macht des Befehlenden. Was beide gemeinsam haben, ist die Hierarchie selber, deren Legitimität beide Parteien anerkennen und die jedem von ihnen seinen vorbestimmten, unveränderbaren Platz anweist« (S. 118).

Gewiß begann mit der Französischen Revolution ein unablässiger Abstieg der herkunftsbestimmten Hierarchie, aber im politischen Bereich hat die organisierte Hierarchie vor allem in Verwaltung und Heer, wenn auch unter veränderter Besetzung und mit durch gewählte Volksvertretungen nach und nach eingeschränkten Kompetenzen sich behauptet. Seit der Französischen Revolution verlor die vorgegebene, religiös begründete und durch vorrevolutionäre Tradition bestimmte politische Autorität in einem allmählichen, aber unaufhaltsamen Schrumpfungsprozeß von mehr als anderthalb Jahrhunderten mehr und mehr an Geltung. Es hielten sich aber traditionelle, von der Traditon abgeleitete Autoritätsvorstellungen in den nichtstaatlichen Bereichen vor allem von Kirchen und Familien, Bildungsanstalten sowie gewerblichen und agrarischen Betrieben. Sicherlich war die Autorität im Sinne der Definition von Hannah Ahrendt im Erlöschen, aber es entstanden neben diesen traditionellen Autoritätsvorstellungen, sie zum Teil nach und nach verdrängend oder ablösend, neue. Noch im Verwelkungsprozeß behaupteten sich manche alte und verbanden sich mit neuen.

Ebenso wie im Verfassungsrecht und in der Staatspraxis die Demokratie meist auf dem Weg über die konstitutionelle Monarchie nur allmählich sich Bahn brach, so gewann der demokratische Autoritätsbegriff erst nach und nach im Ringen gegen die alten Vorstellungen an Boden. Der Wiener Staatsrechtler Hans Kelsen sagt 1920 in seiner Schrift *Vom Wesen und Wert der Demokratie:* »Denn die soziale Autorität wird – das lehrt psychologische bzw. psychoanalytische Erfahrung – als väterliche Autorität imaginiert. Die soziale, ebenso wie die religiöse, wie überhaupt jede Autorität wird ursprünglich so erlebt wie die erste Autorität, die in das Leben des werdenden Menschen eintritt: als Vater, als Landesvater oder Gottvater. – Und diese psychologische Provenienz der sozialen Autorität verhindert die Vorstellung einer Erzeugung der Autorität durch die Autoritätsunterworfenen« (S. 85).

Die Legitimationsbasis der demokratischen Autorität in mannigfältigen Interpretationen ist prinzipell die demokratische Legalität. Der politische Autoritätsbegriff der Demokratie ist wie diese dynamisch im Gegensatz zur statischen Autorität eines statischen Herrschaftssystems. Er gerät in den Sog des zu Anfang des vorigen Jahrhunderts langsam einsetzenden Demokratisierungsprozesses, der nach und nach immer von neuem versucht, die vorrevolutionären Autoritätsvorstellungen sich anzupassen, was aber nicht ohne Anpassungsbereitschaft an diese gelingt, oder sie zu überwinden. Der Soziologe Robert Michels sagt in seinem 1911 erschienenen Buch *Zur Soziologie des Parteiwesens in der modernen Demokratie,* »daß im modernen Parteileben die Aristokratie gern in demokratischer Form auftritt, während der Inhalt der Demokratie mit aristokratischen Substanzen durchsetzt ist« (S. 12).

Auch die Demokratie hat Bedürfnisse nach Autorität der staatlichen Institutionen, wie Autorität der Verfassung, der Staatsorgane, der in ihrer Unabhängigkeit rechtlich geschützten Justiz. Allerdings zeigten sich in den einzelnen Staaten graduelle Unterschiede.

Der Legitimität der Volkssouveränität sollte zumindest die Autorität der Verfassung auch im Sinne der auctoritas concors Augustins und Thomas von Aquinos entsprechen. Sie erfordert nicht mehr »liebenden«, sondern einsichtigen Gehorsam. Anstelle der

157

vorwiegend irrational begründeten Herrschaftsautorität trat die rational begründete »Auftragsautorität« (Strzelewicz, *Herrschaft ohne Zwang*, in: *Die autoritäre Gesellschaft*, S. 37). Strzelewicz nennt »Autorität ein strukturiertes Führungs- Nachfolgeverhältnis, in dem der eine Part der Relation für den anderen Führungs- und Vorbildrolle spielt und in der Erfüllung dieser Rolle bestimmte, meistens von beiden Teilen der Relation anerkannte Normenordnungen garantiert oder repräsentiert. . . In der Bezeichnung Führungs- und Vorbildrolle wird das Element innerer Anerkennung eingeschlossen, das dem führenden Part gezollt wird – wobei innere Anerkennung nicht mit freiwillig zustande gekommener Anerkennung identifiziert werden darf« (a. a. O., S. 30 f). »Auftragsautorität ruht auf dem prozedural ausdrücklich erteilten Auftrag. . . Die Auftragserteilung erfolgt in der Regel durch Mehrheitsentscheidung. . . Das Nachfolgeverhältnis ist unter diesen Bedingungen also normengemäß kündbar und der Wechsel der Führung kann im Rahmen der Ordnung ohne gewaltsamen Bruch mit den geltenden Normen vollzogen werden« (a. a. O., S. 38 f). Repräsentanten der Auftragsautorität waren formal schon im Absolutismus beispielsweise Richelieu und Metternich, aber diese sind, weil es sich um einen Auftrag von oben handelte, hier nicht gemeint. Vielmehr die, die durch Parlaments- und Parteien- oder Volkswahlen oder aber durch entsprechende Bestätigung mit Herrschaftsfunktionen begrenzter Kompetenz auf Zeit oder Widerruf bestellt werden. Der Übergang zwischen Herrschafts- und Auftragsautorität hat fließende Grenzen, zumal sich die Vorstellungen von Herrschaftsautorität noch lange Zeit nach der Französischen Revolution gehalten haben. Eine prototypische, auch heute noch weitgehend bekannte Erscheinung für Auftragsautorität ist Winston Churchill. Er war während des zweiten Weltkriegs der unbestritten mächtigste Mann in England, und ebenso war unbestritten, daß er England vor Hitlers Machtanspruch gerettet hat. Bei den gleich nach Ende des Kriegs stattfindenden Wahlen wurde er, der Konservative, durch den Sieg der Labour-Partei gestürzt. Die Funktionen des Kriegspremiers waren erfüllt, die des Friedenspremiers schienen andere zu sein, als Churchill sie auszuüben vermochte. So groß das Ansehen dieses Konservativen selbst bei den Labour-Wählern war, sie wollten die Parteiziele um seinetwillen nicht aufgeben.

Der mit Majorität in ein hohes Amt Gewählte hat Amtsautorität. Die potestas des Amtes kann durch persönliche Autorität gesteigert, durch ihr Fehlen gemindert werden. Das gab es in Zeiten der alten Autorität auch, jetzt aber vermag der Faktor Wahl eine entscheidende Rolle zu spielen. Dasselbe gilt für die Gesetzgebung. Die Majorität soll Autorität haben. Diese Art von Autorität lehnten in der Weimarer Republik beachtliche antidemokratische Kreise auch aus interessenpolitischen Gründen ab. Der erbitterte Kampf um die Autorität der Verfassung kennzeichnet die Entwicklung der Reichsrepublik bis zu deren bitteren Ende. Vor allem nahmen die radikalen Nationalsozialisten und Kommunisten unabdingbare und uneingeschränkte Autorität für die Führung ihrer Partei in Anspruch und verwarfen bestehende Autorität schlechthin.

Der Drang, aber auch der Zwang zur Oligarchisierung in demokratischen Organisationen und Organen, die elitäre Demokratie, hat Robert Michels, auf Pareto und Mosca sich stützend, selber damals intellektueller Sozialist aus katholisch großbürgerlichem Haus, in seinem neuerdings stark umstrittenen Buch *Zur Soziologie des Parteiwesens in der modernen Demokratie* aufgrund von Erlebnissen und Erfahrungen in Italien aus der Zeit vor dem Ersten Weltkrieg, wo er damals lebte und lehrte, beschrieben. So bilden und behaupten sich in den Parteien Führungsgruppen um eine einzelne Persönlichkeit oder in mehr oder minder gleichberechtigter Kollegialität, und diese lösen einander ab. Michels spricht »vom ehernen Gesetz der Oligarchie« (S. 351). »Das Führertum ist eine notwendige Erscheinung jeder Form gesellschaftlichen Lebens. . . Die Ursachen für die oligarchischen Erscheinungen im Schoße der demokratischen Partei sind . . . folgende: abgesehen von den Fällen der Organisierung und Kartellbildung der Führer untereinander, sowie der ganz generellen geistigen Immobilität der Massen, liegen sie im Geltungsbedürfnis und vorzugsweise in der technischen Unentbehrlichkeit der Führer. . . Das soziologische Grundgesetz, dem die politischen Parteien . . . bedingungslos unterworfen sind, mag, auf seine kürzeste Formel gebracht, etwa lauten: die Organisation ist die Mutter der Herrschaft der Gewählten über die Wähler, der Beauftragten über die Auftraggeber, der Delegierten über die Delegierenden« (S. 369, 370, 371). . . . »Die demokratischen Strömungen in der Geschichte gleichen mithin dem steten Schlag der Wellen. Immer brechen sie an der Brandung, aber auch immer wieder werden sie erneut . . . Sobald die Demokratie ein gewisses Stadium ihrer Entwicklung erreicht hat, setzt ein Entartungsprozess ein, sie nimmt damit aristokratischen Geist, bisweilen auch aristokratische Formen an und wird dem ähnlich, gegen das sie einst zu Feld zog. Dann entstehen ihr aus ihrem eigenen Schoß neue Ankläger, die sie der Oligarchie zeihen. Aber nach einer Periode glorreicher Kämpfe und einer Periode ruhmloser Teilnahme an der Herrschaft gehen auch sie zu guter Letzt in der alten dominierenden Klasse auf. Jedoch gegen sie erheben sich nun namens der Demokratie wieder neue Freiheitskämpfer. Und dieses grausamen Spiels zwischen dem unheilbaren Idealismus der Jungen und der unheilbaren Herrschsucht der Alten ist kein Ende« (S. 378). Das Wort Autorität, eben im Sinne von Ansehensmacht, benutzt Michels häufig.

Der klassische von England ausgehende Parlamentarismus mit Auswirkungen bis auf unsere Zeit verbindet das Autoritäts- mit dem Majoritätsprinzip im Sinne Gierkes (s. S. 119 f.). In sehr vielen demokratischen Staaten zeigt sich das Bedürfnis nach persönlicher politischer Autorität, die im System der Mehrheitsentscheidungen – gerade auch im Wahlkampf – wirkt. Die Führung durch eine Person oder durch oligarchische Gremien verfügt über eine mehr oder minder große Ermessensfreiheit. Deren Grad und Umfang hängt von der jeweiligen Konstellation, aber auch von der Autorität der Führung ab. Es ist ihre Sache, für ihre Politik die Gefolgschaft in der Partei und bei den Wählern zu gewinnen. In der parlamentarischen Kollegialregierung mit ihrer Verantwortung gegenüber der Volksvertretung bildet sich allein aus der politischen Konstruktion und Praxis die sich ergebende Führungsposition des Premierministers heraus, die stellenweise auch durch die Verfassung vorgesehen ist. So hat das Grundgesetz den Autoritätsanspruch des Regierungschefs in der Richtlinienkompetenz des Bundeskanzlers rechtlich fixiert (Art. 65). Das ist nicht ein Autoritätsauftrag. Der kann nicht gegeben werden. Aber dieser Autoritätsanspruch ist verbunden mit der Verpflichtung zur vorhergehenden Beratung im Regierungskollegium (s. S. 26). Nicht selten ist der Parteiführer der präsumtive Premierminister-Kandidat und behält als Regierungschef die Parteileitung. Die Autorität in der Partei soll ihm die Führung der Regierung sichern und diese wiederum in der Partei. Hat der Regierungschef persönliche Autorität, so gibt sie ihm die Autoritätschance im Kabinett, im Parlament und in der Öffentlichkeit. Fehlt sie ihm, so dringt nicht selten ein anderer Ressortminister in das Vakuum. Stresemann war von August bis Dezember 1923 der amtierende und wirklich führende Kanzler, von 1924-1929, bis zu seinem Tod, war er als Außenminister in wechselnden Regierungskoalitionen der heimliche Kanzler. Ähnliches kann man von Erzberger im Jahre 1919-1920 sagen.

Was für die Führung der Regierung gilt, gilt auch für die der Parteien. Die relativ am stärksten demokratisch organisierte Partei war in Deutschland die Sozialdemokratie seit ihrer Gründung. Aber ihre beiden großen Führer der deutschen Sozialdemokratie, August Bebel (1840-1913) und Kurt Schumacher (1895-1952), verfügten über eine starke Autorität in ihrer Partei. Sie pflegten sie und wußten sie auch in Anspruch zu nehmen. Das Wort »Kaiser Bebel« war keineswegs eine ironische Bezeichnung. So skeptisch, wenn nicht gar feindlich die Industriearbeiterschaft gerade im Kaiserreich fremder Autorität gegenüberstand, sie wußte die in den eigenen Reihen, eben als selbstgewählte Führung, zu schätzen, denn sie entsprach auch den Verehrungsbedürfnissen der Massen. Deren Autoritätsglaube und -respekt entspricht dem Autoritätsbewußtsein mancher Parteiführer, das darauf beruht, daß sie sich voll mit der eigenen Partei identifizieren, als ob diese ein Bestandteil ihrer Persönlichkeit wäre. Die Personalisierung hat man immer wieder auszumerzen versucht. Sie ist aber ständig wieder aufgekommen.

Andererseits zeigt sich in der Schweiz aus besonderen förderalistischen und demokratischen Traditionsvorstellungen, aber auch wegen ihrer Verschiedenheit in Sprache, Kultur und Konfession eine Autoritätsscheu. Der Schweizer Bundesrat hat nur einen für ein Jahr turnusmäßig bestellten Präsidenten, der lediglich Repräsentant und Sitzungsleiter ist. Eine hervorragende politische Führungsgestalt wurde weder in den Bundesrat noch in den Parlamenten gern gesehen. »Es ist die Herrschaft, wenn nicht der Anonymität, so doch der Bescheidenheit: Die durchschnittliche Eignung der Regierenden ist hoch, man scheint aber bestrebt, die glänzenden Persönlichkeiten, die versucht wären, sich durchzusetzen, auf das allgemeine Niveau zurückzuführen. Die Entscheidungen werden immer in einem Rat gefällt, und die Ratskörper, die sich erneuern wie Hänschens Messer, legen das Schwergewicht auf ihren kollektiven Charakter, niemals auf die oft hervorragenden Führer, die sie enthalten. Man unterscheidet sich so von der Unbeständigkeit französischer Ministerien und der persönlichen Vollmacht amerikanischer Präsidenten, um bei einer recht eigentlich schweizerischen Regierungsform anzulangen, einer so schweizerischen, daß sie sich nur auf die Schweiz anwenden läßt und anderswo nachzuahmen glatt unmöglich wäre. Das Temperament spielt hier übrigens eine nicht weniger wichtige Rolle als die Einrichtungen: das System funktioniert nur deshalb so gut, weil es von gesetzten Männern ausgeübt wird, die, durch Jahrhunderte hindurch an die gegenseitige Duldsamkeit gewöhnt, darauf verzichtet haben, einander zu berherrschen, und die die Politik als eine Angelegenheit weniger der Doktrin als des Interesses betrachten« (André Siegfried, *Die Schweiz*, S. 130). Dabei ist die Selbständigkeit der Bundesrats- und Parlamentsmitglieder in ihren Parteien größer als in manchen anderen Ländern.

1919 hat in Deutschland ein demokratisch organisierter Obrigkeitsstaat den der konstitionellen Monarchie abgelöst. Die vorwiegend auf monarchische Autorität sich stützende Staatsgewalt wurde durch eine demokratisch gebildete und kontrollierte ersetzt. Dadurch konnte sich die materielle Aufgabenstellung der Staatsführung ändern, aber die Führung als solche im Sinn von Obrigkeit blieb. Sie hatte zwar widerrufliche, aber weitgehende Amtsautorität, und diese konnte durch persönliche gesteigert werden. Der Zugang zu den Instanzen der Obrigkeit war unvergleichlich viel breiter geworden, und dementsprechend war Auswechslung möglich.

In den Vorstellungen eines demokratisch organisierten Obrigkeitsstaats lebten vor 1933 Sozialdemokraten wie Friedrich Ebert und Otto Braun und der katholische Zentrumspolitiker Matthias Erzberger, die als überzeugte Demokraten galten, und sie verfuhren nach diesen Vorstellungen. Entsprechend dachten in der Bundesrepublik nicht nur Konrad Adenauer, sondern auch Sozialdemokraten wie Ernst Reuter, Regierender Bürgermeister von Berlin, sowie die beiden Regierenden Bürgermeister von Hamburg und Bremen Brauer und Kaisen, der niedersächsische Ministerpräsident Hinrich Kopf und der hessische Georg-August Zinn. Heute wird der demokratisch organisierte Obrigkeitsstaat entschieden in Frage gestellt, wenn nicht sogar verworfen, aber die Vorstellung ist nicht aufgegeben.

Von »Führerdemokratie« spricht 1925 der Soziologe Alfred Weber, der sich selber für einen überzeugten Demokraten hielt und dafür auch gehalten wurde. »Es kann in modernen Massenverhältnissen nicht mehr eine individualistisch-ideologisch egalitäre, sondern nur noch eine unegalitäre, eine ganz moderne Führerdemokratie in Frage kommen. In einer solchen muß immer Freiwilligkeit der organisierten Gemeinschaftszusammenballung der Geführten mit einer tatsächlichen Schichtung dieser, eine Kontrolle aus dieser Schichtung hervorgehender Führer durch demokratische Revision des Vertrauens, das sie genießen, zusammengehen mit weitgehend selbständiger Entscheidung und Willensbildung der ausgelesenen Führerspitze... so ist, da jede rationalisierte Massenformation zentralisierte und erfahrene Leitung fordert, die besonders technisches Können und Erfahrung voraussetzt und also eine besondere, von den Massen abgehobene leitende Oberschicht nötig macht, auch jede Entoligarchisierung moderner Demokratie ein Unding (*Die Krise des modernen Staatsgedankens in Europa*, S. 137 f.).

Ähnliche Vorstellungen in dieser Hinsicht wie Alfred Weber vertrat der Sozialdemokrat Hermann Heller, Professor für Öffentliches Recht an der Universität Frankfurt am Main (1923-1933) in seiner kurz nach seinem Tode 1934 erschienenen *Staatslehre*, die starke Beachtung auch nach 1945 gefunden hat, zunächst geradezu als das Standardwerk galt. »Aber auch in der Demokratie mit gleichen sozialen Chancen kann das Volk nur herrschen mittels einer Herrschaftsorganisation. Jede Organisation bedarf einer Autorität, und alle Machtausübung unterliegt dem Gesetz der kleinen Zahl; immer müssen diejenigen, welche die organisatorisch vereinigten Machtleistungen aktualisieren, über ein gewisses Maß von Entscheidungsfreiheit und damit von demokratisch nicht gebundener Macht verfügen. Das gilt für die Staatsorganisation ebenso wie für den Machtaufbau der politischen Parteien, welche in der Demokratie die Willenskundgebungen der Wähler organisieren. In den Parteien konzentriert ein sehr enger Führerring zusammen mit der Partei bürokratisch die Macht um so leichter in seiner Hand, je größer und verwickelter die Organisation und je geringer das politische Sachverständnis und Interesse der Wähler ist« (S. 247).

Aus dieser Führerdemokratie, wie sie Alfred Weber vorschwebte und wie sie in der Praxis vielfach in Erscheinung getreten ist, ergibt sich ein »Autoritätsgefälle« (Dahrendorf, *Gesellschaft und Demokratie in Deutschland*, S. 199). Aber die Trennungslinie zwischen Herrschenden und Beherrschten ist unvergleichlich durchlässiger und fließender als die in der alten Autoritätsgesellschaft, doch sie besteht.

In der Demokratie, in der überwiegend Entscheidungen aus Konflikten hervorgehen, ist nicht der Autoritätsbegriff an sich, wohl aber sind seine jeweiligen Autoritätsträger umstritten.Es gibt zwischen den Gruppen umstrittene Richtungsautoritäten. Sie hat schon die Antike gekannt, wie Themistokles und Aristides, Caesar und Pompejus, auch – um ein anderes Beispiel zu nennen – die Reformation wie Luther, Zwingli und Calvin. Im neuzeitlichen Verfassungsstaat entspricht dem Bedürfnis nach politischer Autorität das Ringen um Autorität. Vielfach haben Richtungsautoritäten nur begrenzte Ansehensmacht und sind vorübergehende Erscheinungen geblieben. Wenn man grob zwischen Richtung und Leistung unterscheidet, so vermag Leistung in Verbindung mit Fortune Richtungsgrenzen zu überwinden. Der erste Reichspräsident Friedrich Ebert gewann in seinen letzten Lebensjahren mehr und mehr an Autorität. Stresemann hatte von 1924 bis zu seinem Tod im Jahre 1929 eine weit über die eigene Partei hinausragende Autorität. Dasselbe kann man von dem Reichskanzler Heinrich Brüning, Mitglied und Abgeordneter der katholischen Zentrumspartei, nach zweijähriger Kanzlerschaft sagen. Aber gerade deswegen mußte Hindenburg auf Drängen der Rechten, was schon einer Erpressung gleichkam, Brüning im Mai 1932 entlassen. Churchill wurde im Zweiten Weltkrieg weit über den Bereich seiner eigenen Partei zu einer politischen Autorität in England, und Adenauer in der Bundesrepublik Deutschland seit Mitte der fünfziger Jahre.

Es gibt so etwas wie eine Autoritätsschwelle. Setzt ein Politiker in führender Position seine hartumstrittene Politik durch und zeigt diese Erfolge, dann hat er Autorität zu erwarten. Bietet sich ihm diese Möglichkeit nicht, dann ist er um seine Autoritätschance gebracht. Das kann gerade in der Demokratie mit der Wahlabhängigkeit von Parlaments- und Regierungszusammensetzung eine Rolle spielen. Andererseits gibt es so etwas wie Autoritätsschwund, die nicht seltene tragische Erscheinung schrumpfender Autorität. Autoritätsschwund zeigte sich bei Bismarck zu Ende der achtziger Jahre. Das beruhte einmal auf

Altersschwäche, die die nähere und weitere Umgebung mehr und mehr spürte, zum anderen auf dem Generationenwechsel, der durch die Thronbesteigung des einunddreißigjährigen Wilhelm II. in Erscheinung trat. Bismarck behielt aber noch ein gut Teil politischer Autorität nach seiner Entlassung bis zum Tode.

Autoritätsschwund kann langsam, stufenweise in Erscheinung treten, Autoritätsverlust durch ein Ereignis. Im Sommer 1908 hatte Kaiser Wilhelm II. während eines Besuches in London der englischen Zeitung *Telegraph* über Deutschlands Haltung gegenüber Großbritannien ein Interview gegeben. Vor der Veröffentlichung hatte er es dem Reichskanzler Fürst Bülow zur Prüfung gesandt. Bülow hatte es im Drange der Geschäfte nicht gelesen und zur Publizierung freigegeben. Im Herbst wurde es veröffentlicht. Das Interview enthielt peinliche Wahrheitsentstellungen, blamable Indiskretionen und grobe Taktlosigkeiten des Kaisers. Damit enthüllte es *schlagend* und unwiderlegbar den infantilen außenpolitischen Dilettantismus des Kaisers. Zwar trug Bülow die verfassungsmäßige Verantwortung, aber daß es die eigenen Worte des Kaisers waren, war nicht zu bestreiten. Das Ausland war empört; in der deutschen Presse erhob sich ein Sturm der Entrüstung. So erfuhr Wilhelm II. einen Autoritätsverlust, von dem er sich nicht wieder erholt hat.

Es gibt Politiker, die nach ihrer Persönlichkeitsanlage Autoritätswirkung auszuüben vermögen, aber infolge für sie ungünstiger Mehrheitskonstellationen keine Chance haben, Amtsautorität, also die Basis zu erwerben und persönliche Autorität zu zeigen und zu steigern. Ein Beispiel dafür ist der Sozialdemokrat Carlo Schmid. Er war wahrscheinlich im Parlamentarischen Rat die politisch bedeutendste Figur und hat den für die Verfassungsgestaltung entscheidenen Hauptausschuß mit überlegener Energie geleitet. Seitdem gilt er als eine politische Autorität. Aber um sie im größeren Ausmaß zur Geltung zu bringen, hat er keine Möglichkeit gehabt. Als 1966 die Sozialdemokratie in die Regierung eintrat, war der Siebzigjährige, der schwer um seine Gesundheit zu ringen hatte, für ein führendes Amt zu alt.

In der Demokratie kann es mehr noch als im patriarchalisch-feudalen System sehr unterschiedlich konzentrische Autoritätskreise für den einzelnen geben. Ebert, Reichspräsident von 1919-1925, gewann sehr bald an Ansehen in Berlin bei denen, die ihn kannten und beurteilen konnten – Regierung, Ministerialbürokratie, militärische Führung, Parlament und Verbände. Dazu gehörten auch die, die ihm politisch ferner oder im Gegensatz zu ihm standen. Außerhalb dieses engeren Kreises war durch politische Gegensätze die Animosität und Mißachtung gegenüber dem sozialdemokratischen Reichspräsidenten und ehemaligen Sattlergesellen sehr stark. Das ließ nur allmählich nach. Andererseits verlor Ebert an Autorität in den eigenen Reihen. So schloß ihn die Sattlergewerkschaft aus, weil er als Reichspräsident ihren Richtungsansprüchen nicht genügt hatte.

Als Hindenburg 1932 das zweite Mal zum Reichspräsidenten gewählt werden sollte, war mit den Lebenskräften des 85jährigen die Autorität so geschwächt, daß sie kaum mehr wirkte; aber sie bestand noch im Volk, das ihn im alltäglichen Umgang nicht kannte, sondern ihn nur sah und hörte, wenn er sich besonders aufgerafft hatte und dafür zurechtgemacht war. Hindenburg verlor bei der Rechten, die ihn 1925 gewählt hatte, Autorität, weil er durch seine Haltung zur Konsolidierung der Republik beigetragen, einen Sozialisten zum Reichskanzler ernannt und den bei den Nationalisten verhaßten Stresemann im Amt gehalten hatte. Er gewann Autorität bei den republikanischen Parteien, die ihn 1925 bekämpft hatten und 1932 wählten.

Als Ende der fünfziger Jahre in der CDU/CSU-Fraktion eine interne Autoritätskrise um Adenauer einsetzte, die in diesem Bereich zum Autoritätsschwund führte, konnte er sich trotzdem noch bis 1963 als Kanzler, dank seiner Autorität in weiten Kreisen der Bevölkerung, eben in der Wählerschaft, halten.

In der Demokratie mit ihrer Abhängigkeit von Wahlen können die Grenzen zwischen Autorität und Popularität fließend sein. Adenauer hatte von Anfang an Autorität im Kabinett und in der Fraktion, aber gewann erst mit der Zeit Popularität. Auf diese Popularität sich stützend, suchte er den 1958/59 einsetzenden Autoritätsschwund zu überwinden, was ihm sehr bedingt bis 1963 gelang. Autorität eines überaus erfolgreichen Wirtschaftspolitikers hatte Ludwig Erhard. Er galt deswegen als der weithin unbestrittene Kandidat für die Nachfolge Adenauers. Dieser Kandidatur widersetzte sich nur Adenauer mit kleinem Anhang. Aber letztlich war es bei Erhard mehr Popularität als Autorität. Partei und Fraktion sahen in ihm den Mann, der Adenauer als »Wahllokomotive« zu ersetzen vermochte. Ungeachtet seiner zweijährigen nicht gerade erfolgreichen Regierungsführung errang der

Kanzler Erhard im Herbst 1965 bei den Bundestagswahlen einen beachtlichen Sieg für seine Partei. Im März 1966 wurde er anstelle von Adenauer als Parteivorsitzender gewählt. Trotz seines außerordentlichen Einsatzes für die CDU bei den nordrhein-westfälischen Landtagswahlen im Sommer 1966 erlitt diese eine Wahlniederlage. Damit hatte Erhard seinen Funktionswert als »Wahllokomotive« eingebüßt. Als im Spätherbst die FDP-Mitglieder aus der Regierung austraten, stürzte faktisch die CDU/CSU Erhard als Kanzler.

Es kann verschiedene Autoritätsebenen geben. Ein Bürgermeister mag Autorität, sogar unbestritten, in seiner Gemeinde haben, aber er könnte sie verlieren auf dem Posten eines Ressortministers oder Regierungschefs, weil er dem Format dieses Amtes nicht gewachsen ist. Einer kann dank fachlicher Qualifikationen als Ressortminister Autorität haben, aber diese Qualifikation reicht nicht aus für das Amt eines Staatsoberhauptes oder Regierungschefs. Erhard war ein höchst erfolgreicher Wirtschaftsminister und hatte als solcher auch Autorität, aber erwies sich als der Kanzleraufgabe nicht gewachsen, was Adenauer vorhergesehen hatte. Auch Heinrich Lübke war ein besonders qualifizierter Ernährungsminister, aber für das Format des Bundespräsidentenamtes reichte es nicht aus.

Der politischen Autorität sind durch ihre Kompetenzen – allerdings mit Toleranzen – Grenzen gesetzt. Überschreitet sie diese, so kann es zu Konflikten kommen. So kann der Autorität Zuständigkeit und Sachverständnis bestritten werden. Autoritätsanmaßung kann sich zeigen, wenn einer Autorität beansprucht, die er nicht hat, oder wenn er seine Autoritätsgrenze überschreitet. Im letzten Fall kann es vorkommen, daß, wenn die Anerkennung auf einem Gebiet jenseits der eigenen Zuständigkeit versagt wird, dadurch auch die kompetente Autorität angeschlagen oder gar erschüttert wird.

Autorität kann graduell verschieden stark sein. Überschreitet einer den ihm zustehenden oder zuerkannten Grad seiner Autoritätskapazität, so kann das zur Minderung oder sogar Einbuße führen. Es besteht eine Art von Autoritätsrisiko. Wie es eine Überschreitung, so kann es auch eine Unterschreitung des Autoritätsrisikos geben. Mancher unterläßt Entscheidungen, um dieses Risiko nicht einzugehen.

Die auf Sachverständigkeit beruhende Autorität, kurz auch

»Sachautorität« genannt, hat es zu allen Zeiten gegeben. Der griechische Historiker Polybius (220-120 v. Chr.) war 167 von den Römern gefangengenommen worden und damit Sklave mit der ganzen Rechtlosigkeit jener Zeit. Trotzdem war er einflußreicher Ratgeber des Feldherrn Scipio Aemilianus und hat eine Weltgeschichte seiner Zeit von hohem Rang geschrieben.

Die amerikanische Soziologie hat für diese Art von Autorität das Wort »funktionale Autorität« gefunden. »Funktionale Autorität beruht . . . auf geachteter Sachverständigkeit. . . Wenn der Bewerber um funktionale Autorität sich der Folgeleistung der zu beeinflussenden Partei versichern will, muß er Sachverständigkeit nachweisen. . . Funktionale Autorität beruht also u. a. auf den Bemühungen des Bewerbers, andere von seiner Sachkunde zu überzeugen und sich dadurch ihr Legitimitätseinverständnis zu schaffen. . . . Aus Mangel an eigener Sachkenntnis, aus Bequemlichkeit, aus Mangel an Prüfungsmitteln oder anderen Gründen, verläßt sich die beeinflußte Partei häufig auf mehr oder minder gute Annäherungen an einen solchen Beweis. Zu diesen Quasibeweisen gehören vor allem Schlußfolgerungen aus Erfolg und Ruf des Sachverständigen. . . Wirkung und Prestige des Experten bleiben trotz ihrer wahrscheinlichen Bindung an die Expertise verdächtig; jeder hat das Recht und sogar die Pflicht, solche Deduktionen zu bezweifeln und ausschließliche Berücksichtigung des direkten Beweises zu fordern. Daraus folgt, daß diese Art Einfluß in einer unaufhörlichen »Legitimitätskrise« steht. Anerkennung und so auch Folgeleistung sind in diesem Typus an direkte, objektive Nachweise der Sachkunde gebunden. Das heißt aber, daß diese Autorität auf jede Herausforderung (durch ein zu lösendes Problem, Zweifel der beeinflußten Partei oder auch Selbstkritik) mit einem neuen Beweis antworten muß und unmittelbar nach Lieferung solcher Unterlagen wieder aufgehoben ist. Im idealtypischen Fall gibt es keine funktionale Autorität unabhängig vom Beweis der Sachverständigkeit. Damit wird dieser Einfluß theoretisch zu einer durchaus labilen Erscheinung, die in bestimmten Situationen oder bezüglich spezifischer Probleme auftreten kann« (Hartmann, *Funktionale Autorität,* S. 57 ff).

In den konstitutionellen Staaten,vor allem in den modernen mit ihren komplexen und komplizierten Problemen, spielt die funktionale Autorität ein bedeutsame Rolle. Von Bismarck stammt das Wort: »Ich bin ein Mann, der an Autoritäten glaubt und sich ihnen da, wo ich nicht notwendig auf mein eigenes Urteil verwiesen bin, gern unterordnet.« Obgleich das Wort Autorität hier im Plural gebraucht ist, denken viele, die nur den ersten Halbsatz kennen, an gottgegebene Autorität. Bismarck hat sich hier aber, wie der zweite Halbsatz zeigt, auf funktionale Autorität berufen. Bismarck verstand nicht viel von Wirtschaftspolitik, die zu seiner Zeit in erster Linie Handelspolitik war, und gab das offen zu. Er war hier auf seine Ratgeber angewiesen. Sein engster Mitarbeiter seit 1867 war der Staatssekretär Rudolf v. Delbrück, Präsident des Reichskanzleramts, das, wenn auch mit sehr viel weitergehenden Kompetenzen, dem heutigen Bundeskanzleramt entsprach. Bismarck hatte Delbrück die Führung der Handelspolitik in eigener Zuständigkeit überlassen. In der ersten schweren Wirtschaftskrise des Reiches zu Mitte der siebziger Jahre entschied sich Bismarck für die Umschaltung von Freihandels- auf Schutzzollpolitik, und zwar entgegen dem Rat Delbrücks, einem überzeugten Freihändler, wie es bis dahin auch Bismarck gewesen war. Wegen dieser grundsätzlichen Gegensätze bestand 1876 Delbrück auf seinen Rücktritt. Zwei Jahre später wurde er in den Reichstag gewählt. Am 21. Februar 1879 war Bismarck wegen der Handelspolitik während seiner ganzen Amtszeit, also weitgehend der Delbrücks, von linksliberaler Seite scharf angegriffen worden. Bismarck erwiderte: ». . . Wenn ich aber für eine Aufgabe, wie die Konsolidierung des Deutschen Reiches in seinen ersten Anfängen oder des Norddeutschen Bundes als Vorakt zum Deutschen Reich, um die Mitwirkung eines Staatsmannes von der Bedeutung in seinem Gebiet, wie der Herr Abgeordnete Delbrück es ist, mich bewarb und sie erhielt, so liegt doch ganz klar, . . . daß ich damit nicht die Prätention verbinden konnte, daß der Herr Präsident Delbrück die wirtschaftlichen Geschäfte, in denen er die erste Autorität in ganz Deutschland war, nach meiner Leitung und meiner Anweisung führen sollte, sondern es war natürlich cum grano salis gegeben, daß ich, wie es auch in der Tat der Fall, vertrauensvoll mich seiner Führung überließ, und ich bin auch weit entfernt, zu sagen, daß ich dieses Vertrauen bereue. . . Ich bin ein Mann, der an Autoritäten glaubt und sich ihnen da, wo ich nicht notwendig auf mein eigenes Urteil verwiesen bin, gern unterordne. Wenn ich dem Rock entsprechend, den ich trage, zu Felde zu ziehen hätte, und ich hätte das Glück, vom Herrn Feldmarschall Graf Moltke geleitet zu werden, so würde ich mich unbedingt seiner Führung unterordnen, und erst dann, wenn er sagt: Jetzt gehe ich nach Hause, würde ich sagen: Ja, jetzt stehe ich auf mich selber angewiesen und muß mir selbst helfen. Ich weiß nicht, ob ich nicht damals, als der Herr Präsident Delbrück seine Stellung aufgab, noch weitere Opfer an meiner Ansicht gebracht hätte, um nicht bloß – es wäre unrichtig, wenn ich sagen wollte, mir –, sondern um der Gesamtheit die Mitwirkung meines Kollegen zu erhalten. Ich weiß nicht, inwieweit die stärker und stärker werdende Erkenntnis des Notstandes, in dem wir leben, mich schließlich genötigt hätte, einen Abschnitt zu machen. Ich habe die Hoffnung, angesichts der Notlage, in der sich das Land befindet, mich mit meinem früheren Herrn Kollegen zu verständigen über eine neue Form beiderseitiger Mitwirkung, noch vor einem Jahre nicht aufgegeben. Aber, nachdem er mir seine Mitwirkung versagt hat aus Gründen, über die er ja selbst Richter ist, so bin ich gezwungen, wenn ich nicht überhaupt zurücktreten will, was ich ja mehrmals versucht habe, und was mir aus Gründen, die nicht hierher gehören, nicht gelungen ist – wenn ich nicht zurücktreten will, bin ich durch meine Stellung gezwungen, mir eine Meinung über alles zu bilden, in dem ich früher der Führung des Herrn Abgeordneten Delbrück gefolgt bin« (Bismarck, *Die gesammelten Werke,* Bd. 12, S. 25 f.).

Adenauer, Gegner und Verfolgter des Naziregimes, hatte 1949 gleich nach seiner Ernennung zum Bundeskanzler Hans Globke in das Bundeskanzleramt geholt. 1953 wurde dieser Staatssekretär und Chef des Bundeskanzleramtes. Er blieb es bis zum Ausscheiden Adenauers 1963. Globke, Angehöriger der katholischen Zentrumspartei, war als Beamter (Ministerialrat) im Dritten Reich geblieben, und zwar im Reichsinnenministerium. 1935 hatte er zusammen mit dem Staatssekretär Stuckart einen Kommentar zu den Nürnberger nationalsozialistischen Rassengesetzen herausgegeben. Deswegen wurde er in der Öffentlichkeit scharf angegriffen. Mehrfach hatte die Opposition seinen Rücktritt verlangt, er selbst hatte ihn angeboten. Aber Adenauer bestand auf Globkes Verbleiben im Amt wegen dessen überragenden politisch-administrativen Fähigkeiten, wegen seiner Sachautorität, die auch von seinen Gegnern nicht bestritten wurde.

Es gibt auch eine kollektive funktionale Autorität. Die Beamtenschaft des Kaiserreiches stand nicht nur in Deutschland, sondern weit über dessen Grenzen hinaus wegen ihrer Qualifikation in hohem Ansehen. Das kann als funktionale Autorität eines Standes gelten. Deshalb hat der revolutionäre Rat der Volksbeauftragten im November 1918 das monarchische Beamtentum übernommen, weil er glaubte, auf dieses angewiesen zu sein. Das hat zu Konflikten und im ganzen zu einer Belastung des demokratischen Systems geführt.

In den modernen, technokratischen Vorstellungen spielt die funktionale Autorität eine wesentliche Rolle. Der Politikwissenschaftler Martin Greiffenhagen sagt von diesen Vorstellungen im konservativen Bereich: »... so findet sich auf den konservativen Flügeln durchgängig ein offenes Bekenntnis zur Technologie als moderner Staats- und Regierungsform. Man führt den Sachverstand von Experten offen gegen das demokratische Mehrheitsprinzip ins Feld ... Autorität soll wieder in einem durchgängigen Sinn Geltung haben, jetzt nicht mehr als die naturwüchsige Distanz zwischen Vätern und Kindern, Landesvätern und Landeskindern, sondern als die durch Sachzwänge gegebene, prinzipiell ebenso unaufhebbare Distanz zwischen dem Fachmann, der sich auskennt, und den unwissenden Massen des Volkes. (*Konservativismus* in: *Meyers Enzyklopädisches Lexikon*, Bd. 14).

Der englische Nationalökonom Walter Bagehot unterscheidet in seinem 1867 zum ersten Mal erschienenen Buch *British Constitution* zwischen dignified und efficient parts einer Verfassung. Dignified part ist der englische König. Er kann, wie Bagehot sagt, »raten, empfehlen und warnen«. Aber er kann nicht befehlen. Das Wort »the king can do not wrong« (»Der König kann nicht Unrecht tun«) impliziert ein faktisches Handlungsverbot für den parlamentarisch nicht verantwortlichen Monarchen. Es ist Ansehen ohne Macht. Die auctoritas im Sinne von Ansehen wird geschont durch Verzicht auf potestas. Die monarchische Institution hätte trotz der Tradition in einem konventioneller Tradition zugetanen Volk, wie dem englischen, sich vielleicht kaum gehalten, wenn nicht die Monarchen seit Königin Viktoria, also seit 1832, ununterbrochen über persönliche Autorität verfügt hätten. Welchen politischen Einfluß König Georg V. (1912-1936) bei Anpassung an die jeweilige politische Konstellation gehabt hat, zeigt anschaulich und glaubwürdig die Biographie über die von Harold Nicolson, der das königliche Archiv uneingeschränkt benutzen konnte. Daß dieser kluge und dank seiner langen Regierungszeit erfahrene, aber sehr zu Zurückhaltung und Behutsamkeit neigende König die Befähigung, Premierminister zu werden, gehabt hätte, ist kaum zu bezweifeln. Als König konnte er dank seiner Amtsautorität die Premierminister zwar zu sich bitten; doch diskret beratenden und empfehlenden Einfluß vermochte er nur dank seiner persönlichen Autorität auszuüben, die ohne Amtsautorität nicht zur Geltung gekommen wäre. Um mit Bagehot zu reden: durch sein Amt gewinnt er Autorität, von seiner Persönlichkeit hängt deren Wirkung ab.

Das Wort »the king can do not wrong« wurde auch weitgehend zur Maxime der gewählten Staatsoberhäupter in parlamentarischen Demokratien. Das führte zu der vielbeachteten, wenn auch nicht unbestrittenen Übung, daß das Staatsoberhaupt zum Zweck der Autoritätsschonung durch Interventionsverzichte über der Kritik der öffentlichen Meinung stehen sollte, sofern er deren Schonung respektierte.

Im demokratischen System, in dem Entscheidungen durch Streit getroffen werden, ist das Staatsoberhaupt das friedenstiftende Organ. Es bestand und besteht vielleicht auch noch ein Bedürfnis nach symbolischer Autorität. Sie soll, um sich zu behaupten, zumindest nach außen inaktiv bleiben. Eine typische Erscheinung war Theodor Heuss. Wäre er nicht zum Bundespräsidenten gewählt worden, dann wäre er vielleicht ein bekannter Politiker, sicherlich ein angesehener politischer Schriftsteller geblieben. Durch seine Reden, Aufsätze und Bücher war er aufgefallen, aber eine kraftvolle politische Figur war er nicht. Er hätte im ersten Jahrzehnt vielleicht eher die FDP als Vorsitzender zu integrieren vermocht, als es einigen seiner Nachfolger gelungen ist, aber schon die Fraktionsführung im Parlament hätte ihm nicht gelegen und wohl auch kaum eine Ministerposition. Heuss war die dem Amt des Bundespräsidenten gemäße Erstausrüstung, wie es vielleicht damals kaum ein anderer hätte sein können. Durch das Amt wurde er zu einer Autorität, aber er behauptete und steigerte sie durch seine Persönlichkeit. Das Amt gab ihm eine Chance, wie sie trotz seiner literarischen und rhetorischen Begabung sonst nicht bestanden hätte. Gerade seine Briefe an Toni Stolper (Theodor Heuss, *Tagebuchbriefe 1955-1963*) zeigen, wie bedächtig er seine Autorität pflegte, aber auch schonte durch vielleicht mehr Inaktivität, als es das Amt verlangte. Er hortete Autorität; wahrscheinlich hat es ihr gedient, daß deren Einsatz nicht gefordert wurde und er auch selbst keine Gelegenheit suchte, der Bewährungsprobe ausgesetzt zu werden.

Auf dem harten und mühseligen, oft langwierigen Weg zur Autoritätsposition bleiben viele liegen, weil der Kräfteverschleiß, die Abnutzung zu groß ist und die Autoritätssubstanz nicht ausreicht; Von den wenigen, die das Ziel erreichen, vermögen sich nur einige zu behaupten. Auf dem Sockel, auf den sie gehoben werden, schrumpft optisch die Gestalt in der Sicht der unter ihnen Stehenden. Es muß einer sich selbst steigern, um zumindest die Proportion zum Sockel zu wahren; eine momentane Aufplusterung genügt nicht. Dann zerfällt die Autorität, dann erscheinen die mit Amtsautorität ausgestatteten Personen kleiner, als sie in Wirklichkeit sind.

Meist sind es engere Zirkel, die das Führungspersonal präsentieren, aber dies bedarf der Bestätigung durch größere Kreise bis zu der durch die Volkswahlen. Um es drastisch und überspitzt in Umkehrung des Stahlschen Satzes auszudrücken: Majorität schafft Autorität (s. S. 116) durch den filtrierten Ausleseprozeß von der Kandidatenaufstellung durch die Parteien über die Parlaments- bis zu den Kanzlerwahlen. Der Autorität der Institutionen soll die Qualität ihrer gewählten Inhaber gemäß sein. Institutionelle und persönliche Autorität, Amtswürde und menschliche Würdigkeit sollen einander die Waage halten. Die Autorität des Amtes ist gleichsam ein Vorschußkredit an den Amtsinhaber. Er muß sie mit Zins und Zinseszinsen zurückzahlen, um mit seiner persönlichen Autorität die Amtsautorität wirksam zu machen. Autorität kann nur bestehen, wenn sie eine Zeitlang Bestand hat. Der Senkrechtstarter hat noch nicht ohne weiteres Autorität, sondern Prestige. Prestige vermag Autorität nicht zu ersetzen und darf nicht mit ihr verwechselt werden. Prestigium ist das lateinische Wort für gauklerisches Beiwerk. »Das waren einmal die Tricks und gespenstischen Begebenheiten, aus denen sich das Repertoire der Gaukler, Poseure und Spielleute zusammensetzte. Ihre Kunstfertigkeit war damals darauf abgestellt, daß sie dem Publikum unbegreiflich blieben und deswegen Bewunderung entlockten« (Kluth, *Sozialprestige und sozialer Status*, S. 26). Was unter Prestige vor dem Ersten Weltkrieg zu verstehen ist, sagt Georg Simmel in seiner *Soziologie:* »Von der Autorität ist die Superioritätsnuance zu unterscheiden, die man als Prestige bezeichnet. Bei dieser fehlt das Moment der übersubjektiven Bedeutung, der Identität der Persönlichkeit mit einer objektiven

Kraft oder Norm, für das Führertum ist hier die ganz individuelle Kraft entscheidend; sie bleibt nicht nur als solche bewußt, sondern gegenüber dem Durchschnittstypus des Führers, der immer eine gewisse Mischung aus persönlichen und angegliederten sachlichen Momenten zeigt, geht das Prestige ebenso von dem reinen Persönlichkeitspunkte aus, wie die Autorität von der Objektivität von Normen und Mächten. Obgleich grade diese Superiorität ihr Wesen in dem ›Mitreißen‹, in der bedingungslosen Gefolgschaft von Einzelnen und Massen hat – mehr als Autorität, deren höherer, aber kühlerer Normcharakter eher einer Kritik auch der Folgsamen Raum gibt – so erscheint sie dennoch als eine Art freiwilligerer Huldigung an den Höheren. Vielleicht liegt der Tatsache nach in der Anerkennung der Autorität eine tiefere Freiheit des Subjekts, als in der Bezauberung durch das Prestige eines Fürsten oder eines Priesters, eines militärischen oder geistigen Führers; allein für das Gefühl der Geführten ist es anders; gegen die Autorität können wir uns oft nicht wehren, der Elan aber, mit dem wir einem Prestige folgen, enthält stets ein Bewußtsein von Spontaneität« (S. 103).

Heute bedeutet Prestige gesellschaftliche Geltung, Ansehen nach dem Maßstab dieser Geltung. Aus dem Prestige werden nicht selten diskrete Privilegierungsansprüche abgeleitet, wie eingeladen zu werden, einen guten Platz in der Tischordnung zu haben usw. Kriterien sind Herkunft, Vermögen und Stellung, ebenso Verwandtschaft und sonstige enge Beziehungen zu Prominenten. Prestige vermag man sich auch zu beschaffen. Die nivellierte Gesellschaft sieht nach Merkmalen äußerer Unterschiede, wie Klasse des Kraftwagens, Ausstattung der Büros usw. Man achtet darauf, daß dem Prestigebedürfnis beispielsweise von Ministern Rechnung getragen wird, eben durch die Klasse des Dienstwagens, durch Blaulicht oder Polizeieskorte, die heute den Purpur und den Umfang des Gefolges ersetzen. Dem politischen Prestigebedürfnis wird vielfach durch demokratischen Byzantinismus entsprochen. Es kann einer, der Autorität hat, auch Prestige haben, aber wer Prestige hat, hat deswegen noch nicht Autorität. Das Wort »Image«, das aus der amerikanischen sozialpsychologisch orientierten Absatzforschung und Werbepsychologie entnommen ist und auch in der Politik verwendet wird, wird aus einer irgendwie gearteten Scheu vor dem Wort »Autorität« an dessen Stelle zu Unrecht gebraucht.

»Autoritarismus« zwischen den beiden Weltkriegen

Das Wort »Autoritarismus« findet sich kaum in einem Lexikon oder Wörterbuch. Es kam in der politischen Terminologie nach dem Ersten Weltkrieg auf. Das übliche Adjektiv von Autorität ist autoritativ, so beispielsweise die autoritative Äußerung eines angesehenen Gelehrten. Daneben gab es schon im 19. Jahrhundert das sehr viel seltener gebrauchte Wort autoritär. Dies kam aber in erster Linie durch Max Webers *Wirtschaft und Gesellschaft* zur Geltung. Für ihn war das Wort autoritär das Adjektiv zum Substantiv Autorität, nämlich im Sinn von Herrschaft (s. S. 46 ff.), und dem entsprach in entgegengesetzter Bedeutung antiautoritär. Sicherlich mit durch Einwirkung Max Webers erhielt dies Wort zu Anfang der zwanziger Jahre eine besondere Bedeutung, und zwar im Sinn des Stahlschen Wortes »Autorität, nicht Majorität« (s. S. 116). Nur wer autoritär regierte, also allein und selbständig, ohne sich auf Mehrheitsbeschlüsse zu stützen oder sich hinter sie zu verstecken, würde Autorität haben.

»Autoritär« wurde zur Kampfparole gegen Demokratie und Parlamentarismus. In der Demokratie vermöchte Autorität nicht zu bestehen. Deshalb müsse sie neu geschaffen werden. Autoritär war die Kennzeichnung eines Systems, in denen die Exekutivspitze überhaupt nicht oder nur ganz beschränkt von der Volksvertretung abhängig war.

Auf die starke Expansion des Parlamentarismus in Europa nach dem Ersten Weltkrieg folgte sehr bald und in wachsendem Maß ein Rückschlag. In unterschiedlichen Formen und auf unterschiedliche Art bildeten sich Regime, denen gemeinsam war, daß sie faktisch mehr oder minder parlamentarisch unabhängig waren. Deren Machtbasis war meist das Militär. Man sprach von »autoritären« Staaten: Türkei, Italien, Portugal, Polen, Ungarn, Jugoslawien, Rumänien, Griechenland, später Finnland, Österreich, Spanien und die baltischen Länder Litauen, Lettland und Estland. Deren demokratische Verfassungen waren durch offene oder verdeckte Staatsstreiche in autoritäre umgewandelt worden. Fehlerhafte Verfassungskonstruktionen, historisch bedingte, aber auch aktuelle Umstände, so mangels gesellschaftlicher und politischer Voraussetzungen für eine funktionsfähige demokratische Ordnung, Nationalitätenprobleme, Wirtschaftskrisen, Angst vor kommunistischer oder faschistischer Unterwanderung hatten zu anhaltenden Störungen oder Existenzbedrohungen geführt. Nicht selten hatten Figuren von starker persönlicher Autorität, wie Kemal Atatürk in der Türkei, Piłsudski in Polen, Svinhufvud in Finnland und Salazar in Portugal, auch Mussolini in Italien, die fehlende Autorität der legalen Institutionen zu ersetzen versucht. Zum Teil handelt es sich um »funktionale Diktaturen«, deren Aufgabe es war, den Staat einfach intakt zu halten, unter ihnen einige mit antifaschistischen Tendenzen, wie Rumänien, Finnland, Österreich und die baltischen Länder. Diese Erscheinungen bezeichnete man pauschal mit dem Wort Autoritarismus.

Der Staatsrechtslehrer Karl Löwenstein sagt in seiner *Verfassungslehre:* »Der Begriff ›autoritär‹ kennzeichnet eine politische Organisation, in welcher der alleinige Machtträger – eine Einzelperson oder ein ›Diktator‹, eine Versammlung, ein Komitee, eine Junta oder eine Partei – die politische Macht monopolisiert, ohne den Machtadressaten eine wirksame Beteiligung an der Bildung des Staatswillens zu gestatten. Der alleinige Machthaber zwingt der Gemeinschaft seine politischen Grundentscheidungen auf, er ›diktiert‹ sie den Machtadressaten. Der Ausdruck ›autoritär‹ bezieht sich aber mehr auf die Regierungsstruktur als auf die Gesellschaftsordnung. In der Regel begnügt sich das autoritäre Regime mit der politischen Kontrolle des Staates, ohne Anspruch darauf zu erheben, das gesamte sozioökonomische Leben der Gemeinschaft zu beherrschen oder ihre geistige Haltung nach seinem Ebenbild zu formen . . .« (S. 53). Löwenstein hat in den vierziger Jahren zwischen autoritärem und totalitärem Regime scharf unterschieden. »Im Gegensatz zum Autoritarismus bezieht sich der Begriff ›Totalitarismus‹ auf die gesamte politische, gesellschaftliche und moralische Ordnung der Staatsdynamik. Er ist eine Lebensgestaltung und nicht nur Regierungsapparatur. . . . Das totalitäre Regime versucht, das Privatleben, die Seele, den Geist und die Sitten der Machtadressaten nach einer herrschenden Ideologie zu formen, einer Ideologie, die denen, die sich ihr nicht aus freien Stücken anpassen wollen, mit den verschiedenen Hilfsmitteln des Macht-Prozesses aufgezwungen wird. Die geltende Staatsideologie dringt in die letzten Winkel der Staatsgesellschaft ein; ihr Machtanspruch ist ›total‹« (a. a. O., S. 55).

Nachdem in Deutschland der erste Schock über den inneren und äußeren Zusammenbruch des Kaiserreiches im November 1918 überwunden war, kam sehr schnell aus konservativ gestimmten Kreisen eine wachsende antidemokratische Strömung auf. Deren Tendenz war die Wiederherstellung des Status quo vor dem Ersten Weltkrieg. Der Kampf richtete sich gegen die republikanisch-demokratische Staatsform und gegen den Friedensvertrag von Versailles. Zwischen beiden sollte ein kausaler Zusammenhang bestehen; die demokratischen Parteien, Linksliberale, katholisches Zentrum und Sozialdemokratie wären durch ihren »Dolchstoß« politisch an der militärischen Katastrophe schuld. Die Feinde hätten Deutschland die Demokratie aufgezwungen, um es zu schwächen.

Wegbereiter: Oswald Spengler, Othmar Spann, Carl Schmitt.

Nach der Niederlage und dem aufgezwungenen Friedensvertrag erfuhr der deutsche Staat eine weitere schwere Autoritätseinbuße durch die galoppierende Inflation im Jahr 1923. Die Währung wurde im November auf der Basis 1 : 4,2 Billionen Mark stabilisiert. Das schuf zwar eine neue wirtschaftliche Grundlage, führte aber zur Enteignung weiter Kreise des Mittelstandes und auch des Kleinbürgertums. Sie verfügten damals über ein gewaltiges Sparkapital dank einer bis Kriegsende über viele Jahrzehnte gesicherten Währung. Auch das steigerte in hohem Maße die Staatsverdrossenheit, die sich mit Republikfeindschaft verband.
  An eine Wiederherstellung der konstitutionellen Monarchie war, abgesehen davon, daß sie legal überhaupt nicht durchzusetzen gewesen wäre, schon mangels eines geeigneten Thronprätendenten nicht zu denken. Es konnte sich also nur um eine Verfassungskonstruktion handeln, die mindestens zunächst ohne erblichen Monarchen, im übrigen der Monarchie ähnlich war. Der Ansatz sollte in der Stärkung der Macht des Reichspräsidenten liegen. Aber es ging nicht nur um ein politisches Organisationsproblem. An die Stelle der künstlich geschaffenen egalitären Demokratie sollte wieder die »organisch gewordene«, die natürliche Ungleichheit treten. »Als Ausdruck einer solchen nach Qualitäten abgestuften gebundenen Ordnung des politischen Lebens erscheint als neues politisches Strukturprinzip das pyramidalförmige Prinzip der Hierarchie, das die Gleichordnung durch die Über- und Unterordnung, die von unten nach oben konstru-

ierte, liberalistische Demokratie durch den von oben nach unten konstruierten, autoritären Staat ersetzen will« (Leibholz, *Die Auflösung der liberalen Demokratie in Deutschland und das autoritäre Staatsbild,* S. 65).

Der Bedeutungsinhalt dieser Art von Autorität orientierte sich vielfach auch, auf romantisierenden Vorstellungen fußend, am Idealtypus der Herrschaft der römischen Kaiser. In der Autoritätskrise der zwanziger Jahre wandte man sich wieder der römischen auctoritas zu. Nicht zuletzt ist dies Interesse auch dem 1925 erschienenen Aufsatz Richard Heinzes über »auctoritas« (s. S. 12, 19 f.) zu verdanken. Verdeckt kam in ihr die Sehnsucht nach einer politischen Autorität in Deutschland zum Ausdruck. Das zeigt auch das Buch Eduard Meyers *Caesars Monarchie und das Principat des Pompeius.* Eduard Meyer, damals ein Historiker von internationalem Ruf, einer der angesehensten Gelehrten der Universität Berlin, dachte ausgeprägt konservativ und nationalistisch und hat daraus keinen Hehl gemacht. Ohne es ausdrücklich zu sagen, projizierte er seine aktuellen politischen Sorgen und Hoffnungen in diese Arbeit, was damals, auch schon vorher, manche Historiker getan hatten.

Die Autoritätssehnsucht dieser Zeit kommt sehr sublim in den beiden Büchern des Heidelberger Literarhistorikers Friedrich Gundolf, *Caesar, Geschichte seines Ruhms* (1924) und *Caesar im neunzehnten Jahrhundert* (1926), zum Ausdruck. »Heute, da das Bedürfnis nach dem starken Mann laut wird, da man der Mäkler und Schwätzer müde sich mit Feldwebeln begnügt statt der Führer, da man zumal in Deutschland jedem auffallenden militärischen, wirtschaftlichen, beamtlichen oder schriftstellerischen Sondertalent die Lenkung des Volkes zutraut und bald soziale Pfarrer, bald unsoziale Generäle, bald Erwerbs- und Betriebsriesen, bald rabiate Kleinbürger für Staatsmänner hält, möchten wir die Voreiligen an den großen Menschen erinnern, dem die oberste Macht ihren Namen und Jahrhunderte hindurch ihre Idee verdankt: Caesar. . . . Wie der künftige Herr oder Heiland aussieht, weiß man erst, wenn er waltet. Seine Stunde und sein Werk weiß nur er selbst. Doch wie er nicht aussieht, das kann Kenntnis lehren, und nicht um der Politik sondern um der Bildung willen, das heißt um der Menschenwürde und der Scheu willen müssen die ewigen Gestalten wach bleiben, geschützt vor den Ansprüchen des dumpfen und gierigen Tags. Der Historiker, der Hüter der

Bildung (das ist sein Hauptamt), kann nicht gute Politik machen, nicht die fruchtbaren Entschlüsse fassen im werdenden Schicksal von Stunde zu Stunde. Doch die Luft kann er regen helfen, worin einsichtige Taten gedeihen und Geister werben für kommende Helden. In diesem Sinn ruft er die Geschichtskräfte und ihre Leiber, die Völker und die Führer« (*Caesar, Geschichte seines Ruhmes,* S. 7). Dies Buch war kein Pamphlet, sondern eine durchaus gelehrte Arbeit.

Der Historiker Ernst Kantorowicz hatte in einer literarisch höchst eindrucksvollen biographischen Idealisierung *Kaiser Friedrich II.* (1212-1250) als die prototypische Führergestalt verherrlicht (2 Bde., 1927-1931). Die Bücher wurden viel gelesen, vor allem von einer damals noch breiten, humanistisch ausgebildeten und daher an der Antike interessierten Schicht. Für Kantorowicz war Friedrich II. die ideale hochmittelalterliche Nachfolgefigur der römischen Kaiser. Seine Biographie war damals ein Bestseller. Gundolf und Kantorowicz gehörten beide dem von Stefan George ausgewählten Kreis mit seiner auf die große Persönlichkeit ausgerichteten Geschichtsauffassung, einem vergeistigten aristokratischen Lebensgefühl und der Hölderlinschen Hoffnung auf ein neues Germania an. Stefan George ist später völlig zu Unrecht als ein Prophet des »Dritten Reiches« angesehen worden. Die Nationalsozialisten hätten ihn gern für sich gewonnen, aber er verließ 1933 Deutschland.

Gundolf und Kantorowicz waren Juden. Gerade deren Bücher haben die weitverbreitete Sehnsucht nach einem starken Führer ermuntert und diese Vorstellungen wissenschaftlich bestätigt. Hitler will trotzdem die Biographie über Friedrich II. von Kantorowicz zweimal gelesen haben (Percy Ernst Schramm in Vorwort und Erläuterungen zu Picker, *Hitlers Tischgespräche 1941/42,* S. 69).

Nicht so sehr der altrömischen auctoritas als deren Wandlung über Caesar zu Augustus galt die Aufmerksamkeit. Man suchte nach dem deutschen Augustus. Kantorowicz wollte keineswegs auf Hitler ausgerichtete auctoritas-Erwartungen wecken, aber er vermochte es nicht zu verhindern, daß sie durch dessen Biographie aufkamen. Ulrich Gmelin zeigt mit seiner Arbeit *Auctoritas. Römischer Prinzeps und päpstliches Primat* (s. S. 31f., 36), wie sehr einige auctoritas-Interpretationen jener Zeit unter dem Eindruck des Autoritarismus und Hitlers gestanden haben.

Hitler war, nachdem sein Münchner Putsch 1923 kläglich gescheitert war, bis 1931 nur eine politische Randfigur. Das änderte sich schlagartig durch seinen überraschend großen Wahlerfolg von 1931. Die NSDAP errang unter dem Druck der Weltwirtschaftskrise und der galoppierend steigenden Zahl der Arbeitslosen statt bisher 12 Mandate 107 und wurde damit zur zweitstärksten Fraktion des Reichstages. Sie hatte den Autoritarismus nicht erfunden, sondern ihn übernommen, aber ihm durch ihren Führerkult eine besondere Steigerung gegeben.

Die autoritären Strömungen waren, angeregt durch ausländische Modelle, in ihrer Vielfalt entstanden aus überkommenen Obrigkeitsstaatsvorstellungen der Monarchie, aus nationaler Depression, aber auch aus Verzweiflung des durch die Inflation deklassierten Mittelstandes, der aus Angst einerseits vor der wirtschaftlichen Konzentration, andererseits vor der Macht der Gewerkschaften und damit vor der Proletarisierung das Heil in einer starken und deshalb nicht demokratisch konstruierten Staatsführung sah. Die Strömungen beruhten zudem auf stark verbreiteten, romantisch idealisierten Jugendbewegungsvorstellungen der Jungnationalen, die zunächst keineswegs nationalsozialistisch waren, und Jungkonservativen. Ein großer Teil dieser Jugend hatte noch im Krieg an der Front gestanden. Ein Teil wiederum der Frontgeneration sehnte sich nach einer im Inneren ständisch und bündisch geordneten, nach außen eben dank ihrer inneren Geschlossenheit festgefügten Gemeinschaft unabhängig von Parteiinteressen und -rivalität. Diese Gemeinschaft sollte unter einer starken Führung, möglichst einer kraftvollen, imposanten Gestalt, stehen, die den Staat nach den Grundsätzen des Gemeinwohls, wie es Thomas von Aquino gelehrt hatte, wenn auch viele kaum etwas von ihm wußten, lenkt. Es war eine klare Absage an Demokratie und Liberalismus.

Aber man dachte keineswegs an eine unumschränkte Diktatur, wie sie Hitler in der Partei ausübte und im Staat anstrebte. Die eigentlich Autoritären gingen vielmehr von einer teils ständisch, teils bündisch gegliederten Selbstverwaltung und von einer rechtsstaatlichen Ordnung aus, wie sie das Kaiserreich gekannt hat. Man sprach von einer »vernünftigen autoritären Lösung«. Das Wort Diktatur wurde ungern gebraucht. Aber um diese autoritären Pläne auf eine Formel zu bringen: sie liefen auf eine konstitutionelle Diktatur hinaus. Man lehnte eine gesetzgebende

Körperschaft, wie sie der kaiserliche Reichstag gewesen war, nicht grundsätzlich ab, wohl aber eine parlamentsabhängige Regierung.

Noch während des Ersten Weltkrieges hatte Oswald Spengler in der Erwartung eines deutschen Sieges den ersten Band seines zweibändigen Werkes *Der Untergang des Abendlandes. Umrisse einer Morphologie der Weltgeschichte* niedergeschrieben. Die Arbeit hatte er 1911 begonnen, die beiden Bände waren 1918-1920 erschienen. Der Verlag hatte den Haupttitel erfunden, ohne diesen hätte das Buch wohl kaum in der »Aschermittwochsstimmung des deutschen Volkes« so starkes Aufsehen erregt. Es ist eine vergleichende Geschichte des Entstehens, Wachsens und Vergehens von Hochkulturen, also auch der abendländischen, mit der Fragestellung, wie diese sich gegenüber der russischen und der farbigen Weltrevolution behaupten könne.

Charakteristisch sind allein einige Sätze am Schluß des zweiten Bandes: »In jedem Kriege zwischen Lebensmächten handelt es sich darum, wer das Ganze regiert. Es ist stets ein Leben, nie ein System, Gesetz oder Programm, das im Strom des Geschehens den Takt angibt. Das Aktionszentrum, die handelnde Mitte einer Menge sein, die innere Form der eignen Person zur Form ganzer Völker und Zeitalter erheben, das Kommando der Geschichte haben, um das eigne Volk oder Geschlecht und seine Ziele an die Spitze der Ereignisse zu führen, das ist der kaum bewußte und unwiderstehliche Trieb in jedem Einzelwesen von historischem Beruf. Es gibt nur persönliche Geschichte und deshalb nur persönliche Politik. Der Kampf nicht von Grundsätzen, sondern von Menschen, nicht von Idealen, sondern von Rassezügen um die ausübende Macht ist das erste und letzte, und auch die Revolutionen bilden keine Ausnahmen, denn ›Souveränität des Volkes‹ ist nichts als ein Wort dafür, daß die herrschende Gewalt den Titel Volksführer statt König angenommen hat. Die Methode des Regierens verändert sich damit kaum, die Lage der Regierten gar nicht. Und selbst der Weltfriede, so oft er schon da war, ist nichts gewesen als die Sklaverei einer ganzen Menschheit unter dem Regiment einer kleinen Zahl zum Herrschen entschlossener Kraftnaturen« (S. 550 f.).

»Aber der Mut einer Truppe hängt vom Vertrauen auf die Führung ab; Vertrauen, das heißt willkürlicher Verzicht auf Kritik. Der Offizier ist es, der Feiglinge zu Helden oder Helden zu Feiglingen macht. Das gilt von Heeren, Völkern, Ständen wie von Parteien. Politische Begabung einer Menge ist nichts als Vertrauen auf die Führung. Aber sie will erworben werden; sie will langsam reifen, durch Erfolge bewährt und zur Tradition geworden sein. Mangel an Führereigenschaften in der herrschenden Schicht ist es, was als mangelndes Gefühl der Sicherheit bei den Beherrschten zum Vorschein kommt, und zwar in jener Art von instinktloser, sich einmischender Kritik, die durch ihr bloßes Vorhandensein ein Volk außer Form geraten läßt« (S. 551 f.).

»Das Höchste aber ist nicht handeln, sondern befehlen können. Erst damit wächst der Einzelne über sich selbst hinaus und wird zum Mittelpunkt einer tätigen Welt. Es gibt eine Art des Befehlens, die das Gehorchen zu einer stolzen, freien und vornehmen Gewohnheit macht« . . . (S. 554).

»Die Heraufkunft des Caesarismus bricht die Diktatur des Geldes und ihrer politischen Waffe, der Demokratie. Nach einem langen Triumph der weltstädtischen Wirtschaft und ihrer Interessen über die politische Gestaltungskraft erweist sich die politische Seite des Lebens doch als stärker. Das Schwert siegt über das Geld, der Herrenwille unterwirft sich wieder den Willen zur Beute. . . . Für uns aber, die ein Schicksal in diese Kultur und diesen Augenblick ihres Werdens gestellt hat, in welchem das Geld seine letzten Siege feiert und sein Erbe, der Caesarismus, leise und unaufhaltsam naht, ist damit in einem eng umschriebenen Kreise die Richtung des Wollens und Müssens gegeben, ohne das es sich nicht zu leben lohnt.«. . . (S. 634 f.).

Der Nationalökonom Othmar Spann in Wien, österreichischer Katholik, hatte in seinem Buch *Der wahre Staat* (1921) und in seiner Schrift *Hauptpunkte der universalistischen Staatsauffassung* (1931) den Neubau des Staates auf ständisch-kooperativer Grundlage gefordert. Ständestaatsprojekte gab es viele, gerade in der katholischen Soziallehre. Aber seine Schrift »ist zweifellos das einflußreichste Dokument für diese Richtung geworden«. (Sontheimer, *Antidemokratisches Denken in der Weimarer-Republik,* S. 199). Spann bekämpfte liberalen Individualismus und sozialistischen Marxismus. Er stützte sich auf den Mystiker Meister Eckart und auf Thomas von Aquino (s. S. 84ff.), auf Adam Müller, Franz von Baader (s. S. 118f.) und die soziale Romantik. Der mechanistisch, demokratisch liberalen Staatsordnung stellte er den »organischen Staatsaufbau«, der »das Lebendige verwirklicht«, gegenüber. In einem solchen Ständestaat sollte kein Raum für die Vorherrschaft der Wirtschaft oder der Gegenmacht der Gewerkschaften sein. Die Innenpolitik wird ständisch reguliert. Interessenkonflikte werden autoritär durch den über der ständischen Gesellschaft stehenden Staat entschieden. Politik ist nur die auswärtige. »Deshalb kann es nur einen Willen geben, den des Staates, . . . «. Wegen der gegebenen Ungleichheit der Menschen ist eine streng hierarchische Ordnung, nämlich von Kriegern und Beamten erforderlich. An der Spitze des Staates steht ein Führer, gestützt auf eine politische Elite . . . »nicht Arbeit adelt, sondern Führerschaft adelt. . . . ein einziger Staatsheld gibt Jahrhunderten das Gepräge« (*Hauptpunkte der universalischen Staatsauffassung, S. 21*).

Die meist liberalen Kollegen Spanns beurteilten ihn skeptisch, wenn nicht gar verächtlich. Aber er übte einen starken Einfluß auf die Studenten aus. In deren mehr oder minder autoritären Kreisen war sein schwer verständliches Buch *Der wahre Staat* eines der am häufigsten gelesenen und zitierten. Ernst v. Salomon schreibt in seinem *Fragebogen* über Othmar Spann: »Ferne sei es von mir, diese ganze Lehre in ihrer runden, logischen Schönheit darzustellen. Ich erlebte zum ersten Mal als Lernender das berauschende Gefühl, von mir aus den Dingen hinzutun zu können, teilzuhaben am lebendigen Fluß, am organischen Aufbau einer Lehre, die, wenn sie richtig war, alles, was ich tat und dachte, mit einem vollen und gültigen Sinn erfüllte. Und ich erlebte es nicht allein. Spanns Auditorium war immer überfüllt. . . Jeder einzelne von Spanns Schülern mußte das Bewußtsein haben, an etwas selber mitzuarbeiten, was mit seiner Wahrheit mächtig genug war, die Welt zu erfüllen, jedes Vakuum auszugleichen, an einem System, so rund, so glatt, so kristallinisch in seinem inneren Aufbau, daß jedermann hoffen durfte, in gar nicht allzu langer Zeit den fertigen Stein der Weisen in der Hand zu haben« (S. 207).

Starken Anklang, vor allem in protestantischen Kreisen, fand Friedrich Gogarten, einer der einflußreichsten evangelischen Theologen, mit seinen beiden Schriften *Wider die Ächtung der Autorität* (1930) und *Politische Ethik* (1932). Das freie autonome Individuum zerstöre alle Ordnung. Der Staat sei eine Veranstaltung Gottes, um den Menschen vor der Macht des Bösen und dem Chaos zu bewahren. Er allein könne daher Freiheit und Souveränität haben, ein freies Individuum würde alle Ordnung zerstören.

183

Dem Autoritarismus als Phänomen, der halb Europa erfaßt hatte und in Deutschland einen wachsenden Anhang fand, konnte und wollte sich die Rechtswissenschaft nicht verschließen. Eindeutig stellte sich gegen ihn Hermann Heller in seiner Schrift *Europa und der Faschismus*. Eine verständnisvolle Beschreibung aus Distanz mit dem Versuch einer Typisierung gab Gerhard Leibholz in *Die Auflösung der liberalen Demokratie in Deutschland und das autoritäre Staatsbild*. »Hier (im Autoritarismus) wird die Autorität nicht übernatürlich (wie nach Auffassung junger evangelischer Theologien, so Gogarten) sondern natürlich durch Bewährung, Begnadung, Leistung erworben. Diese durch persönlichen Einsatz erworbene, ›naturgegebene‹ Autorität ist zugleich die Grundlage für die durch das Recht vermittelte Autorität. Denn das Recht vermittelt einer Ordnung und bestimmten Ämtern Autorität nur, weil ohne Anerkennung dieses Naturprinzips eine Gemeinschaft nicht existenzfähig ist. Insofern ist die Unterscheidung zwischen einer sogenannten tatsächlichen und rechtlichen Autorität nur von relativer Bedeutung, da die rechtliche Autorität letzthin nur der Ausdruck der tatsächlichen, daher natürlich begründeten Autorität ist. . . . Die Gemeinschaft muß an die betreffende Autorität als ein das Ichbezogene Bewußtsein bindendes, überindividuelles Prinzip glauben, d. h. die Instanz, die Autorität beansprucht, zumindesten tolerieren, um sie hierdurch zu sanktionieren. Ein einheitliches Bewußtsein muß Führer und Geführte, muß denjenigen, der Autorität hat, und diejenigen, die von der Autorität konkret richtungsbetroffen sind, zusammenschließen. Insbesondere in einem Zeitalter, das durch die Emanzipation der Massen gekennzeichnet wird und in dem ganz allgemein an die Stelle des ›Göttlichen Rechts der Monarchen‹ die überwältigende Majestät des Volkes‹ getreten ist, ist politisch Autorität, die nicht in der Luft schweben soll, ohne solchen näheren Kontakt zum Volke, ohne tiefere Volksverbundenheit nicht möglich ist. Durch eine solche plebiszitäre Unterbauung wird das Prinzip der Autorität nicht mediatisiert, sondern in Wirklichkeit politisch erst funktions- und lebensfähig gemacht« (S. 60 ff.).

Man sprach damals vom »plebiszitären« Autoritarismus. Das Plebiszit war allerdings nach den Erfahrungen in einigen autoritären Ländern nicht mehr als eine Farce. Am stärksten wirkte für den »plebiszitären« Autoritarismus Carl Schmitt. Er war in den zwanziger Jahren unter den Staatsrechtslehrern, wenn auch stark umstritten, zu einer führenden Erscheinung geworden, und zwar vor allem zunächst durch seine Kritik am parlamentarischen System. Seine Schrift *Die geistesgeschichtliche Lage des heutigen Parlamentarismus* war zum erstenmal 1923 erschienen, als sich tatsächlich in Deutschland eine schwere Krise des Parlamentarismus, wesentlich bedingt durch die wirtschaftliche Notlage und durch die außenpolitische Existenzgefährdung des Reiches, zeigte. Mit dieser Schrift wollte Schmitt, wie er selbst sagte, versuchen, »den letzten Kern der Institution des Parlaments zu treffen« (S. 30).Der Parlamentarismus wäre im Zeitalter der Massendemokratie nicht mehr funktionsfähig, nicht imstande, den »auswuchernden Pluralismus« zu beendigen. »Die Lage des Parlamentarismus ist heute so kritisch, weil die Entwicklung der modernen Massendemokratie die argumentierende öffentliche Diskussion zu einer leeren Formalität gemacht hat« . . .(S. 10). »Die Krise des modernen Staates beruht darauf, daß eine Massen- und Menschheitsdemokratie keine Staatsform, auch keinen demokratischen Staat zu realisieren vermag« (S. 22).

Mit einer geistvollen Analyse und Beschreibung der historischen und aktuellen Verfassungswirklichkeit und mit einer scharfsinnigen, suggestiven Kritik in geschliffener Sprache schuf er in den Verfassungsvorstellungen zunächst ein Vakuum. Wenn der Parlamentarismus schlechthin versagt hat, was kann dann an dessen Stelle treten? Schmitt gab eine Antwort: »Und doch ist die plebiszitäre Legitimität die einzige Art staatlicher Rechtfertigung, die heute allgemein als gültig anerkannt sein dürfte. Es ist sogar wahrscheinlich, daß ein großer Teil der heute zweifellos vorhandenen Tendenzen zum ›autoritären Staat‹ hier eine Erklärung findet. Diese Tendenzen lassen sich nicht einfach als reaktionäre oder restaurative Sehnsucht erledigen. Von weitaus größerer Bedeutung ist die Erkenntnis, daß in der Demokratie die Ursache des heutigen ›totalen Staates‹, genauer der totalen Politisierung des gesamten menschlichen Daseins zu suchen ist, und daß es . . . einer stabilen Autorität bedarf, um die notwendigen Entpolitisierungen vorzunehmen und, aus dem totalen Staat heraus, wieder freie Sphären und Lebensgebiete zu gewinnen. Das stärkste Motiv jener Tendenzen zur ›auctoritas‹ liegt aber, verfassungstheoretisch gesehen, in der Situation selbst und entspringt unmittelbar dem Faktum, daß gegenwärtig die plebiszitäre Legitimität als einziges, anerkanntes Rechtfertigungssystem übrig geblieben ist. Infolge ihrer Abhängigkeit von der Fragestellung setzen nämlich alle plebiszitären Methoden eine Regierung voraus, die nicht nur Geschäfte besorgt, sondern auch Autorität hat, die plebiszitären Fragestellungen im richtigen Augenblick richtig vorzunehmen. Die Frage kann nur von oben gestellt werden; die Antwort nur von unten kommen. Auch hier bewährt sich die Formel des großen Verfassungskonstrukteurs Sieyès: Autorität von oben, Vertrauen von unten. Die plebiszitäre Legitimität braucht eine Regierung oder irgendeine andere autoritäre Instanz, zu der man Vertrauen haben kann, daß sie die richtige Fragestellung und die große Macht, die in der Fragestellung liegt, nicht mißbrauchen werde« (*Legalität und Legitimität*, S. 93 f.).

Das Vertrauen darf also nicht mehr parlamentarisch, sondern nur noch plebiszitär und nur auf eine von der »Autorität« gestellten Frage zum Ausdruck gebracht werden. Bleibt die andere Frage nach dem Weg zum autoritären Regime. Carl Schmitts *Politische Theologie* beginnt mit dem Satz: »Souverän ist, wer über den Ausnahmezustand verfügt ... Jede generelle Norm verlangt eine normale Gestaltung der Lebensverhältnisse, auf welche die tatbestandsmäßige Anwendung finden soll und die sie ihrer normativen Regelung unterwirft. Die Norm braucht ein homogenes Medium. Diese faktische Normalität ist nicht bloß eine ›äußere Voraussetzung‹, die der Jurist ignorieren kann; sie gehört vielmehr zu ihrer immanenten Geltung. Es gibt keine Norm, die auf ein Chaos anwendbar wäre. Die Ordnung muß hergestellt sein, damit die Rechtsordnung einen Sinn hat. Es muß eine normale Situation geschaffen werden, und souverän ist derjenige, der definitiv darüber entscheidet, ob dieser normale Zustand wirklich herrscht. Alles Recht ist ›Situationsrecht‹. Der Souverän schafft und garantiert die Situation als Ganzes in ihrer Totalität. Er hat das Monopol dieser letzten Entscheidung. Darin liegt das Wesen der staatlichen Souveränität, die also richtigerweise nicht als Zwangs- oder Herrschaftsmonopol, sondern als Entscheidungsmonopol juristisch zu definieren ist, wobei das Wort Entscheidung in dem noch weiter zu entwickelnden allgemeinen Sinne gebraucht wird. Der Ausnahmefall offenbart das Wesen der staatlichen Autorität am klarsten. Hier sondert sich die Entscheidung von der Rechtsnorm, und (um es paradox zu formulieren) die Autorität beweist, daß sie, um Recht zu schaffen, nicht Recht zu haben braucht« (S. 19 f.).

Das war das entscheidende Stichwort für die Anhänger einer autoritären Lösung. Nach Art. 48 der Weimarer Verfassung konnte der Reichspräsident, wenn die öffentliche Sicherheit und Ordnung erheblich gestört oder gefährdet war, die zu deren Wiederherstellung erforderlichen Maßnahmen treffen, erforderlichenfalls mit Hilfe der bewaffneten Macht. Der Reichspräsident konnte Notverordnungen mit Gesetzeskraft erlassen, also auch bestehende Gesetze ändern oder aufheben, bestimmte Grundrechte außer Kraft setzen, die vollziehende Gewalt auf Reichsorgane übertragen, außerordentliche Gerichte einsetzen. Für diese Maßnahmen bedurfte er der Gegenzeichnung durch den Reichskanzler oder den zuständigen Reichsminister. Aber diese konnte er im Weigerungsfall entlassen und andere ernennen. Seine Maßnahmen mußten auf Verlangen des Reichstages außer Kraft gesetzt werden, doch er konnte diesen auflösen. Selbst ein so verfassungstreuer Staatsrechtslehrer wie Gerhard Anschütz spricht in seinem Verfassungskommentar, und zwar im Abschnitt über den Artikel 48 von der »Diktaturgewalt« des Reichspräsidenten (S. 283).

Tatsächlich hat der Artikel 48 in der schweren Krise von 1923 dem Reichspräsidenten Ebert und dem Reichskanzler Stresemann die rechtliche Handhabe gegeben, durch verfassungsmäßige diktaturähnliche Maßnahmen die Gefahr von Bürgerkrieg und Reichsauflösung zu verhindern und die Voraussetzung für die Stabilisierung der Wirtschaft zu schaffen. Auch Hindenburg und Brüning haben 1930-1932 einen verfassungsrechtlichen Mißbrauch des Artikels 48 gemieden. Der Artikel 48 konnte eng oder weit ausgelegt werden. Schmitt forcierte die weite Auslegung. Das hat er aber nicht so deutlich gesagt, wie es in dieser Zusammenfassung in Erscheinung tritt. Er wollte auf dem Weg über den Ausnahmezustand scheinbar verfassungsmäßig eine dauerhafte autoritäre Konstruktion herbeiführen. Diese Konsequenz »hat er niemals offen gezogen . . . Sie zeigt sich nur, wenn man die in seinen verschiedenen Schriften verteilten Bruchstücke zu einem Ganzen vereinigt« (Krockow, *Die Entscheidung,* S. 61 f.). Carl Schmitts Argumente und Hinweise taten ihre Wirkung. Sein Einfluß war weit über den Bereich der Juristen der stärkste, weil er durch seine bestechende Konstruktion und Argumentation den Weg zeigte.

Die Frage des Wirtschaftssystems, seiner Bewahrung oder Ver-

änderung, wurde in den verschiedenen Schriften meist offenge-
lassen, wenn man von Othmar Spanns Ständestaatsplänen und
Spenglers Prophezeiungen am Schluß des zweiten Bandes absieht. Es gab aber gerade unter den jüngeren Intellektuellen und
auf dem rechten Flügel der christlichen Gewerkschaften, vor
allem dem Deutschnationalen-Handlungsgehilfen-Verband,
Gruppen, die autoritäre Vorstellungen mit antikapitalistischen
Tendenzen, mehr oder minder prononciert, teils schwärmerisch
ressentimentgeladen, gerade vielfach reichlich vage, verbanden.
Durch die Inflation, noch mehr durch die Arbeitslosigkeit war der
antikapitalistische Affekt im nichtsozialistischen Bereich nach
Grad und Umfang stark gestiegen. Die *Frankfurter Zeitung*
sprach 1931 davon, daß »eine Welle antikapitalistischer Massenstimmung« fast die gesamte intellektuelle Schicht zu verschlingen
drohe (zitiert bei Sontheimer, *Deutschland zwischen Demokratie
und Antidemokratie,* S. 7).

Man muß bei dem breiten antikapitalistischen Spektrum jener
Zeit unterscheiden zwischen der unterschiedlich marxistisch
orientierten totalitären Ideologie der Kommunisten und der demokratischen der Sozialdemokratie einerseits, dem antikapitalistischen Programm der Nationalsozialisten und den mehr stim-
mungsmäßig antikapitalistischen Tendenzen der autoritären
Splittergruppen auf der Rechten andererseits. Sie brauchten gern
das Wort vom »nationalen Sozialismus.«

Die weitaus bedeutendste Gruppe war der Tatkreis unter Führung von Hans Zehrer, der 1953 bis 1966 Chefredakteur der *Welt*
war. Zehrer, damals 30 Jahre alt, kam aus der Jugendbewegung
und gehörte zur jungen Frontgeneration. Er stützte sich auf
Spengler (Deutscher Sozialismus im Dienst des Staates, wie es
Spengler im *Preußentum und Sozialismus* dargestellt hatte) und
ging von Carl Schmitt aus (Autorität des auf die Reichswehr sich
stützenden Reichspräsidenten). Der Tatkreis war eine fünfköp-
fige Redaktionsgemeinschaft, von denen einer so alt wie Zehrer,
die anderen jünger als dieser waren. Seit 1929 gaben sie die Mo-
natsschrift *Die Tat* heraus. Diese hatte eine für die damalige Zeit
ungewöhnliche Auflage von 30 000 und übte einen beachtlichen
Einfluß aus. Die Zeitschrift wirkte durch die strenge Einheitlich-
keit ihrer Auffassung, ihre bestechende destruktive Analyse und
ihre visionäre Konstruktion eines kommenden Staates. Sie glaubten mit unfehlbarer Sicherheit die Zeichen der Zeit erkannt zu

haben: »Das ist die Situation! Und dorthin führt der Weg! Unabänderlich« (Zehrer, *Achtung junge Front! Draußen bleiben!* in: *Die Tat,* Jahrgang 21, S. 26 zitiert bei Sontheimer, S. 67). An die Stelle einer degenerierten Elite sollte eine neue aus der jungen nationalen Intelligenz hervorgegangene treten. »Der Weg der Zukunft führt dahin, diesen Menschen rechts mit dem Menschen links zusammenzuführen und umgekehrt und aus beiden eine neue Volksgemeinschaft zu schaffen unter dem Mythos einer neuen Nation« (Zehrer, *Rechts oder links,* Jahrgang 23, S. 505 ff., zitiert bei Sontheimer, S. 66). *Die Tat* verkündete das kurz bevorstehende Ende des Kapitalismus. »Das System mag in sich vernünftig sein, aber wir wollen es nicht mehr, dagegen ist kein Argument gewachsen« (Zehrer, a. a. O., S. 526 zitiert a. a. O.). Die großen Unternehmungen sollten verstaatlicht, eine starke planende Wirtschaftsführung aufgebaut und für eine gerechtere Verteilung des Besitzes gesorgt werden. »Ein antikapitalistisches Deutschland« sollte mit den »antikapitalistischen Bauernländern« in Ost-, Mittel-, und Südosteuropa (»Zwischeneuropa«) ein geschlossenes föderalistisches Wirtschaftsgebiet und damit ein neues Reich auf der Basis der Autarkie unter Abkehr vom Export bilden. Unter Führung der jungen nationalen Intelligenz sollte eine dritte Front der Mittelschicht das Bündnis von »Kapital und Masse« zerschlagen und den Staat revolutionieren. Wenn sich nach den Reichstagswahlen im Juli 1932, so meinte Zehrer, die »totale Revolution von unten«, nämlich die der Nationalsozialisten und Kommunisten – was nach deren Wahlsieg nicht ganz ersichtlich war – festgelaufen hätte, wäre der Auftakt »zur Revolution von oben« gegeben. Einer neutralen, über allen Interessen stehenden autoritären Regierung sollte zusätzlich Gewalt gegeben, die demokratischen Einrichtungen u. a. durch eine zweite Kammer reformiert werden, »damit die Volksgemeinschaft durch sinnvolle Lenkung von oben verwirklicht werde« (Sontheimer, a. a. O., S. 82). »Wir lehnten Parteien und Parlamente ab, weil sie korrupt und handlungsunfähig geworden waren; wir lehnten ebenso das faschistische Experiment der Ein-Parteien-Diktatur ab, weil es zum Bürgerkrieg führen mußte, und wir waren nicht romantisch genug, an eine wirkliche Revolution zu glauben. Es blieb also nur der Weg, die Faktoren, die wirklich im Besitz der Handlungsfähigkeit waren – Reichspräsident und Reichswehr – zu einer ›Revolution von oben‹ zu veranlassen« (Zehrer, *Die Etappe Papen,* 24, S. 626, zitiert bei Sontheimer, S. 82). Zehrer sieht die Staatstradition verkörpert in den Begriffen: »Autorität und Obrigkeit; Distanz zwischen Regierung und Regierten und Selbstverwaltung der Gemeinden, Landschaften und Stände« (Zehrer, a. a. O., S. 1024 ff., zitiert bei Sontheimer, a. a. O., S. 83).

Das autoritäre Provisorium
unter Papen und Schleicher

Es konnten hier nur einige herausragende Namen genannt werden. Die Fülle von Schriften und Artikeln über Autoritarismus war unübersehbar (Literaturangaben s. Mohler, *Konservative Revolution*). Was von den Prominenten gesagt wurde, wurde in mehr oder minder propagandistischer Form vergröbert von der ohnehin mächtigen Rechtspresse wiedergegeben. So bildete sich eine antidemokratische autoritäre Mentalität in der katastrophalen Lage und »in der von chiliastischen Strömungen durchsetzten und ungestillten metaphysischen Bedürfnissen überquellenden Zeit« (Sontheimer, a. a. O., S. 92). Der Parlamentarismus vermöchte die große Krise des Massenstaates nicht mehr zu meistern. Das Unheimliche war die Vermischung, ja Identifizierung von autoritär und Autorität in ihrer klassischen Bedeutung.

Zehrer sagt in seinem Aufsatz über Hugenberg, der als Chef des größten Presse- und Filmkonzerns und als Vorsitzender der Deutschnationalen Volkspartei einer der mächtigsten Regisseure der antidemokratischen Propaganda war, er habe aus dem »Wunder der Autorität« einen »Taschenspielertrick« gemacht (*Hugenbergs Glück und Ende,* 21, S. 196, zitiert a. a. O.).

In der Identifizierung schien das Generalrezept zu liegen. In der Verzweiflung über die Lage, aber auch in der Freude oder Enttäuschung über das Versagen des Parlamentarismus drangen autoritäre Neigungen sogar stellenweise in die katholische Zentrumspartei, weit in die christlichen Gewerkschaften, die einen nationalsozialistischen Flügel hatten, ja bis nahe an die Stellungen der Sozialdemokratie. Man lebte in Autoritätsbrunst und war geradezu versessen auf eine Autoritätslösung.

Einen offenen Aufstand, einen grundlegenden Verfassungsbruch scheute man in den verschiedenen Lagern der antidemokratischen Front, seit 1920 der Kapp-Putsch und 1923 der Hitler-Putsch gescheitert waren. Die Legalität hatte Autorität.

Konstruktionselemente der autoritären Lösung waren die Amtsautorität des Reichspräsidenten, die potestas der Reichswehr, deren Oberbefehlshaber der Reichspräsident war, und der Volksentscheid, den man manipulieren zu können glaubte. Durch den Artikel 48 schien die Handhabe gegeben zu sein, ohne offene Rebellion, aber gestützt auf die bewaffnete Macht, die Reichswehr, den Parlamentarismus lahmzulegen und die autoritäre Macht des Reichspräsidenten zu steigern. Man glaubte, den Ausnahmezustand so lange ausdehnen zu müssen, daß eine autoritäre Umfunktionierung des Verfassungssystems sich durchsetzen würde. Das wäre ohne starke Strapazierung und ohne partielle, sukzessive Verletzung der Verfassung nicht möglich gewesen. Aber sie erwartete man bei Aufrechterhaltung des Ausnahmezustandes durchstehen zu können. Als geeigneter Moment für einen Ausnahmezustand dieser Art erschienen schwere Krisen, wie sie 1923 durch die Ruhrbesetzung Frankreichs und die galoppierende Inflation, 1931/33 durch die gewaltige Arbeitslosigkeit aufgetreten waren. Aber weder Ebert noch Hindenburg waren bereit, einen Mißbrauch des Ausnahmezustandes zuzulassen. Vor allem wehrten sich auch mit letzter Entschiedenheit die beiden Kanzler Stresemann (1923, Außenminister 1924-1929) und Brüning (1930-1932) gegen jede staatsstreichähnliche Aktion. Das hat die Rechte Stresemann, der aus ihren gemäßigten Reihen kam, nie verziehen, und deswegen hat sie Brüning gestürzt. Beide hatten sie um die Chance einer autoritären Umkonstruktion gebracht. Beide waren, selber Persönlichkeiten mit starken autoritativen Veranlagungen, Gegner jeglicher scheinbar verfassungsmäßigen autoritären Lösung. Sie mieden politisch jeden Schritt abseits der Verfassung, weil eine Diktatur allein zur Abwehr gegnerischer Aktionen und damit zur eigenen Behauptung eine eigengesetzliche Dynamik zwangsläufig entwickeln würde. Sie mußte in diesem Prozeß sich selbst steigern, wenn sie nicht scheitern sollte. Stresemanns und Brünings politische Autorität haben wesentlich dazu beigetragen, daß die Weimarer Republik bis zum Ausgang des Jahres 1932 von autoritären verfassungswidrigen Experimenten bewahrt geblieben ist.

Deshalb wollte die Rechte die politische Autorität Brünings als Hindernis für eine autoritäre Lösung zunächst beseitigen. Das gelang ihr im Mai 1932 durch starken Druck auf den greisen Hindenburg. Gleich nach dessen zweiter Wahl zum Reichspräsidenten wurde auf Drängen des Generals v. Schleicher, der weit mehr als nur ein Staatssekretär im Reichswehrministerium war, Franz v. Papen, ein autoritärer katholischer Aristrokrat, Brünings Nachfolger. Er sollte als Strohmann Schleichers wirken, wollte aber etwas anderes als dieser, nämlich die Restauration des monarchisch-feudalen Systems. Ohne Substanz und ohne politischen Anhang war er der erste Chef eines konservativ-autoritären Regimes. Unentwegt sprach er von Autorität und hatte selbst keine.

Zwar gelang es Papen, durch einen pseudolegalen Staatsstreich mit Hilfe des Artikels 48 im Juli 1932, die wesentliche Stütze der demokratischen Ordnung im Reich, die auf einer Koalition von Deutscher Demokratischer Partei, Katholischem Zentrum und Sozialdemokratie basierende Regierung Preußens abzusetzen. Dies Land umfaßte 4/7 des Reiches. Die gesamtpreußische Verwaltung wurde nunmehr der Reichsregierung unterstellt. In der Absetzung der preußischen Regierung wurde die Verbindung der auctoritas des Reichspräsidenten und der potestas der Reichswehr, die mehr oder minder allen autoritären Plänen zugrunde lag, demonstriert.

Die demokratischen Kräfte, gestützt vor allem von Gewerkschaften und Sozialdemokratie, waren immerhin so stark, daß sie nicht ohne weiteres überrumpelt werden konnten. Gegner des Papenregimes waren auch die Nationalsozialisten. Sie waren seit den Juliwahlen 1932 die stärkste Partei. Eine »konstitutionelle Diktatur« lehnten sie ebenso wie das demokratische System ab; sie erstrebten die totale Diktatur für ihre Partei unter Hitler. Das wollten gerade die Autoritären verhindern, sich aber Hitlers für den Sturz der Demokratie bedienen.

Als Papen wegen der ausweglosen Lage nach den Juliwahlen im Herbst 1932 einen offenen Staatsstreich zur Auflösung von Parteien und Gewerkschaften plante, versagte sich ihm Hindenburg auf dringenden Rat Schleichers und ebenso das von Papen selber zusammengesetzte Reichskabinett. Papen trat zurück. Hier zeigt sich, wie berechtigt die Sorgen Stresemanns und Brünings gewesen waren und ebenso, daß die Autoritären über Verfassungsplanspiele auf ihre Art nicht hinausgekommen waren. An seriöser politischer Strategie hatten sie es ebenso fehlen lassen wie an fundierter Programmatik. Kennzeichnend für die verschiedenen autoritären Vorstellungen war der ausgeprägte Personalismus.

Man dachte in Figuren und spielte mit ihnen. Auf die persönliche Autorität kam es ihnen nicht so an, vielmehr auf die Errichtung autoritärer Institutionen, um so jenen zur Wirkung zu verhelfen. Die beiden festen, gegebenen Größen in jeglicher Kalkulation war die Autoritätsruine Hindenburg und die Macht der Reichswehr.

Den Autoritären schien es allein darauf anzukommen, eine autoritäre Regierung zunächst einmal zu etablieren. Alles weitere würde sich schon finden. Das Dilemma der damaligen Situation war, daß einerseits das erste autoritäre Regime versagt hatte und andererseits wegen der Verteilung der Mandate auf die Reichstagsparteien die mehrheitliche Bildung einer parlamentarischen Regierung nicht möglich war. Seit den Juliwahlen verfügten die beiden radikalen Parteien, Nationalsozialisten und Kommunisten, über die absolute, allerdings negative Mehrheit.

Der Nachfolger Papens, General v. Schleicher, ein politisch-taktisch versierter Offizier ohne durchdachtes Konzept und ohne persönliche Autorität, wurde von den konservativen Kreisen mit ihrer gewaltigen Pressemacht, die sich auf Schwerindustrie und Großlandwirtschaft stützten, wegen seiner gegebenenfalls sich gegen diese richtenden wirtschaftspolitischen Pläne, um die Gewerkschaften zu gewinnen, äußerst mißtrauisch beurteilt, wenn nicht geradezu abgelehnt. Zehrers Tatkreis hatte großen Anklang vor allem bei den jüngeren Reichswehroffizieren gefunden. Er selbst lehnte sich stark an Schleicher an und wurde von diesem finanziell gefördert. Schon das machte Schleicher für die Schwerindustrie und Großlandwirtschaft verdächtig.

Als Anfang des Jahres 1933 Schleicher wieder vor einer ähnlich ausweglosen Lage stand, wie sie für Papen bestanden hatte, legte er Hindenburg den Plan zu einer staatsstreichähnlichen Operation vor. Daraufhin ließ dieser ihn fallen und ernannte auf Rat Papens, der zu einem leidenschaftlichen Gegner Schleichers geworden war, am 30. Januar Hitler zum Reichskanzler. Das entsprach formal dem parlamentarischen Verfahren. Nachdem die beiden autoritären Regime in kürzester Frist gescheitert waren, versuchte man es wieder mit diesem Verfahren. Die Deutschnationalen waren zu einer Koalition mit Hitler bereit. Man hatte Hindenburg eingeredet, die konservativen Minister, für die die Ressorts des Auswärtigen Amts, des Reichswehr- und Finanzministeriums vorgesehen waren, könnten Hitler bändigen oder sogar zu Fall bringen. Hitler würde sich der Aufgabe als nicht gewachsen erweisen und über kurz oder lang erledigt sein. Dann wäre, so die konservative Vorstellung, der Augenblick gekommen, Deutschland vom Nationalsozialismus zu befreien, wodurch die gesicherte Basis für ein autoritäres Regime geschaffen wäre.

Hitlers Autoritätsdrill

Die Entlassung Papens und Schleichers hatte gezeigt, daß die Etablierung eines autoritären Regimes entweder nur durch offenen Staatsstreich oder durch Beachtung massenstaatlicher Gegebenheiten möglich wäre. Den Autoritären fehlte der populäre Führer. Gewiß waren die personellen Voraussetzungen nicht allein ausschlaggebend, aber gerade in der bestehenden Situation von wesentlicher Bedeutung. In dies Autoritätsvakuum stieß Hitler. Er war auf antidemokratischer Seite die einzige charismatische Figur, gestützt auf eine straff geführte Massenpartei mit einer ebenso straff geführten paramilitärischen Organisation.

Man soll den Effekt der nationalsozialistischen Massenpropaganda in den Jahren 1931 und 1932 nicht unterschätzen. Aber die autoritäre von der totalitären Diktatur zu unterscheiden, waren Zahllose noch nicht imstande oder nahmen, selbst wenn sie es vermochten, letztere nicht ernst. Entscheidend war, daß die Empfänglichkeit der Stimmung für diese Propaganda auch in beachtlichen nichtnationalsozialistischen Kreisen durch die autoritäre Literatur aufbereitet war. Dabei hatten gerade jene obengenannten Verfasser (wie Kantorowicz, Spengler, Othmar Spann und Gogarten, auch Zehrer, vor allem aber Carl Schmitt, um nur einige zu nennen) wirkungsvolle Schrittmacherdienste geleistet, ohne daß sie geahnt haben mochten, was sie anrichten würden. Sie mit vielen anderen hat der Nationalsozialismus, dem sie den Weg bereitet hatten, bald nach der Machtergreifung bekämpft. Kantorowicz mußte auswandern, Othmar Spann wurde 1938 seiner Professur enthoben und ins Gefängnis gesperrt. Spengler hatte den Mut, gleich nach Hitlers Ernennung in seinem Buch *Jahre der Entscheidung* dem Nationalsozialismus die Fähigkeit für eine Diktatur in seinem Sinne abzusprechen. Er wurde totgeschwiegen, seine Publikationen verschwanden aus dem Buchhandel. Einer der entschiedensten Gegner der Mehrheitsdemo-

194

kratie, Edgar J. Jung, mit seinem damals aufsehenerregenden Buch *Herrschaft der Minderwertigen,* der nach der Machtergreifung Berater Papens war, wurde beim Röhm-Putsch am 30. Juni 1934 umgebracht. Carl Schmitt hatte sich nach der Machtergreifung Hitlers für die totale Diktatur entschieden und sich öffentlich zum Nationalsozialismus bekannt. Aber er fiel bald in Ungnade und wurde isoliert.

Durch Hitlers Ernennung zum Reichskanzler schien beachtlichen Kreisen, auch abseits des Nationalsozialismus, eine autoritäre Lösung gefunden zu sein, nachdem die erwartete sich nicht als erreichbar erwiesen hatte. Deshalb zeigte man in diesen Kreisen eher eine gelassene, wenn nicht sogar wohlwollende Haltung als Empörung – abgesehen von opportunistischer Schwenkung. Man sehnte sich nach Autorität und erlebte Despotie. Hitler gebrauchte das Wort Autorität in massendemagogischer Trivialität. In *Mein Kampf* sagte er: »Das erste Fundament zur Bildung der Autorität bildet die Popularität.« Nach seiner Regierungserklärung vom 23. März 1933 sollte die neue Verfassung »den Willen des Volkes mit der Autorität einer wirklichen Führung« verbinden. So war er der einzige Interpret und Verkünder des Volkswillens. Seine Autorität schloß Freiheit aus.

Mit seinem Anspruch auf totale Autorität suchte Hitler jede andere Autorität als mögliches Widerstandszentrum zu beseitigen, gerade der Kirchen, auch der Schulen und Hochschulen und des Elternhauses. Die Parteiorganisationen, vor allem die Geheime Staatspolizei und die Hitlerjugend, verführten Jugendliche, wenn sie sie nicht gar erpreßten, Geistliche, Lehrer und Eltern zu denunzieren. Ähnlich waren die Sowjets in der stalinistischen Ära verfahren.

Dennoch ist nicht zu verkennen, daß Hitler innerhalb seiner Partei, auch weit darüber hinaus, über eine stark wirkende persönliche Autorität verfügte. Eberhard Zeller spricht in seiner Geschichte der Widerstandsbewegung von der »Bannkraft einer Person, der immer wieder auch gegnerisch gesonnene Offiziere erlagen« *(Geist der Freiheit, S. 204).* Der Historiker Percy Ernst Schramm, der Anfang 1943 bis Ende des Krieges – mit der Führung des Kriegstagebuches beauftragt – dem Wehrmachtsführungsstab angehörte und sich ständig mit Offizieren unterhalten konnte, die soeben mit Hitler gesprochen hatten, schreibt: »Insofern hatte Hitler tatsächlich eine verblüffende ›Menschenkenntnis‹, als er sofort spürte, ob der vor ihm Stehende für ihn war, sich gewinnen ließ oder für die von ihm ausstrahlende Wirkung unempfindlich blieb. In dieser Beziehung hatte er etwas wie einen ›sechsten Sinn‹. . . . Von diesem Fluidum, das von Hitler ausging, können sich die Nachlebenden schwer eine Vorstellung machen. Bei dem einen versagte es völlig: Ein Oberst schilderte mir anschaulich, wie er – mit anderen zum Bericht vor Hitler angetreten – durch die optische Beobachtung aus großer Nähe eine steigende Ablehnung in sich aufsteigen fühlte; bezeichnend war, daß Hitler ihn und die anderen bald entließ. Das Gegenbeispiel bietet eine pommersche Gutsbesitzerin adliger Herkunft von christlicher Einstellung, die Hitler mit allen Fasern ihres Herzens ablehnte: sie begegnete ihm zufällig auf der Landebrücke eines Ostseebades, wurde einen kurzen Augenblick von seinem Blick gestreift und erklärte – wie von einem Blitzstrahl getroffen–, sie möge ihn auch jetzt nicht, aber er sei ein großer Mann. Diejenigen, die Hitler um sich duldete, waren fast alle von ihm ›durchleuchtet‹ und durch seinen Blick zu folgsamen Trabanten gemacht« (*Hitlers Tischgespräche,* S. 42).

Das Autoritätsproblem bedrückte die Widerstandsbewegung schwer. Da war die Amtsautorität des Obersten Kriegsherrn. Zur Tötung Hitlers wollten sich traditionsbewußte Generale, aber auch Beamte wie Goerdeler, zumindest bis Anfang 1943 nicht bereit finden. »Dem korrekten, im kaiserlichen Dienst aufgewachsenen Soldaten (General Thomas, Chef des Wehrwirtschafts- und Rüstungsamts) war der Gedanke an politischen Mord entsetzlich, obwohl er Hitler, den ›Blutsäufer‹, persönlich tief verabscheute« (Gerhard Ritter, *Goerdeler,* S. 242). Wieder dachte man an legalen Staatsstreich, aber sah, daß er keinerlei Chance hatte. Da war die persönliche Autorität Hitlers. Nach Schätzung von General Thomas standen im Winter 1939 immer noch »75% der Bevölkerung und fast das ganze jüngere Offizierskorps hinter Hitler« (a. a. O., S. 243). Tausendfach hatte Hitler die Legalität gebrochen und geschändet, aber wer würde sie nach ihm in Anspruch nehmen können? Die Einsetzung eines Reichsverwesers durch eine provisorische Regierung war vorgesehen, aber woher sollte diese ihre Autorität nehmen? Die Truppenbefehlshaber im Hauptquatier und dessen Umgebung sollten für den Fall eines Putsches nicht eingeweiht werden, aber nur sie allein hatten Befehlsgewalt über ihre Soldaten. Blitzschnell hätten Befehle in diesem Fall an alle Kriegsschauplätze und im Inland erteilt werden müssen. Würde die usurpierte Autorität dazu ausreichen, um ihnen Wirkungskraft zu geben? Nach Gerhard Ritters Darstellung sind diese Autoritätsprobleme in der Widerstandsbewegung gesehen, durchdacht, einkalkuliert worden. Aber infolge der Katastrophe vom 20. Juli konnten sie nicht erprobt werden.

Darin unterschied sich der Juliaufstand in Deutschland von der Absetzung Mussolinis 1940. In Italien gab es noch die legale Amtsautorität des Königs, die seit der Machtergreifung Mussolinis über 20 Jahre inaktiv geblieben war und sich dadurch bewährt hatte. Der König enthob den Ministerpräsidenten Mussolini, den er 1922 unter dem massiven Druck des »Marsches auf Rom« ernannt hatte, seines Amtes, nachdem dieser sich nicht mehr fest auf die Spitzengremien seiner Partei stützen konnte, und beauftragte den Marschall Badoglio mit der Regierungsbildung. Hitler hatte Mussolini wiederholt vor dem König gewarnt und ihm dessen rechtzeitige Absetzung nahegelegt.

In Deutschland gab es nach Hitlers Machtergreifung keine Autoritätsreserve mehr. Hitler hatte sich Hindenburgs Autorität bedient, um die formal legale Ernennung zum Reichskanzler zu erlangen. Damit war sie für ihn praktisch erledigt. Überdies hätte Hitler mit seiner Macht als Reichskanzler und Parteiführer Hindenburg jederzeit isolieren können. Die Planvorstellung der Konservativen, die sich seiner als Hilfskraft vorübergehend für die Durchsetzung ihrer autoritären Lösung zu bedienen wünschten, um sich dann seiner zu entledigen, wird er schon sehr frühzeitig gekannt haben. In zahllosen Berliner Gesprächen war davon seit dem 30. Januar 1933 die Rede. Im wesentlichen war durch seine Autorität der mächtige nationalsozialistische Block geschaffen und zusammengehalten worden. Aber Hitler mag gewußt haben, daß seine Autorität für die Führung der Reichspolitik und einer in ihrer Begehrlichkeit durch seine hemmungslose Demagogie aufs äußerste gereizten Partei nicht mehr ausreichte. Er rettete sich, ehe noch seine Autorität gefährdet war, in die Gewalt (s. Lenin-Zitat S. 152).

Die Autoritätsmythologisierung der vergangenen Jahre hatte ihre Wirkung getan. Hitler bediente sich ihrer mit Goebbels' infernalisch-virtuoser Hilfe nur noch als Propaganda. Die Nationalsozialisten brauchten das Wort Autorität nach der Machtergreifung selten. Autorität war nicht das angemessene Wort für die historisch einmalige Gestalt ihres »großen Führers«. Carl Schmitt, ein Meister des Wortes, der genau wußte, was er sagte, und dessen hohe Intelligenz unbestritten war, schrieb 1935 über Hitlers Führung: »Auch hier müssen wir uns dagegen wehren, daß ein spezifisch deutscher und nationalsozialistischer Begriff durch eine Assimilierung an fremde Kategorien getrübt und geschwächt wird. . . Dieser Begriff von Führung stammt ganz aus dem konkreten substanzhaften Denken der nationalsozialistischen Bewegung. Es ist bezeichnend, daß überhaupt jedes Bild versagt und jedes treffende Bild sogleich schon mehr als ein Bild oder Vergleich, sondern eben schon Führung in der Sache selbst ist. Unser Begriff ist eines vermittelnden Bildes oder eines repräsentierenden Vergleiches weder bedürftig noch fähig. Er stammt weder aus barocken Allegorien und Repräsentationen, noch aus einer cartesianischen idée générale. Er ist ein Begriff unmittelbarer Gegenwart und realer Präsenz. Aus diesem Grunde schließt er auch, als positives Erfordernis, eine unbedingte Artgleichheit zwischen Führer und Gefolgschaft in sich ein. Auf der Artgleichheit beruht sowohl der fortwährende und untrügliche Kontakt zwischen Führer und Gefolgschaft wie ihre gegenseitige Treue« (*Staat, Bewegung, Volk,* S. 41 f.).

So wunderlich diese Worte aus der Feder eines gelehrten Juristen klingen mögen, sie geben treffend die Vorstellungen der echten Nationalsozialisten wieder, zu denen Schmitt selber nicht gehörte. Diese Vorstellung hatte Hitler jahrelang seiner Gefolgschaft eingetrichtert. Sie war das Ergebnis des von ihm »zähe und mit pedantischer Energie erfolgten innerparteilichen Unterwerfungskurses« (Fest, *Hitler,* S. 397).

Hitler hatte 1930 in einer Rede vor Parteijournalisten gesagt, er wolle »dem Heiligen Vater in Rom seinen Anspruch auf geistliche Unfehlbarkeit in Glaubensfragen nicht bestreiten. Davon verstehe ich nicht viel. Desto mehr glaube ich aber von der Politik zu verstehen. Darum hoffe ich, daß der Heilige Vater nunmehr auch meinen Anspruch nicht bestreitet. Und somit proklamiere ich jetzt für mich und meine Nachfolger in der Führung der Nationalsozialistischen Deutschen Arbeiterpartei den Anspruch auf politische Unfehlbarkeit. Ich hoffe, daß sich die Welt daran so schnell und widerspruchslos gewöhnt, wie sie sich an den Anspruch des Heiligen Vaters gewöhnt hat« (a. a. O.).

Nach Hitlers eigenen Worten war die Partei auf »Drillautorität und Einigkeit« aufgebaut. Zahllose Zeitgenossen hatten in Hitlers *Mein Kampf,* sofern sie das Buch überhaupt gelesen hatten, lediglich eine Propagandaschrift gesehen und sie überhaupt nicht ernstgenommen, bis sie nach dem 30. Januar 1933 furchtbar eines anderen belehrt wurden. Ähnliches gilt für manche seiner Reden. Genauso wie er es den Parteijournalisten 1930 gesagt hatte, ist er nach der Machtergreifung aufgetreten. Die Autorität in seiner Partei und seiner Gefolgschaft war eingedrillt. Aber durch seinen Drill fühlten die Massen, die Hitlers Gefolgschaft bildeten, sich angesprochen. Treffend hat einer seiner Anhänger ihn einen »Zauberkünstler der Massenführung« (a. a. O., S. 351) genannt. Hitler verachtete zutiefst die Massen, aber er verstand, sie zu beherrschen, sicherlich in erster Linie durch seine Erscheinung und mit Hilfe seiner Erfolge, aber auch durch das pompöse Ritual, das durch seine Regie bis ins einzelne vorbereitet war. Er hat sich selbst einmal »den größten Schauspieler Europas« genannt. Wegen seines theatralischen Naturells liebte er das opernhaft gigantische Zeremoniell. Auf ihn wirkte katholische Prachtentfaltung, wie für ihn das Papsttum trotz seines antikirchlichen Standpunktes »eine grandiose Organisation« (Vorwort und Erläuterung von Percy E. Schramm in Picker *Hitlers Tischgespräche,* S. 74) war. Die pompösen Massenfeste schufen nach dem Wort eines französischen Beobachters eine »fast mystische Ekstase,« eine Art »heiligen Wahn« (Fest, *Hitler,* S. 707). Sie sollten seine Macht auch zum Zweck des Autoritätsdrills demonstrieren. Er wußte, wie sehr er auf die Geheime Staatspolizei angewiesen war, aber mit ihr allein war es nicht getan.

  Hitler bewunderte Caesar und Augustus mehr als die mittelalterlichen Kaiser. Aber seine Autoritätsvorstellung entsprach unvergleichlich viel mehr der mancher spätrömischer Imperatoren und byzantinischen Kaiser. Das Attribut »caesarisch«, auf ihn selbst bezogen, hörte er gern, wenn er es auch nach außen für sich nicht brauchte. Oswald Spengler hatte im zweiten Band seines *Untergang des Abendlandes* das Bild einer Führergestalt, wie sie ihm vorschwebte, gezeichnet. Daß Hitler dieser Vorstellung keineswegs entsprach, hat Spengler deutlich in seiner Schrift *Jahre der Entscheidung* aufgezeigt. Aber für manche, gerade für den oberflächlichen Leser, galt Hitler als Spenglerische Figur.

  Seit der Machtergreifung hat er alle fremde Autorität zerstört, um die einzige zu sein. Jegliche Amtsautorität war von der seinen abgeleitet und konnte jederzeit widerrufen werden. Nach Hitlers Selbstmord und der bedingungslosen Kapitulation gab es in Deutschland keine politische Autorität mehr. Einen Autoritätskult, einen vielfach dröhnenden, hatte es schon vor Ende des Kaiserreiches gegeben. Man denke nur an die kitschige Verherrlichung Wilhelms II., an die Mythologisierung des toten Bismarck und des lebenden Hindenburg. Aber nach dem Zusammenbruch der ständigen monarchischen Amtsautorität setzte eine neue Art von Autoritätskult ein. Zunächst mit der Suche nach einem Führer, die literarisch mit Oswald Spengler begann. So entstand und wuchs, basierend einerseits auf den traditionellen Autoritätsvorstellungen des Kaiserreiches und getragen von der Massenstimmung der »großen Angst«, die autoritäre Bewegung. Geistige Schrittmacher waren zum Teil Erscheinungen, wie Gundolf und Kantorowicz, Othmar Spann und Carl Schmitt, die selbst mehr oder minder als Autorität galten. Die restaurative Richtung scheute den charismatischen Führer. Aber sie glaubte sich letztlich seiner bedienen zu müssen, um zum Ziel zu gelangen. Nutznießer dieses Autoritätskultes wurde Hitler. Er verstand ihn virtuos zu zelebrieren und zu gebrauchen, bis zu seinem Selbstmord, der wie das Ende eines Groschenromans anmutet.

Antiautoritäre Bewegung

Sigmund Freud

Sigmund Freud (1856-1939) hat die Psychoanalyse als medizinische Diagnose und Therapie begründet. Sein Interesse als Psychiater, als medizinischer Psychologe, galt in erster Linie der Hysterie und ihrer Heilung. Ihr hatte bisher die Medizin ziemlich hilflos gegenübergestanden. Freud endeckte, daß »das Krankmachende eine Erinnerung ist und das gesundmachende Ereignis die Wiederholung dieser Erinnerung ist. Er wird durch diese Erlebnisse mit seinen Patienten zum Schluß veranlaßt, daß nur in der Erforschung der Lebensgeschichte das Rätsel der Hysterie geklärt werden könne . . .« (Bally, *Einführung in die Psychoanalyse Sigmund Freuds,* S. 21). Ludwig Marcuse hat ihn den »Schöpfer der indiskretesten Wissenschaft« genannt (*Sigmund Freud,* S. 27). Freud hat »die Triebtendenzen und seelischen Mechanismen«, die aktive und passive Autoritätseinstellung in verschiedenen Formen entstehen lassen, aufgedeckt. Von der Psychiatrie ausgehend, hat er die Verknüpfung »psychoanalytischer« und gesellschaftlicher Kategorien aufgezeigt. Er hat »die Soziologie als angewandte Psychologie – was Adorno skeptisch feststellt – verstanden wissen wollen« (*Zum Verhältnis von Soziologie und Psychologie – Postskriptum,* in: *Aufsätze zur Gesellschaftstheorie und Methodologie,* S. 57).

Freud sagt selber: »Im Seelenleben des einzelnen kommt ganz regelmäßig der andere als Vorbild, als Objekt und als Gegner in Betracht, und die Individualpsychologie ist von Anfang an auch gleichzeitig Sozialpsychologie in diesem erweiterten, aber durchaus berechtigten Sinne« (*Massenpsychologie und Ichanalyse,* in: *Gesammelte Schriften,* Bd. VI, S. 261). Horkheimer spricht hier von »kollektiver Psychopathologie« (*Die Psychologie aus der Sicht der Soziologie,* in: *Gesellschaft im Übergang,* S. 128).

Dadurch, daß Freud Autorität zu einem Gegenstand der psychiatrischen Untersuchungen aufgrund der klinischen Behandlung von Patienten gemacht hat, hat er dem Autoritätsverständnis ganz neue Dimensionen gegeben. Die sozialwissenschaftlich revolutionären Ergebnisse seiner Arbeiten, die als ein Nebenprodukt seiner Neurosenlehre erschienen, wurden zunächst wenig beachtet. Von den deutschen Soziologen haben Max Horkheimer, Theodor W. Adorno und Herbert Marcuse zuerst Freuds Theorien und deren Bedeutung für ihre eigene Disziplin entdeckt. Sie gehörten dem Institut für Sozialforschung in Frankfurt a. M. an, der Frankfurter Schule, die die von Marx ausgehende »Kritische Theorie« begründet hat. Das Institut war 1924 dank der Stiftung eines reichen Getreidehändlers errichtet worden und wurde auch von ihr unterhalten. Den Gründungsdirektor Carl Grünberg, Ordinarius für politische Ökonomie an der Universität Wien, hat man den »ersten Kathedermarxisten an einer deutschsprachigen Universität« geheißen. Nach dessen Tode wurde 1930 Horkheimer, aus wohlhabendem großbürgerlichem Haus, Direktor des Instituts.

Nach der Machtergreifung durch Hitler verlegte Horkheimer das Institut ins Ausland. 1935 erschienen zwei Sammelbände *Autorität und Familie* in Paris mit einer Reihe von Erhebungen über diesen Themenkreis. Aufsätze von Max Horkheimer, Erich Fromm und Herbert Marcuse leiten sie ein. Während der Psychoanalytiker Fromm die Autoritätstheorie Freuds mit häufiger Wiedergabe von Zitaten aus dessen Schriften kritisch beschrieb und auf seine Art sozialwissenschaftlich fortzuführen wie auszuwerten versuchte (Sozialpsychologischer Teil), gab Marcuse im ideengeschichtlichen Teil einen historischen Abriß zu diesem Fragenkomplex von Luther und Calvin zu Sorel und Pareto, und Horkheimer untersuchte, durch Freud angeregt und auf Marx sich stützend, das Autoritätsphänomen in Familie und Wirtschaft (Allgemeiner Teil). Man merkt den Verfassern mittelbar an, wie sehr sie unter dem Eindruck der nationalsozialistischen Etablierung sich gedrängt fühlten, nach den tieferen Ursachen dieser Machtergreifung zu suchen. Noch rechneten sie nicht mit Krieg, nur eine Revolution schien Aussichten zum Sturz des Regimes zu bieten.

»Freud«, so schreibt Fromm im »Sozialpsychologischen Teil«, »diskutiert das Problem der Autorität im Zusammenhang mit zwei Fragen, der Massenpsychologie und dem ›Über-Ich‹.« Zur zuerst genannten Frage zitiert er nur aus der Freudschen Abhandlung *Massenpsychologie und Ich-Analyse:* »Eine solche primäre Masse ist eine Anzahl von Individuen, die ein und dasselbe Objekt (d. h. den Führer) an die Stelle ihres Ichideals gesetzt und sich infolgedessen in ihrem Ich miteinander identifiziert haben.«

Dann geht er sogleich zur anderen Frage über. »Freud«, so sagt er, »nimmt im seelischen Apparat des Individuums drei Instanzen an: das ›Es‹, das ›Ich‹ und, das ›Über-Ich‹ . . . . Das ›Es‹ ist die ursprüngliche und undifferenzierte Form des seelischen Apparates. Zu Uranfang ist alle Libido im Es angehäuft, während das Ich noch in der Bildung begriffen oder schwächlich ist.« (Freud-Zitate – und nur solche sind hier angeführt – werden nur noch durch ›—‹ ohne Angabe der Fundstellen gekennzeichnet.) »Das Ich ist der durch den direkten Einfluß der Außenwelt . . . veränderte Teil des Es'. Es repräsentiert, ›was man Vernunft und Besonnenheit nennen kann, im Gegensatz zum Es, welches die Leidenschaften enthält‹. Zusammenfassend sagt er vom Ich: ›Wir haben uns die Vorstellung von einer zusammenhängenden Organisation der seelischen Vorgänge in einer Person gebildet und heißen diese das Ich derselben.

An diesem Ich hängt das Bewußtsein, es beherrscht die Zugänge zur Motilität, das ist: Zur Abfuhr der Erregungen in der Außenwelt; es ist diejenige seelische Instanz, welche eine Kontrolle über alle ihre Partialvorgänge ausübt, welche zur Nachtzeit schlafen geht und dann immer noch die Traumzensur handhabt. Von diesem Ich gehen auch die Verdrängungen aus, durch welche gewisse seelische Strebungen nicht nur vom Bewußtsein, sondern auch von den anderen Arten der Geltung und Betätigung ausgeschlossen werden sollen. . .‹ Die Entstehung des Über-Ichs bringt er in eine enge Beziehung zum Vater. Schon vor allen Objektbeziehungen identifiziert sich der kleine Knabe mit dem Vater, und hinter dem Ichideal verbirgt sich die erste und bedeutsamste Identifizierung des Individuums, die mit dem Vater der persönlichen Vorzeit. Diese primäre Identifizierung wird verstärkt durch eine sekundäre, die der Niederschlag der Ödipusphase ist. Der kleine Knabe muß unter dem Druck der Angst vor der Eifersucht des Vaters seine auf die Mutter gerichteten sexuellen und seine gegen den Vater gerichteten feindseligen und eifersüchtigen Wünsche aufgeben; dies wird ihm erleichtert, indem er sich mit dem Vater identifiziert und seine Ge- und Verbote introjiziert. An Stelle der äußeren Angst tritt eine innere, die ihn automatisch vor dem Erlebnis der äußeren Angst schützt. Auf diesem Umweg erreicht der Knabe gleichzeitig einen Teil der verbotenen Ziele, indem er durch die Identifizierung dem Vater gleich geworden ist. Diesem zwiespältigen Tatbestand entspricht der doppelte Inhalt des Über-Ichs: ›So (wie der Vater) sollst du sein . . . So (wie der Vater) darfst du nicht sein, das heißt nicht alles tun, was er tut: manches bleibt ihm vorbehalten‹. ›Im Laufe der Entwicklung nimmt das Über-Ich auch die Einflüsse jener Personen an, die an die Stelle der Eltern getreten sind, also von Erziehern, Lehrern, idealen Vorbildern.‹ Das Über-Ich wird zum Träger der Tradition und ist die Verinnerlichung des äußeren Zwanges . . .

Freuds Theorie liefert einen wichtigen Beitag zur Beantwortung der Frage, wie es möglich ist, daß die in einer Gesellschaft herrschende Gewalt tatsächlich so wirkungsvoll ist, wie uns das die Geschichte zeigt. Die äußere, in den jeweils für eine Gesellschaft maßgebenden Autoritäten verkörperte Gewalt und Macht ist ein unerläßlicher Bestandteil für das Zustandekommen der Fügsamkeit und Unterwerfung der Masse unter diese Autorität. Andererseits aber ist es klar, daß dieser äußere Zwang nicht nur als solcher direkt wirkt, sondern daß, wenn sich die Masse den Anforderungen und Verboten der Autoritäten fügt, dies nicht nur aus Angst vor der physischen Gewalt und den physischen Zwangsmitteln geschieht. . . . Durch das Über-Ich wird die äußere Gewalt transformiert, und zwar, indem sie aus einer äußeren in eine innere Gewalt verwandelt wird. Die Autoritäten als die Vertreter der äußeren Gewalt werden verinnerlicht, und das Individuum handelt ihren Geboten und Verboten entsprechend nun nicht mehr allein aus Furcht vor äußeren Strafen, sondern aus Furcht vor der psychischen Instanz, die es in sich selbst aufgerichtet hat. . . . Durch diesen Akt der Projektion des Über-Ichs auf die Autoritäten werden diese weitgehend der rationalen Kritik entzogen. Es wird an ihre Moral, Weisheit, Stärke in einem von ihrer realen Erscheinung bis zu einem hohen Grade unabhängigen Maße geglaubt . . . Das Verhältnis Über-Ich: Autorität ist dialektisch. Das Über-Ich ist eine Verinnerlichung der Autorität, die Autorität wird durch Projizierung der Über-Ich-Eigenschaften auf sie verklärt und in dieser verklärten Gestalt wiederum verinnerlicht. Autorität und Über-Ich sind voneinander überhaupt nicht zu trennen. . . . Beim durchschnittlichen Menschen ist die innere Instanz nicht stark genug, als daß Furcht vor ihrer Mißbilligung allein ausreichend wäre. Die Furcht vor den realen Autoritäten mit der sie bekleidenden Macht, die Hoffnung auf materielle Vorteile, der Wunsch, von ihnen geliebt und gelobt zu werden, und die Befriedigung, die aus der Realisierung dieses Wunsches hervorgeht (etwa durch Auszeichnung, Beförderung usw.), weiterhin auch die Möglichkeit von – wenn auch unbewußten und nicht verwirklichten – sexuellen, speziell homosexuellen Objektbeziehungen zu diesen Autoritäten sind Faktoren, deren Stärke zumindest nicht geringer ist als die Furcht des Ichs vor dem Über-Ich. . . .

Freud hat gezeigt, wie entscheidend die Erlebnisse der frühen Kindheit für die Ausbildung der Triebstruktur und des Charakters eines Menschen sind und daß den Gefühlsbeziehungen zu den Eltern, der Art der Liebe zu, der Angst vor ihnen und des Hasses gegen sie, die Hauptrolle in der Entwicklung der kindlichen Psyche zukommt; damit hat er wesentlich dazu beigetragen, die Wirksamkeit der Familie im Sinne der eben erwähnten gesellschaftlichen Funktionen zu verstehen. . . .

. . . Das Individuum ist in die Umwelt als natürliche wie als gesellschaftliche verflochten. Sie ist gleichzeitig der Gegenstand wie die Schranke seiner Triebbefriedigung. Seine Bedürfnisse treiben es dazu, die Umwelt im Sinne seiner Triebbefriedigung zu verändern. Andererseits zwingt es die Umwelt, seine Impulse und Bedürfnisse, wofür freilich enge biologisch-physiologische Grenzen geboten sind, anzupassen. . . .

Der Mensch will sich vom Über-Ich sowohl wie von der Autorität geliebt fühlen, fürchtet ihre Feindschaft und befriedigt seine Selbstliebe, wenn er seinem Über-Ich oder seinen Autoritäten, mit denen er sich identifiziert, wohlgefällt. Mit Hilfe dieser emotionellen Kräfte gelingt es ihm, die gesellschaftlich unzulässigen, beziehungsweise gefährlichen Impulse und Wünsche zu unterdrücken. . . . Die verdrängte Triebregung wird nicht vernichtet. Sie wird zwar vom Bewußtsein ausgeschlossen, bleibt aber im Unbewußten bestehen, und es bedarf des beständigen Aufwandes von psychischen Energien, um sie am Auftauchen im Bewußtsein zu verhindern. Die Neurosen dokumentieren eindringlich, welche aktive und häufig gefährliche Tätigkeit die verdrängten Triebregungen im Individuum entfalten können. . . .

Der Inhalt der zu verdrängenden Impulse ist von gesellschaftlichen Bedingungen abhängig. Solche Impulse, deren Realisierung mit dem Funktionieren einer bestimmten Gesellschaft unvereinbar wäre, werden von dieser tabuisiert und unterliegen der Verdrängung. . . .

Die maximale Entfaltung des Ichs ist von einer nicht durch einschüchternde Verbote beschränkten Befriedigung der genitalen Sexualität bedingt. . . . In einer der genitalen Sexualität mehr oder weniger feindlich gegenüberstehenden Kultur wie etwa der christlichen werden die sexuellen Wünsche und ihre Befriedigung als etwas an sich Schlechtes und Sündhaftes hingestellt, das nur unter bestimmten Bedingungen, wie des Wunsches nach Erzeugung von Kindern in der monogamen Ehe, den Charakter des Sündhaften verliert. Da aber auf Grund der physiologischen Organisation des Menschen die Sexualität eine über das ihr gesellschaftlich eingeräumte Minimum hinaus wirksame Reizquelle darstellt, ist die Folge ihrer Verpönung die automatische Produktion von Angst und Schuldgefühl. . . . Die Autorität wird aber in einer Gesellschaft mit starker Sexualverpönung auch aus dem Grunde gestärkt, daß sie vor allem in religiöser Gestalt die Möglichkeit hat, die Menschen von einem Teil ihres Schuldgefühls wieder zu befreien, eine Erleichterung, die allerdings mit verstärkter Unterwürfigkeit und Anhänglichkeit an die Autorität notwendig verbunden ist.

. . . Nach Freuds grundsätzlicher Einsicht ist der Charakter nicht eine Summierung von Einzelzügen, sondern besitzt eine ganz bestimmte Struktur: die Veränderung eines Charakterzugs bedingt die aller übrigen. Die psychoanalytischen Befunde zeigen, daß zu einer charakterologischen Struktur, die den Masochismus enthält, notwendigerweise auch der Sadismus gehört. Vom Unterschied zwischen einem sadistischen und masochistischen Charakter kann man nur in dem Sinn sprechen, daß in einem Fall mehr die masochistischen, im andern mehr die sadistischen Tendenzen verdrängt sind und die jeweils entgegengesetzten im Verhalten stärker zum Ausdruck kommen. Aber auch die jeweils verdrängte Seite des Sado-Masochismus verschwindet nie völlig, sondern taucht an den verschiedensten, wenn auch oft versteckten Stellen auf. Hierzu kommt noch folgendes: indem die Verstärkung der einen Seite, also etwa des Masochismus, die Struktur als solche verstärkt, wird damit notwendigerweise auch die andere Triebtendenz intensiviert. . . . Die masochistischen Strebungen zielen darauf ab, unter Preisgabe der Individualität der eigenen Persönlichkeit und unter Verzicht auf eigenes Glück das Individuum an die Macht hinzugeben, sich in ihr gleichsam aufzulösen und in dieser Hingabe, die in den pathologischen Fällen bis zum Erleiden körperlicher Schmerzen geht, Lust und Befriedigung zu finden. Die sadistischen Strebungen haben das umgekehrte Ziel, einen andern zum willen- und wehrlosen Instrument des eignen Willens zu machen, ihn absolut und uneingeschränkt zu beherrschen und in den extremen Fällen ihn zum Leiden und den damit verbundenen Gefühlsäußerungen zu zwingen. . . .

Alles, was an Feindseligkeit und Aggression vorhanden ist und was dem Stärkeren gegenüber nicht zum Ausdruck kommt, findet sein Objekt im Schwächeren. . . . Muß man den Haß gegen den Stärkeren verdrängen, so kann man doch die Grausamkeit gegen den Schwächeren genießen«.

Soweit Fromms Beschreibung der Freudschen Autoritätsanalyse. Dessen psychoanalytische Diagnose und Therapie erregte, schon weil sie eine völlig neue Heilmethode darstellten, Aufsehen in der medizinischen Fachwissenschaft und Praxis, allerdings mehr Skepsis und Widerspruch als Bewunderung hervorrufend. Hingegen fanden Freuds Lehren vor allem in Kreisen der Intellektuellen und der betont »fortschrittlichen Publizistik« lebhaften Anklang. Wer sich einer Psychonanalyse unterzog, tat es vielfach heimlich, um nicht in gesellschaftlichen Verruf zu geraten. Daß Freud in seinen Untersuchungen die psychische Bedeutung der Sexualität auch in ihren gesellschaftlichen Auswirkungen offen und stark herausgestellt hatte, wurde in der Zeit nach dem Ersten Weltkrieg teils lüstern aufgegriffen, teils als verpönt verdammt. Durch seine psychoanalytische Methode erregte er auch das Mißfallen der katholischen Kirche und deren Zorn durch seine Religionskritik. »Der Analytiker bot einen Ersatz für Religion, Politik und Ideologie« (Fromm, *Die Krise der Psychoanalyse,* in: *Analytische Sozialpsychologie und Gesellschaftstheorie,* S. 195). Nach Freud war die Religion »ein Gegenstück der Neurose, die der einzelne Kulturmensch auf seinem Weg von der Kindheit zur Reife durchzumachen hat« (*Gesammelte Schriften,* Bd. XII, S. 329). Die Religionen der Menschheit seien »wahrhafte Umbildung der Wirklichkeit. . . Massenwahn« (a. a. O., S. 48).

Die Öffentlichkeit sah vielfach in Freud einen revolutionären Intellektuellen, doch nur auf seinem Gebiet der medizinischen Psychologie. Zwar war er ein liberaler, aber niemals »ein radikaler Kritiker der kapitalistischen Gesellschaft . . . Er stellte ihre sozialökonomische Basis niemals in Frage, noch kritisierte er ihr Weltbild – außer in bezug auf Sexualität. . . . Der skeptische Aufklärungsphilosoph wurde, überwältigt durch Zusammenbruch seiner Welt (gemeint ist der Erste Weltkrieg), zum radikalen Skeptiker, der die Rolle des Menschen in der Geschichte als erbarmungslose Tragödie sah. Freud hätte kaum anders reagieren können, da seine Gesellschaft ihm als die bestmögliche erschien, die auf keine Weise entscheidend zu verbessern war. . . er war gezwungen, die Ursache der Tragödie in der Natur des Menschen zu suchen« (Fromm, *Freuds Modell des Menschen und seine gesellschaftlichen Determinanten* in: a. a. O., S.174-192).

Fromm, der als gemäßigter Freudianer gilt, ist schon 1932 einen wesentlichen Schritt weiter gegangen als Freud. Er sagt: Sie [die Psychoanalyse] »fragt nach den den Mitgliedern einer Gruppe gemeinsamen seelischen Zügen, und sie versucht, diese gemeinsamen seelischen Haltungen aus gemeinsamen Lebensschicksalen zu klären. Diese Lebensschicksale liegen aber nicht – je größer die Gruppe umso weniger – im Bereich des Zufälligen und Persönlichen, sondern sind identisch mit der sozialökonomischen Position eben dieser Gruppe. . . . Allerdings gehen die ersten entscheidenden Einflüsse von der Familie aus, aber die gesamte Struktur der Familie, alle typischen Gefühlsbeziehungen innerhalb ihrer, alle durch sie vertretenen Erziehungsideale sind ihrerseits selbst bedingt vom gesellschaftlichen und klassenmäßigen Hintergrund der Familie, von der Sozialstruktur, aus der sie erwächst. . . Die Familie ist das Medium, durch das die Gesellschaft bzw. die Klasse die ihr entsprechende, für sie spezifische Struktur dem Kind und damit dem Erwachsenen aufträgt: Die Familie ist die ›psychologische Agentur der Gesellschaft‹« (*Über Methode und Aufgabe einer analytischen Sozialpsychologie,* in: a. a. O., S. 16 f.). Damit meint Fromm »die patriarchalische Klassengesellschaft« (a. a. O., S. 37). »Es sind wohl in erster Reihe die Mittel physischen Zwangs, und es sind bestimmte Gruppen, die mit der Handhabung dieser Mittel beauftragt sind, aber daneben gibt es noch einen anderen wichtigen Faktor: die libidinösen Bindungen, Angst, Liebe, Vertrauen, die die Seelen der Majorität in ihrem Verhältnis zur herrschenden Klasse erfüllen. Diese seelische Einstellung ist aber keine willkürliche, zufällige, sie ist der Ausdruck der libidinösen Anpassung der Menschen an die ökonomisch notwendigen Lebensbedingungen. Da und solange diese die Herrschaft einer Minorität über eine Majorität notwendig machen, paßt sich auch die Libido dieser ökonomischen Struktur an und wird damit selbst zu einem das Klassenverhältnis stabilisierenden Moment« (a. a. O., S. 36). Fromm spricht »von psychoanalytischer Sozialpsychologie«. . . . gerade die klassische Methode der psychoanalytischen Personalpsychologie brauchte nur konsequent auf die Sozialpsychologie angewandt zu werden, um zu völlig einwandfreien Resultaten zu führen (a. a. O., S. 22). Auf den historischen Materialismus sich berufend – und von Freud abweichend – sagt er: »Die Theorie, wie die Ideologien aus dem Zusammenwirken von seelischem Triebapparat und sozialökonomischen Bedingungen entstehen, wird dabei ein besonders wichtiges Stück sein. . .« (a. a. O., S. 40).

Max Horkheimer

Horkheimer, der bei Max Weber in München studiert hatte, geht in seinem Aufsatz weitgehend von dessen Autoritätsbegriff (s. S. 146f.) aus. Aber er und ebenso Fromm haben dem Wort »autoritär« einen vom Sprachgebrauch der zwanziger Jahre (s. S. 175f.) abweichenden Sinngehalt gegeben. Horkheimer bezeichnet als autoritär »jene inneren und äußeren Handlungsweisen, in denen sich die Menschen einer fremden Instanz unterwerfen« (Allgemeiner Teil, S. 24). Das faßt er in »bejahte Abhängigkeit« zusammen. Sie mag sich vom liebenden bis zum gerade noch duldenden Gehorsam erstrecken. In einer Anmerkung zum Vorwort sagt Horkheimer, »›Autorität‹ ist in diesem Bande im Sinn von autoritäts-bejahend (von seiten des Autoritäts-Objektes aus) gebraucht, während ›autoritativ‹ ein autoritäts-forderndes Verhalten (vom Autoritäts-Subjekt aus) bezeichnet« (S. IX). Dabei wird man bedenken müssen, daß seit 1933 emigrierte deutsche Gelehrte sich überwiegend des Englischen für ihre Publikationen bedienten. Vielfach sind diese dann ins Deutsche übersetzt worden. Das englische Adjektiv »authoritarian« deckte sich zunächst nicht mit dem deutschen autoritär. Es hatte vielmehr eine Bedeutung, die von Führung abgeleitet werden kann, ohne daß damit ein besonderes Herrschaftssystem entsprechend dem deutschen Sprachgebrauch gemeint war. Während nach diesem »autoritär« in erster Linie auf Systeme, Institutionen und Organisationen bezogen war, wurde das englische Wort überwiegend auf Personen bezogen. Durch die Übersetzung englisch verfaßter Publikationen ins Deutsche bürgerte sich die Personenbezogenheit des Wortes autoritär auch in der deutschen Sprache nach dem Zweiten Weltkrieg ein. Später hat Horkheimer vom »autoritätsgebundenen Charakter« gesprochen (*Vorurteil und Charakter*, in: *Gesellschaft im Übergang*, S. 83). Nach dem Zweiten Weltkrieg wird »autoritär« in doppelter Bedeutung gebraucht. Einmal im Sinn Horkheimers, nämlich eines »Autoritätsobjektes«, zum anderen im Sinne des »Autoritätssubjektes«, was Horkheimer mit »autoritativ« bezeichnet, eben »zur Beschreibung einer Personenstruktur, die durch einen persönlichen Macht- oder Überwertigkeitsanspruch gegenüber anderen charakterisiert ist« (*Meyers Enzyklopädisches Lexikon*, Bd. 3, S. 216). Man kann daher wohl von passiv- und aktiv-autoritär reden. Die Sinnbedeutung der ausgesprochen politischen Vokabel der zwanziger Jahre, wie autoritäres Herrschaftssystem oder Regime, hielt sich außerdem.

Die Wandlung der Wortbedeutung zeigt Änderung und Ausweitung des Interesses am Autoritätsphänomen gerade auf Gebieten des nichtstaatlichen Bereiches, zunächst der Familie und Wirtschaft an. »Unter allen gesellschaftlichen Institutionen«, sagt Horkheimer, »welche die Individuen für Autorität empfänglich machen, steht ... die Familie an erster Stelle« (S. VIII). Das wußten schon Augustin (s. S. 46) und Luther (s. S. 95). Diese bejahten die staatliche autoritätsstützende Funktion der Familie, sie forderten sie geradezu. Den Herausgebern von *Autorität und Familie* hingegen ging es kritisch um die dialektische Beziehung der Autorität zwischen Staat, Wirtschaft und Familie in der »bürgerlichen Kultur«. Im Mittelpunkt dieser Untersuchung steht der »autoritätsgebundene Charakter«, das »Autoritätsobjekt«. Hier deutet sich auch der seit dem Ersten Weltkrieg zunächst in kleinen Kreisen sich behutsam anbahnende, seit Mitte der sechziger Jahre stark in Erscheinung tretende Wandel des Demokratiebegriffs im Sinn von Demokratisierung (s. S. 218) an.

Horkheimer bezeichnet »die Autorität als eine beherrschende Kategorie in der historischen Begriffsapparatur. ... Die notwendige Herrschaft von Menschen über Menschen, welche die Gestalt der bisherigen Geschichte bestimmt, im Herzen der Beherrschten selbst zu befestigen, ist eine der Funktionen des gesamten kulturellen Apparats der einzelnen Epochen gewesen; als Ergebnis wie als stets erneuerte Bedingung dieses Apparates bildet der Glaube an Autorität eine teils produktive, teils hem-

mende menschliche Triebkraft in der Geschichte. . . . Autorität
als bejahte Abhängigkeit kann daher sowohl fortschrittliche, den
Interessen der Beteiligten entsprechende, der Entfaltung
menschlicher Kräfte günstige Verhältnisse bedeuten als ein Inbegriff künstlich aufrechterhaltener, längst unwahr gewordener gesellschaftlicher Beziehungen und Vorstellungen, die den wirklichen Interessen der Allgemeinheit widerlaufen. . . . Je nachdem
das Abhängigkeitsverhältnis, welches Anerkennung findet, in der
objektiven Rolle der führenden Klasse begründet ist oder seine
vernünftige Notwendigkeit eingebüßt hat, werden auch die ihm
entsprechenden Menschentypen im Vergleich zu anderen des
gleichen Zeitalters als bewußt, tätig, produktiv, frei, weitblickend
oder als sklavisch, innerlich träge, verbittert und treulos erscheinen. . . . Jedenfalls bildet die Stärkung und Schwächung von Autorität einen jener Züge der Kultur, durch welche sie selbst zum
Element in der Dynamik des historischen Geschehens wird. . . .

Das wirkliche Denken beginnt als Kampf gegen die Autorität
der Tradition und stellt ihr die Vernunft in jedem Individuum als
legitime Quelle von Recht und Wahrheit entgegen. Es endigt mit
der Verhimmelung der bloßen Autorität als solcher, die ebenso
leer an bestimmtem Inhalt ist wie der Begriff der Vernunft, seitdem Gerechtigkeit, Glück und Freiheit für die Menschheit als historische Lösungen ausgeschieden sind. . . .

Die Unhaltbarkeit der Eigentums- und Rechtsverhältnisse des
Mittelalters zeigte sich in dem steigenden Mißverhältnis zwischen
den ungenügenden Leistungen der feudalen Produktionsweise
und den wachsenden Bedürfnissen der Volksmassen in Stadt und
Land und im Zusammenhang damit in der Unfähigkeit der dazu
gehörigen kirchlichen und weltlichen Bürokratie, die auf Grund
des Zurückbleibens ihrer Interessen hinter den Anforderungen
eines sich steigernden gesellschaftlichen Lebens verkommen war.
Das in dieser zu Grunde gehenden Welt herrschende Prinzip der
Geltung aus bloßer Tradition, das heißt aus Abstammung, Gewohnheit, Alter usf. wurde vom aufsteigenden bürgerlichen Geist
verneint und dagegen die individuelle Leistung in theoretischer
und praktischer Arbeit als gesellschaftlicher Maßstab verkündigt.
Weil aber die Voraussetzungen der Leistung ungleich waren, ist
das Leben unter diesem Prinzip trotz der unendlichen Steigerung
der Produktivität der Arbeit hart und drückend gewesen. . . . Die
Gesellschaft erscheint unter der gegenwärtigen Wirtschaftsweise

so blind wie die bewußtlose Natur, denn die Menschen regeln den Prozeß, durch den sie in gesellschaftlicher Vereinigung ihr Leben gewinnen, nicht durch gemeinschaftliche Erwägungen und Beschlüsse, sondern die Herstellung und Verteilung aller Lebensgüter vollzieht sich auf Grund zahlloser unkoordinierter Aktionen und Auseinandersetzungen von Gruppen und Einzelnen. . . . Die aus der Irrationalität des ökonomischen Prozesses stammende Abhängigkeit des Unternehmers tritt in der Ohnmacht gegenüber den sich vertiefenden Krisen und der Ratlosigkeit auch in den leitenden Kreisen der Wirtschaft allenthalben hervor. Indem das Bewußtsein der Bankiers, Fabrikherrn und Kaufleute, so wie es in der kennzeichnenden Literatur der letzten Jahrhunderte seinen Ausdruck fand, die Demut von sich ausgeschieden hat, erfuhr es zugleich die gesellschaftlichen Tatsachen als eine übergeordnete blinde Instanz und ließ sein Verhältnis zu den Mitmenschen im Gegensatz zum Mittelalter durch die anonyme ökonomische Notwendigkeit vermitteln. Es findet so eine neue und machtvolle Autorität. Bei der Entscheidung über das Los von Menschen, Anwerbung und Entlassung von arbeitenden Massen, Ruinierung der Bauern in ganzen Bezirken, Entfesselung von Kriegen usf. ist nicht etwa an die Stelle der Willkür die Freiheit, sondern der blinde ökonomische Mechanismus getreten, ein anonymer Gott, der die Menschen versklavt und auf den sich diejenigen berufen, die, wenn auch nicht die Gewalt über ihn, so doch den Vorteil von ihm haben. Die Machtherrn haben aufgehört, als Repräsentanten einer weltlichen und himmlischen Autorität zu handeln, und sind dafür Funktionen der Eigengesetzlichkeit ihrer Vermögen geworden. Die möglichst vollständige Anpassung des Subjekts an die verdinglichte Autorität der Ökonomie ist zugleich die Gestalt der Vernunft in der bürgerlichen Wirklichkeit. ...

Die Unterwerfung unter die gegebenen ökonomischen Verhältnisse, die der Arbeiter im freien Vertrag vollzieht, ist zugleich die Unterwerfung unter den privaten Willen des Unternehmers; indem der Arbeiter die Autorität der wirtschaftlichen Tatsachen anerkennt, erkennt er faktisch die Machtstellung und Autorität des Unternehmers an. . . .

Die Bejahung des Autoritätsverhältnisses zwischen den Klassen geschieht nicht in der direkten Form der Anerkennung eines ererbten Anspruchs der Oberklasse, sondern dadurch, daß die

Menschen bestimmte ökonomische Erscheinungen, wie zum Beispiel die subjektiven Schätzungen der Güter, Preise, Rechtsformen, Eigentumsverhältnisse usf. als unmittelbare oder natürliche Tatsachen gelten lassen und sich vor diesen zu beugen meinen, wenn sie sich jener unterordnen. . . . Die politische Führerschaft ist wirksam, weil große Massen bewußt und unbewußt ihre wirtschaftliche Abhängigkeit als notwendig anerkennen oder wenigstens nicht ganz begreifen, und dieser Zustand wird durch das politische Verhältnis rückwirkend befestigt. . . .

Die kulturellen Institutionen und Tätigkeitszweige, Kirche, Schule, Literatur usf. reproduzieren diese Widersprüche im Charakter des Menschen; ihre Unüberwindlichkeit unter den gegebenen Verhältnissen folgt aus dem Tatbestand, daß die Einzelnen frei zu handeln glauben, während doch die Grundzüge der gesellschaftlichen Ordnung selbst sich dem Willen dieser isolierten Existenzen entziehen und die Menschen daher bloß anerkennen und feststellen, wo sie gestalten könnten, und jener Freiheit entbehren, die ihnen immer dringender notwendig wird, nämlich den gesellschaftlichen Arbeitsprozeß und damit die menschlichen Beziehungen überhaupt vernünftig, das heißt nach einheitlichem Plan im Interesse der Allgemeinheit zu regeln und zu lenken. . . .

Es ist eine geistlose und gleichzeitig scheinbar rationale Autorität. . . . ›Irgend eine‹ Autorität muß es geben, und sie meinen damit nicht so sehr die wahre, die auf dem Privatbesitz beruht, sondern die staatliche, die sie zur Unterordnung unter diesen zwingt und ihnen die Entscheidung abnimmt. . . .

Der wahre Widerspruch zum bürgerlichen Begriff der Autorität liegt in ihrer Loslösung von egoistischem Interesse und Ausbeutung. Dieser Widerspruch ist mit der Idee einer heute möglichen höheren Gesellschaftsform verbunden. Nur wenn die leitenden und ausführenden Funktionen bei der Arbeit weder mit gutem und schlechtem Leben verbunden noch an feste gesellschaftliche Klassen verteilt sind, nimmt die Kategorie der Autorität eine andere Bedeutung an. . . . Entstehen jedoch die Güter, welche die Menschen zum Leben brauchen, einmal nicht mehr in einer Wirtschaft scheinbar freier Produzenten, von denen die einen auf Grund ihrer Armut sich an die andern verdingen müssen und diese anstatt für die menschlichen Bedürfnisse nur für ihren ›zahlungsfähigen‹ Teil zu fabrizieren gezwungen sind, sondern aus einer planmäßig geleiteten Anstrengung der Menschheit, dann wird die Freiheit des abstrakten Individuums, das tatsächlich gebunden war, zur solidarischen Arbeit konkreter Menschen, deren Freiheit wirklich nur noch die Naturnotwendigkeit beschränkt. In der Disziplin ihrer Arbeit ordnen sie sich in der Tat einer Autorität unter, aber diese selbst besorgt nur ihre eigenen zum Beschluß erhobenen Pläne, die freilich keine Resultanten divergierender Klasseninteressen sind. Diese haben vielmehr ihre Grundlage verloren und sind in der gemeinschaftlichen Anstrengung aufgegangen. In der Disziplin und im Gehorsam derer, die um diesen Zustand ringen, zeichnet sich bereits die Idee einer anderen Autorität. Das bloße Faktum der unbedingten Unterordnung gibt also kein Kriterium für die Struktur eines Verhältnisses von Autorität. Der Formalismus, Vernunft und Autorität einander entgegenzusetzen, zur einen sich zu bekennen und die andere zu verachten, der Anarchismus und die autoritäre Staatsgesinnung gehören beide noch derselben kulturellen Epoche an.«

Nach Horkheimer bildet die Familie die »Keimzelle der bürgerlichen Kultur, welche selbst ebenso wie die Autorität in ihr lebendig war. . . . Unter den Verhältnissen, welche die seelische Prägung des großen Teils aller Individuen, sowohl durch bewußte als durch unbewußte Mechanismen entscheidend beeinflussen, hat die Familie eine ausgezeichnete Bedeutung. . . . Die Familie besorgt als eine der wichtigsten erzieherischen Mächte die Reproduktion der menschlichen Charaktere, wie sie das gesellschaftliche Leben erfordert, und gibt ihnen zum großen Teil die unerläßliche Fähigkeit zu dem besonders geachteten autoritären Verhältnis, von dem der Bestand der bürgerlichen Ordnung im hohen Maße abhängt. . . .

Die Aufgabe der Familie, zum autoritären Verhalten in der Gesellschaft zu erziehen, hatte freilich die Christenheit lange vorher erkannt«. Horkheimer beruft sich auf Augustin (s. S. 46) und Luther (s. S. 95). »Doch hatte diese Empfehlung Augustins eine allgemeinere Bedeutung als die späterhin dem Vater zur Pflicht gemachte Strenge. Augustin wollte, daß der Christ grundsätzlich zum guten Bürger erzogen werde, er suchte die Harmonie von Staat und Kirche zu begründen.« Hingegen ist der Protestantismus »dem sich vorbereitenden gesellschaftlichen System behilflich gewesen, die Gesinnung einzuführen, bei der Arbeit, Gewinn und Verfügungsgewalt über Kapital als Selbstzweck an die Stelle eines um irdisches oder auch himmlichen Glückes zentrierten

Lebens tritt. Der Mensch soll sich nicht vor der Kirche beugen, wie es im Katholizismus geschah, sondern er soll sich schlechthin beugen lernen, gehorchen und arbeiten«.

Horkheimer zitiert Troeltsch (s. S. 95 f.): »Der Hausvater ist der Rechtsvertreter, der nicht kontrollierte Gewaltinhaber, der Brotgeber, der Seelsorger und Priester seines Hauses.« Horkheimer fährt fort »diese Naturtatsache, . . . die physische Stärke des Vaters, erscheint im Protestantismus zugleich als ein moralisches, ein zu respektierendes Verhältnis. Weil der Vater de facto mächtiger ist, darum ist er auch de jure mächtiger; das Kind soll dieser Überlegung nicht bloß Rechnung tragen, sondern sie zugleich achten, indem es ihr Rechnung trägt. In dieser familialen Situation, die für die Entwicklung des Kindes bestimmend ist, wird zugleich die Autoritätsstruktur der Wirklichkeit außerhalb der Familie weitgehend vorweggenommen: die herrschenden Verschiedenheiten der Existenzbedingungen, die das Individuum in der Welt vorfindet, sind einfach hinzunehmen. . . . Von der Natur gesetzte Unterschiede sind von Gott gewollt, und in der bürgerlichen Gesellschaft erscheinen auch Reichtum und Armut als naturgegeben. Indem das Kind in der väterlichen Stärke ein sittliches Verhältnis respektiert und somit das, was es mit seinem Verstand als existierend feststellt, mit seinem Herzen lieben lernt, erfährt es die erste Ausbildung für das bürgerliche Autoritätsverhältnis. . . .

Im protestantischen Gottesbegriff kommt die Verdinglichung der Autorität unmittelbar zum Ausdruck. Nicht etwa weil Gott weise und gütig ist, schulden ihm die Menschen Verehrung und Gehorsam. So aufgefaßt gälte die Autorität als ein Verhältnis, bei dem der eine sich dem andern auf Grund seiner sachlichen Überlegenheit vernünftig unterordnet, sie schlösse die Tendenz ein, sich selbst aufzuheben, indem der Gehorsam schließlich den Unterlegenen aus seiner Unterlegenheit befreite. Dieser Ansicht widerspricht aber die herrschende gesellschaftliche Praxis, in der vielmehr die Hinnahme der Abhängigkeit zu ihrer fortwährenden Vertiefung führt. Im Bewußtsein der Gegenwart erscheint Autorität auch gar nicht als Verhältnis, sondern als unaufhebbare Eigenschaft des Überlegenen, als qualitative Differenz . . .

Infolge der scheinbaren Natürlichkeit der väterlichen Macht, die aus der doppelten Wurzel seiner ökonomischen Position und seiner juristisch sekundierten physischen Stärke hervorgeht, bildet die Erziehung in der Klein-Familie eine ausgezeichnete Schule für das kennzeichnende autoritäre Verhalten in dieser Gesellschaft. ... Tritt, wo die Familie noch Produktionsgemeinschaft ist, das Oberhaupt in seiner produktiven gesellschaftlichen Leistung unmittelbar vor Augen, so ist seine Stellung in der zur Konsumtionsgemeinschaft eingeschrumpften Familie wesentlich durch das von ihm hereingebrachte Geld vermittelt und für die Seinen umso schicksalhafter. Infolge dieser raumzeitlichen Trennung von beruflicher und familiärer Existenz kann nun jeder bürgerliche Vater, auch wenn er im sozialen Leben eine armselige Funktion ausübt und einen krummen Rücken machen muß, zu Haus als Herr auftreten und die höchst wichtige Funktion ausüben, die Kinder an Bescheidung und Gehorsam zu gewöhnen. So wird es möglich, daß nicht nur aus großbürgerlichen Schichten, sondern auch aus vielen Gruppen der Arbeiter und Angestellten, immer wieder Generationen hervorgehen, welche die Struktur des Wirtschafts- und Gesellschaftssystems nicht in Frage stellen, sondern sie als natürlich und ewig anerkennen und sogar noch ihre Unzufriedenheit und Rebellion zu vollstreckenden Kräften der herrschenden Ordnung machen lassen. ...

Solange die grundlegende Struktur des gesellschaftlichen Lebens und die auf ihr beruhende Kultur der gegenwärtigen Weltepoche sich nicht entscheidend verändern, wird die Familie als Produzentin von bestimmten autoritären Charaktertypen ihre unentbehrliche Wirkung üben. ... In doppelter Weise stärkt die familiale Rolle der Frau die Autorität des Bestehenden. Als abhängig von der Stellung und vom Verdienst des Mannes ist sie darauf angewiesen, daß der Hausvater sich den Verhältnissen fügt, unter keinen Umständen sich gegen die herrschende Gewalt auflehnt, sondern alles aufbietet, um in der Gegenwart vorwärts zu kommen ...

Die Idealisierung der väterlichen Autorität, als gehe sie aus göttlichem Ratschluß, aus der Natur der Dinge oder aus der Vernunft hervor, erweist sich bei näherer Prüfung als Verklärung einer wirtschaftlich bedingten Einrichtung. ...

Je mehr freilich diese Gesellschaft den ihr immanenten Gesetzen zufolge in einen krisenhaften Zustand gerät, umso weniger vermag die Familie ihrer Aufgabe in dieser Hinsicht gerecht zu werden. ... Dieser neue Zustand selbst trägt jedoch ebenso wie der Typus des autoritären Staatswesens, das ihn herbeiführt, einer tieferliegenden und freilich unaufhaltsamen Bewegung Rechnung. Es ist die aus der Wirtschaft selbst hervorgehende Tendenz zur Auflösung aller kulturellen Werte und Institutionen, die das Bürgertum geschaffen und im Leben erhalten hat. Die Mittel, dieses kulturelle Ganze zu schützen und weiterzuentwikkeln, geraten immer mehr in Widerspruch mit seinem eigenen Inhalt. Wenn auch die Form der Familie selbst durch die neuen Maßnahmen schließlich gefestigt wird, so verliert sie doch mit der abnehmenden Bedeutung des gesamten mittleren Bürgerstands ihre selbsttätige, auf der freien beruflichen Arbeit des Mannes beruhende Kraft.«

Der Aufstand gegen Autorität

Seit den fünfziger Jahren hat Horkheimer seine Auffassungen, wie er sie in *Autorität und Familie* vertreten hat, stark modifiziert. Er mag wohl selber, wie unendlich viele andere, gerade Soziologen, von der Revolte in der Mitte der sechziger Jahre gegen die bestehende Ordnung von Staat und Gesellschaft, die er so stark in Frage gestellt, gegen die sie durchdringenden kapitalistischen und autoritären Züge, die er so plastisch aufgezeigt hat, überrascht gewesen sein.

Der Aufstand setzte erstaunlich gleichzeitig in einer Reihe von hochindustrialisierten Staaten, ausgehend von Kreisen der studentischen Jugend mit ethischem Rigorismus und aggressiver Emotionalität, ein. Von einer Revolution im historischen oder soziologischen Sinn kann kaum die Rede sein. Aber jenen, die den Aufstand aus der Nähe miterlebt haben, mochte es wie eine Revolution, die über das »Neobiedermeier« hereingebrochen war, erschienen sein, eben als eine, »die sich gegen das Herrschende, Eingelebte, Bisherige« richtet, »einerlei, ob sie sich auf das Gebiet der Politik, der Kunst oder der Weltanschauung erstreckt« (Friedell, *Kulturgeschichte der Neuzeit*, a.a.O., S. 239).

Psychologisches, schwer zu artikulierendes Unbehagen – um nicht zu sagen »existentieller Ekel« – an Staat und Gesellschaft, an der Ungerechtigkeit oder Unsinnigkeit ihrer Einrichtungen und Prinzipien – so denen der »autoritären Leistungsgesellschaft« wie ihrer Verhaltensweisen (repressive Toleranz) –, am Unrecht, ihrer Maßnahmen oder Unterlassungen, hatte sich zum ebenso sensiblen wie aggressiven Elan gesteigert. »Psychologie scheint sich in Politik zu verwandeln« (Habermas, *Protestbewegung und Hochschulreform*, S. 31).

Auf die Emanzipation der Frau, die sich evolutionär vollzogen hatte, erfolgte die rebellische der Jugend. Will man versuchen, die komplexen und vielfach divergierenden Zielvorstellungen des Aufstandes auf einen Generalnenner zu bringen, so ging es um die Fundamentaldemokratisierung von Staat und Gesellschaft. Nur so glaubte die Jugend, die sich stets in einem anthropologischen Durchgangsstadium befindet, die Chance zu haben, um politische Partizipation in Schulen, Betrieben wie Universitäten und damit auch im öffentlichen Bereich zu erreichen. Das Ziel war Aufhebung von Herrschaft, zumindest Abbau historisch überflüssiger Herrschaft durch Demokratisierung der Demokratie, und zwar im doppelten Sinn: In erster Linie ging es um die Ausdehnung demokratischer Verfahren auf den nichtgesellschaftlichen Bereich, vor allem mit Autoritätsstrukturen, um »die Durchdemokratisierung aller Lebensbereiche«. »Wir können in entwickelten Industriegesellschaften von gut zwanzig Subsystemen ausgehen, die ihrerseits aus Millionen (Familien), Zehntausenden (Betrieben), Tausenden (Kommunen, Schulen) oder Hunderten (Hochschulen) von Einheiten bestehen. In allen diesen gesellschaftlichen Subsystemen findet realdemokratisch nichtlegitime, d. h. hinsichtlich der Bedürfnisse der Betroffenen und/oder der Allgemeinheit nichtfunktionale Herrschaft von Menschen über Menschen statt« (Vilmar, *Strategie der Demokratisierung*, Bd. 1, S. 21). Zum andern ging es um Intensivierung und Ausdehnung schon bestehender demokratischer Verfahren im öffentlichen Bereich oder um Einführung solcher Verfahren, wo sie bisher noch nicht bestanden haben (so beispielsweise Transparenz des Entscheidungsprozesses, innerparteiliche Demokratisierung, Mitbestimmung der öffentlichen Bediensteten in der Verwaltung, Ausbau des plebiszitären Entscheidungsverfahrens, Bürgerinitiative). Als dritte Forderung, wenn auch nicht einheitlich, so doch sehr nachdrücklich von einem beachtlichen Teil vertreten, wäre die Unterstellung der Wirtschaft, vor allem der Großbetriebe als größter gesellschaftlicher Macht in privater Hand, unter demokratischer legitimierter Kontrolle, zu nennen. »Eigentum und Eigentümer sind keine demokratischen Instanzen« (Helge Pross, *Kapitalismus in der demokratischen Gesell-*

schaft, in: *Meyers Enzyklopädisches Lexikon*, Bd. 13). Die Wirtschaft ist einmal »die große gesellschaftliche Macht in privater Hand, die zur Intervention in die Sphäre des Staates gezwungen ist, ohne selber politischer Kontrolle zu unterliegen, und zum andern institutionalisiert sie ein Gewaltverhältnis zwischen den Eigentümern der Produktionsmittel und den Lohnarbeitern« (Habermas, *Legitimationsprobleme im Spätkapitalismus*, S. 42). Gedacht war, allerdings vielfach verschwommen, an eine Vergesellschaftung, eine rätedemokratische Organisation oder staatliche Aufsicht vor allem über die Großunternehmen.

»Wer sich die Aufgabe stellt herauszufinden, welcher Begriff am bündigsten, prägnant und doch umfassend den Generalanspruch unserer Zeit zum Ausdruck bringt, der muß nicht lange suchen: Es genügt, das tägliche Morgenblatt aufzuschlagen. In jedem Ressort, dem politischen ohnehin, aber auch in allen Sparten des Feuilletons, im Wirtschaftsteil, in allen Berichten aus der Welt der Kirche, Schule, Sport, im Frauenfunk und Kinderfunk, in den Kontroversen um Börsenverein und Kunstverein, Universitätsreform, Theaterreform, Verlagsreform, Reform der Kindergärten, Krankenhäuser und Gefängnisse bis hin zur allgemeinsten Forderung der Gesellschaftsreform – der Generaltenor aller Ansprüche der Zeit auf Veränderung der uns umgebenden gesellschaftlichen Welt findet seine knappste Formel in dem einen Wort ›Demokratisierung‹. Man wird wohl sagen dürfen, daß in diesem Wort die universalste gesellschaftspolitische Forderung unserer Zeit auf den Begriff gebracht wird« (Hennis, *Demokratisierung*, S. 5).

Zentralangriffsobjekt war die Autorität. Es war geradezu ein Aufstand gegen Autorität. Von einer kleinen, höchst aktiven, vielfach qualifizierten studentischen Minderheit mit einer stark wachsenden Schar von Mitläufern wurde der Kampf vor allem zunächst an den Universitäten, aber sehr bald auf andere Bereiche übergreifend, geführt. Neu waren bisher völlig unbekannte, daher unerwartete und wirksame Provokationen wie Techniken der Regelverletzung, die den Vorstellungen der Guerillataktik und der der amerikanischen Bürgerrechtsbewegung entlehnt waren. Die Protestbewegung fand Unterstützung bei der unorganisierten außerparlamentarischen Opposition, von der sie ein Teil, wenn nicht der Kern war. Auf ihrer Seite standen eine Reihe namhafter Schriftsteller, Journalisten, Verleger, auch Professoren, wie beispielsweise Friedeburg und Habermas. Die Massenmedien haben wesentlich dazu beigetragen, daß die Rebellion in die Breite wirkte. Mit ernsthafter Überzeugung verbanden sich Sensationslust, Modeeifer und kommerzielles Interesse. »Die Bewußtseinsindustrie ließ sich keine Gelegenheit zur Vermarktung nehmen« (Küng, *Christ sein*, S. 44). Die Spanne der Kampfziele reichte von der rigorosen Prüfung jeder Autorität auf ihre Legitimitation hin – d. h. keine als Selbstverständlichkeit hinzunehmen –, bis zur totalen Ächtung. Die Grenze zwischen Gemäßigten und Radikalen war zunächst fließend. Die Kampfansage galt der Autorität der Älteren, die in irgendeiner Weise den Emanzipationsansprüchen der Jugend im Wege zu stehen schienen. Sie richtete sich allgemein gegen traditionelle Autorität und Autorität der Tradition, die Goethe in seiner Farbenlehre behandelt hat (s. S. 107f.), gegen persönliche und institutionelle Autorität, wie von Ämtern, Betrieben und Gruppen, von Gesetzen und Konventionen. Erst jetzt, eben mit dem Aufkommen der antiautoritären Bewegung zeigte sich – bei Demonstrationen und Krawallen in Versammlungen, in Universitäten, Schulen, Kirchen und Gerichten –, welch große Bedeutung die allgemeine zur Gewohnheit gewordene Respektierung von rechtlich nicht und nicht ausreichend geregelten Konventionen gehabt hat, wie stark rechtliche Verfahrens- und Verhaltensordnungen auf diese überkommene Autorität angewiesen waren.

Autorität galt als die Wurzel allen Übels. Sie entmündigt den Menschen und verkümmert die Persönlichkeit, sie hat sich als starkes Bollwerk gegen Wandlung der Gesellschaft erwiesen. Deshalb ging es jetzt um die totale »Exautorisation« (s. S. 102), nämlich der Autorität. Sie erscheint als Fundament des bestehenden Systems und damit deren Zerstörung auch als Hebel zur Systemveränderung. Wollte man sie treffen, so durfte man sich um die vielfältigen Bedeutungen nicht kümmern, keine Ausnahmen zulassen, sondern mußte den Angriff schlechthin gegen jegliche Autorität, wo immer sie vermutet wurde, richten.

Da Autorität sich vielfach schwer erfassen, bestimmen und begreifen läßt, war sie zugleich ein symbolisches Kampfziel, das man nur so zu nennen, nicht zu präzisieren brauchte. Autorität, mehr noch autoritär, wurde zum pauschalen Schlagwort, um Mißstände, Fehlprinzipien und -institutionen des bestehenden Systems zu kennzeichnen oder auch nur anzudeuten. Trotz der Verzerrung, Verblassung und Entleerung des Autoritätsbegriffs, trotz des Wechsels der politischen Systeme und der Wandlungen der Gesellschaft seit der Französischen Revolution, vor allem aber nach 1933, war kraft der Tradition, vielleicht auch dank der Gewohnheit die Autoritätsvorstellung so fest verwurzelt, daß eine Chance ihrer Erschütterung und Zerstörung nur von der Basis her gegeben zu sein schien. Dafür gab es Begründungen und Anleitungen bei Freud und Horkheimer.

Durch die »Demoralisierung der Folgebereitschaft vieler Einzelner«, sollte das System zunächst beunruhigt und dann zersetzt werden. Es bestand auch die teils ernste, teils nur vorgespielte Sorge, daß die bestehende Demokratie mit ihren Autoritätsvorstellungen und -gegebenheiten bei schweren wirtschaftlichen Krisen unter einer CDU-Regierung zu einem autoritären Regime deformiert werden könne. Das Wort Autorität, dem ein gewisses Pathos innewohnte, wurde insoweit jetzt ebenso peinlich gemieden wie in der Französischen Revolution. »Autorität« wurde zu einem »pejorativen Adjektiv« wie »Tradition« zu einem »pejorativen Begriff« (Friedrich, *Tradition und Autorität*, S. 35 u. 50). Angst verbreitete sich, daß man nur in den Verdacht eines Autoritätsanspruchs oder -respektes geraten könne.

Vor 1933 wurde »autoritär« zur Kennzeichnung eines bestimmten politischen Systems und deren Anhängerschaft von dieser wie von den Gegnern gebraucht. Nach dem Zweiten Weltkrieg setzte sich in Deutschland die Sinnbedeutung von »autoritarian« mittels angelsächsischer Publikationen und deren Übersetzungen weitgehend durch (s. S. 209f.). Bis dahin hatte man das Wort autoritär kaum auf demokratische Verfassungen und Einrichtungen sowie auf demokratisch bestellte Personen bezogen. Aber »›demoautoritär‹ hat Karl Löwenstein, Staatsrechtslehrer in Amherst (USA), das Bonner Regierungssystem genannt« ... zumindest während der Dauer der Legislaturperiode, womit gesagt werden soll, daß die Regierung zwar auf demokratische Weise ins Amt gelangt, danach aber die politische Führung autoritär und ohne jede Begrenzung durch das Parlament oder die Wählerschaft ausübt« (*Verfassungslehre*, S. 93).

Man sprach vom »autoritären Stil« Adenauers und den »autoritären« Notstandsgesetzen. Die repräsentative Demokratie galt wegen ihrer elitären, oligarchischen Erscheinungen, wegen des hierarchischen Aufbaus der Staatsorganisation und ihrer kapitalistischen Wirtschaftsstruktur als autoritär. Habermas spricht von der Bundesrepublik als »autoritärem Wohlfahrtsstaat«, von dessen »autoritär wohlfahrtsstaatlich organisiertem Gesellschaftssystem« (a.a.O., S. 43 und 49). Gemeint ist, daß in der »formal-rechtsstaatlichen Demokratie« die Arbeitnehmer durch gesetzliche Sozialleistungen verschiedenster Art entpolitisiert sowie für die Anerkennung oder Duldung des bestehenden Wirtschaftssystems gewonnen werden sollen, während sich die angemessene Entlohnung im weitesten Sinn in einer sozialstaatlichen Demokratie aus dem sozio-ökonomischen System ergeben würde. Während vor 1933 die Autoritären ihr Wort »autoritär«, wie sie es verstanden, und Autorität in der klassischen Bedeutung zu identifizieren versuchten, trat jetzt die umgekehrte Identifizierung in Erscheinung. Wer für sich oder andere Personen oder Institutionen Autorität beansprucht oder irgendwie geartete Autorität respektiert, war autoritär und damit verdächtig, wenn nicht schuldig.

Das Wort »antiautoritär« war früher schon bei Gelegenheit, aber nur selten gebraucht worden. Demokraten und radikale Liberale hatten sich gleich nach der Französischen Revolution »Antiautoritäre« genannt. Max Weber hat von antiautoritär nicht im Sinn von Verhaltensweisen, sondern von Erscheinungen gesprochen, wenn nämlich die charismatische Legitimität der freiwilligen Anerkennung der Führung durch deren Wahl in demokratische umgedeutet wird (*Wirtschaft und Gesellschaft*, S. 558). Jetzt redete Rudi Dutschke in Versammlungen seine Zuhörer »Antiautoritäre« an.

Das Umfunktionieren beispielsweise von Verfahren und Veranstaltungen war eine neue revolutionäre Technik und erwies sich als probates Kampfmittel. Dazu gehörte auch das Umfunktionieren von Begriffen und Worten – auch solchen, »die unreflektiert die Grundlage der Legitimation bestehender Ordnungen bilden. Gerade die neuen, provokativen, die mißverständlichsten, aber publizistisch auffälligsten Protesttechniken richten sich gegen die Positivität solcher abgestorbener Legitimitätsansprüche: sie durchstoßen die Kruste falscher Terminologie und rühren den Brei des offiziösen Sprachgebrauchs um« (Habermas, a.a.O., S. 180).

Es entsprach der Propaganda und Provokationstechnik der neuen Linken, vor allem von seiten jener, die das Dritte Reich nicht mehr bewußt erlebt hatten, es allenfalls nur aus der Lektüre noch kannten, sich des spezifischen Vokabulars des Autoritarismus, vor allem des Nationalsozialismus zu bedienen und aus diesem entnommene Worte wie Faschismus, faschistoid, Diktatur, Terror und ähnliche auf Erscheinungen der Bundesrepublik zu projizieren, um ein Höchstmaß von kämpferischer Wirkung zu erreichen. Man tat so, als ob man gegen faschistische Unterdrükkung kämpfte, und nützte zugleich den durch Freiheiten gesicherten Spielraum weidlich aus. Es war im Rechtsstaat eine risikolose Revolution und für manchen aus jugendlicher Abenteuerlust eine »Revolution, die Spaß macht«. Aber sie hat in starkem Maße Einschüchterung erreicht und eine breite Schockwirkung ausgelöst. Sie erzeugte Angst vor den Antiautoritären. Die Älteren hatten im Dritten Reich sich anzupassen versucht und auch gelernt, um sich so Gefährdungen zu entziehen. Das versuchte man erneut auf andere Weise. Aber die Angstpsychose vor den Antiautoritären wurde bewußt erzeugt, um Autorität, wo sie bestand, zu verunsichern und lächerlich zu machen. Die Angst vor den Antiautoritären sollte auch die Autoritätsangst, nämlich die Angst vor Autorität, kompensieren.

Autoritätsangst war jetzt anstelle der Autoritätssucht nach dem Ersten Weltkrieg getreten. Was Sigmund Freud eingeleitet hat, seine Schüler, teilweise von ihm abweichend, fortgesetzt haben, nämlich die psychologische Analyse der Autorität und ihrer Wirkungen, dem haben Antiautoritäre, wenn auch vielfach ins Vulgäre gezogen und übersteigert, zu breiter Geltung verholfen. Termini der Psychologie und Psychoanalyse, meist nur in Fachkreisen gebraucht, wie Aggression, Repression und Frustration, wurden zu Vokabeln des Allgemeingebrauchs, wenn nicht gar zu Schlagworten. Freud hat nicht geleugnet, daß Autoritätsvorstellungen Vertrauen schaffen, in erster Linie aber gezeigt, daß sie Angst erzeugen können. Angst vor Autorität ist eine uralte Erscheinung. Sie hat schon das alte Rom gekannt. Vor allem Freud ist es gewesen, der diese Autoritätsangst bewußt gemacht hat, so daß sie artikuliert werden konnte. Indem er Autorität als eine wesentliche und häufige Ursache von Angst aufgezeigt hat, wurde das wissenschaftliche Interesse an ihr unter diesem besonderen Aspekt geweckt. Dieses Interesse erregte die Allgemeinheit und reizte sie. Die Autoritätsangst ist wahrscheinlich eine der elementaren Triebkräfte der antiautoritären Bewegung gewesen und hat deren Verbreitung besorgt. Als wirksames Mittel, sie zu mindern, oder mehr noch sich von ihr zu befreien, erschien der Abbau von Autorität. Aus Autoritätsangst und ihrer Propagierung entstanden Vorstellungen von angsterzeugenden Autoritäten, selbst wenn sie es kaum oder nicht waren. Es bestand die Tendenz, Überempfindlichkeit zu wecken. Eine teilweise im Wege der Suggestion eingebildete Autoritätsallergie kam auf, die als prophylaktische Abwehr gegen jegliche Autorität wirken sollte. Auch das war ein Motiv, keineswegs das einzige, zur Autoritätsstürmerei, wie es in der Reformation die Bilderstürmerei gegeben hat.

Horkheimer hatte dargelegt, daß das Bewußtsein der Massen seitens der Herrschenden präformiert ist und deren Interesse widerspiegelt. So ging es jetzt darum, mit der Bewußtseinsänderung in den Schulen, an den Universitäten wie durch Erwachsenenbildung einzusetzen, und das »falsche Bewußtsein« beim Kleinstkind durch antiautoritäre Kinderläden und Kindergärten gar nicht mehr erst aufkommen zu lassen.

Das aber erforderte, die antiautoritäre Erziehung des Kleinstkindes in der Schule und später an der Hochschule konsequent fortzusetzen. Die Erziehung zum »kritischen Bewußtsein« gegenüber Obrigkeit und Sozialstruktur muß durch Abkehr von »alten repressiven Erziehungsstilen« so früh als möglich einsetzen. Die überkommene Autorität, deren Legitimation aus Tradition nicht mehr hinterfragt wird, muß ausgetrieben oder deren Entstehung verhindert werden. Die Kernfrage nach der Entstehung der Autorität im Erziehungsprozeß sollte es nicht mehr geben. Wenn eine Politisierung aller Lebensbereiche erstrebt würde, so müßte sie im Kindesalter beginnen. Das hatte man vom Totalitarismus der Kommunisten und des Nationalsozialismus, so stark die Unterschiede zwischen beiden auch sein mögen, gelernt.

Aber es bestand ein tiefes Mißtrauen gegen die Elternhäuser, daß sie noch immer ihre Kinder unpolitisch und autoritär erziehen, obwohl die Väter – überhaupt die Elternautorität – seit Freuds Publikationen mehr und mehr zurückgedrängt und an deren Stelle die Einwirkung von Massenmedien, Schulen und Sportverbänden getreten waren. »… in Elternhäusern wachsen apathische Menschen auf, weil die Eltern selbst im Betrieb abgestumpft und zu Untertanen abgerichtet werden« (Vilmar, *Strategie in der Demokratisierung*, Bd. 1, S. 112). Großfamilienartige Kommunen, die nicht auf Verwandtschaft beruhen, sondern freiwillig gebildet wurden, entstanden als praktische Alternativen zur Kleinfamilie, nach Horkheimer der Zuchtanstalt von Autorität. Hier soll gleichsam durch praktische Erwachsenenbildung das nachgeholt werden, was den Beteiligten an antiautoritärer Kindererziehung versagt geblieben war. »Autorität soll durch Rücksicht ersetzt werden, der Befehl durch Diskussion, der Gehorsam durch Einsicht« (Erlinghagen, *Autorität und Antiautorität*, S. 48).

Bei Kinderläden und Kommunen handelt es sich um Experimente. Ebenso wie Lernprozesse können sie Fehlern ausgesetzt sein, was offen zugegeben wird. Sie sind allerdings stark zurückgegangen, was nicht besagt, daß sie eines Tages nicht wiederaufleben können. Zu antiautoritären Erziehungsvorstellungen gehört auch die Aufhebung »repressiver Trieberziehung«, die Freud und nach ihm Herbert Marcuse herausgestellt hat. Von Alexander Neill, dem Autor der wohl am meisten gelesenen antiautoritären Schrift *Theorie und Praxis der antiautoritären Erziehung*, stammt das Wort »Hebt die Unterdrückung der Sexualität auf, und die Jugend wird für die Obrigkeit verloren sein« (*Erziehung in Summerhill*, S. 202).

Der antiautoritäre Lernprozeß von früher Kindheit über Schule und Universitäten bis zur Erwachsenenbildung dient ganz dem Ziel der Volldemokratisierung. Habermas spricht von einer »Demokratisierung der Entscheidungsprozesse in allen gesellschaftlichen Bereichen« (*Protestbewegung*, S. 50). Das bedeutet den Grundsatz anzuerkennen, »Entscheidung in der Weise zu rationalisieren, daß sie der Idee nach von einem in herrschaftsfreier Diskussion erzielten Konsensus abhängig gemacht werde«. Diese Demokratisierung erfordert totale Politisierung und weitgehende Autonomisierung. Hier hat Autorität schwerlich noch Platz. Nach Habermas kann es nur demokratisch legitimierte, also demokratisch bestellte, jederzeit abberufbare und kontrollierte Autorität geben. Er spricht von »rationaler Autorität«. An anderer Stelle sagt er, »gegenüber Formeln der bürokratisierten Herrschaft gewinnt das Modell rätedemokratischer Willensbildung an Überzeugungskraft« (a.a.O., S. 16).

Modelle für die Rätedemokratie waren die Pariser Kommune von 1871, die Marx beschrieben hat, die russischen Arbeitersowjets von 1905 und 1917, und die deutschen Arbeiter-und-Soldaten-Räte in der Revolution von 1918. Das System hat sich bisher in keinem Fall zu behaupten vermocht. Aber jetzt tritt die Idee wieder auf. Sie wird dargestellt und begründet vor allem von Udo Bermbach, Professor für Politikwissenschaft an der Universität Hamburg (*Theorie und Praxis der direkten Demokratie*), und Fritz Vilmar, Lehrbeauftragter an der Gesamthochschule in Kassel, vorher in der Bildungsabteilung - IG Metall (*Strategie der Demokratisierung*).

Beide legen ein Zielprogramm und eine Aktionsstrategie zur Realisierung der Rätedemokratie vor. Beide sind entschiedene Gegner des Neoanarchismus. Bermbach, der sich viel mehr auf Marx stützt als Vilmar, unterscheidet zwischen anarchistischen und marxistischen Antiautoritären. Beider Plan richtet sich gegen den privaten Kapitalismus der bürgerlichen Gesellschaft, wie gegen den kommunistischen Staatskapitalismus.

Ausgehend von der Marxschen Kommune-Schrift beschreibt Bermbach ein Orientierungsmodell: »...der durch direkte Wahl konstituierten Ebene von Betriebsräten folgt die der Gemeinde- bzw. Stadträte nach, deren Vertreter direkt, häufiger wohl indirekt gewählt werden können. Innerhalb des kommunalen Bereichs nimmt ein solcher Gemeinde- bzw. Stadtrat alle legislativen, exekutiven und judikativen Aufgaben wahr, verweist diese allerdings jeweils an dafür aus seiner Mitte benannte fachzuständige Delegierten, die ihrerseits eine Art Exekutivkomitee des Rates bilden. Die Delegierten dieser Ebene wählen zugleich die der nächstfolgenden, etwa: der Kreis- oder Länderräte. Rekrutiert sich die je nachfolgende Ebene eines Rätesystems aus den Delegierten der ihr vorgelagerten, so steht an der Spitze des gesamten Systems ein aus indirekten Wahlen hervorgegangener Zentralrat, bestehend aus Plenum und Exekutivkomitee, der vornehmlich neben gesamtgesellschaftlichen Planungsfunktionen die der Koordination der verschiedenen Räteebenen zu leisten hat. Gesteigerte Komplexität gewinnt ein solches Modell noch durch die Möglichkeit horizontaler Kooperation jener Delegierten auf den unterschiedlichen Ebenen des Gesamtsystems, die je dieselben Aufgabenbereiche übernommen haben ...« (a.a.O., S. 22).

Diese Rätedemokratie läßt sich nur durch einen langfristigen Lern- und Aktionsprozeß erreichen. »Auch rätedemokratische Organisationsmodelle« können »die sich ergebenden strategischen Probleme einer nachbürgerlichen Transformationsperiode und die Bedingungen schließlicher Stabilisierung nicht einfach überspringen, können nicht ohne weiteres übersehen, daß die individualpsychologischen, wie gesamtgesellschaftlichen Voraussetzungen ihres eigenen Funktionierens selber nicht unter sofortigem, bedingungslosem Bruch eines jahrhundertelang internalisierten Wertekodex zu schaffen sind, sondern allenfalls als generationsumfassende Lernvorgänge begriffen werden müssen, deren neue, sozialistische Orientierung zunehmend effektiver durch organisationstechnische Neukonzepte unterstützt und abgesichert werden mag« (a.a.O., S. 23). Deshalb sollen nach und nach bei jeder sich bietenden Gelegenheit Teilbereiche wie Schulen, Universitäten, Massenmedien, Verwaltung, gerade kommunale, und in erster Linie Betriebe schrittweise aber unablässig zur Herstellung der Identität von Demokratie und Sozialismus rätedemokratisch oder in ähnlicher Weise erfaßt werden. Sie sollen miteinander kooperieren und kommunikativ verbunden sein. »Wie immer komplexe Demokratiemodelle entworfen sein mögen . . . sie haben von Anfang an mit zu bedenken, daß institutionelle Reformen nur dann erfolgreich sein können und überleben, wenn sie zugleich sozialpsychologisch abgesichert sind, wenn sie einhergehen mit entsprechenden Bewußtseinsveränderungen« (a.a.O., S. 30). Einerseits sollen diese volldemokratisierten autonomen, im Prinzip antiautoritären Teilgebiete, bei »langfristiger Zeitkalkulation strukturdurchbrechende Wirkung entfalten« (a.a.O., S. 170) und zum anderen als »Experimentier- und Übungszentrum im sozialpsychologischen Sinn« zur Fortsetzung der Ausbildung an Schulen und Universitäten dienen.

Nach Vilmar gibt es »zwei prinzipiell zu unterscheidende, aber durchaus nicht alternative, sondern tendenziell komplementäre Organisationsformen der Demokratisierung: Die Organisation von kollektivem Widerstand (Gegenmachtbildung) der Betroffenen, die die Herrschenden bzw. ihre Beauftragten mit Revision ihrer Entscheidungen im Interesse der Abhängigen zu zwingen versucht (im Extremfall: selbst die Entscheidungsvollmacht zu übernehmen versucht, z.B. bei Fabrikbesetzungen), oder die Erkämpfung des Rechtes, am Entscheidungsprozeß in den Subsystemen durch Institutionalisierung von Mitbestimmung oder (partieller) Selbstbestimmung beteiligt zu werden« (Vilmar, a.a.O., S. 133). ». . . bröckeln die autoritären Strukturen in Familie und Schule, Universität und Kirche, Verwaltung und Massenmedien ab, so wird die Aufrechterhaltung eben dieser Strukturen im Zentralsystem der profiterzeugenden Arbeitswelt immer schwieriger. An die Stelle der offenbar aussichtslosen und dogmatischen Ein-Front-Strategie kontra Kapital tritt die Vielfrontstrategie der Demokratisierung in allen gesellschaftlichen Subsystemen.«

Demnach sind rätedemokratische oder ähnliche Einrichtungen für Bermbach oder Vilmar Instrumente der Reformstrategie – um nicht zu sagen Etappen auf dem Revolutionierungsweg – in jenem Prozeß, den Rudi Dutschke »den langen Weg durch die Institutionen« nennt. Beide sind sich bewußt, daß die offene Gesellschaft ihnen weitgehende chancenreiche Möglichkeiten für ihre geplanten Operationen gibt. Vilmar spricht von der »Strategie einer gradualistischen Regeneration direkter(er) Demokratie, ausgehend von der »Subsystem-Demokratisierung« (a.a.O., S. 273). Für beide ist das Ziel die Sozialisierung der Gesellschaft. Aber diese ist zugleich die Voraussetzung für das Funktionieren des rätedemokratischen Systems. Besorgt sind sie wegen der Apathie und eines Rückfalls in Autoritäts-Vorstellungen. Deshalb sollen die Menschen in allen Stufen vom Kindergarten aufwärts einmal zum antiautoritären Denken erzogen und zum anderen durch die Praxis in rätedemokratischen Einrichtungen der Teilgebiete im antiautoritären Verhalten geübt werden. Vilmar weist auf den »unauflöslichen Zusammenhang von struktureller Demokratisierung und Massenpolitisierung, auf das elementardialektische Verhältnis von politischer Bildung und politischem Handeln hin«.

Von entscheidender Bedeutung jedoch unter dem Aspekt der Aufhebung von Herrschaft oder ihrer grundlegenden Minderung ist die Frage nach der Konstruktion des Zentralorgans im rätedemokratischen System, nach dessen Funktionen und damit nach dessen Funktionsfähigkeit. Bermbach spricht allerdings von Führungsgruppen, »die auch der Rätegedanke als unverzichtbar begreift«. Aber er will zugleich »mit Hilfe optimal genützter Selbstbestimmung jenen Grad von Verunsicherung der Führungsgruppen bewirken, der den Verselbständigungsdrang und die Verharschungstendenzen bürokratischer Apparate auszubalancieren vermag; anders formuliert: nicht möglichst hohe Stabilität, sondern gerade noch erträgliche Labilität von Organisationen sind zu erstreben« (S. 29). Doch Bermbach verschweigt nicht die Sorge, daß Rätedemokratie gegen ihre eigene Intention unversehens umschlagen kann in die »Verwirklichung plebiszitärer Oligarchie«, in welcher »Partizipation von unten sich vor allem in der Gestalt einer Mobilisierung von oben vollzieht« (a.a.O., S. 168). Ihm erscheint es »wesentlich nicht zweifelhaft zu sein«, daß die Rätedemokratie »als globales Organisations- und Steuerungsmodell moderner Industriegesellschaften, als Instrumentalalternative zum parlamentarischen Repräsentativsystem wohl kaum tauglich wäre . . .« (a.a.O.). Also, er läßt die künftige Konstruktion der zentralen Spitze einer volldemokratisierten klassenlosen Gesellschaft offen.

Nach Vilmar bleiben zwar die »Grundprinzipien des Anarcho-Syndikalismus bzw. klassischen Liberalismus: Dezentralisierung und optimale Selbstverwaltung, unverzichtbar für jede radikaldemokratische Theorie. Aber deren Verabsolutierung führt sie ad absurdum. Gerade im Interesse funktionsfähig demokratisierter Strukturen ist der Destruktivität eines prinzipiellen Sichnichts-sagen-lassen-wollens, der antiautoritären Perhorreszierung jedweder Leitungskompetenz, der anarchistischen Infragestellung jedweder Entscheidung durch permanent tagende Kontrollräte entgegenzutreten. Demokratisierung ist nicht mit dem neurotischen Zwang zur Liquidation von soliden Führungskompetenzen gleichzusetzen. Im Gegenteil: Demokratisierung schließt die Anerkennung von durch Wahlakte legitimierter Sachautorität ein, – vorausgesetzt, daß eben diese Sachautorität sich nicht oligarchisch verfestigen kann« (S. 156). Doch um das zu verhindern, schlägt er Ämterrotation, jederzeitige Abberufbarkeit, zeitliche Begrenzung des Besitzes von Führungspositionen, Kollegialisierung der Entscheidungsbildung vor. Er spricht von dem »Dilemma der gesellschaftlich-geschichtlichen Dialektik: daß einerseits nur umfassende Demokratisierung zur klassenlosen Gesellschaft führen kann, andererseits aber erst in einer klassenlosen Gesellschaft Führung – als a priori nicht mehr der eigenen Selbstbehauptung oder der einen herrschenden Klasse dienend – ohne große Gefahr als demokratische, stellvertretende in ihrer entlastenden Funktion akzeptiert werden kann« (a.a.O., S. 158). Das weist auf Horkheimer hin (s. S. 214). Im Gegensatz zu Bermbach sind für Vilmar Parlamentarismus und Rätedemokratie nicht einander ausschließende Alternativen, sondern er empfiehlt, aus den Elementen der Rätekonzeption Demokratisierungsstrategien für die Reform des parlamentarischen Systems zu formulieren.

Von den verschiedenen antiautoritären Richtungen ist auf die rätedemokratische besonders hingewiesen worden, weil sie, wie gerade die Schriften von Bermbach und Vilmar zeigen, eine Aktionsstrategie und eine Aufbaukonzeption vorzuschlagen versuchen. Aber ganz ohne Autorität scheinen sie nicht auszukommen.

Der Aufstand kam unerwartet, aber nicht von ungefähr. Revolutionen haben eine lange Vorgeschichte. Auf die Vorgeschichte der antiautoritären Bewegung, auf den Komplex von Anlässen und Ursachen kann hier nicht näher eingegangen werden. Es wäre vielleicht auch noch zu früh. Habermas, selber radikaler Reformer, hat verschiedentlich Anlässe und einige Ursachen skizziert (s. *Protestbewegung und Hochschulreform*). Mitscherlich hat vor allem sozialpsychologische Tendenzen in dieser Richtung schon einige Jahre vorher aufgezeigt (s. *Vaterlose Gesellschaft*). Einen starken Impuls hat die antiautoritäre Bewegung durch Horkheimer, der sich auf Marx und Freud stützte, mit seiner Beschreibung des Zusammenhangs von kapitalistischer Produktionsweise und autoritärer Erziehung erfahren. Deshalb ist hier gerade über die Lehren Horkheimers und Freuds referiert worden. Überhaupt hat die »Frankfurter Schule« und ihre »Kritische Theorie« mit Adorno, Herbert Marcuse, der sich später von ihr abgewandt hat, mit Erich Fromm und Habermas einen nachhaltigen Einfluß auf die neue Linke ausgeübt. »Diese Theorie« führte »zur Initialzündung der deutschen Studentenbewegung« (Skuhra, *Max Horkheimer*, S. 11).

Horkheimer war 1949 aus Amerika nach Frankfurt am Main zurückgekehrt und hatte mit Adorno das Institut für Sozialforschung wieder eröffnet. Schon vor dem Autoritätsaufstand 1963 hatte er seinen Frankfurter Lehrstuhl aufgegeben und sich nach Montagnola im Tessin zurückgezogen. Seine bisherige Auffassung über die Marxsche Gesellschaftstheorie hatte er nach 1945 behutsam, aber offenkundig revidiert. Von den Neomarxisten der neuen Linken distanzierte er sich weitgehend ». . . er vermutet in jeder Form politischen Handelns, als Konsequenz schließlich auch seiner kritischen Theorien, schon Unheil und beschleunigten Prozeß« (Skuhra, S. 80).

Damit war der Konflikt gegeben. Für die neue Linke wurde

230

Horkheimer zum »Verräter«. Selbst der feinsinnige, höchstempfindliche Adorno, der die Konsequenzen »des Umschlags« der »Kritischen Theorie« in eine vulgärmarxistische Aktionstheorie auszuhalten hatte, wurde wegen seiner Distanzierung zur neuen Linken peinlich-handgreiflichen Attacken ausgesetzt. »Hatten sie, [Adorno und Horkheimer]« wie Ralf Dahrendorf meint, »am Ende doch Angst« vor ihnen wegen ihrer eigenen »Beschwörung sozialer Kräfte«? (*DIE ZEIT,* Nr. 14/1975). Sogar Habermas, der die Demokratisierungsziele der studentischen Protestbewegung bejahte und förderte, wurde »Verräter« genannt, weil er »gewaltsame Provokationen« als »linken Faschismus« bezeichnet und vor »Scheinrevolution« ausdrücklich und wiederholt gewarnt hatte.

Seit Anfang der siebziger Jahre ist der Aufstand abgeebbt. Aus der Protestgruppe der neuen Linken war für kurze Zeit eine Massenbewegung geworden, die nur auf schwachen Widerstand stieß. Der antiautoritäre Prozeß war sehr bald zu einer Modeerscheinung geworden. Das hat zunächst wesentlich zu seiner Verbreitung, aber dann nach dem Gesetz des Modischen zu seiner Erlahmung geführt. Der Elan hielt nicht an. Zersplitterung und Auflösung setzte ein, es fehlte an revolutionärer Strategie und Ausdauer. Grundlegend hat die Rebellion die Gesellschaft nicht verändert, aber sie hat manches geändert und Ansätze geschaffen, die sich zu weiten Änderungen auswirken können. Sie hat vor allem eine große Diskussion ausgelöst, die zwar nachgelassen, aber nicht aufgehört hat. Eine kaum übersehbare Literatur über den Begriff des Antiautoritären im weitesten Sinn und darüber auch über Autorität ist erschienen (Johannes Classen, *Bibliographie zur antiautoritären Erziehung*).

Die antiautoritären Standardschriften werden nicht mehr so viel, aber immer noch gelesen. Ihre Wirkung über den Augenblick hinaus zeigte sich in den hessischen, aber auch in nordrhein-westfälischen Rahmenrichtlinien, deren endgültige Fassung noch nicht vorliegt. Die Veränderung in der Innenpolitik, in der politischen Kultur, die mittelbar oder unmittelbar auf diese Bewegung zurückgeführt werden können, ist nicht zu verkennen. Zwar sagt Eugen Kogon im April 1975 »Der Aufstand mißlang« (*Situationen und Qualitäten* im Sonderheft *Jugend* der *Frankfurter Hefte,* vom April 1975, S. 2). Kann aber nicht die neue Linke beachtliche Teilerfolge, sei es, daß sie den Anstoß gegeben, sei es, daß sie sich durchgesetzt hat, für sich buchen, wenn sie auch manche Position nicht hat behaupten können? Kogon sagt an anderer Stelle des gleichen Aufsatzes, daß »da so viel vom vormals Gültigen, das den gesellschaftlichen Bestand seinerzeit zusammenhielt, zerbrochen oder verkommen, jedenfalls unwirksam geworden ist und keinesfalls, sei es in Freiwilligkeit, sei es gezwungen, als verbindlich wieder hergestellt werden kann« (a.a.O.). Ein ganz unerhebliches, aber typisches Zeichen ist die spontane, sich schnell verbreitende Abkehr von Titeln und Anreden, die sich bisher trotz des Wandels der Systeme gehalten hat.

In kritischen Situationen auch bei zivilen, gewaltlosen Auseinandersetzungen neigen Gegner dazu, während des Kampfes Vorstellungen, Begriffe und Taktiken voneinander als Kampfmittel, gelegentlich als Kampfziele zu übernehmen. Auch bei dieser Revolte stellte sich bald heraus, daß Autorität, autoritäre Ansprüche und Gewohnheiten, wie immer sie in Erscheinung treten mögen, mit Autorität und autoritären Verhaltensweisen wie Methoden bekämpft werden mußten. In autoritären Gruppen und Versammlungen galt die Autorität des Dogmas und der Solidarität, wenn letztere auch vielfach nicht gehalten hat. Die persönliche Autorität stellte sich wieder ein. Nur so war Kampfdisziplin zu bewahren. Das ist auch zugegeben und als Kampf- oder Übergangserscheinung entschuldigt worden. Wäre es aber nicht möglich, daß ein Teil der Antiautoritären mit der Parole totaler »Exautorisation« der Autorität nur die alte Autorität beseitigen will, um an deren Stelle eine neue ihrer Art zu setzen? Könnte sich trotz des antiautoritären Prozesses, der unterbrochen ist, aber deswegen nicht abgebrochen zu sein braucht, Autorität schon aus Gründen der Eigengesetzlichkeit von Organisationen als unentbehrlich erweisen?

Exkurs über die Autoritätskrise in der katholischen Kirche

Auf dem II. Vatikanischen Konzil (1962-1965) trat öffentlich die Autoritätskrise der katholischen Kirche in Erscheinung. Sie setzte also vor der Demokratisierungsbewegung ein, hielt sich aber über das Konzil hinaus und ist auch jetzt noch keineswegs abgeschlossen. Die Kirchenkrise läßt sich zunächst weder zeitlich noch inhaltlich ohne weiteres auf die Demokratisierung zurückführen, wohl aber hat diese auf sie in späteren Jahren eingewirkt. Die Ausgangsbasis der Problematik ist in der Kirche eine ganz andere als beispielsweise in der Bundesrepublik. Noch in der Zeit nach dem Zweiten Weltkrieg galt die katholische Kirche zumindest für Außenstehende als »einer der letzten Horte funktionaler Autorität«. Durch bald zweieinhalb Jahrtausende hatte sie ihre Autoritätsstruktur, wenn auch zeitweise unter Störungs- und Lähmungserscheinungen, behauptet. Im Verhältnis zu allen anderen politischen Institutionen der Welt hat sie ihr Gefüge nur wenig verändert.

Nach dem katholischen Dogma lassen Glaube und Autorität sich voneinander nicht lösen. Autorität ist nicht nur ein Glaubensfundament, sondern ein für die übernationale, weltweite Kirche unerläßliches Organisationserfordernis. Zwar hat die Kirche nicht die Sorgen der Territorialmächte – wenn man vom Kirchenstaatsproblem, das gelöst zu sein scheint, absieht –, kennt weder Militär-, Wirtschafts- noch Sozialpolitik. Aber sie ist doch ein über die Welt organisiertes Reich mit der absolutistischen Macht des Papstes. Von ihren Gläubigen verlangt sie kritiklosen Gehorsam. Autorität und Hierarchie sind für die Kirche durch den Glauben begründete und durch die Organisation bedingte Herrschaftselemente.

Seit langem bestanden innerkirchliche Spannungen auch über Autorität und Hierarchie, die bis ins 19. Jahrhundert und darüber hinaus zurückgehen. Zwar nahm die Kirche von den Verfassungswandlungen der Staaten keine Notiz, soweit es ihre eigene Organisation anging. Aber ihre Gläubigen, Klerus wie Laien, konnten von den Wandlungen der gesellschaftlichen Vorstellungen nicht unberührt bleiben. »Die sozioökonomische Verflechtung zwischen den ›zwei Reichen‹« lösten »wechselseitige Reaktionen« aus. Diese Spannungen traten in der Auseinandersetzung zwischen Konservativen und Progressiven auf dem II. Vatikanischen Konzil, das Papst Johannes XXIII. einberufen hatte, offen in Erscheinung.

Ein Thema war die Autoritätsstruktur der Kirche, das, was Küng den »römischen Absolutismus« nennt. Die Plenarverhandlungen wurden in lateinischer Sprache geführt. Es ging also um »auctoritas« in der Kirche. Obgleich Autorität der katholischen

233

Kirche ein Zentralbegriff ist, findet man im Codex Juris Canonici verschiedene Bedeutungen für das Wort auctoritas. Einmal wird zwischen kirchlicher und weltlicher Autorität unterschieden. Im innerkirchlichen Bereich wird das Wort im Sinn von Gewähr und Bürgschaft, von Annahme und Sinngebung, von Macht und Machtvollkommenheit, von Obrigkeit und Behörde, von Weisung und Genehmigung, von Herrscherkraft, Willenskraft und Vorbildung gebraucht.

Das geltende deutsche Recht kennt in der Gesetzessprache nicht das Wort Autorität, wohl aber ist auctoritas ein Terminus des katholischen Kirchenrechts. Es gibt jedoch keine auch nur annähernd abgrenzende Begriffsbestimmung, nicht einmal zwischen auctoritas und potestas. Dies hat die Kirche jahrhundertelang ertragen können, wenn nicht gar wollen.

Daß es unterlassen wurde, für die Generaldebatte eine verbindliche, zumindest allgemeinorientierende Definition des Autoritätsbegriffes zu finden, beklagt der katholische Kirchenrechtler Johannes Neumann in seinem Aufsatz *Die Autorität auf dem II. Vatikanischen Konzil.* Auf dem Konzil sei »der Begriff auctoritas durchaus nicht in einem einheitlichen Verständnis gebracht worden, . . . je nachdem ob von der ›divina auctoritas‹ der Offenbarung, der ›suprema auctoritas‹ des Papstes, der bischöflichen oder der staatlichen Autorität oder von der der Wahrheit innewohnenden Autorität die Rede ist, wird Verschiedenes gemeint. . . . Es werden auch andere Begriffe – also nicht nur ›Autorität‹ in mehrfacher Bedeutung verwandt, nicht zuletzt mit der Absicht, bestimmte Verhältnisse wohl zu umschreiben, nicht aber eindeutig zu bestimmen . . ., es ist . . . dem Konzil . . . nicht möglich, die Termini eindeutig durchzuhalten. Offenbar ist auctoritas weder klar zu bestimmen noch immer und jede Form und Situation von gleichem Wert, Sinn und Gehalt.« (S. 142, 166, 168).

Der alte Streit zwischen Papalismus, dem Prinzip der Papstherrschaft, einerseits und Episkopalismus wie Konziliarismus andererseits lebte wieder auf. Nach dem letztgenannten kommt die eigentliche Leitungsgewalt den Bischöfen als Nachfolger des Apostelkollegiums zu, während der Papst auf ein Ehrenprimat – wie vor Leo I. (S. 49 ff.) – beschränkt sein und das Konzil über diesen stehen soll. Das Konzil von Konstanz (1414-1418) hatte das Konzil über den Papst gestellt, aber diese Entscheidung hatte das Konzil von Basel (1431-1449) wiederaufgehoben, bis das I. Vatikanische Konzil 1870 die Unfehlbarkeit und das Primat des Papstes verkündete (s. S. 129). Damit war die Frage rechtlich entschieden, aber die innerkirchliche, vor allem episkopale und gelehrte, vielfach diskrete Auseinandersetzung über das Problem war nicht abgeschlossen. Jetzt wurde auf diesem Konzil um die Frage der höchsten Autorität in der Kirche zwischen dem Papst und dem konservativen Teil der Amtsaristokratie einerseits und den progressiven Reformern – in erster Linie unter den Bischöfen – andererseits gerungen. Es ging einmal um das Verhältnis zwischen Papst und Bischofskollegium und zum anderen um die Alternative zwischen monarchisch-patriachalischem und kollegialem Prinzip in der Kirche auf allen Stufen. An diesen Fragen waren auch beachtliche Kreise der unteren Geistlichkeit und der Laien interessiert. Es wurde zumindest von unten nach oben gedrängt, was im Widerspruch zu den Grundsätzen der Kirche stand.

Da die Gegensätze auf dem Konzil offen ausgetragen wurden, traten die polaren Spannungen zwischen den Konservativen und Progressiven in einem bisher unbekannten Ausmaß zutage. Nach Abschluß des Konzils wurde die Auseinandersetzung teilweise mit einer bisher nicht gewohnten Heftigkeit in der Öffentlichkeit fortgeführt. Die Beratungen des Konzils hätten vielleicht in wesentlichen Fragen andere Ergebnisse erbringen können, wenn einmal der Papst nicht aufgrund seines absoluten Vetorechts gegenüber Konzilsbeschlüssen in die Verhandlungen über wichtige Fragen eingegriffen hätte und wenn nicht andererseits jeweils die traditionelle Zweidrittelmehrheit erforderlich gewesen wäre. Infolge dieser vorgeschriebenen Majorität ist es wiederholt zu Kompromissen, die die Klärung beeinträchtigen, gekommen.

Was das Verhältnis von päpstlicher Vollmacht zu der der Bischöfe angeht, so ist es trotz hartem Streit im Grunde bei der alten Regelung von 1870 geblieben, die besagte: der Papst verfügt über »suprema ac plena potestas« (höchste und volle Gewalt), das Konzil hingegen über »suprema potestas«. Der Wortlaut unterscheidet hier fein zwischen der höchsten Vollgewalt des Papstes und der höchsten Gewalt der Konzilien. Das bedeutet jedoch, Beschlüsse der Konzilien bedürfen der Zustimmung des Papstes, nicht aber dessen Entscheidungen die der Konzilien.

In einer historischen Kommentierung der Beschlüsse des II. Vatikanischen Konzils über das Verhältnis zwischen Papst und Bischöfen sagt ein belgischer Theologe im Gegensatz zu den konziliarischen Theorien seit der Reformation und zu den Beschlüssen des I. Vatikanischen Konzils: »Die Kirche ist also auf dem Felsen des Petrus errichtet, aber gleichzeitig auf die Gruppe der Apostel begründet« (Gerard Philips, *Die Geschichte der dogmatischen Konstitution über die Kirche Lumen Gentium*, in: *Das zweite Vatikanische Konzil, Dokumente und Kommentare*, Teil I. S. 143, in: *Lexikon für Theologie und Kirche*). Der zweite Halbsatz über die Apostelautorität entsprach den Vorstellungen der meisten Bischöfe in der Spätantike vor Papst Leo I. (s. S. 129 ff.). Auf sie haben sich seitdem immer wieder einige Bischöfe berufen. Deshalb war das Argument Philips auf dem Konzil umstritten. Eine Institution, die sich auf eine Tradition von mehr als 2000 Jahren berufen kann, hat reiche Auswahl unter vielen Traditionsabschnitten. Für die Progressiven lag der Rückgriff auf die frühchristliche und vorpäpstliche Tradition nahe.

In der »dogmatischen Konstitution über die Kirche« dieses Konzils heißt es demnach, »Wie aber das Amt fortdauern sollte, das vom Herrn ausschließlich dem Petrus, dem Ersten der Apostel, übertragen wurde und auf seine Nachfolger übergehen solle, so dauert auch das Amt der Apostel, die Kirche zu weiden, fort und muß von der heiligen Ordnung der Bischöfe immerdar ausgeübt werden. Aus diesem Grunde lehrt die Heilige Synode, daß die Bischöfe aufgrund göttlicher Einsetzung an die Stelle der Apostel als Hirten getreten sind (Art. 20, abgedruckt a.a.O., Teil I, S. 217).

Nach der gleichen Konstitution steht nunmehr den Konzilien ebenso wie dem Papst die höchste und volle Gewalt (suprema ac plena potestas) über die ganze Kirche zu. Im Artikel 22 heißt es jedoch: »Das Kollegium oder die Körperschaft der Bischöfe hat aber nur Autorität, wenn das Kollegium verstanden wird in Gemeinschaft mit dem Bischof von Rom (pontifice Romano), dem Nachfolger Petri, als seinem Haupt, und unbeschadet dessen patrimonialer Gewalt über alle Hirten und Gläubigen. Der Bischof von Rom hat nämlich kraft seines Amtes als Stellvertreter Christi und Hirte der ganzen Kirche volle, höchste und universale Gewalt über die Kirche und kann sie immer frei ausüben. Die Ordnung der Bischöfe aber, die dem Kollegium der Apostel im Lehr- und Hirtenamt nachfolgt, ja, in welcher die Körperschaft der Apostel immerfort weiter besteht, ist gemeinsam mit ihrem

Haupt, dem Bischof von Rom, und niemals ohne dieses Haupt gleichfalls Träger der höchsten und vollen Gewalt über die ganze Kirche (subiectum supremae ac plenae potestatis in universam Ecclesiam). Die höchste Gewalt über die ganze Kirche, die dieses Kollegium besitzt, wird in feierlicher Weise im ökumenischen Konzil ausgeübt. Ein ökumenisches Konzil gibt es nur, wenn es vom Nachfolger Petri als solches bestätigt oder wenigstens angenommen wird; der Bischof von Rom hat das Vorrecht, diese Konzilien zu berufen, auf ihnen den Vorsitz zu führen und sie zu bestätigen« (abgedruckt: a.a.O., S. 221 ff.).

Trotz der neuen Begründung und der Änderung des Wortlautes ist die rechtliche Regelung über das Verhältnis zwischen Papst und Konzil die gleiche geblieben. Es handelt sich also um einen Formelkompromiß. »Der Formelkompromiß besteht . . . darin,: eine Formel zu finden, die allen widersprechenden Forderungen genügt und in einer mehrdeutigen Redewendung die eigentlichen Streitpunkte unentschieden läßt« (Carl Schmitt, *Verfassungslehre*, S. 32). Solche Formelkompromisse gibt es in Staatsverfassungen und -gesetzen, hier haben sie hemmend und störend gewirkt und nicht selten oberste Gerichte belastet. Gerade in der Geschichte der katholischen Kirche mit ihrer Neigung zu elastischen Formulierungen spielten sie eine erhebliche Rolle. Verfassung- und gesetzgebende Körperschaften – auch Konzilien – stehen in der Regel unter Zeitdruck. Sie geraten daher in Versuchung, den zeitraubenden Streit durch Formelkompromisse abzuschließen, was Vertagung oder Hinausschiebung der Entscheidung bedeutet. Ob und welche Wirkungen dieser Formelkompromiß des Konzils in der kirchenpolitischen Praxis haben kann, läßt sich nicht übersehen. Es ist aber nicht unmöglich, daß er Bedeutung im Fall eines ernsthaften Konfliktes zwischen Papst und Konzil erhält. Der Formelkompromiß kann auch Bedeutung für die Neubearbeitung des Codex Juris Canonici, der in Aussicht genommen ist, bekommen. Immerhin zeigt die neue Regelung im Verhältnis zur bisherigen eine mindestens verbale Relativierung der Kompetenz des Papstes. Zwar haben die Bischöfe mit dem Papst eine gemeinsame kollektive Verantwortung, aber der Papst verfügt gegenüber dem Konzil über ein absolutes Vetorecht und behält das Recht der freien Entscheidung. Ob er das eine oder das andere wirklich auf die Dauer noch auszuüben vermag, wird sich zeigen. Andererseits steht dem Konzil ein Vetorecht gegenüber dem Papst nicht zu. Nun ist das Konzil eine sehr schwerfällige Institution. Auf dem II. Vatikanischen Konzil waren 2 900 teilnahmeberechtigt. 2 300 haben im Durchschnitt an den Sitzungen teilgenommen. Bei dieser Zahl müssen die Verhandlungen umständlich und langwierig sein. Dieses Konzil hat in drei Jahren achteinhalb Monate getagt. Es ist neunzig Jahre nach dem ersten zusammengetreten. Die Stärke der Autorität des Papstes könnte auch in der Schwerfälligkeit der Einberufung von Konzilien und ihrer Arbeitsweise liegen.

Nach dem Ende des II. Vatikanischen Konzils hat auf dessen Wunsch Paul VI. die Einrichtung regelmäßig zusammentretender Bischofssynoden zu seiner Beratung und Information als ständige Einrichtung im System der Kirchenverfassung verfügt. Es wird zwischen allgemeinen und außerordentlichen Versammlungen unterschieden. Den allgemeinen Versammlungen gehören geborene Mitglieder wie Kurienkardinäle, Großerzbischöfe und Patriarchen einerseits und von den nationalen Bischofskonferenzen Gewählte andererseits an. Je nach der Zahl der Mitglieder nationaler Bischofskonferenzen stellen diese einen zweiten, dritten oder vierten Vertreter. Die außerordentlichen Versammlungen setzen sich aus den geborenen Mitgliedern sowie den Vorsitzenden der nationalen Bischofskonferenzen zusammen. Eine allgemeine Versammlung zählt ca. 230 Mitglieder. Eine außerordentliche ist wesentlich kleiner und daher »praktisch jederzeit einsatzfähig«. Der Papst beruft die Synode, bestimmt die Verhandlungsgegenstände sowie die Dauer ihrer Arbeit und ernennt den Vorsitzenden. »Die Bischofssynode ist eine zentrale kirchliche Einrichtung, die zur Vertretung des ganzen katholischen Episkopates berufen ist.« Sie ist »an sich nur beratendes Organ, kann aber Entscheidungsgewalt haben, wenn ihm diese vom Papst übertragen worden ist, wobei es dessen Sache ist, die in diesem Fall getroffenen Entscheidungen der Synode zu genehmigen« (Klaus Mörsdorf, *Kommentar zum ›Dekret über die Hirtenaufgabe der Bischöfe in der Kirche‹*, a.a.O., Bd. 2, S. 164).

Zwar ist die Bischofssynode rechtlich kein Ersatz für das Konzil, aber »in der Form der ›allgemeinen Versammlung‹ kommt sie im Kern an die Gestalt heran, die ein auf dem Wege repräsentativer Vertretung zu bildendes ökumonisches Konzil haben könnte ... in der Praxis wird sich die Bischofssynode in jeder Form zu einem guten Teil aus Kardinälen zusammensetzen; bei der zweiten

Form (außerordentliche Versammlung) werden die Kardinäle sogar zahlenmäßig dermaßen vorherrschen, daß das Bild einer Kardinalsversammlung entstehen kann« (a.a.O.). Denn ein Teil der Kardinäle sind gleichzeitig Vorsitzende nationaler Bischofskonferenzen oder Großerzbischöfe. »Es bietet sich damit zugleich die Möglichkeit, das Konsistorium der Kardinäle neu zu beleben, das in seinem Ursprung die Tradition der römischen Synoden aufnahm, zum obersten kollegialen Organ der römischen Kurie wurde, aber mit der Einrichtung der Kardinalkongregationen mehr und mehr an Bedeutung abnahm und so derzeit ... kaum noch als Arbeitsorgan anzusprechen ist.... Die Neubesinnung auf das kollegiale Element der Kirchenverfassung gibt dem Kardinalskollegium die Chance, wirklicher Senat des Papstes zu werden. Im Unterschied zu der nur fallweise neu zu berufenden Bischofssynode hat das Kardinalskollegium, das seiner Natur nach ein ständiges Kollegium ist und in dem der Dekan als Primus inter pares einen Vorsitz hat, die Möglichkeit, sich zu regelmäßig stattfindenden ordentlichen wie auch zu außerordentlichen Sitzungen zu versammeln, die aus gegebenem Anlaß einberufen werden könnten. Es kann initiativ werden und dem Papst seine Hilfe anbieten, was der Bischofssynode nur im Fall des Versammeltseins und auch hier nur im beschränkten Maße möglich ist. ... Dabei sollte das Konsistorium nicht als Konkurrenz zur Bischofssynode, sondern dahin verstanden und gewürdigt werden, daß es die Tätigkeit der Bischofssynode ergänzt und zusammen mit dieser Garant für das Wirksamwerden des Kollegialitätsprinzips ist« (a.a.O., S. 166). Die Bischofssynode, vor allem deren außerordentliche Versammlung, könnte also mit dem Übergewicht der Kardinäle zur Aufwertung des Kardinalskollegiums und damit zur Anwendung des Kollegialitätsprinzips auf der obersten Ebene der Kirche führen. Das sind einstweilen noch Überlegungen für die Zukunft.

Bisher ist die Bischofssynode dreimal zusammengetreten, allerdings ohne wesentliches Ergebnis. Aber es wäre nicht das erste Mal, daß Beratungsgremien zur Entscheidung tendieren und mit der Zeit diese Kompetenz auch erreichen können. Das Kollegialitätsprinzip hat sich gegenüber dem Papalismus auf dem Konzil rechtlich nicht durchgesetzt. Aber es zeigen sich gerade durch die Einsetzung der Bischofssynode Ansätze, daß das Kollegialitätsprinzip taktisch beachtlich an Boden gewinnen kann.

Wie sehr Papst Paul VI. an seinem Entscheidungsrecht und an der Unfehlbarkeit, obwohl »die vom Vatikanum I definierte ›Unfehlbarkeit‹« von Vatikanum II bewußt nicht »in Anspruch genommen« wurde (Küng, *Wahrhaftigkeit*, S. 161) festhielt, zeigt die Enzyklika *Humanae vitae*. Eine Frage, die die Gläubigen der Welt in allen Schichten ernsthaft beschäftigt und darüber hinaus eine breite Öffentlichkeit außerhalb der Kirche, ist die Geburtenregelung. Die Enzyklika Pius XI. *Casti connubii* vom 31. Dezember 1930 hatte an das Verbot künstlicher Empfängnisverhütung nachdrücklich erinnert. »Da nun aber der eheliche Akt seiner Natur nach zur Weckung neuen Lebens bestimmt ist, so handeln jene, die ihn bei seinem Vollzug absichtlich seiner natürlichen Kraft berauben, naturwidrig und tun etwas Schimpfliches und innerlich Unnatürliches.« (Enzyklika *Casti connubii*, abgedruckt in: *Mensch und Gemeinschaft in christlicher Schau. Dokumente.* Herausgegeben von Emil Marmy, S. 266). Die Beichtväter wurden ermahnt, die ihnen »anvertrauten Gläubigen über dieses schwer verpflichtende, göttliche Gesetz nicht im Irrtum zu lassen, noch mehr aber, sich selber von derartigen falschen Meinungen freizuhalten und ihnen nicht aus Schwäche nachzugeben« (a.a.O., S. 267). Die Diskussionen über dies päpstliche Verbot ist immer wieder aufgelebt. Die Behandlung der Frage auf dem Konzil hatte Papst Paul VI. untersagt. Vielmehr wurde sie an eine päpstliche Kommission verwiesen. Die konservative Minderheit entschied sich für das Verbot. Die progressive Mehrheit war der Auffassung, »eine neue geschichtliche Situation erlaube eine neue Lehraussage. Es hatte sich seit 1930 ... immerhin in der Welt vieles geändert, psychologisch, soziologisch, medizinisch (nicht zuletzt die Pille) ...« (Küng, *Unfehlbar?*, S. 48) ... die Unterscheidung von »natürlich« und »künstlich« sei willkürlich ... Die Künstlichkeit eines Mittels sei kein Argument gegen seine Erlaubtheit (die Herztransplantation hatte der Papst als erlaubt erklärt), und der bedingungslose Respekt vor der Natur bedeute eine Numinisierung der Natur, die der heutigen Auffassung von der Verantwortlichkeit widerspreche; das personale Geschehen würde auf den biologischen Vorgang fixiert und somit der wesentliche Unterschied der tierisch-biologischen und der menschlich-verantwortlichen Sexualität übersehen; die »ganzheitliche Betrachtung des Menschen verlange gerade die Geburtenregelung auch durch technische Mittel« (a.a.O., S. 28).

Es ging aber nicht so sehr um die Sachargumentation dieser Enzyklika als vielmehr um deren Autorität und damit die Lehrautorität des Papstes. Paul VI. entschied sich für das Minderheitenvotum der Konservativen, ohne seine Ablehnung der Auffassung der Mehrheit zu begründen oder mit ihr zu beraten. 1968 erließ er die Enzyklika *Humanae vitae*, die bewußt auf eine Bestätigung der Enzyklika Pius XI. von 1930 hinauslief. Ein Jahr vorher war die erste Bischofssynode zusammengetreten, hatte aber über diese Frage nicht beraten können, da ja der Papst die Verhandlungsgegenstände bestimmt. Die Enzyklika *Humanae vitae* löste innerhalb der katholischen Kirche »einen noch nie dagewesenen Widerspruch von einfachen Kirchengliedern, Theologen, Bischöfen und Bischofskonferenzen aus« (a.a.O., S. 20). Küng stellt fest: »Die Anwendung ›künstlicher Mittel‹ zur Empfängnisverhütung zu verhindern oder wenigstens einzudämmen, ist der Enzyklika nach den Meinungsumfragen in den verschiedensten Ländern nicht gelungen; die Gründe haben offensichtlich die Mehrheit auch innerhalb der katholischen Kirche nicht überzeugen können, und der Gebrauch dieser Mittel wird in Zukunft nicht ab- sondern zunehmen.« Er zitiert Karl Rahner: »Aus all dem bisher Gesagten muß wohl nüchtern der Schluß gezogen werden, daß die faktische Situation hinsichtlich der Mentalität und Lebenspraxis der Mehrzahl der Katholiken nach der Enzyklika sich nicht ändern wird« (a.a.O., S. 26 f).

Der Papst war nach der »Konstitution über die Kirche« rechtlich korrekt verfahren. Aber, da es hier um vitale Interessen breiter Kreise der Gläubigen ging, hatte er in der heutigen Zeit seine Autorität überzogen. Nicht nur das, er hat die Möglichkeiten kollegialer Beratungen und Mitentscheidungen, wie sie nach der Konstitution über die Kirche möglich ist, nicht wahrgenommen. So hat er in der nachkonziliaren Situation durch diese Enzyklika nicht die päpstliche Autorität gestärkt, sondern zu deren sichtbaren Einbuße Anlaß gegeben. Der Kirchenrechtler Johannes Neumann sagt zu dieser Enzyklika in einem Rundfunkinterview: »Wenn das sogenannte kirchliche Lehramt aber aufgrund eines vergangenen Weltbildes, einer anachronistischen Theologie und einer unzutreffenden, weil unbiblischen Glaubensvorstellung nicht die Frohbotschaft von Jesus, dem Gekreuzigten und Auferstandenen, verkündet, sondern sich als ›Lehrerin der Völker‹ wähnt und eine ›Lehre‹ aus einem unangemessenen Gemenge platonisch-aristotelisch-thomistischer Gedanken vorträgt, dann überschreitet es seinen Auftrag, dann kann es weder Gehorsam noch Glaubwürdigkeit beanspruchen! Das ist gerade das Bedauerliche, daß diese Enzyklika in ihren Grundlagen – nicht in ihrer guten Absicht, die bei ihrer Abfassung auch mitgespielt haben mag – sowohl philosophisch als auch theologisch, um von den empirischen Wissenschaften wie Medizin und Soziologie ganz zu schweigen, bereits widerlegt war, bevor sie überhaupt verkündet wurde!« (*Die Enzyklika in der Diskussion. Eine orientierende Dokumentation zu ›Humanae vitae‹*, hg. v. F. Böckle und C. Holenstein, Zürich-Einsiedeln-Köln 1968). Noch härter und deutlicher sagt es Küng in einem »Wort zum Sonntag« im Schweizer Fernsehen: »Diejenigen unter uns, die nach ernsthafter, reiflicher Überlegung vor sich selbst, ihrem Ehepartner und vor Gott zur Einsicht kommen, daß sie, um die Erhaltung ihrer Liebe und des Bestehens und Glücks ihrer Ehe willen, anders handeln müssen, als die Enzyklika vorsieht, die sind nach traditioneller Lehre auch der Päpste verpflichtet, ihrem Gewissen zu folgen. Sie werden sich somit nicht dort der Sünde anklagen, wo sie nach bestem Wissen und Gewissen gehandelt haben. Sondern sie werden ruhig und in ihrer Überzeugung sicher am Leben der Kirche und ihrer Sakramente teilnehmen. Mit dem Verständnis ihrer Seelsorger werden sie bestimmt rechnen dürfen« (*Wahrhaftigkeit*, S. 234).

Von Demokratisierung der obersten Organe auf dem Konzil kann keine Rede sein. Es handelt sich vielmehr um den Beginn einer Kollegialisierung der Amtsaristokratie. Wohl aber zeigen sich in einigen Konzilsbeschlüssen Ansätze zur Demokratisierung auf der Ebene des Episkopates und der Pfarrgemeinde. Dabei sollte man das Wort Demokratisierung für den kirchlichen Bereich nur mit großer Zurückhaltung anwenden.

Ansätze zur Auflockerung der Hierarchie zeigen der »Priesterrat« und der »Seelsorgerat«. Nach dem »Dekret über Dienst und Leben der Priester« sollen »die Bischöfe die Priester ihrer Diözese gern anhören, ja sie um ihren Rat fragen und mit ihnen besprechen, was die Seelsorge erfordert und dem Wohle des Bistums dient. Um das aber in die Tat umzusetzen, soll in einer den heutigen Verhältnissen und Erfordernissen angepaßten Weise ein Kreis oder Rat von Priestern (senatus sacerdotum, Presbyterium repräsentantium) geschaffen werden, die das Presbyterium repräsentieren.... Dieser Rat kann den Bischof bei der Leitung der Diözese mit seinen Ratschlägen unterstützen . . .« (*Art. 7*, abgedruckt im *II. Vatikanischen Konzil*, Teil 3, S. 177).

Der Priesterrat wird durch Wahl etwa auf drei Jahre und durch Bestätigung seitens des Bischofs gebildet. »Alle im priesterlichen Dienst tätigen Gruppen, Pfarrer, Vikare und andere Priester mit besonderen Aufgaben sollen in ihm vertreten sein.« Außerdem gehören ihm einige geborene Mitglieder an. Der Bischof kann Priester, die eine besondere Sachkenntnis besitzen, berufen. Der Priesterrat ist ein beratendes Gremium. »Es will hier beachtet sein, daß ein Organ mit bloß beratender Funktion dazu da ist, sich eine Meinung zu bilden und dem kundzutun, zu dessen Beratung es berufen ist. Die Meinungsbildung eines kollegialen Organs aber erfolgt auf dem Wege der Beschlußfassung, wobei es einerlei ist, ob das Organ nur beratende oder entscheidende Funktion hat. Soweit es gesetzlich vorgeschrieben ist, daß der Priesterrat zu hören ist . . . kann der Diözesanbischof nur dann rechtswirksam handeln, wenn er den Priesterrat gehört hat. . . . Es wird hier erkennbar, daß der Priesterrat trotz seiner engen Verbundenheit mit dem Bischof nicht nur ein Ort der bloßen Begegnung ist, an dem der Bischof seine Priester hört und mit ihnen berät, sondern zugleich ein Organ, das dem Bischof in ähnlicher Weise gegenübersteht wie das Domkapitel (Mörsdorf, *Kommentar zum Dekret über die Hirtenaufgabe der Bischöfe in der Kirche*, a.a.O., S. 203). Hier wird auf das Beispruchsrecht nach dem Codex Juri Canonici (s. S. 25) abgehoben. In dieses Beispruchsrecht kann durch gesetzliche Vorschriften der Priesterrat einbezogen werden, was im beschränkten Umfang inzwischen geschehen ist.

Der Presbyterrat ist ein Schritt zur Emanzipation der Priesterschaft gegenüber dem Ordinariat. Aber vielleicht war die Emanzipation vor allem jüngerer Priester so weit fortgeschritten, daß eine solche Einrichtung sich nicht mehr aufhalten ließ.

Eine andere Frage kirchlicher Organisation und Disziplin war das Problem der Autorität der Hierarchie gegenüber den Laien, des der strengen Trennung von Klerus und Laien. Auf dem Konzil sagte der Kardinal Ruffini, eine der ausgeprägtesten konservativen Erscheinungen, »die Glieder der Hierarchie seien in erster Linie Vorgesetzte, denen man zu gehorchen habe. Da Christus die Kirche in Form einer ›vollkommenen Gesellschaft‹ gegründet habe, sei es falsch, von einer wahren Gleichheit zwischen Hirten und Gläubigen zu sprechen. Etliche Bischöfe widersprachen Ruffini und machten das geringe Vertrauen, welches die Hierarchie sowohl ihrem Klerus als auch ihren Gläubigen entgegenbringt, für den Autoritätsschwund verantwortlich. Deshalb sei es notwendig, daß der Bischof seine ›Autorität‹ wie ein Familienvater ausübt; er soll wenig Gesetze erlassen, dafür jedoch die anstehenden Fragen in einer Art und Weise besprechen, daß die Entscheidung in Form einer Schlußfolgerung angenommen wird, der alle aus Einsicht zustimmen. Damit war man eigentlich dem modernen Verständnis, wonach sich die Autorität durch rationale Argumente begründen und durch ihre Vernünftigkeit als solche erweisen müsse, recht nahe: aus zwei Gründen schließlich wollte darum Bischof Hengstbach, daß die Hierarchie bei der Ausübung ihrer Autorität den Ratschlag aller Gläubigen, also auch der Laien, berücksichtigt: weil nämlich erstens die Autorität an Wirksamkeit verliert, wenn sie den Rat der Laien verachte und weil schließlich zweitens der Heilige Geist zum Aufbau der Kirche in allen Gläubigen wirke. Bischof Primeau (Manchester, USA) führte aus, wenn man von Gehorsam spreche, müßte ebenso die Freiheit betont werden. Man dürfe daher von den Laien nicht so reden, als hätten sie nur zu gehorchen, zu glauben, zu beten und zu zahlen, sondern man müsse ihnen die Verantwortung zubilligen, auf die sie ein Recht haben« (Neumann, *Autorität*, S. 146 f.). Dazu sagt Neumann: »Obwohl in der Intervention von Kardinal Ruffini das Wort ›Autorität‹ nicht vorkommt, wird darin doch eine ganz bestimmte Vorstellung von der Eigenart der kirchlichen Autorität und ihrer Wirkung vorausgesetzt. Dabei zeigt sich, daß Autorität als ein sehr breites Spektrum unabhängiger souveräner und unbeschränkter Leitungsbefugnisse gedeutet wird. Kirchliche Autorität gründet in der Annahme, Christus habe die Kirche als eine ›societas perfecta‹ geschaffen. Sie formiert sich als Ausdruck eines Standesdenkens, welches die Funktion des Amtes nicht vom Stand unterscheidet und zugleich jede Beschränkung einer absoluten Amtsausübung als eine Minderung der Autorität als solche begreift. Ohne ein Werturteil damit verbinden zu wollen, darf dieses Verständnis von der Autorität als ständisch, absolutistisch und patriarchalisch bezeichnet werden. Es wird eine Mentalität vorausgesetzt, die den Menschen in der zweiten Hälfte des zwanzigsten Jahrhunderts fremd ist und auf deren Ausdrucks- und Erscheinungsweise er in seinem alltäglichen Leben teilweise allergisch reagiert« (a.a.O., S. 146).

Im Artikel 32 der *Konstitution der Kirche* heißt es nunmehr: »Wenn auch einige nach Gottes Willen als Lehrer, Ausspender der Geheimnisse und Hirten für die anderen bestellt sind, so waltet doch unter allen eine wahre Gleichheit in der allen Gläubigen gemeinsamen Würde und Tätigkeit zum Aufbau des Leibes Christi« (abgedruckt a.a.O., Teil 1, S. 267). Mörsdorf sagt in seinem Kommentar: »Dabei bricht schon immer stärker der Gedanke einer grundsätzlichen Gleichheit durch, der jetzt immer ausdrücklicher ausgesprochen wird« (a.a.O., S. 266).

Während nach den Ausführungsbestimmungen zum *Dekret über die Hirtenaufgabe der Bischöfe in der Kirche* von 1966 der Priesterrat in jeder Diözese pflichtgemäß einzurichten ist, wird die Einrichtung eines Seelsorgerrates (Consilium Pastorale) lediglich empfohlen (Art. 28, a.a.O., Teil II, S. 204). Dem Seelsorgerrat sollen vom Diözesanbischof besonders ausgewählte Geistliche, Ordensleute und Laien angehören. »Die Auswahl durch den Diözesanbischof schließt nicht aus, daß dieser irgendeinen Wahlmodus für die Zusammensetzung des Rates vorsieht, wobei darauf zu sehen ist, daß tunlichst eine für das Gottesvolk der Diözese repräsentative Vertretung erreicht wird« (Mörsdorf, a.a.O., S. 204). Nach Artikel 28 soll es Aufgabe des Seelsorgerrates sein, »alles, was die Seelsorgearbeit betrifft, zu untersuchen, zu beraten und daraus praktische Schlußfolgerungen zu ziehen« (a.a.O., S. 205). Ausgenommen sind lediglich Fragen des Glaubens, der sittlichen Prinzipien und des allgemeinen Kirchenrechts. Der Seelsorgerat hat nur beratenden Charakter. Der Diözesanbischof beruft ihn ein und leitet ihn. Solche Räte sollen ebenfalls in den Pfarreien und in der Region gebildet werden. Auch hier greift das Konzil auf frühchristliche Tradition zurück.

Mit diesen Seelsorgerräten wird institutionell der Versuch unternommen, die Trennung zwischen Klerus und Laien zu überwinden. Eine klare Kompetenzabgrenzung zwischen den Diözesanräten, nämlich Domkapitel, Priester- und Seelsorgerrat besteht noch nicht. Die Lösung des in der Praxis höchst schwierigen Koordinierungsproblems ist den nationalen Bischofskonferenzen übertragen.

Ständige Gremien der Bischöfe in einzelnen Staaten, nationale Bischofskonferenzen, hat es schon vor dem II. Vatikanischen Konzil gegeben, so in Deutschland die Fuldaer Bischofskonferenz. Auf dem Konzil wurden die Bischofskonferenzen in der kirchlichen Verfassung rechtlich verankert. Sie erhielten jetzt Gesetzgebungsbefugnisse, allerdings nur in den Fällen, für die entweder das allgemeine Recht es vorschreibt oder eine besondere Anordnung, die der Apostolische Stuhl von sich aus oder auf Bitten der Konferenz erlassen hat, es bestimmt. »Dies trägt auch im hohen Maße dazu bei, die Bischofskonferenzen zu wirklich funktionsfähigen Zwischeninstanzen zwischen den einzelnen Bischöfen und dem apostolischen Stuhl werden zu lassen. Die Bischofskonferenz hat damit den Charakter einer bloßen Versammlung abgestreift und ist zu einer wirklichen hierarchischen Instanz geworden ...« (Mörsdorf, a.a.O., Teil II, S. 237). Hier zeigen sich beachtliche Dezentralisierungstendenzen, die sich aber auf die Amtsaristokratie beschränken.

In einigen Staaten wurden neben den Bischofskonferenzen repräsentative Körperschaften nationaler Synoden gebildet. So hat die deutsche Bischofskonferenz 1970 mit Zustimmung des Heiligen Stuhls die »gemeinsame Synode der Bistümer der Bundesrepublik Deutschland« eingesetzt. Aufgabe dieser Synode soll es sein, »die Verwirklichung der Beschlüsse des II. Vatikanischen Konzils zu fördern und zur Gestaltung des christlichen Lebens gemäß dem Glauben der Kirche beizutragen«. (Präambel des Statuts der *Gemeinsamen Synode der Bistümer in der Bundesrepublik Deutschland*, abgedruckt bei Neumann, *Synodales Prinzip*, S. 78). Der Synode gehören an: alle Mitglieder der deutschen Bischofskonferenz (etwa 55), 76 Priester, die von den Presbyterräten gewählt werden, 88 von den Diözesen gewählte Laien, sowie 80 von der Bischofskonferenz und dem Zentralkomitee der deutschen Katholiken hinzugewählte Synoden, davon 24 Geistliche. »Nach beruflicher Herkunft, sozialer Schichtung, nach Bildung und Verbändehintergrund dürfte die ›gemeinsame Synode‹ eines der buntesten Gremien des quasi-parlamentarischen Raumes sein« (zitiert nach der Herder-Korrespondenz bei Neumann, a.a.O., S. 115).

Alle Mitglieder haben das gleiche Stimmrecht. Für Beschlüsse ist eine Zweidrittelmehrheit erforderlich. Das ist keine zu diesem Zweck festgelegte Majoritätsquote, sondern entspricht vielmehr einer alten Tradition der Kirche (s. S. 77 f.). Die Synode hat in der Regel ein echtes Beschlußrecht. Allerdings hat bei der Festlegung der Beratungsgegenstände die Bischofskonferenz in bestimmten Fragen ein Vetorecht und ebenso gegen Beschlüsse, wenn sie erklärt, der »Vorlage aus Gründen der verbindlichen Glaubens- und Sittenlehre nicht zuzustimmen«. Oder wenn sie bei einer Vorlage, die Anordnungen enthält, feststellt, »daß zu den vorgeschlagenen Anordnungen die bischöfliche Gesetzgebung . . . versagt werden muß« (Neumann, S. 79). Andererseits hat die Synode die Möglichkeit eines Votums an den Heiligen Stuhl.

Starkes Aufsehen erregte das niederländische Pastoralkonzil, das 1968 zum erstenmal zusammentrat und dem die »Deutsche Gemeinsame Synode«, wenn auch in eingeschränkter Form, entspricht. Das Pastoralkonzil ist ein reines Beratungsorgan für die niederländische Bischofskonferenz und zugleich Diskussionsforum. Es will nicht nur »die Beschlüsse des II. Vatikanischen Konzils auf die konkreten Verhältnisse anwenden, sondern auch solche Probleme angehen, deren Lösung dringlich erschien«. Das Pastoralkonzil war die erste Synode dieser Art und kannte noch nicht die Restriktion, wie sie die deutsche Bischofskonferenz durch ihr Recht zur Genehmigung der Tagesordnung und durch ihr Vetorecht eingeführt hatte. Zwar waren die Beschlüsse des Pastoralkonzils unverbindlich, aber es verfügte über eine weitgehende Diskussionsfreiheit. ». . . die freie Diskussion ließ eine Weise der Solidarität zwischen Bischöfen und Synodalen entstehen, wie sie uns sonst nirgends begegnet« (Neumann, a. a. O., S. 77). Brisante Themen, wie Fragen der Geburtenregelung, der Mischehe, der Zölibatsproblematik, der kirchlichen Autorität und ihres sachlichen Verhältnisses zur persönlichen Verantwortung, mit in der Form wie in der Sache scharfen Protesten gegen bestehende Regelungen und die kuriale Praxis erregten ebenso wie die heißen Debatten das Aufsehen der Weltöffentlichkeit, führten aber auch zu Konflikten mit Rom und Nachbarkirchen.

Das II. Vatikanische Konzil hat nur wenig unmittelbar anzuwendendes Recht geschaffen. Aber es hat Anregungen und Anstöße für zahlreiche Veränderungen gegeben, die von grundlegender Bedeutung sein können. Manche Veränderungen sind auch aus eigener Initiative in Auswirkung des Konzils entstanden. Die Kirche befindet sich heute, gemessen an ihrer Geschichte, in einem Stadium revolutionär anmutender Umwandlung. Aber diese Umwandlung ist nicht durch revolutionäre, sondern durch evolutionäre, wenn auch stellenweise radikale Praxis in Gang gesetzt.

Ob sich die neuen Synoden jüngsten Datums, »kirchliche Räteeinrichtungen«, faktisch behaupten und in der Kirchenpraxis bewähren werden, kann man noch nicht übersehen. Kinderkrankheiten, wie sie auch weltliche Einrichtungen erlebt haben, sind in Erscheinung getreten und werden sich zunächst auch weiterhin zeigen. Ebensowenig läßt sich sagen, ob dies in der Praxis erreichte Reformstadium sich konsolidieren wird, ob ein Rückschlag eintreten oder die Wendung weiter fortschreiten wird. Kurie und konservative Bischöfe haben manche Machtpositionen aufgeben müssen und suchen andere zu halten, auch verlorenes oder umstrittenes Terrain wiederzugewinnen. Der administrative Widerstand hat mannigfache Möglichkeiten gerade bei der Überführung von Konzilsbeschlüssen und -anregungen in die Alltagspraxis.

Modell für neue Synoden und Räte waren nicht demokratische Parlamente. Die neuen Synoden und kirchlichen Räte erinnern mit ihren zum Teil geborenen Mitgliedern und den Einwirkungsmöglichkeiten kirchlicher Obrigkeit sehr viel mehr an den Frühkonstitutionalismus zu Anfang des 19. Jahrhunderts als an moderne demokratische Wahlkörperschaften. Das bedeutet andererseits nicht unbedingt, daß das demokratische Element in Synoden und kirchlichen Räten sich mit der Zeit nicht verstärken könnte. Ausgangspunkt der Synodalisierung war vielmehr mit Rückgriff auf zum Teil verschüttete Traditionen die Konsultation, auch in Form des Beispruchsrechtes. Neben dieses Beispruchsrecht tritt das Empfehlungsrecht, und die Konsultation ist geblieben, doch nunmehr in veränderter Form, da die Initiative des Ratgebers eingeführt wurde. Diese Initiative kann vor allem dadurch wirken, daß beispielsweise, was die gemeinsame Synode oder das niederländische Pastoralkonzil angeht, Verhandlungen öffentlich geführt werden. Publizistische Anregungen sind ebenso möglich, wie publizistische Resonanz und Kritik in Erscheinung tritt.

Gerade die nichtkatholische Öffentlichkeit hat von Demokratisierung dieser Kirche gesprochen. Gewiß hat nach dem Konzil auch die weltliche Demokratisierung auf den Katholizismus eingewirkt. Aber Johannes Neumann weist darauf hin, wie vorsichtig man in der Anwendung dieses Wortes auf den kirchlichen Bereich sein muß. »Der durch das II. Vatikanische Konzil eingeleitete ›Synodalisierungsprozeß‹ fällt zusammen mit dem im weltlichen Raum wahrzunehmenden Ruf nach einer ›Fundamental-

Demokratisierung‹ aller Gesellschafts- und Lebensbereiche, also auch der Kirche. Das bringt die synodalisierte Tradition der Kirche und das Bemühen um ihre Wiederbelebung in eine zwar verwandte, aber keineswegs gemäße Nachbarschaft. Vielmehr ist das synodale Prinzip der Kirche sowohl seinem Ursprung und seiner Geschichte als auch seinem Grund, seiner Aufgabe und seiner Zielrichtung nach von anderer, unterschiedlicher Art . . . nicht der Volkswille soll sich in den synodalen Organen manifestieren, sondern die Einmütigkeit im Glauben. Wenn auch heute niemand diese Einmütigkeit des Glaubens naiv romantisiert und jedermann weiß, daß auf Synoden und in den Sitzungen der Räte um Mehrheiten gerungen wird, so sind doch diese synodalen Versammlungen schon von ihrer Zusammensetzung wie von ihrer Organisation her von anderer als von parlamentarischer Art. So fehlt beispielsweise – notwendig – eine institutionalisierte Opposition; dies schließt allerdings keineswegs aus, daß es – ebenso notwendig – zu den verschiedensten Sachfragen gegensätzliche Meinungen und Standpunkte gibt . . . ferner zeigt sich die den kirchlichen Gremien eigene Andersartigkeit auch daran, daß es in ihnen in der Regel keine festen Fraktionen gibt, und schon gar nicht Fraktionszwang herrschen kann, weil hier die Verantwortlichkeit des Einzelgewissens viel stärker gefordert ist als in weltlichen Parlamenten« (*Synodales Prinzip*, S. 89 f.).

Nach Küngs Auffassung hingegen kann in bestimmten Situationen Partei- oder zumindest Fraktionsbildung unvermeidlich sein. »Wo z.B. die Bischöfe in einer Synode einen Block bilden, ist ein Gegenblock nicht zu vermeiden, was auf längere Sicht auch auf die kirchliche Situation außerhalb der Synode Auswirkungen haben wird. Wo eine zentrale römische Verwaltung in einem demokratischen Zeitalter seine feudalistisch-absolutistische Macht über die Kirche in Lehre und Praxis zu restaurieren versucht, muß mit starken Polarisierungen, mit der inneren Abwendung weiterer Bevölkerungsschichten von Rom und auch mit offenen Konflikten gerechnet werden« (Küng, *Parteien in der Kirche?* in: *Concilium*, S. 600). Aber gerade, weil die Kirche theologisch gesehen in besonderer Weise zur Einheit verpflichtet, auf sie angewiesen ist, besteht weithin aus historisch begreiflicher Sorge vor Schisma und Häresie eine Scheu vor Parteibildung. Wenn es aber im Laufe der Zeit trotzdem zur Parteibildung kommen sollte, so kann auch dadurch eine Wandlung der Autoritätsvorstellungen einsetzen, wie sie sich bei den weltlichen Parteien seit dem 19. Jahrhundert gezeigt hat.

Mögen sich auch in der Wandlung des Autoritätsgefüges der Kirche während und nach dem II. Vatikanischen Konzil Demokratisierungstendenzen stellenweise gezeigt haben, so wird Autorität der Kirche und in der Kirche weder geleugnet noch verworfen. »Wer die Gegenwart der Kirche in der Welt ernst nimmt, für den ist die Infragestellung der Ausübung der Autorität nicht notwendigerweise eine Infragestellung der Autorität selbst« (H. de Lavalette, *Göttliche Autorität in der Kirche?*, zitiert bei Neumann, *Autorität*, S. 169). Hier zeigt sich der gravierende Unterschied gegenüber der antiautoritären Bewegung. In der katholischen Kirche wird gegen den Widerstand Konservativer, vor allem der Kurie, um eine grundlegende Veränderung von Autoritätspositionen gerungen. Damit wandelt sich das Autoritätsgefüge in der Kirche, ihr Autoritätsbegriff und ihr Autoritätsverständnis, was bei der Vieldeutigkeit des Begriffs möglich sein könnte. Es geht also nicht um Ächtung der Autorität, sondern darum, neue Legitimationsgrundlagen in der Kirche zu schaffen. Die Reform des Autoritätsgefüges ist ein Problem unter vielen, aber ein sehr wesentliches. Das Organisationssystem der katholischen Kirche ist weniger durch Christus als durch die Kirchenväter dogmatisch begründet und durch Anpassung an die Herrschaftsprinzipien der römischen Kaiser entstanden. Heute handelt es sich nicht so sehr um die Anpassung des kirchlichen Systems an den demokratischen Zeitgeist, sondern um eine Neuausrichtung der Weltkirche an dem neutestamentlichen Ursprung durch grundlegende Revision ihrer Dogmatik. Darauf hat gerade Küng in seinen drei Schriften *Wahrhaftigkeit* wie *Unfehlbarkeit?* und *Christ sein* hingewiesen. Die Frage, eine echte Frage, die nicht verschleierte Verneinung suggeriert, ist: wird die dogmatische Einheit und weltumspannende organisatorische Geschlossenheit der traditionsreichen, durch Tradition gefestigten, aber auch erstarrten Kirche diese Reformtherapie mit ihrer möglichen Dynamik überstehen?

Nach dem Sturm

Der Sturm hat die Autorität nicht auszuräumen vermocht, aber mit ihr aufgeräumt. Erlinghagen spricht von »antiautoritärem Spuk« (*Autorität und Antiautorität,* S. 110). Es ist sehr viel mehr gewesen. Die antiautoritäre Bewegung hat die akute schwere Autoritätskrise nicht allein herbeigeführt, aber zumindest entschieden dazu beigetragen, daß sie ausgelöst wurde. Der Sturm hat schon Spuren hinterlassen. Zwar sind manche wieder verschwunden, aber andere nur verwischt, und wieder andere können keineswegs mehr getilgt werden. Viele Autoritätspositionen und -vorstellungen sind mehr oder minder kampflos preisgegeben worden, andere vermochten sich nicht zu halten. Eine allgemeine, nicht nur an der Oberfläche haftende Autoritätsverunsicherung war eingetreten und hat nachgewirkt. Angemaßte, überholte und unreflektierte Autoritätspositionen wie entsprechende Vorstellungen sind schlechthin erledigt, aber auch andere, die mehr oder minder berechtigt erscheinen mögen, sind weggeschwemmt worden. Das Wort Autorität ist jetzt nicht mehr so verpönt, wie es während der antiautoritären Aktion war, aber es wird unvergleichlich viel seltener gebraucht. Es hat viel von seinem erhabenen Klang und damit von seiner Geltung verloren. Der Begriff ist stark eingeengt worden, auch von denen, die ihn bejahen, und wenn, nur um ihn zu schonen und zu bewahren. Die Aktion hat wie ein Reinigungsprozeß gewirkt, aber mit vielen Beschädigungen und Zerstörungen.

Den äußerlichen Erscheinungen entspricht ein unmittelbar starker Rückgang der Autoritätsbeziehungen und -vorstellungen in ihrer mannigfachen Art.

Eine Definition aus der jüngsten Zeit deutet den Wandel an. Der Soziologe Niklas Luhmann sagt im Kapitel »Generalisierung von Einfluß« seines 1975 erschienenen Buches *Macht* ». . . Autorität bildet sich auf Grund einer Chancendifferenzierung durch vorheriges Handeln. Wenn einflußnehmende Kommunikationen, aus welchen Gründen immer, Erfolg gehabt haben, konsolidieren sich Erwartungen, die diese Wahrscheinlichkeit verstärken, die erneute Versuche erleichtern und Ablehnungen erschweren. Nach einiger Zeit glatt laufender Abnahme führt Ablehnung zu Überraschungen, zu Enttäuschungen, zu unübersehbaren Folgen und bedarf daher besonderer Gründe. Umgekehrt bedarf Autorität zunächst keiner Rechtfertigung. Sie beruht, wenn man so will, auf Tradition, braucht sich aber nicht auf Tradition zu berufen. »Reputation« beruht auf der Unterstellung, daß Gründe für die Richtigkeit des beeinflußten Handelns angegeben werden können. . . . Die Motivgeneralisierung kommt in diesem Fall dadurch zustande, daß eine allgemeine Erläuterungs- und Argumentationsfähigkeit relativ unkritisch angenommen bzw. von bewährten Fällen auf andere übertragen wird. . .« Führung »beruht. . .auf einer Verstärkung der Folgebereitschaft durch die Erfahrung, daß andere auch folgen – also auf Imitation. . . . Die einen nehmen dann den Einfluß an, weil die anderen ihn annehmen; und die anderen nehmen ihn an, weil die einen ihn annehmen. . . Der Führer wird unabhängig von konkreten Gehorsamsbedingungen, die ein einzelner ihm stellen könnte. Der Einzelne verliert Möglichkeiten, die er selbst hat, und muß gegebenenfalls die Gruppe gegen den Führer aufbringen. Und ebenso muß der Führer sich um die Erhaltung eines – wenn auch illusionären – Gruppenklimas bemühen, nämlich auf die Erhaltung der Unterstellung, daß die jeweils anderen ihn als Führer akzeptieren würden und der Abweichende sich isolieren würde« (S. 75 f.). Umfaßten manche Autoritätsvorstellungen und -beschreibungen früher alle drei von Luhmann beschriebenen Begriffe, nämlich Autorität, Reputation und Führung, so beschränkte sich dieser auf Ansehen kraft erfolgreichen Rates.

Streng juristisch geht der Staatsrechtslehrer Martin Kriele in seiner ebenfalls 1975 erschienenen *Einführung in die Staatslehre* vor. Er beruft sich auf den amerikanischen Soziologen MacIver: »Unter Autorität verstehen wir das – in welcher Gesellschaftsordnung auch immer – zugestandene Recht, das Handeln anderer zu bestimmen, bei gewissen Problemen zu entscheiden und Auseinandersetzungen beizulegen oder, allgemeiner, anderen Führer und Lenker zu sein« (*Regierung im Kräftefeld der Gesellschaft*. S. 84). Diese Definition MacIvers von Amtsautorität bezeichnet Kriele als die »treffendste«. Er gebraucht die alte Unterscheidung zwischen Amtsautorität und persönlicher Autorität: »Der Legitimität der Staatsordnung entspricht die Autorität der jeweiligen Inhaber der Staatsgewalt. Autorität hat, m. a. W., der Amtsinhaber in einer legitimen Ordnung. . . Persönliche Autorität beruht auf eindrucksvollen Eigenschaften einer Person: auf ihrem Wissen, ihrer Erfahrung, ihrem Charakter, einer ihrer Willenskraft entspringenden Strahlkraft oder dergleichen. . . . Daß aber trotzdem Amtsautorität und persönliche Autorität strikt unterschieden werden müssen, zeigt sich, wo der Amtsinhaber persönliche Autorität nicht genießt: Auch dort bleibt noch immer seine Amtsautorität übrig, die bewirkt, daß die Geste der Ehrerbietung ihm gegenüber erfolgt und daß seine Anordnungen befolgt werden . . . Wer Amtsautorität besitzt, kann Staatsgewalt ausüben: seine amtlichen Entscheidungen werden von Polizei und Gerichtsvollzieher, wenn nötig, vollstreckt. So ergibt sich für uns also folgende Kette: Die Staatsgewalt folgt aus der Amtsautorität, die Autorität folgt aus dem Recht, mittelbar also folgt die Gewalt aus dem Recht . . . Man hat darüber gestritten, ob Gewalt oder Autorität das Primäre ist, das Verhältnis von potestas und auctoritas und der Primat von beiden beherrschte die Diskussion und beherrscht sie zum Teil noch heute. So viel aber schien doch sicher, daß der Gewalt oder Autorität – welcher von beiden immer – im modernen Staat der Primat vor dem Recht zukommen müsse. Denn besteht das Recht weder als altüberlieferte noch als göttliche oder natürliche Ordnung, sondern als positive, gesetzte Ordnung, kann die Staatsgewalt also über das Recht verfügen, so ist der Staat die Quelle des Rechts und nicht das Recht die Quelle des Staates« (S. 22 f.). Amtsautorität ist also rechtlich legitimierte potestas.

Der Bundespräsident Heinemann hat einmal gesagt: »Der Staat ist kein höheres Wesen, vielmehr ist er eine notwendige mit Herrschaftsgewalt ausgestattete Ordnung zur Verwirklichung sozialer Gerechtigkeit und zur Wahrung des Rechtsfriedens. Er ist die Ordnung, die sich die Gesellschaft gibt, damit jeder Bürger das ihm Zukommende erhält und in Frieden leben kann« (abgedruckt bei Joachim Braun, *Der unbequeme Präsident*, S. 150). Auf einer Rede in Emden 1971 hat er ausgesprochen: »Der Staat kann sich bei aller staatsbürgerlichen Gleichberechtigung weder brüderlich noch ohne Machtstruktur organisieren. Er ist Obrigkeit, die Gewalt über ihre Bürger hat. Er ist eine Notordnung, die der Neigung des Menschen zum Chaos widersteht (an anderer Stelle hat er den Staat »Gottes Notordnung« genannt). Er soll das Gute fördern, aber die Bösen strafen. Er soll seinen Bürgern den Frieden sichern. Zu alledem braucht er hoheitliche Befugnisse und Machtmittel. Eine juristische Umschreibung vom Wesen des Staates lautet dahin, daß er allein rechtmäßig Gewalt anwenden darf, Gewalt in Form von Polizei, Gericht, Gerichtsvollzieher, Gefängnis und Militär« (Gustav W. Heinemann, *Reden und Interviews,* Bd. 3, S. 32 f.). Heinemann hat das Wort Autorität selten gebraucht, aber nicht gemieden. Bei einer Ansprache vor der Schule der Bundeswehr für innere Führung sagte er im April 1972: »Vernünftiges demokratisches Verhalten und der militärische Führungsgrundsatz von Befehl und Gehorsam stehen sich gegenseitig nicht im Wege. Die Behandlung der anvertrauten Menschen steht unter dem Gebot der Wahrung ihrer Würde und ihrer Rechte . . . Demgegenüber fordern die Eigenart des soldatischen Dienstes und die Erfüllung des militärischen Auftrages eine klare Führung, die auf Befehl und Gehorsam nicht verzichten kann . . . Dem soldatischen Führer erwächst die Pflicht, sein Wollen und Können auf diesen Auftrag einzustellen. Menschen zu führen ist in unserer Zeit eine schöne, aber zugleich schwere Aufgabe. Sie verlangt Persönlichkeiten, die Beispiele geben können . . . Das heißt, Autorität entsteht nicht zuerst von Rang und Stellung her, sondern muß erworben und durch den Einsatz der Person täglich neu gefestigt werden. Autorität wird nur dann nicht angezweifelt, wenn sie sich auf fachliche Leistung und untadelige menschliche Haltung gründet. Dieser Weg, Autorität zu gewinnen, ist mühevoll, aber in unserer Zeit der einzige und richtige Weg, sich Gefolgschaft durch Einsicht und Überzeugung zu sichern« (a. a. O., S. 115 f.). Heinemann hatte kritisch, aber nicht verständnislos, die antiautoritäre Bewegung aufmerksam verfolgt und sich der Diskussion mit einigen ihrer Anhänger auch gestellt. Wenn er, wie in der eben genannten Rede, das Wort Autorität mehrfach gebraucht, so bestimmt nicht, weil es sich unversehens eingestellt hat und er kein anderes finden konnte, sondern ganz bewußt. Heinemann arbeitet hart an seinen Reden und wählt sorgfältig jedes Wort nicht nur unter der Beachtung seines Sinnes, sondern auch seiner Wirkung aus. So versuchte er Autorität in dieser Rede nach seiner Vorstellung zurechtzurücken. Im Geleitwort der ihm 1974 gewidmeten Festschrift wird er eine »nicht autoritäre Persönlichkeit« genannt (*Anstoß und Ermächtigung,* S. 7). Die Verfasser haben bewußt dieses Wort anstelle antiautoritär gesetzt. Deshalb kann man es wagen, Heinemann eine nicht autoritäre Autorität zu nennen – was der Philosoph Hans-Georg Gadamer sagt: »Wahre Autorität braucht nicht autoritär auftreten« (*Wahrheit und Methode,* S. 462).

Symptomatisch ist auch eine wahrscheinlich mehr unbewußte Äußerung des Chefs des Presse- und Informationsamtes der Bundesregierung, Staatssekretär Bölling, aus Anlaß der Entführung des Berliner CDU-Vorsitzenden Lorenz im Februar 1975. Er bezeichnete die Bundesregierung, die Innenministerkonferenz und den Krisenstab zusammenfassend als die »zuständigen Autoritäten«. Das klingt fast wie in der antiken römischen Republik: weil sie Autorität haben sollen, werden sie Autorität genannt. Daran hat aber Bölling vermutlich nicht gedacht. Er bediente sich vielmehr des Wortes als Sammelbezeichnung für die drei genannten Institutionen. Ein anderes Wort mag ihm gerade nicht eingefallen sein, aber er scheute nicht das vor kurzem noch verpönte. Trotzdem war diese Sammelbezeichnung treffend. Damals in jener Notsituation ebenso wie bei der Geiselnahme und dem Geiselmord in der Deutschen Botschaft in Stockholm waren Bundesregierung, Innenministerausschuß und Krisenstab wirklich Autoritäten, Autoritäten der Not, wie es sie nicht selten gegeben hat. Es bestand in diesem Fall kein Anlaß zu Interessen- oder Ideologiekonflikten, allenfalls zu solchen aus Kompetenzgründen, doch deren Gewicht hat die äußerst kritische Lage herabgedrückt.

Aber die Autorität, wie sie Heinemann und Kriele verstehen, wie sie Bölling meint, wurde bis vor wenigen Jahren und wird heute noch, wenn auch in geringerem Ausmaß, in Frage gestellt. Unter vielen Beispielen ist besonders sinnfällig die gesetzwidrige Besetzung von leerstehenden Häusern, von Atomkraftwerken oder deren Gelände, wie die nicht minder gesetzwidrige körperliche Blockierung von öffentlichen Verkehrsverbindungen, um den Nulltarif zu erzwingen oder Fahrpreiserhöhungen zu verhindern.

Der Schwund der Autorität des Staates, die in den siebziger Jahren des vorigen Jahrhunderts Constantin Frantz die Behörde der Gesellschaft genannt hat, ist eine seit dem Ersten Weltkrieg einsetzende komplexe Erscheinung, die in einer Reihe von Ländern zur Diktatur geführt hat. Der latente Autoritätsschwund nach dem Zweiten Weltkrieg wurde durch die antiautoritäre Bewegung stark gesteigert, die spezielle Autoritätskrise des Staates durch die allgemeine verschärft. Das ist ein wesentlicher Anlaß dafür, daß der Slogan von der »unregierbaren Demokratie«, der Ende 1974 vom Schah von Persien ausgegangen ist, aufgegriffen und zu einem wenigstens momentan geflügelten Wort geworden ist. Diese Behauptung ist keine neue originelle Erkenntnis. Sie läßt sich unschwer auf den Anfang des neunzehnten Jahrhunderts zurückführen. Einer der ersten, der ihr entgegengetreten ist, war zwischen 1830 und 1840 Tocqueville *(Demokratie in Amerika)*.

Im alten Rom ist auctoritas entstanden und zur Institution geworden, aber durch soziale Konflikte wurde sie erschüttert. Die Römer erlebten als erste, daß durch scharfe gesellschaftliche Gegensätze Autorität in Bedrängnis geraten kann. Vielleicht wäre das Wort damals aus dem politischen Vokabular verschwunden, nur noch den Fachhistorikern und Altphilologen zugänglich gewesen, wenn es nicht Augustus aus Traditionsbewußtsein aufgegriffen hätte. Er hat die von ihm begründete Staatsform des Prinzipats »seinen Zeitgenossen annehmbar gemacht durch den staatsrechtlich nicht faßbaren, aber in jedem Römer lebenden Begriff der auctoritas« (Heinze, *Auctoritas,* in: *Vom Geist des Römertums,* S. 12). Das römische Beispiel zeigt, daß Autorität schwinden, aber wieder entstehen kann. Der abstrakte Autoritätsbegriff »mit dem in entsprechender Weise verschwommenen und aller strengen Definition sich entziehenden Worte« (Mommsen, Bd. 3, S. 1033) tritt konkret in vielerlei Gestalt auf.

Die katholische Kirche hat die Entartung des Begriffes unter den spätrömischen Kaisern aufgefangen, ihn nach römischem Vorbild und nach ihren Bedürfnissen umgeformt. Sie erkannte die Autorität der Kaiser an, bis Gelasius I., wenn auch nur theoretisch, sie zwischen dem Kaiser und den Päpsten aufteilen wollte.

Gregor VII. und Innozenz III. beanspruchten summa auctoritas gegenüber den mittelalterlichen Kaisern. Innozenz unterschied zwischen päpstlicher auctoritas und königlicher potestas. Die Entartung der Autorität der Renaissancepäpste ist ein Anlaß unter mehreren zur Reformation gewesen. Luther verwarf die Amtsautorität der katholischen Kirche. Er wollte das Wort Autorität, weil gerade diese in erster Linie mit ihm verstanden wurde, ausmerzen, aber nicht den Begriff. Deshalb ersetzte er ihn durch »Obrigkeit«. Aber das Wort stellte sich bald wieder ein. Die Aufklärung suchte den Begriff umzufunktionieren, an die Stelle der göttlichen Autorität die der Vernunft zu setzen. Goethe ist voll Skepsis gegenüber Autorität, doch er weiß, daß Wort und Begriff bleiben werden. Die Entartung der Autorität unter den absolutistischen Königen Frankreichs mit ihrem privilegienreichen Adel war ein Anlaß zur Revolution. Sie strich das Wort aus dem Vokabular, weil es für sie ein feudaler Begriff war. Aber die Streichung reichte nicht. Die Konservativen, wenn man sie so nennen will, behielten das Wort für sich. Nach einigem Zaudern übernahmen es die Demokraten, das Wort paßte sich den neuerstandenen Verfassungsstaaten und den ihnen folgenden Demokratien an. Es nahm einen neuen Aufschwung in der Honoratiorengesellschaft und hielt sich, wenn auch teilweise verflacht und entleert, in der Massengesellschaft. Die Marxsche Lehre verwarf bisherige Autorität, auch religiöse, moralische und intellektuelle, als Waffe in der Hand von Ausbeuterklassen. Aber gegen anarchistische, totale antiautoritäre Einstellung verteidigte Engels den Begriff als unentbehrlich für die sozialistische Revolution und Organisation. Lenin bestätigte ihn. Die Autorität des unfehlbaren kommunistischen Dogmas, deren einzige Quelle die kommunistische Partei, allerdings ihre Führung, ist, bestimmt die aus der Revolution hervorgegangene neue hierarchische Ordnung Sowjetrußlands.

Freud erkannte als erster wissenschaftlich die psychischen Wirkungen der elterlichen Autorität. Den Zerfall der Autorität der bürgerlichen Kultur untersuchte Horkheimer. Seine Hoffnung war, daß in einer neuen, von egoistischem Interesse und von einer Ausbeutung losgelösten Gesellschaft »die Kategorie Autorität eine andere Bedeutung« haben würde.

Selbst die Reaktion auf Hitlers immense Autoritätshybris führte nicht dazu, daß das Wort außer Kurs gesetzt wurde. Erst zwanzig Jahre nach seinem Selbstmord drängte eine massive Bewegung zum Sturz jeglicher Autorität. Sie will das Wort und den Begriff bürgerlicher Observanz austilgen. Es würde die Entstehung einer klassenlosen Gesellschaft von Mündigen gefährden. Diese bedürfe der Autorität nicht mehr. Aber Vilmar meint, daß Autorität erst in einer klassenlosen Gesellschaft akzeptiert werden könne. Selbst in Reihen der antiautoritären Bewegung hat man sich versteckt, vielleicht auch unbewußt, der Autorität bedient, weil sie nicht zu entbehren war.

Autorität ist Bedürfnis und Angebot zugleich. Auch eine spekulative Phantasie vermag sich eine Gesellschaft, im Großen wie im Kleinen, ohne Autorität nicht vorzustellen. Autoritätspositionen wechseln und wandeln sich, ja können sich grundlegend verändern, aber die Substanz bleibt im Kern. Autorität ist in der Natur der Gesellschaft angelegt. Das hat Thomas von Aquino gelehrt, und das gilt heute noch. Aber politische Autorität ist nicht nur Amtsgewalt, so weit man sie auch fassen mag, sondern, wie Herbert Krüger sagt, »das Mehr und das Andere, als das sie sich im Vergleich der Amtsgewalt darstellt«.

Namenregister

Acerbus 76

Adenauer, Konrad 17, 162, 164, 166, 167, 170, 221

Adorno, Theodor W. 201, 202, 230, 231

Aland, Kurt 66

Alarich, westgotischer König 42

Alexander III., Papst 77

Althusius, Johannes 98,99, 101 f., 113

Ambrosius von Mailand 40, 51, 57

Anastasius I., byz. Kaiser 56

Anschütz, Gerhard 187

Arendt, Hannah 18, 33, 109 f., 156 f.

Aristides 164

Aristoteles 28, 46, 123

Atatürk, Kemal 176

Augustin, Bischof 32, 40 ff., 48, 51, 52, 68, 78, 90, 95, 210, 214

Augustus, röm. Kaiser 11, 27 ff., 30, 31, 37, 39, 50, 53, 110, 143, 179, 199, 256

Aurelian, röm. Kaiser 30

von Baader, Franz 118, 182

Bacon, Francis 23 f.

Bagehot, Walter 171, 172

Badoglio, Pietro 197

Baethgen, F. 50

Bally, Gustav 201

Bebel, August 161

Bendix, Reinhold 149

Benedikt von Nursia 77

Berdiajew, Nikolai Alexandro-witsch 139 f.

Bermbach, Udo 226, 228 f., 229

Bismarck, Otto von 11, 117, 127, 134, 145, 165, 168 f., 169, 170, 200

Bodin, Jean 105

Böckle, F. 242

Bölling, Klaus 255

Bonifatius 61

Bonifaz VIII., Papst 79 f.

Brauer, Max 162

Braun, Otto 162

Brüning, Heinrich 164, 187, 191, 192

Büchmann, Georg 106, 116

Bülow, Bernhard, Fürst von 165

Burckhardt, Carl J. 107

Cäsar 11, 27, 28, 30, 110, 143, 144, 164, 178, 179, 199

Caligula, röm. Kaiser 106

Calixt II., Papst 75

Calvin, Johann 92, 164, 202

Caspar, Erich 50, 55, 57

Childerich, fränk. König 62

Chruchtschow, Nikita Sergeje-witsch 139

Churchill, Winston L. 158, 164

Cicero, Marcus Tullius 15, 16 f., 17, 18, 19, 28, 29, 42, 77, 98, 101, 106, 110

Classen, Johannes 231

Crassus, Marcus Licinius 144

Cyprian von Karthago 32, 37, 38, 39, 40, 42, 48, 57, 82

Dahrendorf, Ralf 164, 231

Damasus 50, 51

v. Delbrück, Rudolf 169, 170

Dibelius, Otto 95

Diokletian, röm. Kaiser 40

Duguit, L. 123

Dutschke, Rudi 222, 228

Ebert, Friedrich 162, 164, 166, 165 f., 187, 191

Literaturnachweise

Die folgenden Literaturnachweise ergänzen und vervollständigen die im Text gemachten Angaben; sie liefern die bibliographischen Daten zu den einzelnen Zitaten und sollen dem interessierten Leser bei der weiteren Beschäftigung mit den in der vorliegenden Schrift behandelten Problemen behilflich sein.

Abschied von der autoritären Demokratie. Die Bundesrepublik im Übergang, hg. v. L. Romain, G. Schwarz, München 1970.

Adorno, Theodor W.: *Aufsätze zur Gesellschaftstheorie und Methodologie*, Frankfurt a. M. 1970.

Ahgushi, Togowo: *Die Staatsautorität im sozialen Sein*, in: *Archiv des öffentlichen Rechts*, 23. Bd., 1933/34.

Aland, K.: *Papsttum I*, in: *Religion, Geschichte und Gegenwart*, Bd. V., Sp. 54, Tübingen 1961.

Althusius, Johannes: *»Politica Methodice Digesta«* with an introduction by C. J. Friedrich, Cambridge 1932.

Althusius, Johannes: *»Grundbegriffe der Politik. Aus »Politica methodice digesta«*, in: *Deutsches Rechtsdenken*, Heft 3, hg. v. Erik Wolf, Frankfurt a. M. 1948.

Anschütz, Gerhard: *Die Verfassung des Deutschen Reiches vom 11. August 1919. Ein Kommentar für Wissenschaft und Praxis*, 14. Aufl., 2 Bde., Berlin 1933.

Anstoß und Ermutigung. Gustav Heinemann, Bundespräsident 1969-1974, hg. v. Heinrich Böll, Helmut Gollwitzer, Carlo Schmid, Frankfurt a. M. 1974.

Arendt, Hannah: *Was ist Autorität?*, in: *Fragwürdige Traditionsbestände im politischen Denken der Gegenwart*, Frankfurt 1957.

Augustinus: *Ausgewählte Schriften*, in: *Bibliothek der Kirchenväter*, 10 Bde. (1911-1925).

Autorität, hg. v. Hans Joachim Türk, Mainz 1973.

Autorität und Freiheit, hg. v. Dr. Erich E. Geißler, Heilbronn o. B. 1970.

Baader, Franz von: *Schriften zur Gesellschaftsphilosophie*, hg. v. Johannes Sauter, Jena 1925.

Bacon, Francis: *Über das Beraten*, in: *Essays*, hg. v. L. L. Schücking, dt. v. E. Schücking, Sammlung Dieterich, Bd. 71, 1940.

Bagehot, Walter: *Verfassung Englands 1867*.

Bally, Gustav: *Einführung in die Psychoanalyse Sigmund Freuds*, Hamburg 1961.

Bendix, Reinhard: *Max Weber – Das Werk. Darstellung – Analyse – Ergebnisse*, München 1964.

Berdjajew, Nikolai: *Wahrheit und Lüge des Kommunismus*, Darmstadt-Genf 1953.

Bismarck: *Die gesammelten Werke*, 12. Bd. 1878-1885. Bearb. v. Wilhelm Schüssler, Berlin 1929.

Bracher, Karl Dietrich: *Die Auflösung der Weimarer-Republik. Eine Studie zum Problem des Machtzerfalls in der Demokratie*, Stuttgart-Düsseldorf 1955.

Braun, Joachim: *Der unbequeme Präsident*, Karlsruhe 1972.

Büchmann, Georg: *Geflügelte Worte*, 1964[31]

Burckhardt, Carl J.: *Richelieu*. 3. Bde., München 1958, 1965, 1966.

Caspar, Erich: *Geschichte des Papsttums*, 2. Bd. *Das Papsttum unter byzantinischer Herrschaft*, Tübingen 1933.

Cicero, Marcus Tullius: *De re publica*, lateinisch u. deutsch. Eingeleitet und neu übertragen v. Karl Büchner, Zürich 1952.

Classen, Johannes: *Bibliographie zur antiautoritären Erziehung*, Heidelberg 1971.

Dahm, Georg: *Deutsches Recht. Die geschichtlichen und dogmatischen Grundlagen des geltenden Rechts*, Stuttgart 1963[2].

Dahrendorf, Ralf: *Gesellschaft und Demokratie in Deutschland*, München 1965.

Dibelius, Otto: *Obrigkeit*, Stuttgart 1963.

Duguit, L.: *Manuel de Droit constitutionnel*, Paris 1923[4].

Eichmann, Eduard: *Die Kaiserkrönung im Abendland. Ein Beitrag zur Geistesgeschichte des Mittelalters*, Würzburg 1942.

Engels, Friedrich: *Von der Autorität*, in: *Marx-Engels, Werke*, Bd. 18, Berlin 1962.

Enzyklika Diuturnum illud 1881. In: *Mensch und Gemeinschaft in christlicher Schau. Dokumente*. Hg. v. E. Marmy, S. 553, Fribourg 1945.

Enzyklika Immortale Dei 1885, a.a.O., S. 571.

Enzyklika Singulari quadam 1912, a.a.O., 418.

Enzyklika Casti connubii 1930, a.a.O., S. 241.

Die Enzyklika in der Diskussion. Eine orientierende Dokumentation zu: »humanae vitae«, hg. v. F. Böckle und C. Holenstein, Zürich-Einsiedeln-Köln 1968.

Erlinghagen, Karl: *Autorität und Antiautorität. Erziehung zwischen Bindung und Emanzipation*. Heidelberg 1973.

Europäische Gespräche, in: *Gewerkschaftliche Monatshefte*, Jahrgang 1952, S. 428 ff.

Eschenburg, Theodor: »*Daily Telegraph Affaire. Nach unveröffentlichten Dokumenten*«, in: *Preußische Jahrbücher*, Bd. 214, 1928, S. 199 ff.

Eschenburg, Theodor: *Die Funktion der politischen Partei*. in: *Concilium. Internationale Zeitschrift für Theologie*, 9. Jg., Heft 10, S. 526 ff.

Eschenburg, Theodor: *Gesellschaft ohne Herrschaft – Hoffnung und Sorge*, in: *Das beschädigte Leben. Diagnose und Therapie in einer Welt unabsehbarer Veränderungen*, hg. v. Alexander Mitscherlich, München 1969.

Feine, Hans Erich: *Kirchliche Rechtsgeschichte.* 1. Bd. *Die Katholische Kirche,* Weimar 1950.

Ferrero, Guglielmo: *Macht,* Bern 1944.

Fest, Joachim C.: *Hitler. Eine Biographie,* Berlin 1973.

Fichte, Johann Gottlieb: *System der Sittenlehre, in: Ausgewählte Werke in sechs Bänden,* 2. Bd., Darmstadt 1962.

Freud, Sigmund: *Ges. Werke* in 18 Bden., London und Frankfurt a. M. 1940-1952/1968.

Friedell, Egon: *Kulturgeschichte der Neuzeit,* 3 Bde., München 1928.

Friedrich, C. J.: *Politische Autorität und Demokratie,* in: *Zeitschrift für Politik* 1960, Jahrgang 7 (N.F.).

Friedrich, C. J.: *Traditon und Autorität,* München 1974.

Fromm, Erich: *Analytische Sozialpsychologie und Gesellschaftstheorie,* Frankfurt 1970.

Gadamer, Hans Georg: *Wahrheit und Methode,* Tübingen 1960.

Gehlen, Arnold: *Studien zur Anthropologie und Soziologie,* Neuwied 1963.

Gehlen, Arnold: *Philosophische Anthropologie,* in: *Meyers Encyklopädisches Lexikon,* Bd. 3.

Geiger, Theodor: *Führung,* in: A. Vierkandt (Hrsg.), *Handwörterbuch der Soziologie,* Stuttgart 1959.

Georges, Karl Ernst: *Ausführliches Lateinisch-Deutsches Handwörterbuch,* Basel 1951[9].

Gesetzbuch der lateinischen Kirche. Erklärung der Kanones von P. Heribert Jone, 2. vermehrte und verbesserte Auflage, 3 Bde., Paderborn 1950.

Gierke, Otto von: *Über die Geschichte des Majoritätsprinzipes,* in: *Schmollers Jahrbuch für Gesetzgebung,* Bd. XXXIX, 1915.

Gierke, Otto von: *Das Deutsche Genossenschaftsrecht,* 3. Bd., Darmstadt 1954.

Gierke, Otto von: *Johannes Althusius und die Entwicklung der naturrechtlichen Staatstheorien,* Aalen 1958.

Gmelin, Ulrich: *Auctoritas-Römischer princeps und päpstliches Primat,* in: *Geistige Grundlagen römischer Kirchenpolitik, Forschungen zur Kirchen- und Geistesgeschichte* 11, hg. v. Seeberg, Holtzmann, Weber, Stuttgart 1937.

Goethes Werke, Weimarer-Ausgabe, Abt. II, Bd. 3.

Gogarten, Friedrich: *Wider die Ächtung der Autorität,* 1930.

Gogarten, Friedrich: *Politische Ethik,* 1932.

Greiffenhagen, Martin: *Konservativismus,* in: *Meyers Enzyklopädisches Lexikon* Bd. 14.

Grotius, Hugo: *De jure belli ac pacis,* Leiden 1939.

Grundmann, Herbert: *Wahlkönigtum, Territorialpolitik und Ostbewegung im 13. und 14. Jahrhundert,* in: Bruno Gebhardt, *Handbuch der deutschen Geschichte,* Band I, Suttgart 1954[8].

Gundolf, Friedrich: *Caesar, Geschichte seines Ruhms,* Berlin 1924.

Gundolf, Friedrich: *Caesar im neunzehnten Jahrhundert,* Berlin 1926.

Habermas, Jürgen: *Protestbewegung und Hochschulreform,* Frankfurt a. M. 1969.

Habermas, Jürgen: *Legitimationsprobleme im Spätkapitalismus,* Frankfurt a. M. 1973.

Habermas, Jürgen: *Kultur und Kritik. Verstreute Aufsätze,* Frankfurt a. M. 1973.

Haller, Johannes: *Das Papsttum. Idee und Wirklichkeit.* 2. Bd., Hamburg 1965.

Hartmann, Heinz: *Funktionale Autorität. Systematische Abhandlung zu einem soziologischen Begriff,* Suttgart 1964.

Hauser, Richard: *Autorität und Macht. Die staatliche Autorität in der neueren protestantischen Ethik und in der katholischen Gesellschaftslehre,* Heidelberg 1949.

Heinemann, Gustav: *Reden und Interviews* (III), Bergisch-Gladbach 1972, S. 32 f.

Heinze, Richard: *Auctoritas,* in: *Vom Geist des Römertums. Ausgewählte Aufsätze,* hg. v. Erich Burg, Leipzig und Berlin 1939[2].

Heller, Hermann: *Europa und der Faschismus,* Berlin-Leipzig 1931.

Heller, Hermann: *Staatslehre,* hg. v. Gerhard Niemeyer, Leiden 1963[3].

Hennis, Wilhelm: *Demokratisierung. Zur Problematik eines Begriffs,* Köln-Opladen 1970.

Herders Sozialkatechismus, II. Band, 2. Hauptteil, Freiburg 1953.

Heuss, Theodor: *Tagebuchbriefe 1955-1963,* Tübingen 1970.

Heussi, Karl: *Kompendium der Kirchengeschichte,* Tübingen 1957[11].

Heyl, Cornelius Adalbert von: *Autorität. Evangelisches Soziallexikon,* Stuttgart 1963[4].

Hitler, Adolf: *Mein Kampf,* 37. Aufl., München 1933.

Hobbes, Thomas: *Leviathan oder Stoff, Form und Gestalt eines bürgerlichen und kirchlichen Staates,* hg. und eingeleitet v. Iring Fetscher, Neuwied und Berlin 1966.

Hohensee, H.: *The Augustinian Concept of Authority,* Folia, Suppl. II, New York 1954.

Holl, Karl: *Luthers Urteile über sich selbst,* in: *Gesammelte Aufsätze zur Kirchengeschichte,* Bd. I, 1932.

Horkheimer, Max: *Gesellschaft im Übergang. Aufsätze und Reden und Vorträge 1942-1970.* Hrsg. v. Werner Breder, Frankfurt a. M. 1972.

Huber, Ernst Rudolf: *Deutsche Verfassungsgeschichte seit 1789.* Bd. I, *Reform und Restauration 1789-1830,* Stuttgart 1957.

Jaspers, Karl: *Die großen Philosophen.* Bd. I, München 1957.

Jellinek, Georg: *Allgemeine Staatslehre,* Berlin 1914[3].

Jouvenel, Bertrand de: *Über Souveränität. Auf der Suche nach dem Ge-*

meinwohl, Neuwied 1963.

Jung, J. Edgar: *Die Herrschaft der Minderwertigen, ihr Zerfall und ihre Ablösung,* Berlin 1927.

Kant, Immanuel: *Die Metaphysik der Sitten,* in: *Sämtliche Werke in sechs Bänden,* Großherzog Wilhelm Ernst Ausgabe, 5. Bd., Leipzig 1920.

Kaufmann, Erich: *Friedrich Julius Stahl als Rechtsphilosoph.* in: *Rechtsidee und Recht, Gesammelte Schriften,* Band III, 1 ff. Göttingen 1960.

Kantorowicz, Ernst: *Kaiser Friedrich II.* 2 Bde. 1927-1931.

Kelsen, Hans: *Vom Wesen und Werk der Demokratie,* Tübingen 1929[2].

Kierkegaard, Sören: *Der Begriff des Auserwählten.* Übersetzung und Nachwort von Theodor Haecker, Innsbruck 1926[2].

Kluth, Heinz: *Sozialprestige und sozialer Status,* Stuttgart 1957.

Koeniger, A. M.: *Kirchenrecht,* in: *Staatslexikon der Görresgesellschaft,* Freiburg 1929[5].

Kriele, Martin: *Einführung in die Staatslehre,* Reinbek 1975.

Krockow, Christian Graf von: *Die Entscheidung. Eine Untersuchung über Ernst Jünger, Carl Schmitt, Martin Heidegger,* Stuttgart 1958.

Krüger, Herbert: *Allgemeine Staatslehre,* Stuttagrt 1964.

Küng, Hans: *Christ sein,* München 1974.

Küng, Hans: *Unfehlbar? Eine Anfrage,* Zürich 1970.

Küng, Hans: *Parteien in der Kirche?,* in: *Concilium. Internationale Zeitschrift für Theologie,* 9. Jg., Heft 10, S. 594 f.

Küng, Hans: *Wahrhaftigkeit,* Freiburg-Basel-Wien 1968[4].

Leibholz, Gerhard: *Die Auflösung der liberalen Demokratie in Deutschland und das autoritäre Staatsbild,* München 1933.

Lenin, Wladimir Iljitsch: *Staat und Revolution. Die Staatstheorie des Marxismus und die Aufgabe des Proletariats in der Revolution,* in: *Werke,* Bd. XXI, Wien-Berlin 1931.

Löwe, Heinz: *Kaisertum und Abendland in ottonischer und frühsalischer Zeit,* in: *Historische Zeitschrift,* Bd. 196.

Löwe, Heinz: *Deutschland im fränkischen Reich,* in: Bruno Gebhardts, *Handbuch der Deutschen Geschichte,* Bd. I, S. 79 ff., Stuttgart 1954[8].

Löwenstein, Karl: *Verfassungslehre,* Tübingen 1959.

Lütcke, Karl Heinrich: *Auctoritas bei Augustin,* Stuttgart 1968.

Luther, Martin: *Werke.* Weimarer Ausgabe, Bd. 2, *Das Magnifikat.* 1883 ff.

Martin Luthers großer Katechismus 1529[11], hg. v. Gotthilf Hermann, Berlin 1954.

Lexikon für Theologie und Kirche: Das II. Vatikanische Konzil, Dokumente und Kommentare. 3 Bde., Freiburg-Basel-Wien, 1968.

Luhmann, Niklas: *Macht,* Stuttgart 1970.

Marx, Karl: *Das Kapital.* 3. Bd., in: *Karl Marx Friedrich Engels Werke,* Band 25, Berlin 1969.

Messner, Johannes: *Das Naturrecht,* Innsbruck – Wien – München 1958[3].

268

Meyer, Eduard: *Caesars Monarchie und das Prinzipat des Pompeius*, Stuttgart-Berlin 1918.

Meyer, Alfred G.: *Autorität*, in: *Sowjetsystem und demokratische Gesellschaft*, Bd. 1, Freiburg 1966.

Michels, Robert: *Zur Soziologie des Parteiwesens in der modernen Demokratie*, Stuttgart 1957.

Mitscherlich, Alexander: *Auf dem Weg zur vaterlosen Gesellschaft. Ideen zur Sozialpsychologie*, München 1963.

Mohler, Armin: *Die konservative Revolution in Deutschland*, Stuttgart 1950.

Mohrmann, Christine: *Wortform und Wortinhalt*, in: *Etudes sur le Latin des Chrétiens*, Bd. II, 1958, S. 21.

Mommsen, Theodor: *Römisches Staatsrecht*, 3 Bde., Tübingen o. J.

Mommsen, Wolfgang J.: *Max Weber und die deutsche Politik 1890-1920*, Tübingen 1959.

Mörsdorf, Klaus: *Geschichte und Kommentar zum »Dekret über die Hirtenaufgabe der Bischöfe in der Kirche«*, in: *Das II. Vatikanische Konzil, Teil 2*, S. 128 ff.

MacIver, R. M.: *Regierung im Kräftefeld der Gesellschaft*, Frankfurt am Main 1947.

Marcuse, Ludwig: *Sigmund Freud, Sinnbild vom Menschen*, Zürich 1972.

Mensch und Gemeinschaft in christlicher Schau. Dokumente, hg. v. Dr. Emil Marmy, Fribourg 1945.

Näf, Werner: *Die Epochen der neueren Geschichte*, Aarau 1946.

Neill, Alexander: *Erziehung in Sommerhill*, Reinbek 1965.

Neill, Alexander: *Theorie und Praxis der antiautoritären Erziehung*, Reinbek 1969.

Neumann, Johannes: *Die Autorität auf dem II. Vatikanischen Konzil*, in: *Die päpstliche Autorität im katholischen Selbstverständnis des 19. und 20. Jahrhunderts*, hg. v. Weinzierl, E., Salzburg–München 1970.

Neumann, Johannes: *Synodales Prinzip. Der größere Spielraum im Kirchenrecht*, Freiburg – Basel – Wien, Sept. 1973.

Nicolson, Harold: *Georg V.*, München 1954.

Pernice, Alfred: *Ulpian als Schriftsteller*, in: *Sitzungsberichte der Berliner Akad. d. Wissensch.*, phil. hist. Kl. 25, 1885.

Picker, Henry: *»Hitlers Tischgespräche« im Führerhauptquartier 1941/42*, Stuttgart 1963.

Piloty, Robert: *Autorität und Staatsgewalt*, in: *Jahrbuch der Internationalen Vereinigung für vergleichende Rechtswissenschaft und Volkswirtschaftslehre*, V. und VII. Band, I. Abt., Berlin 1903.

Philips, Gerard: *Die Geschichte der dogmatischen Konstitution über die Kirche »Lumen Gentium«*, in: *Das II. Vatikanische Konzil, Teil I*, S. 138 ff.

Plato, *Gesetze*, in: *Sämtliche Werke*, 3. Bd., Heidelberg o. J.

Pross, Helge: *Kapitalismus in der demokratischen Gesellschaft*, in: *Meyers Enzyklopädisches Lexikon*, Bd. 13, S. 426.

Ritter, Gerhard: *Carl Goerdeler und die deutsche Widerstandsbewegung*, Stuttgart 1954.

Rosenstock-Huessy: *Die europäischen Revolutionen und die Charakter der Nationen*, Stuttgart-Köln 1951.

Rostovtzeff, Michael: *Geschichte der Alten Welt*, Wiesbaden 1942.

Rotteck, Carl von, Welcker, Carl: *Das Staatslexikon. Encyklopädie der sämtlichen Staatswissenschaften*, Altona 1845-1848.

Rüstow, Alexander: *Ortsbestimmung der Gegenwart*, 3 Bde. Erlenbach-Zürich 1950 ff.

Salomon, Ernst v.: *Der Fragebogen*, Hamburg 1951.

Seeberg, Reinhold: *Lehrbuch der Dogmengeschichte*, 3 Bde., Leipzig 1908, 1910, 1913.

Siber, Heinrich: *Römisches Verfassungsrecht in geschichtlicher Entwicklung*, Lahr 1952.

Siegfried, André: *Die Schweiz. Eine Verwirklichung der Demokratie*, Zürich 1949.

Simmel, Georg: *Soziologie: Untersuchungen über die Formen der Vergesellschaftung*, 3. Aufl., München und Leipzig 1923.

Skuhra, Anselm: *Max Horkheimer*. Stuttgart-Berlin-Köln-Mainz 1974.

Sontheimer, Kurt: *Antidemokratisches Denken in der Weimarer Republik*, München 1968.

Sontheimer, Kurt: *Deutschland zwischen Demokratie und Antidemokratie*, München 1971.

Spann, Othmar: *Der wahre Staat. Voraussetzungen über Abbruch und Neubau der Gesellschaft*, Jena 1921.

Spann, Othmar: *Hauptpunkte der universalistischen Staatsverfassung*, Berlin 1931.

Spengler, Oswald: *Der Untergang des Abendlandes. Umrisse einer Morphologie der Weltgeschichte*, 2. Bd., München 1922[16].

Spengler, Oswald: *Jahre der Entscheidung. 1. Teil: Deutschland und die weltgeschichtliche Entwicklung*, München 1933.

Spengler, Oswald: *Preußentum und Sozialismus*, in: *Politische Schriften*, München 1933, S. 3 ff.

Scharffenorth, Gerta: *Römer 13 in der Geschichte des politischen Denkens. Ein Beitrag zur Klärung der politischen Tradition in Deutschland seit dem 15. Jahrhundert*, Diss. Heidelberg 1964.

Scharpf, Fritz: *Demokratietheorie zwischen Utopie und Anpassung*, Konstanz 1970.

Schmidt, Kurt, Dietrich: *Die katholische Staatslehre*, in: *Quellen zur Konfessionskunde*, Reihe A, Heft 4.

Schmitt, Carl: *Politische Theologie. Vier Kapitel zur Lehre von der Souveränität*, München 1922.

Schmitt, Carl: *Die geistesgeschichtliche Lage des heutigen Parlamentarismus*, München 1923.

Schmitt, Carl: *Die Diktatur von den Anfängen des Souveränitätsgedankens bis zum proletarischen Klassenkampf*, München 1928.

Schmitt, Carl: *Der Hüter der Verfassung*, Tübingen 1931.

Schmitt, Carl: *Legalität und Legimität*, München 1932.

Schmitt, Carl: *Staat, Bewegung, Volk. Die Dreigliederung der politischen Einheit*, Hamburg 1933.

Schmitt, Carl: *Politische Theologie*, München-Leipzig 1934.

Schmitt, Carl: *Leviathan in der Staatslehre des Thomas Hobbes*, Hamburg 1938.

Schmitt, Carl: *Verfassungslehre*, Berlin 1928.

Schmölz, Franz-Martin: *Thomas von Aquin*, in: *Staatslexikon der Görresgesellschaft*, Freiburg 1962[6].

Schulz, Fritz: *Prinzipien des römischen Rechts*, München-Leipzig 1934.

Schumpeter, Joseph A.: *Kapitalismus, Sozialismus und Demokratie*, Bern 1946.

Schweitzer, Albert: *Die Mystik des Apostel Paulus*, Tübingen 1954[2].

Stahl, Friedrich Julius: *Die Philosophie des Rechts*, Heidelberg 1845-1847[2].

Stahl, Friedrich Julius: *Die gegenwärtigen Parteien in Staat und Kirche*, Berlin 1863.

Sternberger, Dolf: *Autorität, Freiheit und Befehlsgewalt*, Tübingen 1959.

Strzcelewicz, Willy: *Herrschaft ohne Zwang*, in: *Die autoritäre Gesellschaft*, 3. Aufl., Opladen 1972, S. 37.

Studie über Autorität und Familie. Forschungsbericht aus dem Institut für Sozialforschung, hg. v. E. Fromm, M. Horkheimer, H. Mayer, H. Marcuse, u. a., 2 Bde., Paris 1936.

Theorie und Praxis der direkten Demokratie. Texte und Materialien zur Rätediskussion. Herausgegeben und eingeleitet von Udo Bermbach, Opladen 1973.

Thielicke, Helmut: *Theologische Ethik*, II. Bd., 2. Teil, *Ethik des Politischen*, Tübingen 1958.

Thomas von Aquino: *Ausgewählte Schriften zur Staats- und Wirtschaftslehre.* Neue Übertragung mit Anmerkungen und einer kritischen Einführung von Friedrich Schreyvogl, Jena 1923.

Thomas von Aquino: *Summa theologica*, deutsch-lateinisch, hg. v. H. Christmann, Heidelberg-Graz 1934 ff.

Triepel, Heinrich: *Die Hegemonie. Ein Buch von führenden Staaten*, Stuttgart 1943[2].

Troeltsch, Ernst: *Die Soziallehren der christlichen Kirchen und Gruppen*, Tübingen 1923[3].

Utz, Arthur-Fridolin: *Sozialethik*, I. Teil: *Die Prinzipien der Gesellschaftslehre*, Heidelberg 1958.

271

Vilmar, Fritz: *Strategien der Demokratisierung,* 2 Bde., Darmstadt und Neuwied 1973.

Vatikanisches Konzil, das II.: Dokumente und Kommentare, Ergänzungsbände des Lexikons für Theologie und Kirche, 3 Bde. Freiburg, Basel-Wien 1968.

Weber, Alfred: *Die Krise des modernen Staatsgedankens in Europa,* Berlin und Leipzig 1925.

Weber, Max: *Wirtschaft und Gesellschaft,* Tübingen 1956[4].

Weber, Max: *Politik als Beruf,* in: *Gesammelte Politische Schriften,* Hg. J. Winckelmann, Tübingen 1958.

Wieacker, Franz: *Vom römischen Recht,* Stuttgart 1961[2].

Wolf, Erik: *Große Rechtsdenker der deutschen Geistesgeschichte,* Tübingen 1951[3].

Zeller, Eberhard: *Geist der Freiheit. Der 20. Juli,* 4. Aufl., München 1963.

st 241 Wolfgang Koeppen, Der Tod in Rom. Roman
192 Seiten
Der Tod in Rom ist die Geschichte einer Handvoll Menschen, die nach dem Krieg in Rom zusammentreffen: Opfer, Täter, Vorbereiter und Nachgeborene des Schreckens. Rom, die Stadt Cäsars und Mussolinis, die Heilige Stadt und die Stätte zweideutiger Vergnügungen, bringt die Vergangenheit dieser Männer und Frauen ans Licht. Koeppen beschreibt in diesem Zeitroman die verborgenen Krankheiten der deutschen Seele.

st 242 E. Y. Meyer, Eine entfernte Ähnlichkeit.
Erzählungen
154 Seiten
»Meyer denkt also klar, er denkt ernsthaft und verbindlich, er scheut vor dem Simplen nicht zurück, er ist in einem wohltuenden Sinne menschenfreundlich: und dies alles nicht theoretisierend, sondern so, daß er etwas erzählt, das ich womöglich auch erzählt haben könnte. Ich bin, wie gesagt, befangen, weil ganz und gar eingenommen. Ich wünschte, vielen ginge es so.«
Rolf Vollmann, Stuttgarter Zeitung

st 243 Erich Heller, Thomas Mann.
Der ironische Deutsche
364 Seiten
Diese große kritische Studie handelt von der Dichtung, nicht vom Leben Thomas Manns. Nicht Vollständigkeit ist ihr Ziel, sondern Analyse des Wesentlichen, Entscheidenden. In sechs weitangelegten Kapiteln führt Heller den Leser durch das Werk Thomas Manns. Im Mittelpunkt steht jeweils eines der Hauptwerke, dem Zugehöriges zugeordnet ist. Die Einheit des Werkes von Thomas

Mann wird sichtbar, seine Verknüpfung mit Vorhergehendem und Gleichzeitigem deutlich.

st 244 Dolf Sternberger, Gerechtigkeit für das neunzehnte Jahrhundert. Zehn historische Studien
192 Seiten
Sternberger zählt zu den Pionieren der Wiederentdeckung des neunzehnten Jahrhunderts. Dieses Jahrhundert ist die Epoche eines erneuerten Imperialismus der europäischen Großmächte, aber auch die Epoche der Sklavenbefreiung und aller Emanzipationsbewegungen. Es ist die Epoche der industriellen Verelendung, aber auch der Fabrikgesetze und der Sozialversicherung, des Nationalismus wie des Internationalismus, der bürgerlichen Vorherrschaft wie der Arbeiterbewegung.

st 245 Hartmut von Hentig, Die Sache und die Demokratie. Drei Abhandlungen zum Verhältnis von Einsicht und Herrschaft
138 Seiten
Man spricht von »Tendenzwende« und meint damit: das Ende des Traums von der Reform der Gesellschaft, die große Ernüchterung oder in den Formeln von Hentig: die Wiederherstellung der Sachgesetze gegenüber der Demokratie. Die Hoffnung der verunsicherten Menschen bleibt bei einem *common sense,* der beides vermag: sich der zunehmenden Sachkompetenz zu bedienen und sich von ihr wieder zu trennen, wo sie nur sachlich, unverständlich, unmenschlich wird. Die Weise, in der sich *common sense* organisiert, ist die Demokratie.

st 246 Hermann Broch, Schriften zur Literatur.
st 247 Kommentierte Werkausgabe, herausgegeben von Paul Michael Lützeler
Bd. 1 – Kritik, 432 Seiten
Bd. 2 – Theorie, 336 Seiten
Band 1 enthält Schriftstellerporträts – Thomas Mann, Karl Kraus, Elias Canetti, James Joyce, Robert Musil, Hugo von Hofmannsthal u. a. – sowie Rezensionen und Würdigungen der Werke von Alfred Polgar, Kasimir Edschmid, Charles Baudelaire, Aubrey Beardsley u. a., während Band 2 die thoretischen Schriften zusammenfaßt. Diese Ausgabe vermittelt erstmals ein vollständiges

Bild des Dichters, Literaturtheoretikers, Politologen, Massenpsychologen und Geschichtsphilosophen Broch.

st 248 Samuel Beckett, Glückliche Tage. Dreisprachig
Deutsch von E. und E. Tophoven
112 Seiten
»Beckett verärgert die Leute stets durch seine Ehrlichkeit... Er zeigt, es gibt keinen Ausweg, und das ist natürlich irritierend, weil es tatsächlich keinen Ausweg gibt... Unser fortgesetzter Wunsch nach Optimismus ist unsere schlimmste Ausflucht.« *Peter Brook*

st 249 Uwe Johnson, Berliner Sachen. Aufsätze
128 Seiten
Berliner Stadtbahn, aus dem Sommer von ausgerechnet 1961, dieser Aufsatz wird ja manchmal verlangt, dann war er nicht zu haben. Das soll von Anständen beim Schreiben handeln, dabei geht der Verfasser keinen Schritt von der S-Bahn runter. Wie, das könnte man hier nachlesen. Auch die Anstände, die Johnson mit den Westberlinern hatte, als sie die S-Bahn auszuhungern gedachten; damals zitierten die ostdeutschen Verwalter des Verkehrsmittels ihn gern. Skandal machten sie erst, als derselbe Text in einem Buch an die Teilnehmer der letzten Olympiade verschenkt werden sollte. Unerfindlich, außer, man sieht sich das an.

st 250 Erste Lese-Erlebnisse
Herausgegeben von Siegfried Unseld
160 Seiten
»Wie war jene erste Begegnung mit Literatur?«, so wurden Autoren befragt. Das Thema Erste Lese-Erlebnisse ist von Belang. Für den, der schreibt, wie für den, der liest. Für den also, der sich seines Weges durch Literatur bewußt wird. Vor allem jedoch für den jungen Leser, der dringlicher denn je der Orientierung, Anregung und Ermutigung bedarf.

st 251 Bertolt Brecht, Gedichte
Ausgewählt von Autoren
Mit einem Geleitwort von Ernst Bloch
154 Seiten
Deutschsprachige Autoren haben jene drei Gedichte ge-

nannt, die für ihr Denken und Handeln wichtig geworden sind. Aus dieser Zusammenstellung – von Volker Braun, H. M. Enzensberger, Max Frisch, Siegfried Lenz, Friederike Mayröcker, Anna Seghers u. a. – ergibt sich eine erneute Wirkungsebene der Lyrik Brechts und gleichzeitig ein Bild seiner Gegenwärtigkeit.

st 252 Hermann Hesse, Eine Literaturgeschichte in Rezensionen und Aufsätzen
Herausgegeben von Volker Michels
588 Seiten
Es gibt kaum einen »Klassiker der Moderne«, auf den nicht Hesse als einer der allerersten publizistisch hingewiesen hätte.
Besprechungen der frühesten Werke der Weltliteratur bis hin zu den Schriften zeitgenössischer Autoren (Max Frisch, Arno Schmidt, Peter Weiss) ergeben eine Literaturgeschichte in Rezensionen und Aufsätzen.

st 253 James Joyce, Briefe
Ausgewählt aus der dreibändigen, von Richard Ellmann edierten Ausgabe von Rudolf Hartung
Deutsch von Kurt Heinrich Hansen
272 Seiten
Der Herausgeber dieses Bandes war bestrebt, die Auswahl aus der riesigen Korrespondenz so vorzunehmen, daß alle wesentlichen Problemkreise und die wichtigsten menschlichen Beziehungen angemessen repräsentiert wurden.
»Die Briefe bilden eine Art Ergänzung zum Schöpfungskomplex des großen irischen Schriftstellers, ja, man könnte sagen, sie verstünden sich fast als Kommentar dazu.«
Werner Helwig

st 254 Ödön von Horváth, Die stille Revolution.
Kleine Prosa
Mit einem Nachwort von Franz Werfel. Zusammengestellt von Traugott Krischke
106 Seiten
Auch mit diesen kurzen, zum Teil skizzenhaften und fragmentarischen Arbeiten erweist sich Horváth als ein

scharfsinniger Kritiker nicht nur seiner, sondern auch unserer Zeit, der – vorausahnend – das bereits gestaltet hat, was uns heute bewegt.

st 255 Hans Erich Nossack
Um es kurz zu machen. Miniaturen
Zusammengestellt von Christof Schmid
120 Seiten
Nossack ist ein Meister der kurzen Form. Seine Erzählungen und Romane enthalten eine Vielzahl in sich geschlossener Miniaturen. Solche Etüden und Miniaturen, die bisher nicht, an apokryphen Plätzen oder in Sammelbänden veröffentlicht waren, sammelt der vorliegende Band. Diese kurzen Texte, geschrieben in den Jahren zwischen 1946 und 1974, vermitteln in Minutenbildern Quintessenzen einer langen literarischen Biographie.

st 257 Thomas Bernhard, Die Salzburger Stücke
Der Ignorant und der Wahnsinnige.
Die Macht der Gewohnheit
202 Seiten
Thomas Bernhards »Salzburger Stücke« sind über den äußeren Anlaß hinaus – sie wurden in Salzburg uraufgeführt – sowohl inhaltlich als auch formal an die Stadt und ihre Festspiele gebunden. Eine musikalisch-künstlerische Tätigkeit auszuüben, sie perfekt auszuüben, das ist das Thema, das Bernhard in beiden Stücken anschlägt. Die künstlerische Perfektion als Kompensation für die Unvollkommenheit der Welt, als Kontrapunkt der Notwendigkeit zum Tode ist es, die Bernhard in seinen Figuren thematisiert.

st 258 Peter Handke, Falsche Bewegung
Filmbuch
84 Seiten
Handke erzählt in seinem Filmbuch, frei nach Goethes »Wilhelm Meisters Lehrjahre«, eine klassische Entwicklungs- und Bildungsgeschichte.
»So genau sind noch nie die Neurosen der siebziger Jahre beschrieben, die Zweifel an der Veränderbarkeit statischer Verhältnisse durch politische Aktion, die resignativen Skrupel in bezug auf eine ordentliche Beschreibung unordentlicher Verhältnisse.« *Die Zeit*

st 259 Franz Xaver Kroetz, Gesammelte Stücke
504 Seiten
Inhalt: Wildwechsel; Heimarbeit; Hartnäckig; Männersache; Lieber Fritz; Stallerhof; Geisterbahn; Wunschkonzert; Michis Blut; Dolomitenstadt Lienz; Oberösterreich; Maria Magdalena; Münchner Kindl.
»Es ist grandios, wie Kroetz in den unprätentiösen Dialekt-Dialogen immer an den richtigen Stellen das Richtige sagen läßt.« *FAZ*

st 260 Peter Suhrkamp. Zur Biographie eines Verlegers in Daten, Dokumenten und Bildern
vorgelegt von Siegfried Unseld unter Mitwirkung von Helene Ritzerfeld
246 Seiten
Am 1. Juli 1950 gründete Peter Suhrkamp seinen eigenen Verlag. Aus Anlaß des 25jährigen Bestehens wurden Zeugnisse und Dokumente, Daten und Bilder seines Lebens und seiner Arbeit gesammelt. Aus den Mosaiksteinen dieses Bandes ergibt sich der Weg Peter Suhrkamps, der unbeabsichtigt und doch konsequent zu seinem Ziele führte: »mein Beruf – dieser schöne Verlegerberuf«. Seine Biographie ist ein Stück Zeit-, Literatur- und Verlagsgeschichte.

st 262 Herbert Achternbusch, Happy
oder Der Tag wird kommen. Roman
170 Seiten
»Das ist ein Heimat- und Familienroman, ein Reiseroman, eine Geschichte über das Lieben und ein Buch über das Kino ... Ein Heimatroman über eine Heimat, die einem Angst macht – und ein Reiseroman von Reisen dorthin, wo die Geschichten einfacher, klarer, schöner sind. Reisen mit dem Kopf: von Bayern nach Bali oder zum Sambesi oder Reisen in eine noch traumhaftere Traumwelt – ins Kino, in den Western. Und immer wieder Herbert Achternbusch und die Liebe: es sind die schönsten, spukhaftesten, verworrensten Liebesgeschichten, die er bisher geschrieben hat.« *Die Zeit*

st 263 Adolf Muschg, Im Sommer des Hasen. Roman
318 Seiten
»Die Geschichte enthält Momente von ungewöhnlicher

psychologischer Finesse und Töne, die innig und doch niemals innerlich sind ... Abermals erweist es sich, daß man eine erotische Geschichte deutlich und genau erzählen kann, ohne deshalb indiskret oder gar brutal zu wirken.« *Marcel Reich-Ranicki*

st 264 Hermann Kasack, Fälschungen. Erzählung
256 Seiten
Kasack erzählt die Geschichte einer Kunstfälschung, der ein deutscher Industrieller und Sammler zum Opfer fällt. Die Konsequenz, die der Sammer für sich aus der Erfahrung zieht, daß niemand mehr ein verläßliches Gefühl für die alten Kunstwerke besitzt, ist zugleich eine innere Läuterung: ihm wird die Lebensfälschung sichtbar, der er selbst unterlag.

st 265 Fritz Rudolf Fries, Der Weg nach Oobliadooh. Roman
232 Seiten
Die jungen Leute, die diesen Roman bevölkern, leben im Leipzig der fünfziger Jahre. Sie hängen ihren eigenen Sehnsüchten nach und pfeifen auf die strengen Riten der Gesellschaftsordnung. Sie folgen der Verführung des Westens, der sich ihnen in Oobliadooh, einem Schlager von Dizzy Gillespie entnommen, symbolisiert. Doch kehren sie bald von ihrem Ausflug zurück.

st 266 Walter Höllerer, Die Elephantenuhr. Roman
Vom Autor gekürzte Ausgabe
ca. 400 Seiten
»Höllerer schreibt einen stellenweise furios zeit- und gesellschaftskritischen Roman über das Deutschland dieser Jahre, mit bemerkenswerten Kapiteln über das Verhältnis der beiden Staaten in Deutschland oder über die Identitätsneurose in beiden Teilen Berlins, mit satirisch funkelnden Skizzen über die Zustände an den Universitäten ...« *Rolf Michaelis*

st 267 Ernst Penzoldt, Die Kunst, das Leben zu lieben und andere Betrachtungen
Ausgewählt von Volker Michels
144 Seiten
Diese Auswahl aus den Bänden *Causerien* und *Die Lie-*

bende versammelt 25 Betrachtungen von zeitloser Aktualität. Zwei Jahrzehnte nach Penzoldts Tod erinnert der Band damit an einen in der Literatur unseres Jahrhunderts nicht eben häufigen Autorentypus, der bei aller Sympathie für das Rebellische, bei allem Spott gegen das Inhumane, Routinierte und Überlebte, bei allem Esprit und übermütigem Witz nie das Naheliegende übersehen oder es einer Tendenz zuliebe unterdrückt hat.

st 268 Materialien zu Alfred Döblin
›Berlin Alexanderplatz‹
Herausgegeben von Matthias Prangel
272 Seiten
Döblin hatte seinen größten Erfolg mit dem 1929 erschienenen *Berlin Alexanderplatz* (Bibliothek Suhrkamp 451). Zu diesem Buch stellt der Materialienband Dokumente der Entstehung und Wirkung zusammen. Neben Vorformen, Passagen früherer Fassungen des Werks und dem vollständigen Hörspieltext stehen Selbstzeugnisse des Autors, zeitgenössische Rezensionen und wissenschaftliche Arbeiten, die den derzeitigen Forschungsstand umreißen sollen.

st 269 Fritz J. Raddatz. Traditionen und Tendenzen.
Materialien zur Literatur der DDR. Erweiterte Ausgabe
ca. 700 Seiten
»Der Raddatz« (*Peter Wapnewski* in der *Zeit*) gilt als verläßlichste, brauchbarste Information über die DDR-Literatur wie zugleich als kritisch-selektive Analyse eines kenntnisreichen Literaturhistorikers. Raddatz hat seine Studie auf den neuesten Stand gebracht, die Bibliographie wurde erweitert und erfaßt die Primär- und Sekundärliteratur bis 1975. Was hier vorliegt, ist Lesebuch und Arbeitsmaterial zugleich.

st 270 Erhart Kästner, Der Hund in der Sonne
und andere Prosa
Aus dem Nachlaß
Herausgegeben von Heinrich Gremmels
160 Seiten
Alle Bücher Kästners sind byzantinischen Mosaiken vergleichbar, und so bot sich an, die literarischen Fragmente ebenfalls mosaikartig zu ordnen. *Im erstenTeil* geht es

um Begriffe wie Wissenschaft, Technik, Verbrauch, also um Kästners leidenschaftlichen Umgang mit dem Wesen der modernen Zivilisation. *Im zweiten Teil* folgen wir ihm auf das Erlebnisfeld zwischen Vergangenheit und Zukunft, geschichtlicher, also erlebter und gemessener, also abstrakter Zeit bis hin zu den Grenzproblemen des Todes. *Im dritten Teil* kommt der Zeitgenosse ins Bild in seinen verschiedenen Aspekten als Habenichts, Wohlständler, Langweiler, als Schweiger, Künstler, Einsiedler. Nicht Modelle des täglichen Lebens sind gemeint, sondern Symbolgestalten des Zeitgeistes.

st 278 Czesław Miłosz, Verführtes Denken
Mit einem Vorwort von Karl Jaspers
256 Seiten
Miłosz, zwar nicht Kommunist, aber zeitweilig als polnischer Diplomat in Paris, beschreibt die ungeheure Faszination des Kommunismus auf Intellektuelle. Er stellt sich als Gegenspieler marxistischer Dialektiker vor, deren Argumente von höchstem Niveau und bezwingender Logik sind. Was der konsequente totalitäre Staat dem Menschen antut, zeigt Miłosz in einer Weise, die den Menschen am äußersten Rand einer preisgegebenen Existenz wiederfindet. Von solcher Vision beschreibt der Autor ohne Haß, wenn auch mit satirischen Zügen, die Entwicklung von vier Dichtern, die aus Enttäuschung, Verzweiflung, Überzeugung oder Anpassung zu Propagandisten werden konnten.

st 279 Harry Martinson, Die Nesseln blühen
Roman
320 Seiten
Dieser Roman des Nobelpreisträgers für Literatur 1974 erzählt die Geschichte einer Kindheit. In fünf Kapiteln stehen sich Menschen in der Unordnung von Zeit und selbstgerechten Gewohnheiten gegenüber. Von der Kinderversteigerung geht der Weg Martin Tomassons durch die Schemenhöfe der Furcht, des Selbstmitleids und der Verlassenheit, bis ein fremder Tod ihn aus dieser Scheinwelt stößt. Zuletzt kommt Martin als Arbeitsjunge ins Siechenheim. In dieser Welt des Alterns, der Schwäche, der Resignation regiert der schmerzvolle Friede der Armut. Martin klammert sich an Fräulein Tyra, die Vor-

steherin. Ihr Tod liefert ihn endgültig dem Erwachen aus.

st 281 Harry Martinson, Der Weg hinaus
Roman
362 Seiten
Dieser Band setzt die Geschichte des Martin Tomasson fort. Das ist Martins Problem: die Bauern, bei denen er als Hütejunge arbeitet, beuten seine Arbeitskraft aus. Er wird mit Gleichgültigkeit behandelt, die Gleichaltrigen verhöhnen ihn mit kindlicher Grausamkeit. Ihm bleibt nur die Flucht ins »Gedankenspiel«, in eine Scheinwelt, aufgebaut aus der Lektüre von Märchen und Abenteuergeschichten. Die Zukunft, von der Martin sich alles erhofft, beginnt trübe: der Erste Weltkrieg ist ausgebrochen. Der Dreizehnjährige schlägt sich bettelnd durchs Land, um zur Küste zu kommen. Immer in Gefahr, aufgegriffen zu werden, erreicht er zu guter Letzt eine der Seestädte.

st 285 Kurt Weill, Ausgewählte Schriften
Herausgegeben mit einem Vorwort von David Drew
240 Seiten
Dieser Band druckt Weills eigene in wichtigen Musikzeitschriften veröffentlichte Beiträge wieder ab. Darüber hinaus bringt er zum ersten Mal eine Auswahl aus etwa 400 Artikeln, die Weill in den Jahren 1925–1929 für die Berliner Wochenzeitschrift *Der Berliner Rundfunk* schrieb. Diese Aufsätze zum Thema Rundfunk sind eine wichtige Ergänzung zu den theoretischen Aufsätzen, in denen Weill sich zu Funktion und Wirkung des Musiktheaters in einer modernen Gesellschaft äußert und die Aspekte seiner Zusammenarbeit mit Georg Kaiser, Bertolt Brecht und Caspar Neher untersucht.

Alphabetisches Gesamtverzeichnis der suhrkamp taschenbücher